Guido Knopp
Hitler – Eine Bilanz

Guido Knopp

Hitler

Eine Bilanz

in Zusammenarbeit
mit Stefan Brauburger, Christian Deick,
Rudolf Gültner, Peter Hartl, Jörg Müllner

Dokumentation:
Sönke Neitzel, Ursula Nellessen,
Klaus Sondermann

im
Siedler Verlag

Die Deutsche Bibliothek – CIP-Einheitsaufnahme

Knopp, Guido: Hitler – Eine Bilanz / Guido Knopp.
Berlin: Siedler, 1995
ISBN 3-88680-586-7

© 1995 by Wolf Jobst Siedler Verlag GmbH, Berlin

Der Siedler Verlag ist ein Unternehmen
der Verlagsgruppe Bertelsmann.

Alle Rechte vorbehalten,
auch das der fotomechanischen Wiedergabe.
Lektorat und Bebilderung: Günther Drommer, Berlin
Schutzumschlag: Ingo Ohle, Berlin
Satz und Reproduktion: Bongé+Partner, Berlin
Druck und Buchbinder: GGP, Pößneck
Printed in Germany 1995
ISBN 3-88680-586-7
Zweite Auflage

Inhalt

Keine Angst vor Hitler 7

Der Verführer 31
    Knopp/Hartl

Der Privatmann 91
    Knopp/Brauburger

Der Diktator 161
    Knopp/Deick

Der Eroberer 209
    Knopp/Gültner

Der Verbrecher 267
    Knopp/Müllner

In Sachen Hitler – 50 wichtige Bücher 317

Bildnachweis 320

Keine Angst vor Hitler

Wer sich nur schaudernd abwendet, macht es sich zu leicht. ... Er mag ein schreckliches historisches Phänomen gewesen sein, aber er war ein wichtiges historisches Phänomen, und wir können es uns nicht leisten, ihn unbeachtet zu lassen.
Hugh Trevor-Roper, 1961

Es ist Zeit, Bilanz zu ziehen.
Über fünf Jahrzehnte nach dem Tode Hitlers ist es nicht mehr nötig, Angst vor ihm zu haben. Hitler ist durchschaut. Er kann uns nicht gefährlich werden.
Noch nie ist ein Politiker in einem einzigen Jahrzehnt so geliebt und so verflucht worden wie er. Noch nie ist einer so total gescheitert. Alles, was er je gewollt hatte, mißlang. Alles, was er je erstrebt hatte, verkehrte sich ins Gegenteil. Er wollte der Retter Europas sein. Statt dessen wurde er zum Folterknecht des Kontinents und fast zu seinem Henker. Er wollte von Europa aus die Welt beherrschen. Statt dessen wurde das gespaltene Europa 40 Jahre lang zum Mündel zweier fremder Supermächte. Er wollte an der Spree die Welthauptstadt Germania bauen. Statt dessen wurde die zerbombte und geteilte Stadt zum Kampfplatz für den Kalten Krieg. Er wollte die kommunistische Herrschaft zerstören und ermöglichte es Stalin, sein Imperium bis zur Elbe auszudehnen. Er wollte die Juden Europas vernichten und trug mit dazu bei, daß ein starkes souveränes Israel entstand.
Bis zum Fall der Mauer war die zweigeteilte Welt Europas eine späte Rache Adolf Hitlers. Beide deutsche Staaten, seine Erben, mußten an der Nahtstelle der Blöcke atomare Geiseln ihrer Prinzipale sein. Ihr Territorium war das potentielle Schlachtfeld eines nuklearen Holocaust, in dem die Deutschen sich im Massengrab vereint gefunden hätten.
Das ist überwunden. Deutschland ist, ein Glück und eine Gnade der Geschichte, neuvereint und frei. Auch frei von Hitler?
Nein, wir haben ihn nicht überwunden. Hitlers düsterer Schatten ist noch immer sichtbar. Nach wie vor ist er, ein Österreicher, weltweit der bekannteste Deutsche – immer noch vor Beckenbauer, Helmut Kohl und Boris Becker.
Wir würden uns so gerne von ihm lösen, würden gerne ein »normales« Land sein. Doch wir werden immer wieder gnadenlos auf ihn zurückgeführt. Wir sind noch immer Hitlers Erben, ob wir wollen oder nicht. Wir werden ihn nicht los.

Erst heute, nach Jahrzehnten, offenbart sich, daß das eigentliche Menetekel seiner Herrschaft, eigentlicher Sündenfall des zwanzigsten Jahrhunderts, nicht der Krieg mit seinen offenen Schrecken, sondern ein verborgenes Verbrechen war. Auschwitz – die Erfahrung dessen, was der Mensch dem Menschen antun kann: Vertilgung seinesgleichen, Massenmord nach Plan – mechanisch, systematisch, gründlich. Der Krieg, so furchtbar er auch für die Zeitgenossen war, tritt in der nüchternen historischen Betrachtung fast zurück. Er wirkt mitunter wie ein Mantel, unter dessen Hülle sich der Holocaust verstecken und vollziehen konnte.

Dieses düstere Erbe Hitlers lastet auf uns Deutschen: Es hat unser Selbstvertrauen nahezu zerstört.

Wie können wir uns trauen, wenn wir ihn gewählt haben? Wie können wir uns trauen, wenn wir ihn umjubelt haben? Wie können wir uns trauen, wenn wir ihm in seinen Krieg gefolgt sind? Wie können wir uns trauen, wenn wir Auschwitz zugelassen haben?

Hitlers Erbe: ein ängstlicher Konformismus der Demokratie. Nur wenn er Glück hat, gilt der Außenseiter als Exzentriker.

Hitlers Erbe: eine unerfüllte Sehnsucht, daß Gesellschaft auch Gemeinschaft sein soll.

Hitlers Erbe: eine eingeschränkte Fähigkeit, mit Gegenwart und Zukunft unbefangen umzugehen.

Es ist, als sähen wir die Gegenwart zunächst im Rückspiegel der Nazizeit, als fühlten wir in uns die innere Verpflichtung, unser Antinazitum tagtäglich beweisen zu müssen – auch wenn es gar nicht nötig ist. Wir scheuen uns, Hochbegabte besonders zu fördern, weil wir fürchten, dies erinnere an Elitezüchtung à la Napola. Wir können nicht gelassen über Sterbehilfe diskutieren, weil uns die Erinnerung an Hitlers mörderische »Euthanasie« zum Schweigen bringt. Wir können uns nicht unbefangen um die Gentechnologie bemühen, weil uns Hitlers Rassenwahn vom Herrenmenschentum im Nacken sitzt. Seit Hitlers Ende definieren wir von vornherein als prinzipiell normal, was unter Hitler andersherum geregelt war. Wir sind die Geiseln unserer Vergangenheit. Wenn wir mit dem deutschen Trauma Hitler fertigwerden wollen, müssen wir uns mit ihm auseinandersetzen. Denn ein Trauma ist er nur geworden, weil wir ihn verdrängen wollen. Es ist Zeit, Bilanz zu ziehen.

Einhundertzwanzigtausend Schriften über Hitler gibt es mittlerweile, berufene und unberufene. Sie haben uns mit den letzten

Einzelheiten seiner Untaten vertraut gemacht. Sie haben uns in die Abgründe seines Wesens geführt. Sie haben uns in die inneren Kammern seiner Seele blicken lassen.

Sie haben uns berichtet, daß er Pillen gegen Blähsucht einnahm, wann er Masern hatte, daß er, wenn gerade eine Front zusammenbrach, mehr Kuchen aß als sonst. Für alle diese Einzelheiten sind wir den Autoren dankbar.

Doch je mehr wir über Hitler wissen, desto schwerer ist er zu erklären, desto mehr entzieht er sich. Zwischen dem in 50 Jahren angehäuften Wissen über Hitler und der allgemeinen Kenntnis über ihn liegt eine tiefe Kluft.

Das populäre Hitler-Bild zeigt einen Dämon, der von außen kam. So fiel es leichter, mit ihm umzugehen. Wer kann sich gegen einen Teufel wehren, der sich als der weiße Ritter ausgibt? »Hitler war nicht ganz normal«, sagt ein sudetendeutscher Zeitzeuge in einem Gespräch. Wohl wahr, ein Dämon aber war er nicht. Er kam von außen, doch er fühlte sich als ausgeschlossener Deutscher. Also mußte er auch Deutscher werden – und er wurde deutscher als die meisten Deutschen. So sehr deutsch, daß manche Deutsche Deutschsein immer noch als Last empfinden.

Die Bilanz in Sachen Hitler muß aus Deutschland kommen. Denn obwohl wir ihm in freien Wahlen nie die Mehrheit unserer Stimmen gaben, haben wir ihm doch zur Macht verholfen. Und obwohl er weder für den Krieg noch für den Judenmord je öffentlich die Zustimmung der Deutschen einverlangte und erhielt, haben wir beides zugelassen.

Keiner nimmt uns Deutschen die Verantwortung dafür ab, daß wir den Teufel unterschätzt haben und ihn nicht losgeworden sind, bevor es zu Millionen Toten kam. Aber keiner kann die Welt um uns herum von der Verantwortung befreien, diese Unterschätzung vielfach wiederholt zu haben. Vor 1938 gab man Hitler, was man Weimar noch verweigert hatte. Krieg und Holocaust – sie hätten sich vermeiden lassen, wenn man Hitler nicht beschwichtigt, sondern ihm die Faust gezeigt hätte.

Dieses Buch will eine Schneise durch den Dschungel unseres Wissens über Hitler schlagen. Es ist keine weitere Biographie. Es erzählt von den fünf Ebenen der Existenz des Adolf Hitler, fünf neuralgische Befindlichkeiten.

Hitler als Verführer, als Privatmann, als Diktator, als Eroberer, als Verbrecher. Niemand widerlegt den falschen Hitler, niemand offenbart den wahren Hitler besser als er selbst.

1927

Dieses Buch will nicht nur zeigen, was wir über Hitler heute wissen, sondern auch belegen, wie wir uns an ihn erinnern: 2 000 Interviews in allen Teilen Deutschlands und mit Deutschen jeden Alters geben Aufschluß, daß wir mit dem lästigen Sujet A. H. nicht fertig sind – noch lange nicht.
Auch deshalb braucht die Beschäftigung mit Hitler keinen Jahrestag. Sie ist in sich ein Akt politischer Kultur.
Über Hitler schreiben ist riskant. Wer es wagt, muß sich rechtfertigen. Ihm wird mitunter vorgehalten, wer sich literarisch mit der Unperson A. H. beschäftigt, diene damit nur postumer Nostalgie. Hitler-Analyse sei im Grunde pseudowissenschaftlicher Personenkult. Legitim sei allenfalls Faschismus-Forschung.
Da wird übersehen, daß die modische Gleichung »Nicht Männer machen Geschichte, sondern sozioökonomische Strukturen« für Hitler nicht gilt. Erst machte die Geschichte ihn, dann machte er Geschichte. Das »Dritte Reich« war ohne ihn, das Zentrum böser Emotionen, mannigfacher Ängste, Sehnsüchte und Hoffnungen, nicht denkbar. Ohne ihn zerfiel der ganze Spuk. Er war der Super-Gau der deutschen Nationalgeschichte, ihre denkbar größte Katastrophe.
Jacob Burckhardts Formel »Die Geschichte liebt es bisweilen, sich auf einmal in einem Menschen zu verdichten, welchem hierauf die Welt gehorcht« paßt zu keinem anderen besser als zu ihm. Im gleichen Sinne urteilen Joachim Fest (»In Hitlers Person hat ein einzelner noch einmal seine stupende Gewalt über den Geschichtsprozeß demonstriert«) und Rudolf Augstein (»Hitler war der letzte Attentäter der Geschichte«).
So bleibt uns gar nichts anderes übrig, als Karl Kraus (»Zu Hitler fällt mir nichts ein«) bei aller Reverenz zu widersprechen, denn zu Hitler sollte uns noch immer etwas einfallen. Hitler-Nostalgien siedeln auf dem Nährboden der Ignoranz. Faszinieren kann Hitler nur den, der wenig oder gar nichts von ihm weiß. Das beste Mittel gegen infektiöse Hitleritis ist das Wissen über Hitler. Die beste Therapie ist Hitler selbst.
Das private Leben dieses Mannes war belanglos, arm. Alles, was ein Menschenleben ausmacht, was es adelt, fehlte: Bildung, Freundschaft, Liebe, Ehe. Zwar hat er ungeheuer viel gelesen, ja verschlungen, Militärisches besonders. Aber was nicht in sein Weltbild paßt, nimmt er nicht wahr. Er ist der geborene Narziß.
Nur was ihn interessiert, das gilt.
Was ihn vor allem ausmacht, ist das Absolute und zugleich Ver-

huschte seines Wesens – die forcierte Form, mit der er frühe Mißerfolge kompensiert. Die Fähigkeit zum konstruktiven Dialog mit anderen besitzt er nicht. Widerspruch erträgt er anfangs kaum, am Ende gar nicht mehr. Auf Fotos sieht man ihn recht oft mit Kindern oder Hunden abgebildet. Kinder und Hunde bleiben immer untergeordnet. Kinder und Hunde stellen keinen intellektuellen Anspruch, Kinder und Hunde widersprechen nicht. Am liebsten redet er mit Sekretärinnen, Chauffeuren, Adjutanten. Sein Wesen ist früh festgelegt, bleibt starr. Er haßt das Neue. Er mißtraut der Abwechslung.
Er aß immer das gleiche. Er trug immer das gleiche. Er wollte immer gleich aussehen: »Denken Sie nur an die Pharaonen!« Er verlangte von seiner Geliebten, daß sie immer gleich aussah. Er erzählte der Entourage immer die gleichen Geschichten.
Frauen hat er unglücklich gemacht. Er hat sie nie geachtet. Einige begingen Selbstmord wegen ihm, andere versuchten es. Er wurde geliebt, doch lieben konnte er nicht. Er war nicht glücklos, aber glücksfeindlich.
Er mochte Frauen, die ihm unterlegen waren: »Es gibt nichts Schöneres, als sich ein junges Ding zu erziehen: Ein Mädchen mit achtzehn, zwanzig Jahren, das biegsam ist wie Wachs.«
Er hatte Angst, sich einem anderen zu öffnen. Sich zu binden hieß für ihn auch, etwas von sich preiszugeben. Stets war da die stilisierte Maske, die gestelzte Pose, die uns in den frühen Fotos seines Fotografen Hoffmann auffällt. Hitler ist genußunfähig, raucht nicht, trinkt nicht, kann sich nicht entspannen. Lust empfindet er vor allem in Begegnungen mit Massen. Eigentlich ein armer Teufel.
Aber Mitleid mit ihm lohnt sich nicht. Er war ein kranker Schweinehund, der seine Frustrationen kompensierte und dafür ein ganzes Volk mißbrauchte. Einen Sündenbock dafür zu finden, daß aus Hitler Hitler wurde, ist versucht worden – mit mäßigem Erfolg. Wenn es nur gelänge, jenes eine Kindheitstrauma zu ermitteln, das uns alles weitere erklärt! Wenn es nur gelänge, jenen einen Juden ausfindig zu machen, der den Urgrund für den Holocaust geliefert hat!
Die einfache Erklärung birgt verführerischen Reiz. In Sachen Hitler aber trägt sie nicht. Wir müssen uns die Mühe machen, das komplexe Hitler-Mosaik selbst Stück für Stück zusammenzusetzen.
Alles hängt miteinander zusammen. Der monomane Wüterich

der späten Kriegsjahre, der seine Generäle anschrie, weil sie seinen Idiotien widerstrebten, ist derselbe Mensch, der als Junge von seinem Vater gebrochen wurde. Dieser unglückliche Mensch hat seine Frustrationen überkompensiert.
Als Junge hatte er sein Selbstvertrauen verloren. Als Mann lief er ihm hinterher. Er brauchte Erfolge, zuerst nur den Beifall der Massen, dann die Süße der Macht, am Ende den Rausch, Millionen Tote verursacht zu haben.
Alles hängt miteinander zusammen. Warum hat er Frauen unglücklich gemacht? Er hat nie Nähe geben können, menschliches Interesse für den anderen. Er hat Distanz gebraucht. Er hatte etwas zu verbergen.
Am Anfang hat er Frauen einfach so verführt. Das konnte er. Und dann? Dann ließ er sie am ausgestreckten Arm verhungern. Maria Reiter wollte sich umbringen. Angelika Raubal tat es. Eva Braun hat es zweimal versucht.
Sie haben es nicht ertragen können, daß sie für den »Wolf« nicht wichtig waren, den Narziß, der sich nach den tröstenden Schalmeien seiner Mutter sehnte, die ihn nach den Quälereien seines Vaters immer wieder aufgerichtet hat. Frauen hatten ihm zu dienen, aber keine Ansprüche zu stellen. Anerzogen war ihm seine Neigung, sich zu überheben: er, der insgeheim doch Größte. Wer so von sich denkt, fällt doppelt tief, wenn Mißerfolg sich ballt.
Sein Leben war bis 1920 ein einziger Mißerfolg. Er hat keine Schule zu Ende besucht; er wurde zweimal von der Wiener Kunstakademie abgewiesen; er hat keinen Beruf gelernt. Das hätte unsensiblere Gemüter als den jungen Hitler umgehauen. Der spätere Hitler kompensiert auch die Verletzungen der Jugend, rächt sich an den Umständen, an denen er oft gescheitert ist. Er tut es rücksichtslos, gelegentlich brutal.
Vielleicht hat er zum erstenmal als Frontsoldat Erfolgserlebnisse verspürt. Doch ist es wirklich ein Erfolg, wenn man es gerade zum Gefreiten bringt? Eigentlich waren auch die zwanziger Jahre, seine »Kampfzeit«, nicht besonders erfolgreich. Gewiß, er »konnte reden«, und das kostet er nach Kräften aus. Doch der Putsch von 1923 scheitert, das Gefängnis ist Zäsur, der Wahlaufstieg ist kläglich. Erst 1930 kommt der Durchbruch. Was macht ihn so besonders? Wie, um Himmels willen, war es möglich, daß ein abgebrannter Außenseiter aus dem Innviertel die Herrschaft über ein erfahrenes Kulturvolk gewinnen, es binnen weniger Jahre zugrunde richten, Europa in Schutt und Asche legen und ein Gebirge von Leichen hinterlassen konnte?

1938

Ein logisches Produkt der neueren deutschen Geschichte war er nicht. Von Luther über Bismarck führt kein gerader Weg zu Hitler, höchstens eine Zickzacklinie. Hitler steht in keiner deutschen Tradition, schon gar nicht in der protestantisch-preußischen. Der Preuße Ludwig Beck, der ihn ja stürzen wollte, meinte: »Dieser Mensch hat gar kein Vaterland.« Golo Mann, von Hitlers Schergen aus dem Vaterland vertrieben, mutmaßt, Hitler sei aus einem »Niemandsland« gekommen. So weit wollen wir nicht gehen, denn aus Österreich kam er schon. Schön hat es Sebastian Haffner formuliert: »Hitler kam für die Deutschen immer von weit her, erst eine Weile vom Himmel hoch, nachher dann, daß Gott erbarm, aus den tiefsten Schlünden der Hölle.«
Hitlers Reich war keine zwangsläufige Form eines deutschen Sonderweges. Einen schicksalhaft vorherbestimmten Todespfad von Leuthen über Langemarck nach Auschwitz gibt es nicht. So automatisch funktioniert in der Geschichte gar nichts. Das gilt auch für Hitlers Machtergreifung, die in Wahrheit eine Machterschleichung war. Obwohl es immer eher möglich war, daß es so kommen konnte, hat es nicht so kommen müssen.
Denn zwangsläufig scheitern mußte Weimar nicht. Eine andere internationale Lage, eine andere ökonomische Entwicklung hätten es der Republik erleichtert, ihre Bürden zu ertragen und sie nach und nach ganz abzuwerfen. Versailles war objektiv nicht jenes Schanddiktat, als das es im geschlagenen Deutschen Reich empfunden wurde: Der geschmähte Friede von Versailles war eigentlich sogar ein milder Friede angesichts der radikalen deutschen Kriegszielpläne und des rabiaten Zwangsfriedens von Brest-Litowsk.
Heute sagt sich das natürlich leicht.
Für die Deutschen damals wirkten die Bedingungen der Sieger wie ein Schock. Sie maßen Versailles an den klassischen, maßvollen Friedensschlüssen des 19. Jahrhunderts und an den 14 Punkten des amerikanischen Präsidenten Wilson – und empfanden diesen Frieden als Verrat, ja als verletzendes Diktat. Es waren weniger die materiellen Konditionen, die die Emotionen hochpeitschten, als die moralischen.
Es waren nicht die Arbeitslosen, die mit ihren Wählerstimmen Hitlers Durchbruch erst ermöglicht haben. Diese Stimmen gingen eher an die Linksparteien, nicht zuletzt auch an die KPD. Dennoch war es die von Arbeitslosigkeit geprägte depressive Grundstimmung der Zeit, die Hitler nützte.

Hätte es verhindert werden können? Jene, die ihn 1933 möglich machten, trieben keine »sozioökonomischen Notwendigkeiten« oder irgendwelche dunklen Mächte, sondern nur eigene Schwäche, eigener Ehrgeiz, eigene Illusionen.
Als er an die Macht kam, war sein Stern bereits im Sinken. Im November 1932 hatte seine NSDAP bei den Reichstagswahlen über zwei Millionen Stimmen verloren. Zu Silvester waren sich die politischen Orakel nahezu einig: Die Gefahr sei nun vorüber. Doch dann wurde er Kanzler. Es war tatsächlich seine letzte Chance. Und es war wahrhaftig keine Machtergreifung, sondern eine Machterschleichung.
Alle Aufpeitschung der Massen, aller rednerischer Aufruhr hätten Hitler nicht zur Macht verhelfen können. Die erhielt er erst durch das Intrigenspiel um einen altersmüden Präsidenten und durch das Versagen jener Kräfte, die die kranke Republik beschützen sollten.
Denn trotz aller inneren Verzagtheit wären Weimars Machteliten stark genug gewesen, um die Diktatur zu stoppen: die geschrumpften, aber noch vitalen demokratischen Parteien durch ein »Nein« zum Ermächtigungsgesetz; die Gewerkschaften durch eine Neuauflage jenes triumphalen Generalstreiks, der den Kapp-Putsch 1920 gleich im Keim erstickte; die Industrie durch finanzielle Renitenz; die Reichswehr durch die Drohung, ihre Macht auch anzuwenden. Doch kaum einer wollte mehr so richtig. Man nahm Hitler hin wie ein Verhängnis.
Die Armee besaß die Mittel, um dem Spuk eine Ende zu bereiten. Blieben sie nur deshalb in den Arsenalen, weil der Kanzler Hitler auf legalem Weg ernannt wurde? Das wollten manche Generäle später gerne glauben machen. Hitler wußte, wie er sie zu korrumpieren hatte: er verhieß verstärkte Rüstung und die Renaissance der alten Herrlichkeit. Natürlich war es schon ein starkes Stück, dem hergelaufenen Parvenü das Steuer Bismarcks in die Hand zu geben! Doch Putsch kam nie in Frage: nicht weil preußisch-deutsche Generäle prinzipiell nicht meutern, sondern weil die jungen Offiziere, Unteroffiziere, Mannschaften der Reichswehr »hitlerhörig« waren.
Natürlich schilderte der General von Hammerstein als Chef der Heeresleitung seinem altersmüden Obersten Befehlshaber die dringlichsten Bedenken gegen die Berufung Hitlers zum Regierungschef. Doch Hindenburg ließ die Demarche dankend zu den Akten nehmen.

Vierzehn Tage später spielte Hammerstein den Gastgeber für Hitler. Just in dessen Wohnung offenbarte der Gekürte seine Ziele vor den Generälen, die sie ohne Widerspruch zur Kenntnis nahmen: erst im Innern »rücksichtslose Ausrottung« von Pazifismus und Marxismus, dann die Schaffung einer »breiten Kampf- und Wehrbereitschaft« unter »straffster Staatsführung«, nach außen, vorsichtig agierend, erst nur Kampf gegen »das Unrecht von Versailles«, dann »mit gesammelter Kraft Eroberung von neuem Lebensraum im Osten und dessen rücksichtslose Germanisierung«. Sage niemand, Hitler hätte seine Ziele vor den Generälen zu verheimlichen versucht!
Und die demokratischen Parteien? Alle unterwarfen sich der Diktatur und dankten ab, meist sang- und klanglos. Niemand zwang das Zentrum, die Partei der deutschen Katholiken, dem Ermächtigungsgesetz die notwendige Mehrheit zu verschaffen. Hitler führte sie auf nahezu groteske Weise hinters Licht. In den ersten Wochen nach der Machterschleichung war die Front der deutschen Katholiken noch intakt. In Schlesien, Bayern und im Rheinland hatten ganze Regionen nicht Hitler gewählt, sondern Zentrum oder BVP. Die deutschen Bischöfe hatten den Nationalsozialismus verurteilt. Daß diese geschlossene Front so plötzlich aufbrach, hatte mehrere Gründe: die merkwürdige Aufbruchstimmung, die das Land erfaßt hatte und Nationalgestimmte an das »Augusterlebnis« von 1914 erinnerte; die korrumpierende Wirkung des »Tages von Potsdam«; ein ominöser Brief, den Hitler dem Prälaten Kaas versprochen hatte und der niemals eintraf. Und vor allem auch die Rücksicht auf das Konkordat des Reiches mit dem Vatikan. Naiver waren Katholiken nie als 1933.
Und die SPD? Das mutige Nein der Reichstagsfraktion zum Ermächtigungsgesetz bleibt stets ein Ruhmesblatt der deutschen Sozialdemokratie. Doch warum mußte die Fraktion am 17. Mai 1933 Hitlers heuchlerischer Friedensbotschaft an die Westmächte zustimmen? Zu einem Zeitpunkt, als schon Tausende von SPD-Mitgliedern in den Lagern festgehalten wurden? Hitler hat der SPD-Fraktion in dieser Sitzung höhnisch zugeklatscht. Hätte es nicht gerade für die SPD noch Bündnismöglichkeiten zur Verteidigung der Weimarer Verfassung geben können? Etwa ein Aktionsbündnis aller demokratischen Kräfte, über die Parteigrenzen hinweg? Eine Kooperative mit der Reichswehr, wie sie Hitlers Amtsvorgänger Schleicher in den letzten Tagen seiner Kanzlerschaft erstrebte? Oder gar, horribile dictu, die »Einheitsfront der

Arbeiterbewegung«, das Bündnis mit der schon verfolgten KPD, gewiß dem kleineren Übel?
Für die Handelnden von damals gab es viele Gründe, nicht zu handeln. »Wir dachten ja, es werde alles nicht so schlimm. Vielleicht dauert ja der ganze Spuk nur ein paar Monate. Die Zeit muß eben überstanden werden. Und wenn irgendwas passiert – dann ist ja noch die Reichswehr da.« Doch für die Reichswehr war die Republik schon längst kein Thema mehr.
Hitler täuschte alle, und sie täuschten sich in ihm. Die Nationalkonservativen hielten ihn noch immer für den »Trommler«, den sie vor den Karren ihrer Herrschaft spannen konnten – bis er sie entmachtete. Die Kommunisten sahen in ihm den Popanz der Konzerne, und an seiner Statt bekämpften sie mit Inbrunst die »Sozialfaschisten« von der SPD. Diese wiederum dachten, wer die Sozialistenhetze unter Bismarck überstanden habe, brauche Hitler nicht zu fürchten. Katholiken waren dankbar für das Konkordat, Protestanten für die Wiedereinführung des Schulgebets, und Preußen wähnten nach dem »Tag von Potsdam«, daß der Glockenklang der Garnisonkirche naturgemäß des neuen Kanzlers Wahlspruch sei: »Üb immer Treu und Redlichkeit!« Der aber dachte nicht daran. Mit Preußen hatte Hitler nichts im Sinn.
Kaum einer hat sein Buch gelesen, in dem alles stand. Wir kennen keinen Deutschen, der es damals ernst nahm. Die Geschichte Hitlers ist auch die Geschichte seiner Unterschätzung. »Mein Kampf« blieb bis zu Hitlers Ende ein ungelesener Bestseller in Millionenauflage – obwohl auch viele Buchbesitzer daran mitwirkten, die Absicht des Autors zu verwirklichen. Während die als Feindbild ausgemachten Opfer starben, verstaubte die verräterische Schrift in den Regalen der Nation.
1939 hat ein kritischer Historiker aus Oxford jenes autobiographische Pamphlet nach Kräften durchgeackert.
Das Ergebnis seiner Analyse legte er in einem dünnen Bändchen dar, das sieben Wochen vor Beginn des Zweiten Weltkrieges erschien: »Herr Hitler wird versuchen, die Juden in ihrer Gesamtheit loszuwerden und einen Eroberungskrieg gegen Rußland zu führen.« Zwei Jahre später war es soweit. Der Mann hieß E.C.K. Ensor und hatte nichts anderes getan, als »Mein Kampf« gründlich zu lesen.
Hitlers Macht beruhte 1933 weder auf der Rückendeckung durch die Clique um den Präsidenten, die ihn engagiert hatte, noch auf der Mehrheit aller Stimmen. Es gab noch immer eine Mehrheit,

die ihn nicht gewählt hatte. Doch Hitlers Macht bestand aus seinem ganz persönlichen brutalen Willen und vor allem aus der angestauten kraftvollen Dynamik, die nur er entfesselt hatte. Noch stand nicht die ganze Macht des Staates hinter ihm – doch schon die ungestümste Leidenschaft, der radikalste Massenwille, das fanatischste Bekennen. Das war seine Macht – das Kapital, mit dem er wucherte.

Heute kommt es vielen nahezu unfaßbar vor, daß Hitler Massen faszinieren konnte. Waren unsere Väter und Mütter, unsere Großväter und Großmütter blind und taub?

Gute Form vorausgesetzt, war er imstande, willfährige Massen erst in Trance zu versetzen, dann in kollektiven Rausch. Das war sein erstes und für lange Zeit auch einziges Kapital. Er übertrug den Haß, der in ihm wütete, auf andere. Sein wölfischer Instinkt erkannte, wo er sie am besten packen konnte. Wolf wollte er genannt werden, nicht Adolf. Wolfsburg hieß der Standort seines Autowerkes, Wolfsschanze sein Hauptquartier.

Er schrie heraus, was viele vage fühlten. Er konnte mit Worten Luftschlösser bauen. Er konnte den Menschen das geben, was sie am meisten vermißten: den Glauben daran, daß ihre eigenen Gefühle, Ängste, Zweifel überhaupt nicht klein und spießig waren, sondern groß und wichtig – Mosaiksteine des »Volksgeistes«.

Sich der von ihm entfachten Hysterie zu entziehen oder zu widersetzen, schafften wenige. Nur einzelne durchschauten ihn. Den Massen aber schien er regelrecht zu suggerieren, jedes seiner Worte sei authentisch, echt und wahr. Was ihn so glaubhaft machte, war die inbrünstige Energie, die er verstrahlte. Er vermittelte den Eindruck, daß er an das glaubte, was er sagte.

Die Gefühle, die er ansprach, mußte er nicht schaffen, denn es gab sie schon. Sie waren da, oft unbewußt, und warteten darauf, geweckt zu werden. Joachim Fest hat diesen Explosivstoff überzeugend als »die große Angst« beschrieben: Angst vor Deklassierung, Arbeitslosigkeit, dem Bolschewismus, Angst vor all dem Neuen, Ungewohnten, Ungewollten, das nach dem Zusammenbruch des Jahres 1918 kam.

Hitler war der rechte Mann, um diese Ängste auszubeuten, denn er brachte sie selbst mit: die Angst des Deutsch-Österreichers vor der Überfremdung, die Angst des Absteigers vor der modernen Technik, die Angst des Kleinstädters vor Großstadt-Zivilisation. Und über allem stand die Angstvision vor dem verderbenbringenden, blutschänderischen Judentum. All die Ströme nationaler

1941

Frustration, aus denen Hitler schöpfte, die er reflektierte und verstärkte, mündeten in dem Verlangen, daß es nach der Schande des Zusammenbruchs zu einem nationalen Neuanfang zu kommen habe.
Die Hoffnung, auf die Hitler baute, war die Sehnsucht nach der »Volksgemeinschaft«, nach dem wollüstigen Rausch der Augusttage 1914, für viele die begeisterndste Erinnerung in ihrem Leben. Angst und Sehnsucht – beide Grundgefühle richteten sich bald auf Hitler, weil er sie selbst spiegelte. Er begrüßte, wie uns eine Augenzeugin heute schildert, den Ausbruch des Krieges 1914 mit Tränen der Freude und beweinte den Zusammenbruch mit Tränen der Wut.
Solche Emotionen hatten zwar die Nationalkonservativen, die ihn engagieren wollten, auch. Doch sie verkörperten allein das alte Reich, das man gehabt hatte und kannte – auch in seinen Schattenseiten. Hitler aber schien das Neue zu verkörpern, und das machte ihn so anziehend. Er versprach die Rettung, bot sich als der Starke Mann an, der den »Saustall Republik« ausräuchern würde. Die verquere Sehnsucht nach dem »deutschen Messias« – sie wurzelt in der Volkssage, die das Motiv des Retters aus der Not parat hält, und gipfelt in berühmten Versen Stefan Georges, der 1921 eine Krise prophezeite, die »Den einzigen der hilft den Mann gebiert« und dem auch gleich empfahl, was er zu leisten hatte:

> Der sprengt die Ketten
> Fegt auf Trümmerstätten
> Die Ordnung, geißelt die Verlaufenen heim ...
> Er führt durch Sturm und grausige Signale
> Des Frührots seiner treuen Schar zum Werk
> Des wachen Tags und pflanzt das Neue Reich.

Natürlich gab es bei den Völkischen nur einen, der sich als »der Mann« gebärdete. Er hatte nicht sofort die Chuzpe, die es brauchte, um sich als den kommenden politischen Messias auszugeben. Erst wollte er, bescheiden, wie er war, nur »Trommler« sein für einen Größeren. Doch mit dem Hochverrats-Prozeß nach seinem Putsch erkannte er: Da war kein »Größerer« da, für den er trommeln konnte, als er selbst, der »Führer«.
Und so leitet sich der pseudoreligiöse Anstrich, den er seinen Auftritten mitunter gab, auch aus dem Anspruch ab, er sei der Messias, der Erlösung bringen würde. Der Messias, den das Volk erwartet hatte.

Hitler sah, im Gegensatz zu Stalin, im Personenkult um sich kein notwendiges Übel für den Machterhalt. Er glaubt selbst daran. Leidenschaftlichster Verkünder Hitlers, inbrünstigster Jünger seines Kults war Hitler selbst: »Das ist das Wunder unserer Zeit – daß ihr mich gefunden habt.«
Zwischen Hitler und den Deutschen gab es lange eine Teilidentität der Ziele. Der Einmarsch ins Rheinland, die Einverleibung Österreichs, die Besetzung des Sudetenlandes wurde von den meisten Zeitgenossen enthusiastisch akklamiert. Ja, solche Blumenkriege waren populär. Die Deutschen außerhalb der Grenzen »heim ins Reich« zu holen, ohne Krieg, das »Unrecht von Versailles« zu tilgen – konnte man dagegen sein? Mehr wollte man ja nicht. Und viele dachten, daß auch Hitler nicht mehr wollte. Doch da gab es ein enormes Mißverständnis. Hitler dachte, daß die Deutschen ihm durch dick und dünn schon folgen würden, wohin immer er sie führte. Und das taten sie zwar auch, doch die Begeisterung war eher lau. Denn weder während der Sudetenkrise 1938 noch bei Kriegsbeginn im Sommer 1939 jubelten die Massen, als Hitler eine Division der Wehrmacht feldmarschmäßig durch Berlin marschieren ließ. Im Gegenteil: Die Menschen kehrten dem Geschehen schweigend und bedrückt den Rücken. Da war kein Augusterlebnis mehr. Er verschwieg den Deutschen, was er eigentlich im Sinne hatte: die Eroberung von Osteuropa und die Ausrottung der Juden. Er belog sie, nicht nur darin. Niemals hat er sich getraut, die beiden bösen Ziele seines Lebens öffentlich zu proklamieren. Er erging sich allenfalls in düsteren Andeutungen. So täuschte er die Deutschen, und sie ließen sich nur allzugerne von ihm täuschen.
Denn sie wollten ihm so gerne glauben – und selbst wenn die Schattenseiten des Regimes, die kleinen Widrigkeiten und die großen Schrecken, einmal überwogen, wähnten viele, Hitler wisse nichts davon. Er könne sich ja schließlich nicht um alles kümmern. Es gab Deutsche, die die Diktatur zwar fürchteten, doch den Diktator liebten.
Nichts beschreibt das Mißverständnis zwischen Hitler und den Deutschen besser als der populärste Spruch der Nazizeit: »Wenn das der Führer wüßte!«
Ob nach all dem Rausch der Blumenkriege freilich wirklich eine überwältigende Mehrheit aller Deutschen hinter ihm stand, muß trotz aller Propagandabilder offen bleiben. Im Spektrum der politischen Parteien Deutschlands kurz vor Hitlers Machterschlei-

chung kam die NSDAP auf etwa 35 Prozent der Wählerstimmen. Die Kommunisten lagen bei rund 15 Prozent, die Sozialdemokraten bei etwa 20 Prozent, das Zentrum bei rund zwölf Prozent – von den kleineren Parteien nicht zu reden. Daß alle ihre Anhänger auch innerlich zu Hitler konvertiert sein sollten, ist ganz unwahrscheinlich. Wahrscheinlich lebten 1938, mitten in der Diktatur, Millionen Menschen, die im Innern immer noch Sozialdemokraten, Kommunisten oder fromme Katholiken waren. Nur konnten sie sich an den Urnen nicht mehr äußern.
Als der Krieg kam, machte Hitler sich rar. Sechs Jahre lang hatte er sich seinem Volk verabreicht wie ein Aufputschmittel. Jetzt setzte er die Deutschen auf Entzug und tauchte in die karge Welt der Führerhauptquartiere ab. Er brauchte keinen Jubel mehr. Er war am Ziel. Er führte Krieg.
Am Anfang noch, bei allem Blitzkriegsrausch, konventionell – was ihm mißfiel. Erst mit dem Überfall auf die Sowjetunion war dieser Krieg sein Krieg. Jetzt konnte er ihn führen, wie er wollte, frei von jeder Rücksichtnahme auf die Bindungen der Zivilisation. Ein Vernichtungskrieg im Osten für die alten Ziele: Ausrottung des Kommunismus, Auslöschung des Judentums, Eroberung von Lebensraum.
Wie paßt dieser Mörder-Hitler, der sich in Europa austobt wie kein anderer vor ihm, zusammen mit dem »Mann des Jahres 1938« (so das US-Magazin »Time«)? Und wie paßt er zusammen mit dem unbekannten »Trommler« von 1920?
Am Anfang steht ein übler Demagoge mit persönlich eher abstoßenden Zügen, ohne Bildung, aber prallgefüllt mit Haß – ein Kretin, der Massen lockt. Am Ende steht ein Massenmörder, der die Juden umbringt, über Rußland herfällt, die Eliten Osteuropas »auszurotten« sucht und sich schließlich gegen Deutschland wendet – weil das Volk sich für den Endkampf nicht mehr willig zeigt, weil es versagt hat.
Dazwischen aber war er für Millionen Deutsche jener Hitler, den sie, wie Joachim Fest geschrieben hat, im Jahre 1938 wohl als »größten Staatsmann« und Vollender ihrer Nationalgeschichte angesehen hätten, wäre er, nach »München« etwa, einem Attentat erlegen.
Aber Hitler war stets Hitler. Auch vor 1938 war er nie ein imperialer Machtpolitiker vom alten Schlag gewesen. Stets war er, im bösen Sinne, einer, der sich treu blieb, stets ein Revolutionär, der sich die Welt nach seinem Bilde schaffen wollte.

Die Wirklichkeit war störend. Er würde sie so lange ändern, bis sie seiner Vorstellung entsprach. Die Staaten Europas stemmten sich gegen seine Lebensraum-Idee? Er würde sie unterwerfen. Die Völker siedelten entgegen seinen Wünschen? Er würde sie umsiedeln. Die Rassen waren anders, als er sie sich vorstellte? Er würde sie vernichten, selektieren, züchten, bis am Ende alles so war, wie er es sich vorgenommen hatte: das judenfreie, rassenreine Reich vom Atlantik zum Ural, von Autobahnen durchzogen, von Totentempeln gekrönt, regiert von einem, seinem Willen – dem des Führers. So dachte er von Anfang an.

War Hitler ein »moderner« Herrscher? Es ist heute nahezu modern zu sagen, er sei mittelalterlich gewesen. Die das sagen, denken dabei an den ganzen völkischen Klimbim, der auf Himmlers Mist gewachsen ist. Hitler selbst begegnete dem mit Distanz, gelegentlich auch Ironie. Sein Denken war nicht mittelalterlich – das wäre eine ungeheure Beleidigung des Mittelalters. Hitler dachte eher atavistisch. Sein Ideal war eine Utopie, die er mit hochmodernen Mitteln durchzusetzen sucht: das großgermanische Imperium bis zum Kaukasus, militärisch unangreifbar, wirtschaftlich autark, die Illusion von immerwährender Stabilität. Es wäre ein Alptraum geworden.

Oft ist darüber diskutiert worden, ob er ein »schwacher« oder »starker« Herrscher war. Firmierte Hitler als das absolute Zentrum der NS-Herrschaft, war er stets Initiator der entscheidenden dynamischen Prozesse? Oder war er ein Medium der bestehenden Ideen und Gefühle, nur symbolischer Bezugspunkt eines Führer-Mythos, der zum Machterhalt notwendig war? War sein und nur sein Wille für den Gang der Politik entscheidend? Oder war die Radikalisierung des Regimes Ergebnis eines fast schon automatischen Prozesses – ausgelöst von Improvisationen, Machtansprüchen und Rivalenkämpfen seiner Paladine?

Die Antwort ist eindeutig: Hitler war das absolute Zentrum. Ohne ihn lief letztlich nichts. Sein Wille war entscheidend, bis zum bitteren Ende. Dennoch gab es, typisch für die Diktatur, stets Menschen, die nur vage formulierte Intentionen oder punktuelle Einfälle des Staatschefs aufgriffen, um daraus grundsätzliche Haupt- und Staatsaktionen zu erwirken. Das gilt etwa für den Leiter der »Kanzlei des Führers«, Philipp Bouhler, der aus einer Eingabe heraus, karrieregeil, die mörderische »Euthanasie«-Aktion ins Rollen brachte.

Oder für den Himmler Himmlers, Reinhard Heydrich, der die

Organisation der »Endlösung« auch deshalb so beflissen anpackte, weil er um die Gunst des »Führers« buhlte, um dereinst selbst »Reichsführer« zu werden.

Oder für den umtriebigen Martin Bormann, dem wir unter anderem die Aufzeichnung von Hitlers Tischgesprächen zu verdanken haben. Bormann wollte immer eine Sicherheit in Händen halten. Und im »Dritten Reich« bot nicht das Recht die Sicherheit und das Gesetz schon gar nicht, sondern einzig Hitlers Wort – auch wenn es zwischen Graupensuppe und Kamillentee plaziert war.

Zu versuchen, aus den heimlich aufgeschriebenen Worten des Diktators künftige Entwicklungen und Absichten vorauszuahnen, um sie zu befolgen, noch bevor er sie befiehlt – kann es eine höhere Form der Unterordnung unter einen absolut regierenden Tyrannen geben?

Hitlers Reich war keine schwache Diktatur, mit einem arbeitsscheuen Vagabunden an der Spitze, der die Dinge laufen und sich treiben ließ, der nur gelegentlich in das Geflecht der Naziherrschaft eingriff und zu seinen Untaten gezwungen werden mußte.

Hitler wußte ganz genau, daß keiner seiner Helfer es je wagen würde, etwas anzupacken, was mit seinen Zielen nicht vereinbar war. Natürlich liebte er das Leben eines Müßiggängers, aber wenn ihm etwas wirklich wichtig war, dann mischte er sich ein, entschied, und es gab keinen Widerspruch.

Der Judenmord war nicht die Folge von chaotischen Strukturabläufen in der Diktatur, sondern ein bewußt von Hitler inszeniertes Staats-Verbrechen.

Der alte Streit, warum es keinen schriftlichen Befehl gab, ist inzwischen müßig, denn es gibt genügend andere Belege für den Schreibtischtäter Hitler, die in diesem Buch enthalten sind. Er hat das Morden nicht nur eingeleitet, sondern auch geleitet – über seinen Delegierten Himmler. Ohne Hitler hätte es den Überfall auf Sowjetrußland nicht gegeben, ohne Hitler keinen Holocaust.

Das ist kein Freispruch für die Helfer und die Helfershelfer. Denn vollzogen haben Hitlers Holocaust die vielen kleinen Hitler, die sich später auf Befehlsnotstand beriefen – keine Psychopathen, sondern Durchschnittsmenschen aus dem Volk der Mitläufer.

Rußlandkrieg und Judenmord gehören untrennbar zusammen. Seit der Niederlage vor den Toren Moskaus, seit Dezember 1941, ahnte Hitler, daß sein Krieg vielleicht verlorengehen würde. Gegenüber wenigen Vertrauten, etwa Jodl, sprach er es aus. Aber wenn schon seine erste Wahnidee nicht mehr erreichbar war, so

1945

wollte er doch wenigstens das zweite Hauptziel noch vollenden: die Auslöschung der Juden.
Und so ließ Hitler seine Truppen 1944 noch in Ungarn einmarschieren. Für den weiteren Kriegsverlauf war das ganz unerheblich, ja im Grunde eine weitere Zersplitterung der Kräfte. Aber Hitler hatte seinen Grund: Er wollte an die 750 000 ungarischen Juden herankommen, gegen deren Abtransport in die Vernichtungslager sich Ungarns Staatschef Horthy bislang mit Erfolg gewehrt hatte.
Und so erreicht der Holocaust im Sommer 1944 seinen Gipfelpunkt. Die Schornsteine von Auschwitz rauchten Tag und Nacht. Sie kamen gar nicht nach, um jene Hunderttausende von ungarischen Juden zu verbrennen, die die Schergen der SS ins Gas getrieben hatten – kurz vor Toresschluß. Die letzten Opfer Eichmanns hörten schon das Grollen der nahenden Front.
Zwar war der Judenmord »geheime Reichssache«. Das Volk sollte glauben, die deportierten Juden seien noch am Leben – irgendwo im Osten. Aber ahnten, sahen, wußten Hunderttausende von Deutschen an der Front und in der Heimat nicht genug, um ganz genau zu wissen, daß sie nicht mehr wissen wollten? Vieles sickerte doch durch, zumindest von den Mordtaten der Einsatzgruppen. Drei Millionen Landser standen ständig an der Ostfront. Manche wurden da und dort zu Augenzeugen von Erschießungen. Darüber zu schweigen gebot ihnen niemand.
Als die Kardinäle Galen und Faulhaber die offiziell als »Gnadentod« verbrämte Mordaktion T4 von ihren Kanzeln öffentlich als Mord anprangerten, ließ Hitler sie einstellen. Als Anfang 1943 in Berlin nichtjüdische Gatten von Juden, die zum Abtransport in die Vernichtungslager vorgesehen waren, vor der Sammelstelle öffentlich dagegen protestierten (der sogenannte »Rosenstraßen-Vorfall«), wurden einige der Registrierten wieder freigelassen. Zumindest in Deutschland wollte das Regime jedes öffentliche Aufsehen vermeiden. Alles sollte ordentlich und ruhig verlaufen – bis zur Gaskammer. Hätten ähnliche Proteste, in geballter Form, im Inland und im Ausland, auch den Holocaust verhindern oder vorzeitig beenden können? Der Versuch ist nie gewagt worden.
Wofür kämpften die Soldaten Hitlers 1944 überhaupt noch? Subjektiv gewiß für »Volk und Vaterland«. Tatsächlich aber, und das war die Tragik der mißbrauchten Wehrmacht, dafür, daß im Rücken der von ihr gehaltenen Front der Holocaust vollzogen werden konnte.
Die sich dagegen wehrten, waren wenige. Es waren tragische, ver-

kannte Helden ohne Anhang, die nicht von der Volksstimmung getragen wurden, sondern nur von ihrem eigenen Pflichtgefühl. Es waren einsame Verschwörer, die nicht nur die eigene Ehre retten wollten, sondern auch die Ehre eines Volks von Mitläufern. Die meisten dieser Patrioten wollten einen Frieden, der »das Reich«, ihr Heiligtum, noch halbwegs heil gelassen hätte. Aber dieses Reich war mittlerweile weder heil noch heilig. Denn zu tief war auch die Wehrmacht in den Holocaust verstrickt, zu viele Morde lasteten auf Deutschlands Namen. Es komme nur noch darauf an, erklärte Henning von Tresckow, Kopf der Verschwörung, daß der deutsche Widerstand den entscheidenden Wurf wagt, um vor der Geschichte zu bestehen.

Oft ist gefragt worden, ob es denn überhaupt etwas genutzt hätte, wenn die bewußte Bombe unterm Kartentisch ihr Zielobjekt zerrissen hätte. Stand nicht die bedingungslose Kapitulation längst fest, genauso wie die Aufspaltung des Reiches in Besatzungszonen, die brutale Amputierung Ostdeutschlands und die Vertreibung seiner Menschen? All das stand schon fest, gewiß. Und dennoch wäre, ob durch eine provisorische Regierung Goerdeler oder durch ein Militärregime, der Krieg beendet worden. Dann hätten Millionen von Soldaten an den Fronten in Europa nicht mehr sterben müssen; wären Hunderttausende von Juden nicht mehr in die Gaskammern getrieben worden; wären schöne alte Städte wie Würzburg, Dresden, Breslau oder Königsberg, nicht mehr vernichtet worden. Ein gelungener Mord an Hitler hätte seinen Sinn gehabt.

So aber ging das Morden weiter. Alles oder nichts... Für Deutschland hieß das: Weltmacht oder Untergang. Dazwischen gab es nichts, schon gar nicht Frieden. »Frieden« hieß für Hitler »Vorkrieg« oder »Nachkrieg«. Seine kranke Seele brauchte Bewegung, Unruhe, den Kampf. Mit ihm, dem Usurpator, würde niemand Frieden schließen wollen. Wenn die Sieger ihn denn hätten, würden sie ihn totschlagen wie einen tollen Hund. Und weil ja Deutschland »seine Braut« war, sollte es zusammen mit ihm untergehen. Hitler hielt das für angemessen.

Mitgegangen, mitgehangen, suggerierte Goebbels' Propaganda den verstörten Landsleuten, die sich nicht zuletzt auch deshalb an das Nazireich gefesselt fühlten, weil man sowieso mit dran war. Denn die Alliierten wollten gar kein »anderes Deutschland«, das den Krieg beendet hätte. Sie wollten das inmitten von Europa wuchernde Geschwür vernichten – tilgen, ein für allemal. Seit Casablanca gab es keinen Zweifel, daß der Tag der Kapitulation auch

Tag des großen Strafgerichtes über alle Deutschen werden würde. Dem entzog sich der Verantwortliche »fünf nach zwölf« durch Selbstmord – wie er angekündigt hatte. Und mit einem Schlag versank das ganze Nazireich.
Sein mörderisches Dasein hing allein von ihm ab. Ohne ihn war es ein Totenschiff.

«Hitlers Tod«, sagt eine seiner Sekretärinnen, die bis zum Ende bei ihm ausgeharrt hat, »war für uns wie das Ende eines Zustandes der Massenhypnose. Plötzlich entdeckten wir in uns wieder eine unbezwingbare Lust zu leben, wir selbst zu werden, menschliche Wesen zu sein. Hitler interessierte uns nicht mehr.«

Traudl Junge, der der Todeskandidat zuvor sein Testament diktiert hatte, war mit dieser Sehnsucht nicht allein. Hitler zu vergessen war in der Nachkriegszeit der sehnlichste Wunsch der meisten Deutschen. Überleben, Wiederaufbau, Kalter Krieg – man hatte ja genug zu tun.

Doch verdrängen heißt nicht auch entkommen. Die zerstörten Städte kann man wieder aufbauen. Über Gräbern kann man Blumen pflanzen. Aber das Gewissen wird davon nicht ruhig.

Um von Hitler frei zu werden, müssen wir ihn annehmen. Je mehr wir uns von ihm entfernen wollen, desto näher rückt er uns. Je mehr wir uns von der traumatischen Erinnerung an Hitler lösen wollen, desto gnadenloser ist sie da.

Um uns aus Hitlers Bann zu lösen, müssen wir uns mit ihm auseinandersetzen. Wenn wir ihn verdrängen, wird er uns bedrängen. Wenn wir uns ihm nähern, wird er sich entfernen.

Keine Angst vor Hitler! Wenn wir uns ihm angenähert haben, läßt er sich entlarven. Wenn wir wissen, was ihn ausgemacht hat, werden wir gefeit sein gegen ähnliche und andere Versuchungen, in Krisenzeiten nach dem »starken Mann« zu rufen.

Wenn wir unbefangen sagen können: Beethoven und Goethe waren Deutsche, aber Hitler war es auch – dann sind wir auf dem richtigen Weg.

Wir, die nach dem Krieg Geborenen, sind für Hitler nicht verantwortlich zu machen. Doch wir sind verantwortlich für das Erinnern, gegen das Vergessen und Verdrängen – und das Leugnen.

Keine Kollektiv-Schuld, aber Kollektiv-Verantwortung – für Auschwitz und für Hitler.

Wir müssen beide Wunden annehmen. Wir müssen uns zu ihrem Schmerz bekennen. Beide sind ein unauslöschlicher Bestandteil unserer Geschichte.

Wer das einsieht, ist ein Patriot.

Der Verführer

Große Lügner sind auch große Zauberer

Auf den Intellekt kommt es bei der Frau
gar nicht an

Die Masse ist wie ein Weib,
und als solches mache ich sie mir gefügig

Die breite Masse ist blind und dumm

Nur die fanatisierte Masse wird lenkbar

Ich habe alles durch Überredung geschafft

Vertragliche Abmachungen gelten nur so lange,
als sie mir nützlich sind

Jede Generation muß einmal einen Krieg
mitgemacht haben

Das Werk, das Christus begonnen hat,
werde ich zu Ende führen

Hitler

Jede Propaganda hat volkstümlich zu sein und ihr geistiges Niveau einzustellen nach der Aufnahmefähigkeit des Beschränktesten unter denen, an die sie sich zu richten gedenkt. Damit wird ihre rein geistige Höhe um so tiefer zu stellen sein, je größer die zu erfassende Masse der Menschen sein soll.

Adolf Hitler, 1924

Hitler spricht. [...] Völlig verändert erscheint dem kleinen Mann auch die Sprache. Es ist seine Sprache und doch nicht mehr die seine, so vornehm und prunkvoll ist sie geworden. Da türmen sich pompöse Vergleiche und Bilder, da ringeln sich verwickelte Satzschlangen, da gleißen geheimnisvolle Fremdworte. Da ist alles immer um einen Grad über seine Verhältnisse ausgedrückt.

Franz Carl Weiskopf, 1936

Die wählende Mehrheit ist immer dumm, roh und ziellos. Sie läßt sich willig von Schaumschlägern und politischen Jongleurs verführen.

Joseph Goebbels, 1924

Wenn wir anderen Menschen auch nur das kompensieren und abbüßen wollten, was an einem einzigen Abend von Hitler, Mussolini und ihren Vasallen zusammengebrüllt, geschrien und trompetet wird, so müßten wir alle zehn Jahre lang unverbrüchlich schweigen.

Hermann Hesse, 1938

Ich glaube nun einmal an das Gottesgnadentum Hitlers, den ich persönlich nie gesehen habe, und glaube daran, daß Gott ihn erleuchten wird, jetzt aus diesem Chaos den richtigen Weg zu finden. Nicht mit einer Verstandeskraft einer hervorragenden politischen Begabung, sondern ganz einfach, indem er seiner inneren Stimme, der Stimme des Herzens, folgt. Jetzt wird es sich zeigen, ob er von Gott erleuchtet ist oder nicht. Ist es so, wird er sich durchsetzen, trozdem heute fast alle gegen ihn zu reden scheinen.

W. von Corswant-Cuntzow, 1925

Die hinreißende und suggestive Beredsamkeit des Hitler hat auch auf mich anfangs großen Eindruck gemacht. Es ist ohne weiteres klar, daß Hitler in vielem recht hatte. Je öfter ich aber Hitler hörte, desto mehr schwächte sich der erste Eindruck ab. Ich merkte, daß die langen Reden doch fast immer das gleiche enthielten, daß ein Teil der Ausführungen für jeden national eingestellten Deutschen selbstverständlich ist und daß ein anderer Teil davon Zeugnis ablegte, daß Hitler der Wirklichkeitssinn und der Maßstab für das, was möglich und erreichbar ist, abgeht.

Otto Hermann von Lossow, 1924

Ich komme an. Hitler ist da. Meine Freude ist groß. Er begrüßt mich wie einen alten Freund. Er umhegt mich. Wie lieb ich ihn! So ein Kerl! Und er erzählt den ganzen Abend. Ich kann nicht genug hören. Eine kleine Versammlung. Ich muß auf seinen Wunsch zuerst sprechen. Und dann redet er. Wie klein bin ich!

Joseph Goebbels, 1925

Er beginnt mit einer ungepflegten Stimme und hinterwäldlerischer Aussprache, schleppend aber drohend. Bald steigert sich sein Ton und wird der des schlechten Volksstücks, des pöbelhaften Klamauks, schreiend, vor Wut sich brechend. Endlich gibt er das Letzte her: dann erscheint das nackte Urwesen, die Venus entsteigt ihrer Schlammflut und stellt sich schamlos aus mitsamt ihren Schäden, die offenbar den Trieb der Menge noch mehr aufpeitschen. Man sieht eine bösartige Frau und sieht, warum sie geliebt wird. Sie wendet sich schroff an die Leidenschaften, die niemand eingestehen würde, sie aber reißt ihnen die Maske ab.

Heinrich Mann, 1933

Stille Nacht, heilige Nacht. Alles schläft, einsam wacht Adolf Hitler für Deutschlands Geschick. Führt uns zur Größe, zum Ruhm und zum Glück, Gibt uns Deutschen die Macht.

Weihnachtslied von Fritz Rabenau, 1934

Das größte Wunder aber scheint mir, daß er offenbar bereits selbst an die Legende seines Lebens glaubt. Würde ihm jemand sein Leben erzählen, so wie es war, er würde ihn aus heiligster Überzeugung einen Lügner nennen.

Erich Ebermayer, 1933

Während Sie das Sudetenland befreiten, habe ich diese Strümpfe für Sie gestrickt. Nun haben wir beide unser Ziel erreicht, Sie ein großes, ich ein kleines. Ich bitte Sie, mein Führer, diese Strümpfe von mir anzunehmen, ich hoffe, daß mein Gefühl mich richtig geleitet hat und daß die Strümpfe Ihnen auch passen werden.

Margarete Witte, 1938

Das Regime
Liebt das Theater sehr. Seine Leistungen
liegen hauptsächlich auf theatralischem Gebiet. [...]
Alljährlich am Ersten Mai
Wenn der Erste Schauspieler des Reiches
Einen einstmaligen Arbeiter spielt
Werden die Zuschauer für das Zuschauen sogar bezahlt.

Bertolt Brecht, 1937

Stunde um Stunde geht ins Land, und nichts geschieht. Doch niemand scheint sich daran zu stören. Eine Atmosphäre gespannter Erwartung macht sich breit unter den Zehntausenden, die nun schon beinahe einen halben Tag in der warmen Aprilsonne ausharren. Die Lautsprecheranlagen werden noch einmal auf ihre Funktionsfähigkeit überprüft, die Wochenschaukameras in Position gebracht. Wichtigkeit ausstrahlende Parteiamtswalter rücken ihre Hakenkreuzbanner zurecht. Sie geben sich wie Würdenträger eines weihevollen Spektakels, zu dem die meisten der Anwesenden aus purer Neugier gepilgert sind.
Dann geht es wie ein Ruck durch die Reihen. Aus Menschen werden Marionetten, die mechanisch ihren Arm zum Gruß recken, angefeuert von Fanfarenstößen des »Badenweiler Marschs«. Der Begrüßungsredner auf der Tribüne erntet wenig Aufmerksamkeit für seine Tiraden gegen das »System«. Denn die geballte Erwartung richtet sich auf den Mann, der kurz zuvor mit dem Flugzeug auf einem benachbarten Feld gelandet ist. »Hitler kommt«, raunt es durch die Reihen. Viele sagen auch schon ehrfürchtig: »Der Führer spricht!«
Hitler schweigt erst einmal. Wie abwesend nimmt er die Huldigung der Menge entgegen, wartet schier unerträglich lange, bis eine atemlose Stille über der Kundgebung lastet. Dann fallen die ersten tastenden Worte. Umständliche Einleitungssätze münden in einen reißenden Redefluß, der sich zum tobenden Furor steigert. Selbst skeptische Zuschauer können sich kaum dem Bann entziehen, der das Publikum ergreift. In jubelnden Heil-Rufen entlädt sich die Ekstase einer politischen Erweckungsfeier. So ist Wahlkampf noch nie zuvor geführt worden in Deutschland. Die Dauerwahlschlacht im Endstadium der Weimarer Republik, die das Siechtum der Demokratie den Bürgern beschert, ist die große Stunde für den Demagogen Hitler. Keiner der konkurrierenden Kandidaten vermag auch nur annähernd so viele Zuhörer um sich zu scharen. Niemand sonst hat das Spiel mit der Masse so gekonnt im Griff. Während seine Kontrahenten unprätentiös die

Bahn benutzen, schwebt Hitler mit dem Flugzeug wie ein Messias vom Himmel zum Volk herab. »Hitler über Deutschland«: Das doppelsinnige Wahlkampfmotto suggeriert die heilversprechende wie bedrohliche Allgegenwart des reisenden Redners. Dank moderner Logistik erreicht er auf seiner Wahltournee innerhalb einer einzigen Woche Hunderttausende von Menschen. Nicht wenige unter ihnen wandelt seine Erscheinung von Zweiflern zu Gläubigen.

Dabei sind es weder geschliffene Rhetorik noch schlüssige Gedankenführung, die als Erklärung für seine nachhaltige Wirkung taugen. »Hitler hielt eine flammende Rede«, erinnert sich Wilhelm Langhagel, damals junger Gerichtsreferendar, an eine Kundgebung in Leipzig. »Die Halle war bis zum letzten Platz gefüllt, und alle waren ausgesprochen begeistert. Auch ich war überwältigt. Am nächsten Tag las ich die Rede noch einmal in der Zeitung, aber da stand eigentlich nichts drin, was mich irgendwie beeindruckt hätte.«

War hier kollektive Hypnose am Werk oder Volksverdummung, Massenpsychologie oder Überredungskunst? Die Faktoren der Verführung sind so vielschichtig wie die Erklärungsversuche darüber. Fest steht, daß das öffentliche Podium für Hitler der Ort war, an dem er sein Talent am wirkungsvollsten entfalten konnte, daß in der Rolle des Agitators seine markantesten Wesenszüge zur Geltung kamen. Es war nicht seine einzige Begabung, aber doch jene, in der ihm kein deutscher Politiker seiner Zeit gleichkam. Seine diabolische Meisterschaft der Massensuggestion bahnte ihm den Weg zur Macht. Und auch nach 1933 gründete seine Herrschaft ganz wesentlich auf der Wirkung von schönem Schein und bösem Fluch. Hitler hatte – scharfsichtiger als andere – die Zeichen der Zeit erkannt und ihre Möglichkeiten – exzessiver als andere – für seine Zwecke genutzt. Doch bedingte seine Verführungskraft auch die unbedingte Bereitschaft des Publikums zur Hingabe. Sein Werdegang war gesäumt von Wunschvorstellungen und Erwartungen unzähliger Wegbereiter. In diesem Sinn war sein Aufstieg das Ergebnis erfahrungsreicher Lehrjahre.

Hitlers Pfingsterlebnis als politischer Redner geschah im Bierdunst einer Hinterstubenversammlung: Am 16. Oktober 1919 ergriff er während der ersten öffentlichen Zusammenkunft der Deutschen Arbeiterpartei (DAP), einer der vielen völkischen Splittergruppen in München, als zweiter Redner des Abends das Wort. In einem heftig anschwellenden Redestrom entluden sich

Anklagen, Affekte und Haßgefühle, die, aufgestaut in langen Phasen der Kontaktarmut und Wortkargheit, nun nach Artikulation zu drängen schienen. Hitlers leidenschaftliches Plädoyer für einen politischen Zusammenschluß gegen das Judentum, den »Feind der Völker«, schien seine Wirkung auf die 111 Anwesenden nicht verfehlt zu haben. Eine anschließende Sammlung für die Parteikasse erbrachte 300 Mark. Fortan war die DAP die erste Partei, die für ihre Versammlungen Eintrittsgeld erhob.

»Schon früher hatte das Affektpotential der öffentlichen Rede großen Eindruck auf den unsteten Junggesellen gemacht.« So berichtet Reinhold Hanisch, Hitlers Gefährte aus dem Wiener Obdachlosenasyl, von den Nachwirkungen des gemeinsam besuchten Kinofilms »Der Tunnel«, in dem ein charismatischer Volksredner Arbeitermassen in Aufruhr versetzte: »Hitler wurde fast verrückt. Der Eindruck war so stark, daß er tagelang von nichts anderem sprach als von der Macht der Rede.« Erst jetzt wurde Hitler gewahr, welche Macht er auf andere Menschen auszuüben vermochte, wenn ihn leidenschaftliche Redewut befiel. »Ich sprach dreißig Minuten«, rühmte er sich in »Mein Kampf« später selbst, »und was ich früher, ohne es irgendwie zu wissen, einfach innerlich gefühlt hatte, wurde nun durch die Wirklichkeit bewiesen: Ich konnte reden!«

Im Alter von 30 Jahren meinte Hitler, seine Bestimmung gefunden zu haben: Die Werbetrommel zu rühren für die »nationale Erweckungsbewegung«, die den Widerwillen gegen Versailles und Republik mit antisemitischen Verschwörungstheorien zu einem chauvinistischen Ideensud vergor. Die Stimmungsmache völkischer Splittergruppen, Geheimbünde und Freikorpseinheiten zehrte davon, daß die Zeitgenossen noch schwer unter den Folgen einer Niederlage litten, die für viele unerwartet kam und für die sie nun, nach gängiger Ansicht, »unverdient« zu büßen hatten.

Die weitverbreitete Unzufriedenheit war der Nährboden, auf dem Hitlers Agitationstalent gedieh. Enttäuschung über den Untergang der alten Gewalten und den verlorenen Krieg, Schmach der Kriegsfolgen, Schock der Revolution, Bitterkeit über materielle Not, Angst vor Unruhen und Bürgerkrieg, Haß auf Intellektuelle und Juden: Ressentiments waren Rohstoff für seine Tiraden. Die kleine, aber ehrgeizige Hinterzimmerpartei, auf die er als Spitzel im Dienste der Reichswehr gestoßen war, schien ihm dafür das geeignete Forum. Die Aussicht, als »berufsmäßiger Werberedner« (so ein zeitgenössischer Bericht) in ihre Dienste zu treten, kam sei-

Kanzler Hitler im Kreis von »Alten Kämpfern« der NSDAP

Ich fuhr zu einer seiner Veranstaltungen und sah ihn aus drei Metern Entfernung. Er sprach von seinem Podium und wirkte ganz grauenhaft auf mich, sehr emotional. Er geiferte wie eine Mischung aus einem Berserker und einem Verrückten. Die Argumente schienen mir vollkommen blödsinnig, und ich sagte mir: »Mit den Leuten will ich nie etwas zu tun haben.« Ich hielt Hitler von Anfang an für ein Verderbnis für Deutschland. Aber daß es eine solche Diktatur werden würde, von der am Ende sechs Millionen Juden ermordet wurden, das habe ich natürlich nicht gedacht. Das konnte auch kein Mensch ahnen.

Marion Gräfin Dönhoff, Jahrgang 1909

Hitler wurde überhöht. Seine Person wurde idealisiert. Und deswegen sagen auch viele Leute heute noch: »Wenn der Führer das gewußt hätte ... Da hätte er nicht zugestimmt.« Die meisten haben auch wirklich geglaubt, daß er von den Konzentrationslagern nichts gewußt haben kann. Diese schlimmen Verbrechen wurden Hitler einfach nicht zugetraut. Man hätte damals sein Buch »Mein Kampf« lesen sollen, in dem ja alles drin stand. Das Buch war in jeder Familie in mehreren Exemplaren vorhanden, wir hatten allein drei. Ich bekam eines zum Abitur, mein Vater eines zum Geschäftsjubiläum und meine Schwester eines zur Heirat. Aber auch wir haben »Mein Kampf« nicht gelesen, das war ja das Tragische.

Hans Frühwirth, Jahrgang 1918

nem Geltungsdrang entgegen und bot ihm angesichts der drohenden Entlassung aus der Reichswehr eine bescheidene Existenzgrundlage. Die Profession eines politischen Handlungsreisenden war die erste Tätigkeit seines Lebens, die an einen regulären Beruf erinnerte. Am 1. April 1920 schied er endgültig aus dem Heeresdienst aus und bezog ein karg möbliertes Zimmer zur Untermiete »Ein Bett, ein Stuhl, ein Tisch und ein Eimer – über mehr gebot Hitler nicht«, erinnert sich ein zeitgenössischer Besucher. Mit rastloser Geschäftigkeit redete sich der »Werbeobmann« der Partei in rauchgeschwängerten Nebenzimmern und Bierzelten zielstrebig nach oben. Der »Trommler« trat auf, wo immer sich ihm ein Podium bot. Er war Hauptredner auf 31 von 46 Versammlungen seiner Partei, die sich 1920 in »Nationalsozialistische Deutsche Arbeiterpartei« (NSDAP) umbenannte. Er sprach vor dem »Deutschvölkischen Schutz- und Trutzbund«, vor Kriegsheimkehrern und sympathisierenden Parteien, er sprach in Rosenheim, Stuttgart, Salzburg, Innsbruck, Wien, Sankt Pölten, Berlin, Nürnberg, Würzburg und in seiner Heimatstadt Braunau.

Hitlers Fertigkeit, komplexe Sachverhalte auf eingängige Losungen zu reduzieren, brachte ihm derart regen Zulauf ein, daß selbst die sozialdemokratische »Münchner Post« in ihrer Ausgabe vom 14. August 1920 einräumen mußte: »Eines hat Herr Hitler los, das muß man ihm lassen, er ist der gerissenste Hetzer, der derzeit in München sein Unwesen treibt.« Bald füllten statt Hunderten Tausende die Säle. Eine Kundgebung im Zirkus-Krone-Bau brachte es im Februar 1921 gar auf 6 500 Besucher. Sie kamen aus Neugier und versprachen sich nicht zuletzt gute Unterhaltung. »Da Herr Hitler ein glänzender Redner ist«, lockte ein Versammlungsplakat, »können wir einen äußerst anregenden Abend in Aussicht stellen.« Politische Ansprachen als Volksvergnügen. Mit dumpfer Sensationslust harrten die Begeisterungswilligen auf das Ereignis. Hier war »etwas los«, hier wurde schonungslos »abgerechnet«. Die Anziehungskraft der Auftritte erwuchs aus dem aggressiven äußeren Anschein. Der offen propagierte Konfrontationskurs gegen einen mehr herbeigeredeten als real auftretenden Gegner bewirkte nicht nur Schlagzeilen und Selbstbewußtsein, sondern auch den Eindruck von Entschlossenheit. »Unsere Parole heißt nur Kampf«, bekräftigte Hitler bei der Vorstellung des Parteiprogramms am 24. Februar 1920 im Hofbräuhaus. »Wir werden unseren Weg geradeaus unerschütterlich bis zum Ziele gehen.«
Daß dieser Weg von Tumulten und Krawallen gesäumt war und

später buchstäblich über Leichen führte, gehörte durchaus zum Kalkül der um Öffentlichkeit ringenden Partei, ganz nach Hitlers unverblümter Devise: »Ob sie uns als Hanswürste oder als Verbrecher hinstellen, die Hauptsache ist, daß sie uns erwähnen, daß sie sich immer wieder mit uns beschäftigen.«
Dem rüden Erscheinungsbild entsprach verbale Kraftmeierei. Hier sprach einer unumwunden aus, was sonst nur selten über den Dunstkreis von Stammtischrunden hinausdrang, und lenkte die latenten Ressentiments der Zuhörer gegen ein klar definiertes Feindbild: »Unsere Partei muß revolutionären Charakter haben«, forderte Hitler auf einer der Versammlungen unter lautem Beifall, »denn der Zustand der ›Ruhe und Ordnung‹ heißt nur, den jetzigen Saustall weiterhüten. Wir wollen aber nicht revolutionär sein in dem Sinn, daß wir Deutsche uns gegenseitig den Schädel einschlagen, sondern wir Deutsche sollen revolutionär sein gegen die fremde Rasse, die uns bedrückt und aussaugt, und wir werden nicht ruhen und rasten, als bis diese Sippe aus unserem Vaterland draußen ist.«
Der radikale Rhetor bot den enttäuschten Gemütern Angriffsobjekte für ihren Haß und einfache Erklärungen für unbegreifliche Vorgänge wie Niederlage und Revolution. Den verlorenen Krieg lud er auf das Konto der »Novemberverbrecher«, wirtschaftliche Not und nationale Demütigung waren für ihn Ergebnis einer »Weltverschwörung«. Gegen »innere Feinde«, Liberale, Demokraten, Marxisten und immer wieder gegen Juden richteten sich seine Reden. Sie waren Ausdruck der kollektiven Realitätsverweigerung, einer verbreiteten Verdrängung der Niederlage, des Friedensvertrages, der Verfassung, der veränderten Zeit.
Allein die Aussicht auf aggressive Hetztiraden hätte Hitler nicht solchen Zulauf eingebracht, wenn er nicht zugleich die Überzeugung verkörpert hätte, eine Mission zu erfüllen. Es war diese Verbindung von volkstümlicher Demagogie mit der Aura von »heiligem Ernst«, die ihn aus der Vielzahl der völkischen Aufwiegler heraushob. Hitler beließ es nicht dabei, die bestehenden Verhältnisse zu verteufeln, er trat auf als Fackelträger einer politischen Vision. Nach dem Zeugnis von Hitlers Weggefährten und Bewunderer Ernst (»Putzi«) Hanfstaengl wäre die Rhetorik des Redners »in der Halbheit taktischer, nur wenig überzeugender Winkelzüge steckengeblieben, hätte Hitler nicht selbst an die absolute Wahrheit und Erfüllbarkeit seiner Worte und Versprechungen geglaubt. Was er verhieß, war für ihn im gleichen Augenblick, in dem er es

aussprach, schon Tatsache.« Im Eifer der Rede schien er selbst von den Funken seiner eigenen Eingebung entflammt zu werden. Doch entsprang Hitlers Wortflut keineswegs rein intuitivem Artikulationsdrang. Schon frühzeitig öffnete sich der Werbetrommler jener Erkenntnis, daß diese Profession in großem Maße Hand- bzw. Mundwerk war. Zwei Jahre benötigte er nach eigenem Bekenntnis, bis er alle Register propagandistischer Einflußnahme beherrschte und sich als »Herr in dieser Kunst« fühlen konnte. So spontan seine Ausbrüche auf der Tribüne wirkten, so ungehemmt der Wortschwall zu quellen schien, seine öffentlichen Auftritte folgten doch ziemlich genau den Leitlinien einer mühsam einstudierten Choreographie. Selbst scheinbar von höchster Erregung gelenkte Gebärden und wütende Wortkaskaden waren selten spontane Gefühlsausbrüche, sondern sorgsam exerzierte Attitüden. Stunden verbrachte Hitler damit, vor dem Spiegel seine Gestik und Mimik zu begutachten und immer aufs neue zu variieren. Mit aufmerksamer Gründlichkeit und gewiß nicht frei von narzißtischer Eitelkeit, studierte er die Schnappschüsse seines Hoffotografen Heinrich Hoffmann von diesen Probestunden, um die effektvollsten Posen herauszufiltern: die geballten Fäuste, den mahnend erhobenen Zeigefinger, der bald in Richtung der Zuschauer, bald gen Himmel wies, die priesterhaft ausgebreiteten Arme. Theatralische Gebärdensprache dieser Art, wie sie auch der italienische Faschistenführer Mussolini pflegte, war ein Novum in Deutschland. Politische Redner hierzulande vermieden gestikulierende Auftritte, Hitler probte sie gründlich. Nur Gesten, die der strengen Prüfung standhielten, wandte er später auf der Rednertribüne an. Der öffentlichen Vorführung ging nicht selten eine private Generalprobe voraus, wie sein (späterer) Diener Heinz Linge beschrieb:»Hitler stand vor einem Spiegel, der seine ganze Gestalt wiedergab, und sprach Satz für Satz, sich selbst genau beobachtend. Er studierte seine Bewegungen, seinen Gesichtsausdruck. Er wiederholte Sätze und Gesten so lange, bis er mit dem Geleisteten zufrieden war. Bisweilen wandte er sich zu seinen Vertrauten um und fragte: ›Bin ich gut, Hoffmann?‹, oder ›Klingt es richtig, Linge? Denken Sie, daß ich jetzt vor die Versammlung treten kann?‹«

Auch die Modulationsbreite seiner Stimme versuchte Hitler durch Übungen vom sanften Piano bis zum schrillen Fortissimo auszudehnen. Er zwang seine von Natur aus helle Stimme in eine tiefere Lage, um sie volltönender und männlicher erscheinen zu lassen.

In Passagen höchster Erregung wiederum überschrie er sich absichtlich, damit sich die Stimme überschlug. Auch diesen Effekt übte er bisweilen schon vor dem Auftritt in seiner Kammer zum gelinden Schrecken zufällig benachbarter Ohrenzeugen.

Ein gewisser Nachhilfeunterricht in der Kunst der Selbstdarstellung war schon deshalb angebracht, da die Natur den jungen Flaneur nach der Beschreibung von Zeitgenossen nicht unbedingt zum Sympathieträger vorbestimmt hatte.»Hitlers Äußeres trägt gewiß nicht dazu bei, seine Verführungskunst zur Geltung zu bringen«, porträtierte ihn Hermann Rauschning in deutlich negativer Überzeichnung.»Die Haartolle, die ihm über die Augen fällt, seine wenig stattliche, geringe Größe, die schlecht proportionierten Gliedmaßen, seine Unbeholfenheit, die übermäßig großen Plattfüße, die häßliche Nase, der nichtssagende Mund und der kleine Bürstenschnurrbart – all dies macht ihn eher zu einem reizlosen Wesen. Nichts an ihm wirkt anziehend, mit Ausnahme vielleicht der Hände, die bemerkenswert wohlgestaltet und ausdrucksvoll sind.

Schönheit, Leichtigkeit und Eleganz waren ihm ebensowenig gegeben wie eine wohlklingende Stimme. Er tat sich schwer beim Gehen, stand unbeholfen, konnte nicht richtig sitzen. Und doch ging ein Bann von ihm aus, dem von den Honoratioren der Münchner Gesellschaft bis zu den letzten Besuchern im Berliner Bunker unzählige Menschen unterschiedlichster Couleur erlagen.«

Ein Mann mit zwei Gesichtern: Während Hitler im persönlichen Umgang oft unzugänglich und unentschlossen wirkte, sich in selbstentrückte Monologe flüchtete oder in unsicheres Schweigen verfiel, schien ihn der Zuspruch eines öffentlichen Auditoriums mit machtvoller Selbstsicherheit aufzuladen.»Ich muß eine Masse haben, wenn ich rede«, entschuldigte er sich einmal im Kreis von Freunden,»in einem kleinen, intimen Kreis weiß ich nie, was ich sagen soll. Ich würde alle nur enttäuschen...« Otto Strasser, der sich später mit seinem Mentor überwarf und ins Exil fliehen mußte, beschrieb die Wandlung vom weltfernen Wirrkopf zum Hypnotiseur der Massen:»Ein Schlafwandler – wahrhaftig, ein Medium, wie es die wirresten Epochen der Menschheitsgeschichte hervorbringen. Er taucht aus dem Halbschatten auf, zwischen Nacht und Tag. Wie oft bin ich gefragt worden, worin denn die außergewöhnliche Rednergabe Hitlers bestehe? Ich kann sie nicht anders erklären als durch jene wunderbare Intuition, die ihm die unfehlbare Diagnose von der Unzufriedenheit vermittelt, unter

Hitler besaß einerseits die Banalität eines ungebildeten Spießers, andererseits eine hypnotische Fähigkeit, die er sogar auf seine Gegner ausüben konnte. Während ich ihm am Radio zuhörte, fiel es mir schwerer als vorher und nachher, ihm innerlich zu widersprechen. Er hatte eine merkwürdige, durchaus nicht banale und nicht unbedeutenden Spießern eigene Gabe, seinen eigenen Willen zu projizieren und Leute zu hypnotisieren. Dies wirkte hauptsächlich auf die Massen, aber nicht nur auf die Massen. Es gibt eine Menge interessanter Zeugnisse von gebildeten und teilweise bedeutenden Männern, die sich während ihrer Gespräche mit Hitler geradezu hypnotisiert fühlten.

Sebastian Haffner, Jahrgang 1907

Hitler hatte eine tolle, eine teuflische Art, sich in Positur zu setzen, zu sprechen! Er übte eine große Anziehungskraft aus, gerade auf Frauen. Meine Schwiegermutter zum Beispiel hatte ein Ölbild von Hitler. Sie stand vor dem Portrait und betete. Sie meinte, Hitler sei der Erlöser. Die Schwiegermutter war eine tadellose Frau, aber sie war närrisch auf Hitler und seine Reden.

Lieselotte Giessen, Jahrgang 1913

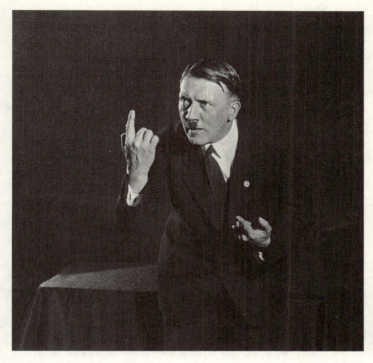

Vor der Kamera seines Leibfotografen Heinrich Hoffmann stellt Hitler Rednerposen dar

Man hatte wirklich den Eindruck, er schaut jedem in die Augen. Wie er das gemacht hat, weiß ich nicht. Ich weiß nur, daß viele, viele Menschen das gleiche Gefühl hatten. Und vor ihm war diese Welle des Schweigens. Auf einmal war alles mäuschenstill. Dann fuhr er vorbei mit ausgestrecktem Arm, und dann sind die »Heil«-Rufe losgebrochen. Damals hat das eine ungeheure Faszination auf die Menschen ausgeübt. Es muß etwas Hypnotisches dabei mitgespielt haben. Er war außerdem jemand, der auf der einen Seite genial, auf der anderen Seite sagenhaft dumm war. Er hatte eine geniale Seite, daran gibt es gar keinen Zweifel. Er war ein Genius des Bösen.

Otto von Habsburg, Jahrgang 1912

Hitler habe ich bei einer Parade gesehen, die er in der Wilhelmstraße abnahm. Wir als Pimpfe mußten sechs oder sieben Stunden herumsitzen, und als er vorbeikam, grüßte er mit dieser Geste und Pathetik, die kaum nachzuahmen ist. Ja, dann kam das kollektive, das diabolische, das teuflisch angelegte Massenerlebnis. Alle brüllten, und ich dachte, es wäre besser, auch zu brüllen, aber das lag mir nicht so. Ich hatte auch Spalier gestanden und mußte die Hand hochheben. Doch als Hitler vorbeifuhr, kam er mir durch das ganze Pathos unnatürlich und geschminkt vor.

Hans-Karl Sandmann, Jahrgang 1928

der seine Zuhörer leiden. Wenn er versucht, seine Reden mit gelehrten Theorien zu stützen, die er sich aus halbverstandenen Werken anderer geholt hat, erhebt er sich kaum über eine armselige Mittelmäßigkeit. Aber wenn er alle Krücken fortwirft, wenn er vorwärtsstürmt und das ausspricht, was ihm sein Geist gerade eingibt – dann verwandelt er sich sofort in einen der größten Redner des Jahrhunderts.«
Die Kraftquelle für den Volkstribun war sein Auditorium. Erst im Wechselspiel mit der Menge erwachte seine missionarische Stärke. Dabei war Hitler keineswegs daran gelegen, seine Zuhörer mit logischer Gedankenführung zu überreden. Er wollte ihre Gefühle gewinnen. Und er war überzeugt, daß dies vor allen Dingen eine Frage der Methode war. Denn für Hitler waren Menschen, die sich in der Menge sammeln, nichts weiter als instinktgeleitete Herdentiere. Sein Buch »Mein Kampf« ist ein erstaunlich unverblümtes Zeugnis dafür, wie abgrundtief er die verachtete, die ihn verehrten: »Das Volk ist in seiner überwiegenden Mehrheit so feminin veranlagt und eingestellt, daß weniger nüchterne Überlegung als vielmehr gefühlsmäßige Empfindung sein Denken und Handeln bestimmt. [...] Gleich dem Weibe, dessen seelisches Empfinden weniger durch Gründe abstrakter Vernunft bestimmt wird als durch solche einer undefinierbaren, gefühlsmäßigen Sehnsucht nach ergänzender Kraft und das sich deshalb lieber dem Starken beugt, als den Schwächling beherrscht, liebt auch die Masse mehr den Herrscher als den Bittenden. [...] So sieht sie nur die rücksichtslose Kraft und Brutalität ihrer zielbewußten Äußerungen, der sie sich endlich immer beugt.«
Das Rüstzeug für diese maskulinen Allmachtsphantasien hatte Hitler sich aus den populären Schriften zur Sozialpsychologie seiner Zeit zusammengesucht, von denen viele auf den Erkenntnissen von Gustave Le Bon fußten. Der französische Arzt hatte in seinem Standardwerk »Psychologie der Massen« eindrucksvoll nachgewiesen, wie aus mündigen Individuen willenlos lenkbare Mitläufer werden, sobald sie sich in der Menge verlieren. Der Massen-Mensch befinde sich in einem Zustand der Hypnose. Ein Machthaber, der es verstehe, sich der Seele der Massen zu bemächtigen, habe daher ein leichtes Spiel.
Hitler erfüllte das Drohgemälde dieses modernen Mephisto mit Faszination. Für ihn waren die Massen Rohstoff, um seiner politischen Vision Gestalt zu verleihen. Er suchte das Instrumentarium zu beherrschen, mit dessen Hilfe er sich die Menge gefügig

machen konnte: »Ich kann die Masse nur führen, wenn ich sie aus ihrer Apathie herausreiße. Nur die fanatisierte Masse wird lenkbar. Eine Masse, die apathisch, dumpf ist, ist die größte Gefahr für jede Gemeinschaft.«
Folgerichtig setzte Hitler nicht auf die Überzeugungskraft rationaler Argumente. Ihm ging es darum, Leidenschaften zu entfesseln. Mit »Lustmorden« hat der Dichter René Schickele seine Rhetorik verglichen. Klaus Mann hatte in einem Bierzelt auf der Münchner Theresienwiese bei einer Hitler-Rede die gleichsam sexuelle Trance seiner Nachbarin beobachtet. Statt an Wissen, Achtung oder Abneigung zu appellieren, wollte Hitler in Seelentiefen vordringen, in denen Glaube, Liebe und Haß gründeten. Die Botschaft mußte eingängig, nicht einleuchtend sein, sie sollte nicht Einsicht erzeugen, sondern Eindruck schinden. Zu diesem Zweck baute Hitler auf das Grundgesetz jeder Werbung: die stereotype Wiederholung einfacher Leitsätze.
»Die Aufnahmefähigkeit der großen Masse ist nur sehr beschränkt, das Verständnis klein, dafür jedoch die Vergeßlichkeit groß. Aus diesen Tatsachen heraus hat sich jede wirkungsvolle Propaganda auf nur sehr wenige Punkte zu beschränken und diese schlagwortartig so lange zu verwerten, bis auch bestimmt der Letzte unter einem solchen Worte das Gewollte sich vorzustellen vermag.«
Wie der Wanderprediger seine Leitgedanken in die Tat umsetzte, davon konnte sich der junge Dramatiker Carl Zuckmayer bei einigen seiner Bierkeller-Auftritte in München ein Bild machen: »Für unsereinen war der Mann ein heulender Derwisch. Aber er verstand es, jene dumpf im Virginia- und Würstl-Dunst zusammengedrängten Mengen aufzuputschen und mitzureißen; nicht durch Argumente, die bei Hetzreden ja nie kontrollierbar sind, sondern durch den Fanatismus seines Auftretens, das Brüllen und Kreischen, mit biedermännischen Brusttönen gepaart, vor allem aber: durch das betäubende Hämmern der Wiederholungen, in einem bestimmten, ansteckenden Rhythmus. Das war gelernt und gekonnt und hatte eine furchterregende, barbarisch-primitive Wirksamkeit.«
Im Vergleich zum perfekt inszenierten Massenspektakel der dreißiger Jahre wirkten Hitlers frühe Darbietungen eher hausbacken. Aber wie die erhaltenen Redemanuskripte bezeugen, verwandte er schon damals große Sorgfalt darauf, die Themenfolge seines Vortrags vorauszuplanen und aus dem einschlägigen Voka-

bular die griffigsten Wendungen herauszusortieren. In der Öffentlichkeit sprach Hitler so gut wie nie aus dem Stegreif. Seine Reden waren gründlich vorbereitet und in allen Einzelheiten durchdacht. Doch ließ er sich beim Vortrag nur selten vom Wortlaut eines Manuskripts leiten. Er wußte um die Distanz, die das Ablesen eines vorgefertigten Textes zum Publikum schuf. Daher notierte er sich in der Regel lediglich die wichtigsten Stichworte, die ihm als Leitfaden seiner Gedankenführung dienten. Sein außergewöhnlich gutes Gedächtnis erlaubte es ihm, die vorbereiteten Thesen wie spontane Eingebungen zu präsentieren.

Wohlweislich hütete Hitler sich davor, dem Publikum in seinen oft mehr als zweistündigen Ansprachen ausschließlich Polemik zuzumuten. Er konnte durchaus Witz verbreiten, viel häufiger jedoch bösen Sarkasmus, Spott oder Schadenfreude. Sein Stil war in der Anfangszeit vulgär, zynisch, oft zotig, seine Wortwahl derb. Wohlwollende Besucher verstand er durch schlagfertige Antworten auf Zwischenrufe oder auch durch theatralische Mimik für sich einzunehmen.

Hitlers Zugkraft als Demagoge hatte es die NSDAP wesentlich zu verdanken, daß sie aus dem Dickicht einer Vielzahl völkischer Verbände und dem Halbdunkel der Wirtshaus-Hinterzimmer ans Licht einer größeren Öffentlichkeit gelangte. Wenngleich die NSDAP weiterhin am rechten Rand des Parteienspektrums ein politisches Dasein fern jeder realen Macht fristete, verschaffte ihr der Werbefeldzug ihres »Trommlers« doch einen merklichen Zuwachs an Mitgliedern und Mitläufern. Nicht zuletzt öffnete er die Türen zu den Salons der Münchner Gesellschaft und den Amtsstuben örtlicher Autoritäten. »Wir [hielten] unsere Hand über Herrn Hitler und die nationalsozialistische Partei«, gab zum Beispiel der damalige Leiter der politischen Polizei und spätere NS-Innenminister Wilhelm Frick offen zu, weil »wir in ihr den Keim einer Erneuerung sahen, weil wir von Anfang an die Überzeugung hatten, daß die Bewegung diejenige ist, die geeignet wäre, […] die Arbeiterschaft ins nationale Lager zurückzuführen.«

Hitlers Unentbehrlichkeit als Propagandamotor machte es ihm leicht, Ende 1921 mit einer Rücktrittsdrohung seine Ermächtigung zum Alleinherrscher über die NSDAP ultimativ durchzusetzen. Mit kollegialer Parteiführung war es jetzt ein für allemal vorbei. Der Erste Vorsitzende wurde zum »Führer der NSDAP«, wie das frischerworbene Parteiblatt »Völkischer Beobachter« vermeldete, und die NSDAP damit mehr und mehr zur Hitler-Bewegung.

Hitler spricht 1932 im Berliner Lustgarten zur Wahl des Reichspräsidenten

Man muß bedenken, daß es damals bei Großveranstaltungen noch keine so gute technische Ausrüstung gab. Oft waren nicht einmal Mikrofone vorhanden. Der Redner mußte also mit ungeheurer Gestik und starker Stimme versuchen, den Raum zu füllen, und zwar so, daß auch der Letzte im Saal noch etwas mitbekam. Deswegen hat uns junge Leute Hitlers Auftritt etwas düpiert: Seine Stimme war krächzend und dazu noch diese übertriebene Gestik. Wir sind hinausgegangen und haben uns gesagt: »Mensch, der spinnt!«

Carl Bökeler, Jahrgang 1908

Hitler war fraglos ein wirkungsvoller Redner, solange er Erfolge vorzuweisen hatte. Liest man seine Reden heute, so kann man den Erfolg nicht mehr verstehen, von den eher kuriosen Erzählungen der Parteigeschichte bis zu den gröhlenden Attacken gegen Churchill. Ich teile die Ansicht von vielen Fachleuten – das ist natürlich nicht zu beweisen –, daß sein Erfolg nach der Erfindung des Fernsehens kaum mehr möglich gewesen wäre.

Walter Jens, Jahrgang 1923

»Nicht aus Bescheidenheit wollte ich damals ›Trommler‹ sein«, brüstete sich Hitler im Rückblick. »Wer zum Diktator geboren ist, der wird nicht gedrängt, sondern der will, der wird nicht vorgedrängt, sondern drängt selber vor.«
In Wirklichkeit hatte Hitler sich, wie so oft bei wichtigen Entscheidungen, erst nach monatelangem Zaudern und unter dem Druck der Ereignisse zur Übernahme der Führung durchgerungen. Dann aber, einmal am Ruder, machte er sich mit Feuereifer daran, die Partei in seinem Sinne umzugestalten. Alle Neuerungen folgten im wesentlichen zwei Zielen: Nach innen straffe Herrschaft, die den »Führer« stärkte; nach außen geschlossenes Auftreten, das den »Trommler« heraushob.
Das »Führerprinzip« wurde zum grundlegenden Ordnungsprinzip der Partei. Es wurde nicht gewählt, sondern angeordnet – von oben nach unten. Das letzte Wort gebührte stets dem »Führer«, der sich in allen organisatorischen, inhaltlichen und personellen Fragen vorbehielt, Entscheidungen aus eigener Machtvollkommenheit zu fällen. Umgekehrt verpflichtete das Führerprinzip die Parteimitglieder zu unbedingter Loyalität gegenüber dem Parteivorsitzenden. Als regionale Amtswalter fungierten die »Gauleiter«, die in ihren Revieren, den »Gauen«, über einigen Entscheidungsfreiraum verfügten, solange ihre Unterordnung unter Hitlers Herrschaft nicht in Frage stand. Mit der Neuformierung der NSDAP wurde ein Geflecht von Abhängigkeiten und Rivalitäten gewoben. Die Fäden hielt allesamt der übergeordnete Führer in der Hand – Vorbild für die Innenarchitektur des künftigen NS-Staates.
Das äußere Erscheinungsbild der Partei erregte weitaus größere Aufmerksamkeit als ihr Programm, in dem typische Forderungen des alten Mittelstands mit nicht näher begründeten nationalistischen, antikapitalistischen und antisemitischen Parolen zu einem diffusen, keineswegs widerspruchsfreien 25-Punkte-Katalog vermengt waren. Genauer betrachtet, erschöpfte sich die Ideologie der NSDAP weitgehend in ihrer Propaganda, Propaganda war ihre Ideologie. Hitler war stets bemüht, programmatische Festlegungen zu umgehen. Seine Partei war keine Programmpartei, sondern eine Propagandabewegung.
Frühzeitig hatte Hitler erkannt – und sich dabei durchaus am Vorbild der sonst so verteufelten sozialistischen Feinde orientiert, daß äußere Formen und Symbole mindestens ebenso werbewirksam waren wie wuchtige Worte. »Diese neuen Mittel des politischen

Kampfes gehen ja im wesentlichen auf die Marxisten zurück«, gab er später unumwunden zu. »Ich brauchte nur diese Mittel zu übernehmen und zu entwickeln und hatte im wesentlichen, was uns not tat.«

Zum Beispiel die Farbe: Das schreiende Rot auf Riesenplakaten und überdimensionalen Fahnen war nicht nur eine Provokation an die Adresse der Linken, es zog wie ein Magnet die Aufmerksamkeit an. Diese revolutionäre Grellheit verband Hitler mit traditioneller Symbolik aus dem Arsenal völkischer Verbände. Auf der Suche nach einem Emblem »von großer plakatmäßiger Wirkung« entschied er sich für das Hakenkreuz, das seinen Ursprung aus indogermanischen Wurzeln herleitete und erzreaktionären Bünden wie der »Thule-Gesellschaft« bereits als Erkennungszeichen diente. Getränkt in die Farben des vorrepublikanischen Kaiserreiches Schwarz-Weiß-Rot wurde die Hakenkreuzfahne zu einem der wichtigsten Propagandamittel. Handzettelverteiler und Klebekolonnen sorgten künftig für die Allgegenwart der NS-Ikonografie. Viele Stunden brachte der verhinderte Kunstmaler in der Bayerischen Staatsbibliothek damit zu, alte Wappensammlungen nach einer für den Parteistempel geeigneten Adlergrafik zu durchforsten. Die Parteigenossen waren gehalten, stets das offizielle Parteiabzeichen anzuheften.

Um den Eindruck von Tatkraft und Entschlossenheit vorzutäuschen, veranstaltete die NSDAP Umzüge und Aufmärsche. Vollbesetzte Mannschaftswagen, mit Plakaten beklebt und mit Sprechchören bestückt, trugen die Agitation auf die Straße. Marschmusik, patriotische Gesänge, Fahnenträger und Formationen im Gleichschritt bestimmten zunehmend das Bild öffentlicher Kundgebungen. Parteieigene Schlägertrupps schotteten sie gegen unliebsame Störer ab.

Aus diesen Prügelgarden entwickelte Hitler 1921 die schlagkräftigste Propagandawaffe der »Kampfzeit«: Die »Sturmabteilung« (SA) erfüllte die Doppelfunktion, nach außen als paramilitärische Wehrsportgruppe widersetzliche Gegner einzuschüchtern und nach innen als dem »Führer« loyal ergebene politische Soldateska die Partei zu stabilisieren. Aus dem Heer ausgemusterter Kriegsteilnehmer und arbeitslos gewordener Freikorpskämpfer bildete Hitlers Mentor, der ehemalige Hauptmann Ernst Röhm, nach militärischem Muster eine draufgängerische Kampftruppe. Ihre Hauptfunktion war die Außenwirkung. »Der Anblick einer starken Zahl innerlich und äußerlich gleichmäßiger, disziplinierter

Männer, deren restloser Kampfwille unzweideutig zu sehen oder zu ahnen ist«, hieß es in einem Erlaß des späteren SA-Chefs Franz Pfeffer von Salomon, »macht auf jeden Deutschen den tiefsten Eindruck und spricht zu seinem Herzen eine überzeugendere und mitreißendere Sprache, als Schrift und Rede und Logik je vermag. Ruhiges Gefaßtsein und Selbstverständlichkeit unterstreicht den Eindruck der Kraft – der Kraft der marschierenden Kolonnen.«
Im Erscheinungsbild dieser politischen Landsknechte nahm der Antagonismus Gestalt an, der das Wesen der Hitler-Bewegung von Beginn an bestimmte: Werbung und Einschüchterung, Zeremonie und Terrorismus, Verführung und Gewalt. Die Verführungskunst der Partei Hitlers beruhte ganz wesentlich auf der Kraft der Verneinung. Ihr Programm bot Projektionsfläche für Unzufriedene und Gescheiterte. Die Krise brachte ihr Zulauf ein. Die Talfahrt der Wirtschaft und die Schwächen der etablierten Politik lieferten ihr Munition. Folgerichtig war das Krisenjahr 1923, in dem die Geldmaschinen heißliefen, für die NSDAP ein Jahr des Aufschwungs. Ihre zentrale Mitgliederkartei verbuchte bereits annähernd 50 000 Namen. Daß dieses Jahr den Umtrieben der Partei dennoch fürs erste ein abruptes Ende setzte, hatte wiederum mit ihrem Gewaltpotential zu tun. In einer grandiosen Fehleinschätzung ihres Rückhaltes in der Bevölkerung und der etablierten Politik stolperten Hitler und seine Gefährten in einen dilettantischen Aufstandsversuch, der am 9. November 1923 vor der Feldherrnhalle in München von den Gewehrsalven der Polizei beendet wurde. Das Debakel kostete 14 Tote. Die NSDAP, ihre Zeitung und ihre Kampftruppe wurden verboten. Die Rädelsführer hatten hohe Haftstrafen zu gewärtigen. Es schien das vorläufige Ende einer zweifelhaften Karriere.
Der Keim zur Wiederauferstehung lag wiederum in einer Rede. Das Podium war die Anklagebank des Münchner Volksgerichts, das Auditorium bildeten die Prozeßbesucher, und das Plädoyer bot die Gelegenheit. Bereitwillig erlagen Gericht, Ankläger und Publikum den starken Worten des Beschuldigten, der die Anklageschrift wegen »Hochverrats« in ein Ruhmesblatt umdeutete: »Die Verantwortung trage ich allein. Aber Verbrecher bin ich deshalb nicht; wenn ich heute als Revolutionär hier stehe, so stehe ich als Revolutionär gegen die Revolution. Es ist unmöglich, daß ich Hochverrat getrieben habe. Es gibt keinen Hochverrat bei einer Handlung, die sich gegen den Landesverrat von 1918 wendet.«
Unter dem Beifall der Anwesenden rief Hitler zum Abschluß:

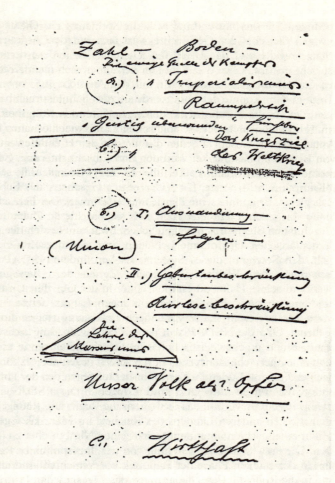

Redemanuskript Hitlers für die Reichstagswahlen vom 14.9.1930

Sie haben uns verführt zu ihren Zwecken, wir haben aber gern mitgemacht. Viele wie ich haben sich überhaupt nicht dagegen gewehrt, haben keine Handhabe gehabt, haben keinen Grund gesehen, sich zu wehren, und sind dann wieder, indem sie Führer waren, Verführer der anderen gewesen. Und wer wie ich zwei, drei Jahre lang ein durchaus beliebter Fähnleinführer war, der hat ja wieder die anderen Jungs nun verführt, dieses mitzumachen, sozusagen eine Kette, die oben angefangen hat und nach unten weitergegangen ist.

Erich Loest, Jahrgang 1926

»Mögen Sie uns tausendmal schuldig sprechen; die Göttin des ewigen Gerichts der Geschichte wird lächelnd den Antrag des Staatsanwalts und das Urteil des Gerichtes zerreißen; denn sie spricht uns frei.« Die drei Schöffen bemühten sich nach Kräften, es der Göttin gleichzutun. Nur mit der Aussicht auf vorzeitige Begnadigung konnte der Vorsitzende sie zum Schuldspruch bewegen, der auf die Mindeststrafe lautete: fünf Jahre Festungshaft. Für Hitler bedeutete der Gefängnisaufenthalt zweifellos einen herben Rückschlag. Er war seiner Bühne und seiner Bühnenbildner beraubt: der Öffentlichkeit und der Partei. Doch im Endergebnis kam die erzwungene Pause, die er zur Niederschrift seiner »Kampf«-Schrift nutzte, für Hitler einem Geschenk des Schicksals gleich. Er konnte seine Pferde neu aufzäumen. Der Fehlschlag hatte ihn gelehrt: Die Republik ließ sich in dieser Phase nicht durch einen Staatsstreich wegputschen. Man mußte sich der parlamentarischen Demokratie bedienen, um sie zu zerstören. Es galt, den Souverän dieses Systems als Verbündeten dagegen zu gewinnen: den Wähler. Der rasche Zerfall der »Bewegung« während seiner Haftzeit bestärkte Hitler in der Gewißheit, daß er und nur er zum »Führer« des völkischen Lagers berufen war. Zwei Monate nach seiner vorzeitigen Entlassung rief er am 27. Februar 1925 die NSDAP von neuem ins Leben. Mit taktischer Finesse und machiavellistischer Rücksichtslosigkeit setzte er seinen Alleinherrschaftsanspruch durch, zuerst gegen den erzkonservativen General Ludendorff, im Jahr darauf gegen den sozialrevolutionären Flügel um Otto und Gregor Strasser. Selbst das zweijährige Redeverbot, das die bayerische Regierung, gefolgt von den meisten anderen Ländern des Reiches, im März 1925 gegen Hitler erließ, schien unter dem Strich seinen Nimbus eher zu festigen. Die erzwungene Abwendung von der Tagespolitik bewahrte ihn in der stabilen Phase der Republik vor Verschleiß und erhob ihn in die Rolle des den Niederungen des Tagesgeschäfts entrückten Märtyrers. Symbolischer Ausdruck für das allmähliche Wiedererstarken der NSDAP und ihres unangefochtenen Regenten war der erste Parteitag nach der Wiedergründung im Juli 1926. Er wurde nach Weimar verlegt, als Kampfansage an die Republik – und weil Hitler in Thüringen keinem Redeverbot unterlag. Im Kleinformat wurde hier vorexerziert, was künftig Stil und Erscheinungsbild der Hitler-Gemeinde bestimmen sollte. Diskussionen fanden, wenn überhaupt, hinter verschlossenen Türen statt, und sie galten ohnehin ausschließlich Anträgen, die vom ersten Vorsit-

zenden zuvor abgesegnet wurden. Abstimmungen fanden erst gar nicht statt. Nicht zur Meinungsbildung hatte Hitler sein Fußvolk einberufen, sondern zur öffentlichen Selbstdarstellung. Auf seine Person sollte die neu ins Leben gerufene Parteijugend eingeschworen werden. Auf seinen Namen wurden die Fahnen und Standartenträger vereidigt, an seiner hochgereckten Rechten marschierten im Gleichschritt 5 000 gläubige Anhänger vorbei. Wenngleich das Parteitagszeremoniell auf Außenstehende noch wie eine groteske Nachahmung italienischer Faschisten-Bräuche wirkte, vermochte es doch Beobachtern wie Beteiligten den Eindruck von Geschlossenheit und Führungsstärke vorzutäuschen. So war es, wie ein Anwesender beschrieb, »kein Wunder, daß sich am Ende fast alle Teilnehmer [...] in einem Rausch und Taumel der Begeisterung befanden, der jedes kritische Vermögen ausschloß, ja bereits die Neigung zu Kritik als Lästerung empfand.«
Eine weitere Verbesserung der Choreographie brachte der Parteitag im folgenden Jahr, den Hitler erstmals in die Kulisse der alten Reichsstadt Nürnberg verlegte. Komplett ausstaffierte Partei- und SA-Formationen mit Fahnen, Wimpeln und Musikkapellen strömten in Sonderzügen aus allen Teilen des Reiches zusammen; auch aus dem Ausland trafen Delegierte ein. Die Parteitagsregie war immer stärker auf äußere Uniformierung bedacht. Zum erstenmal trat die »Hitlerjugend« ans Licht der Öffentlichkeit und Hitler mit Braunhemd und Parteiuniform in Erscheinung. Mehr denn je stand er allein im Mittelpunkt des Parteitagsrituals, das mit liturgischer Mystik programmatische Schwächen überdeckte und die Grundzüge künftiger Feierlichkeiten von Partei und Staat ausprägte.
Wenn auch die politische Bedeutung der NSDAP weiterhin in klarem Kontrast zu diesem aufwendigen Spektakel stand, so hatte doch die Anziehungskraft ihres Zampanos auf das Publikum die Schweigefrist ungebrochen überdauert, wie der Polizeibericht über Hitlers Rückkehr ans Rednerpult am 7. März 1927 bezeugte: »Die Leute in den Bänken sind aufgeregt und mit Erwartungen angefüllt. Man spricht von Hitler, von seinen einstigen rednerischen Triumphen im Zirkus Krone. Die Frauen, von denen auffallend viele sich einfanden, scheinen noch immer für ihn begeistert zu sein. Man erzählt sich von früheren Tagen des Glanzes. [...] ›Es muß so werden wie früher!‹ hört man sagen. Die Manege füllt sich [...] Die meisten gehören den unteren Erwerbsschichten an, sind Arbeiter, Kleingewerbler, Kleinhändler. Viele Jugendliche

in Windjacken und Wadenstrümpfen. Vertreter der radikalen Arbeiterschaft sieht man wenig, fast keine. Die Leute sind gut angezogen, einige Herren zeigen sich sogar im Frack. Man schätzt die Menschenmasse im Zirkus, der nahezu voll ist, auf siebentausend Personen.«
Während er den angekündigten Anfangstermin wie üblich bewußt verstreichen läßt, um die Erwartung zu steigern, läuft Hitler in seinem Zimmer auf und ab, aufgeregt noch einmal seine Rede memorierend. In kurzen Abständen ruft er seine Kundschafter im Saal an, um sich über Besucherzahl und Stimmungsbild einen Eindruck zu verschaffen. Mit altvertrauten Märschen heizt dort eine SA-Kapelle die Atmosphäre an. Genau in dem Moment, als die aufgestaute Vorfreude des Publikums in Verärgerung umzuschlagen droht, erscheint der Redner schließlich und hält, begleitet von seinem Gefolge und unter tosendem Jubel, strammen Schrittes auf die Bühne zu. Fanfarenstöße lassen den Lärm verstummen, sie sind das Startsignal für ein verschworenes Ritual: Angeführt von Trommlern und Fahnenträgern defilieren SA-Männer und Parteigenossen in brauner Uniform mit altrömisch anmutenden Feldzeichen und Standarten an Hitler vorbei, salutieren mit dem ausgestreckten, rechten Arm und marschieren zu ihren Plätzen. Wie ein Feldherr nimmt Hitler den Gruß entgegen und wartet, bis sich abermals völliges Schweigen einstellt. Dann ist die Bühne bereitet für den Auftritt des Hauptdarstellers, den der Polizeibeobachter präzise protokollierte: »Er spricht frei, zuerst mit langsamer Betonung, später überstürzen sich die Worte, bei mit übertriebenem Pathos vorgetragenen Stellen kommt die Stimme gepreßt und nicht mehr verständlich zu Gehör. Er gestikuliert mit den Armen und Händen, springt erregt hin und her und sucht das aufmerksam ihm lauschende, tausendköpfige Publikum stets zu faszinieren. Wenn der Beifall ihn unterbricht, streckt er theatralisch die Hände aus. Das Nein, das im späteren Fluß der Rede oft vorkommt, mutet schauspielerisch an, ist auch gewollt betont. Die rednerische Leistung an und für sich war [...] dem Berichterstatter nichts Hervorragendes.«
Unter donnerndem Applaus und den Klängen des Deutschlandliedes entschwindet Hitler theatralisch in die Nacht wie ein Sendbote überirdischer Gewalten, der gekommen ist, den Menschen die Richtung zu weisen. Kein Einleitungsvortrag, kein Diskussionsbeitrag, kein Abschiedswort darf den Bann der Rede brechen. Der Ablaufplan jeder Versammlung ist darauf gerichtet, den Hauptredner in eine messianische Aura zu entrücken.

Die Dramaturgie war für Hitler das Werkzeug, um seinen Zuhörern den Vollbesitz ihrer geistigen Kräfte zu entwinden. Mit voller Absicht legte er es darauf an, durch langatmige Eingangsbetrachtungen die Aufnahmebereitschaft der Anwesenden zu lähmen und durch die Aufzählung bekannter Programmpunkte ihnen zugleich ein einschläferndes Gefühl von Vertrautheit zu vermitteln. Durch die Ouvertüre mürbe gemacht, ließen sich die Zuhörer kritiklos von demagogischen Schlagworten und emphatischen Parolen mitreißen, um schließlich im Wechsel von Beschwörungen und Begeisterung der allgemeinen Ekstase zu erliegen. Zu Beginn erging Hitler sich meist in einer weitschweifigen Würdigung seiner bisherigen Kämpfe und Erfolge, dozierte über das Parteiprogramm und wechselte dann zum Schmähangriff gegen die »Schieber- und Erzgaunerrepublik« oder die »Erfüllungspolitiker«. Von Zurufen, Beifall oder bestellten Claqueuren angetrieben, redete er sich in Rage und erreichte, wild gestikulierend, mit dem dramatischen Ruf nach Geschlossenheit zuletzt den Höhepunkt. Für seinen Generalangriff auf die Mündigkeit der Zuhörer maß Hitler den Begleitumständen beträchtliche Bedeutung zu: Ort, Zeit, Auditorium, ja selbst die Außentemperatur waren seiner Überzeugung nach ausschlaggebend für den Erfolg einer Rede. Höchstpersönlich untersuchte er vorher, sofern er es vermochte, die Akustik der Veranstaltungsorte, um den erforderlichen Stimmaufwand auszuloten, überprüfte die Lüftung, bauliche Gestaltung und taktische Lage der Räume. Um stets den Eindruck reger Resonanz aufrechtzuerhalten, achteten die Veranstalter bei der Wahl des Saales darauf, daß die Anzahl der Plätze nach Möglichkeit geringer war als die erwartete Menge von Besuchern. Ein Veranstaltungsort, der keine Atmosphäre aufwies, schien Hitler wenig angetan zur Verführung des Publikums, eine ungünstige Tageszeit gar nicht. Er pries den »geheimnisvolle[n] Zauber des Festspielhauses in Bayreuth« oder den »Dämmerschein katholischer Kirchen« für ihre Eignung, den Geist der Zuschauer gleichfalls in einen Dämmerzustand zu versetzen. Als Zeitpunkt für eine Rede bevorzugte er den späten Nachmittag oder den Abend. Einmal habe er eine Versammlung am Sonntagvormittag anberaumt, dozierte Hitler in »Mein Kampf«. »Das Ergebnis war niederdrückend, doch zugleich außerordentlich belehrend: Der Saal war voll, der Eindruck ein wahrhaft überwältigender, die Stimmung aber eisig kalt; niemand wurde warm, und ich selbst als Redner fühlte mich tief unglücklich, keine Verbindung, nicht den leisesten Kontakt mit meinen Zuhörern herstellen zu können.«

Hitler im Kreise junger SA-Männer und anderer Jugendlicher. München, Kasino des Braunen Hauses, 1930

1936 war ich zehn Jahre alt und kam ins Deutsche Jungvolk. Damals hat das deutsche Volk dem Führer einen Jahrgang geschenkt. So stand es in allen Zeitungen. Mit zehn Jahren ist man abenteuerlustig. Wir gehörten ja jetzt zu den großen Jungs, die Koppel tragen und ein Messer haben dürfen. Und überall war Hitler, seine Bilder hingen überall. Er hatte, wie es hieß, Deutschland gerettet, vor dem Bolschewismus, vor den Juden ... Es ging nun aufwärts in Deutschland, und wir gehörten mit dazu, als Jungvolk in der Hitlerjugend. Es war alles in allem ein Religionsersatz.

Erich Loest, Jahrgang 1926

Daß wir nicht ohne Grund Hitlerjugend hießen, wurde uns dann im Lauf der ideologischen Erziehung immer klarer. Erst nach dem Krieg ist mir richtig bewußt geworden, daß die Geländespiele, der Gehorsam, das Marschieren, die Uniform, das Fanfarenblasen und Trommeln im Grunde Vorbereitung für den Krieg war. Ich habe es ja Anfang 1945 erlebt, als ich an der Panzerabwehrwaffe ausgebildet und aufgefordert wurde, für Hitler den Heldentod zu sterben.

Reinhard Appel, Jahrgang 1927

Mitglieder des Bundes deutscher Mädel (BDM) zu Besuch bei Hitler, 1937

Sie konnten uns ihre ganzen Thesen in die Köpfe hämmern: daß wir als deutsche Jugend die beste Jugend der Welt sind, daß wir besser sind als alle anderen, daß wir gesünder sind usw. Das hört ein junger Mensch sehr gerne, und er bräuchte dann ein Korrektiv. Aber das war nicht da. Und wenn die Eltern widersprachen, konnten die Jungen mit der Staatsmacht im Rücken aufbegehren und sich besser und klüger fühlen. Ich weiß noch, daß ich so mit 12 Jahren einige Male sehr spät nach Hause kam und es dann Krach gab deswegen. Meine Antwort: »Ich habe dem Führer geschworen, daß ich immer treu die Arbeit mache, daß ich treu seinem Befehl folge. Und heute war der Befehl eben, daß ich beim Fackelzug dabei sein mußte.« Da meine Eltern nicht gegen den »Führer« waren, zog das Argument natürlich.

Renate Finckh, Jahrgang 1926

Mein Verhältnis zum Führer? Wenn ich ganz ehrlich bin: Wir haben den Führer geliebt. Und wenn unsere Lehrerin vom »Führer« sprach, dann weinte sie regelmäßig vor Rührung. Eine andere Lehrerin hat sich nach dem Krieg das Leben genommen. Das waren ältere, vielleicht sogar noch unschuldige Frauen, die sich voll auf den Führer verlassen haben.

Heidi Hallmann, Jahrgang 1920

Das Echo des Publikums war Hitler wichtig wie ein Aufputschmittel. Die Anlaufzeit, die er benötigte, um die Stimmung im Saal auszuloten, und die Art, wie er sich vom Applaus anspornen und weitertreiben ließ, weisen auf seine Abhängigkeit von der Aufnahmebereitschaft des Auditoriums hin. Jubel, Zurufe oder andächtiges Schweigen beflügelten seinen Drang zur Selbstdarstellung. Inmitten des Taumels werde er, wie er selbst bekundete,»ein anderer Mensch«. So schwer es dem Einzelgänger fiel, Beziehungen zu seinen nächsten Gefährten aufzubauen, so feinsinnig war sein Gespür für große Zuhörermassen. Mitunter sagte er Vorträge kurzfristig ab oder zögerte mit seiner Zusage, wenn er sich nicht sicher war, ob der Funke auch überspringen würde. Fehlte es an der ungeteilten Aufmerksamkeit des Publikums, konnte Hitler leicht den Faden verlieren. In einigen Fällen veranlaßte ihn unfreundliche Aufnahme gar dazu, seine Rede abzubrechen und den Saal umgehend wieder zu verlassen. Er wurde nervös oder geriet aus dem Konzept, wenn jemand die von ihm angeführten Behauptungen in Frage stellte. Schon die Anwesenheit einiger weniger Zwischenrufer oder Störer konnte die notwendige Sakralstimmung der Veranstaltungen empfindlich beeinträchtigen. Dieses»Problems« entledigte sich die Partei nicht selten auf handgreifliche Weise. Wer unangenehm auffiel, wurde kurzerhand aus dem Saal geprügelt. Das System der rhetorischen Gleichschaltung duldete keine Störfaktoren. Auf der anderen Seite verstand es Hitler mit zunehmender Kunstfertigkeit, seine Reden der jeweiligen Zuhörerschaft anzupassen. Der Inhalt entsprach einem gleichbleibenden Grundmuster, aber in der Form des Vortrags zeigte er Variationsgeschick. Sprach er vor Professoren, Studenten und Intellektuellen, so war sein Text mit Fremdwörtern und abstrakten Begriffen durchsetzt. Fachleute beeindruckte er durch detailgenaue Sachkunde. Um die Sprache der Gosse kennenzulernen, hatte ihm sein vagantenhaftes Vorleben hinreichend Gelegenheit gegeben. Selbst seine Dialektfärbung versuchte er den regionalen Gegebenheiten anzupassen. Um sich die norddeutschen Anhänger gewogen zu machen, ging er so weit, das»spitze« S-t der Hannoveraner zu imitieren. Ähnlich verhielt es sich mit seinem Erscheinungsbild: Für eine Rede im Industrieclub von Düsseldorf tauschte er nicht nur die Parteikluft gegen den vornehmen Cut, sondern auch seinen kleinbürgerlichen Habitus gegen den Anschein weltmännischen Gepräges.

Hitlers Neigung zur Mimikry läßt erkennen, daß er über ein

beträchtliches Schauspielertalent verfügte. Tatsächlich beherrschte er auf bemerkenswerte Weise das ganze Register der emotionalen Ausdrucksvielfalt. Von einem Moment zum anderen konnte er von Zornesausbrüchen zu eindringlicher Beschwörung überwechseln, nach glühendem Begeisterungssturm in dumpfes Brüten verfallen, strenge Befehlstöne durch launigen Charme ersetzen. Nach Gutdünken gab er sich im Wechsel weniger Minuten arrogant oder tiefsinnig, herrisch oder aufrichtig, leidend oder triumphierend, je nachdem, welche Wirkung er sich versprach. Wollte er jemanden für sich gewinnen, konnte er äußerst zuvorkommend auftreten und seine vielbeschriebene Anziehungskraft zur Geltung bringen. Aber ebenso vermochte er seine Sprache drohend und brutal einzufärben, wenn er sich von der Einschüchterung Vorteile versprach.

Diese Verstellungskunst rührte schon allein daher, daß Hitler sich selbst fortwährend wie im Spiegel betrachtete. Von panischer Angst verfolgt, sich öffentlicher Lächerlichkeit preiszugeben, und von einer unstillbaren Imponiersucht angetrieben, schirmte er sein wahres Wesen, wie nur irgend möglich, nach außen hin ab. Sein Erscheinungsbild war ohne Pose nicht denkbar. Hitler habe nie ein unüberlegtes Wort geäußert, urteilte sein späterer Wirtschaftsstratege Hjalmar Schacht etwas pauschal, aber aufschlußreich: »Alles war kälteste Berechnung.«

Entgegen dem äußeren Anschein hatte Hitler sich stets im Griff. Im Umgang mit anderen wahre er Selbstdisziplin bis zur Verkrampfung. Das Wechselspiel seiner Gefühlstemperaturen entsprang gleichermaßen aufmerksamkeitsheischendem Darstellungsdrang wie berechnender Absicht!

Und doch wäre es ein Fehler, Hitlers Auftritte als billiges Komödienspiel abzutun. Wäre er nur als Wortakrobat und Possenreißer in Erscheinung getreten, hätte er schwerlich solche Breitenwirkung erzielt. Das Geheimnis liegt vielmehr gerade darin, daß er die Schauspielkunst verinnerlicht hatte. Wie ein echter Charakterdarsteller ging er förmlich in seiner Rolle auf, wie ein Mime von Rang gelang es ihm, Menschen zu Tränen, zum Lachen, zur Angst oder Raserei zu rühren. Anfangs im Auftreten noch etwas linkisch, wurde ihm der gezielte Einsatz seiner Ausdrucksmittel mit zunehmender Praxis zur zweiten Natur. Seine Darstellung besaß Glaubwürdigkeit, weil er schließlich selbst daran glaubte, was er auf dem Podium verkündete.

Im Überschwang der Redeschlacht erweckte Hitler häufig den

Eindruck, von seinen eigenen Worten mitgerissen, schier jede Kontrolle über sich zu verlieren. Aber wenn er dann innehielt und mit einer unwilligen Handbewegung gleichsam die Dämonen der Leidenschaft verscheuchte, blieb dem schärferen Beobachter das künstliche Wesen des Temperamentsausbruchs nicht verborgen. Für einen kurzen Augenblick ließ der Selbstdarsteller spüren, daß er sehr wohl genau wußte, was er sagte und damit bewirken wollte. Auch wenn er Haßtiraden in das Auditorium schleuderte, blieb er zugleich stets ein beherrschter Hüter seiner Wallungen. Was seine Wirkung gefährlich machte, war diese Verbindung von Fanatismus und Berechnung, das ihm eigene Zusammenwirken von Rausch und Ratio.

Doch kann alle Meisterschaft in Redetechnik und Inszenierung nicht darüber hinwegtäuschen, daß Hitlers Agitation nur auf der Basis einer Grundübereinstimmung mit dem Publikum gedeihen konnte. Er sprach unverhohlen aus, was seine Zuhörer insgeheim dachten, und er wußte es nur zu gut, weil er derselben Erfahrungswelt entstammte. Er formulierte zu Ende, was hinter vorgehaltener Hand gemunkelt wurde. Hitler mußte seine Anhänger nicht überreden, denn im Kern war man sich einig, zumindest über die Richtung, wenn auch nicht unbedingt über das Ziel. Der Brandstifter sprach vor Biedermännern. Seine Worte waren beredter Ausdruck ihres Gemüts.

Der Effekt seiner Reden bestand darin, die vorhandene kleinbürgerliche Mentalität zu nationalsozialistischer Ideologie zu kristallisieren – für viele ein Erweckungserlebnis, wie es der spätere Gauleiter von Baden, Robert Wagner, beschrieb: »Als ich diesen Mann zum erstenmal sprechen hörte, fiel es mir wie Schuppen von den Augen. Er sprach das aus, was ich gern ausgesprochen hätte, aber damals nicht aussprechen konnte.«

Ähnlich einem Hypnotiseur, den viele Augenzeugen als Metapher zur Erklärung für Hitlers Ausstrahlung bemühen, konnte auch der Volksredner seine Wirkung nur auf der Grundlage von Wohlwollen und Einverständnis voll entfalten. Hitler hat seine Zuhörer nicht verzaubert. Er verstand es nur auf geschickte Weise, in ihnen die magische Kraft ihrer eigenen Vorurteile, Wunsch- und Wahnvorstellungen freizusetzen. Seine Worte waren ihr Resonanzboden. Die Menschen strömten zu ihm, nicht um sich überzeugen zu lassen, sondern weil er ihnen tief befriedigende Selbstbestätigung verschaffte und den Eindruck, einer neuen Wahrheit und Gewißheit teilhaftig zu werden. Das vermittelte Gemeinschaftser-

lebnis nährte sich aus nostalgischer Verklärung des »Zusammengehörigkeitsgefühls im Schützengraben« und einer den Deutschen nicht fremden Neigung zu kollektiver Unterwerfung.
Doch erst die Krise bereitete den Boden, auf dem die Saat des Demagogen in großem Umfang aufgehen konnte. Gefährlich ansteckend wirkte seine Agitation erst im Fiebertrauma, das der New Yorker Börsenkrach im Oktober 1929 entzündet hatte, das in einer Kettenreaktion von Banken-, Betriebs- und Bauernhofpleiten und einer Explosion der Arbeitslosenzahlen zum Ausbruch kam und das die schwindenden Abwehrkräfte der Republik von Weimar endgültig lähmte. Unsicherheit und Existenzangst ergriff nicht nur das Heer der Arbeitslosen, deren Zahl von 1,3 Millionen 1928 auf über sechs Millionen im Jahr 1932 schnellte. In Panik vor dem drohenden sozialen Abstieg suchten viele Menschen nach einem Halt. Der wirtschaftliche und politische Niedergang nahm weiten Teilen der Bevölkerung das ohnehin schmale Vertrauen in die Heilungskräfte des bestehenden politischen Systems und verschaffte dem Mann zunehmend Gehör, der sich mit ungewöhnlicher Dynamik als »Retter aus der Not« anpries.
Das politische Wunschbild eines charismatischen Führers, der die Unzufriedenheit bündelt und den Glauben an eine Erneuerung verkörpert, bestimmte auch vor und ohne Hitler die Vorstellungswelt autoritätsgläubiger Deutscher. Der Volkstribun brauchte die Rolle nur aufzugreifen und überzeugend darzustellen. Spätestens seit dem erdrutschartigen Wahlerfolg der NSDAP im September 1930, bei dem sie ihren Stimmenanteil versiebenfachte und beinahe ein Fünftel der Reichstagsmandate eroberte, begann der Mythos vom starken Führer seine Faszination auch über das Ghetto der Partei hinaus zu entfalten. Der Dirigent einer rechtsextremen Radautruppe stieg auf zum personifizierten Ausdruck des »Volkswillens«. Das verbreitete Monumentalgemälde eines wundersamen Erlösers mochte nur noch wenige Gemeinsamkeiten mit dem realen Modell aufweisen. Aber gerade deshalb konnte jeder seine ganz persönlichen Erwartungen auf die übermächtige Führerfigur richten und zugleich am Glanz der Erfolgsgeschichte vom unaufhaltsamen Aufstieg des kleinen Mannes aus der Anonymität zur Macht teilhaben.
Die Entfaltung dieses Personenkults und seine spätere Überhöhung zur Staatsräson war ganz wesentlich das Werk eines Gefolgsmanns, der – bekehrt von frühen Links-Abweichungen – selbst der abgrundtiefen Bewunderung für seinen Meister voll-

Die Wirkung des Verführers bei sudetendeutschen Frauen...

Ich bin 1933 aus meiner Heimatstadt Graslitz im Sudetenland mit dem Zug nach Zwickau gefahren, um Hitlers Rede zu hören. Als ich um neun Uhr morgens im Stadion ankam, waren bereits 50 000 Menschen da. Seine Rede war für halb elf Uhr angekündigt, aber er kam erst um vier Uhr an, und kein Mensch ist weggegangen. Die Musik spielte, und es herrschte ein unglaublicher Jubel, eine tolle Stimmung. Dann kam Hitler mit dem Flugzeug, wurde begeistert begrüßt und hielt seine Rede. Sie handelte vom Versailler Vertrag, von der Arbeitslosigkeit, von Reparationszahlungen und von der Rheinlandbesetzung. Ich war von diesem Mann beeindruckt und von dem, was er sagte. Als junger Mensch war ich begeistert und viele andere auch, ob Arbeiter, Bauern, Handwerker oder Intellektuelle.

Emil Kolb, Jahrgang 1917

Ich hatte den Eindruck, und damit stand ich bestimmt nicht allein, in einer großen Zeit zu leben, einem besonderen Volk anzugehören, auf die dieses System offensichtlich ungeheuer stark setzte. Man sagte uns: »Was jetzt geschieht, ist nur der Vorlauf; ihr werdet einmal das richtige Deutschland schaffen!« Und wir glaubten das natürlich gerne.

Reinhardt Schleese, Jahrgang 1929

...und Zaungästen der Bayreuther Festspiele

Hitlers Gegenwart löste eine unglaubliche Begeisterung aus. Das wirkte wie eine ansteckende Krankheit. Besonders bei älteren Mädchen, die gerade in die »Schwärm«-Phase kamen, konnte man das beobachten. Schon die Tatsache, Hitler gesehen zu haben oder gar von ihm berührt zu werden, galt soviel wie ein Besuch beim Heiligen Vater in Rom. Wie beim Papst fühlten die Leute sich schon durch die Berührung gesegnet. Mir ist es heute nicht mehr erklärlich, wie es den Nationalsozialisten gelungen ist, Hitler zu einem solchen Idol zu machen.

Sybill Gräfin Schönfeld, Jahrgang 1927

Ich habe Hitler sozusagen mit der Muttermilch eingesogen. Für mich war er die Verkörperung von Ehre, Freiheit, Vaterland, Aufrichtigkeit und Gerechtigkeit. Was mir an positiven Tugenden denkbar erschien, habe ich in ihm personifiziert gesehen. Ein Leben ohne Hitler und den Nationalsozialismus konnte ich mir nicht vorstellen. Ihn persönlich zu sehen war für mich wie ein Rausch, auch wenn ich keine Irrsinnsüberhöhung bis zum Beten erlebte. In unserem Bekanntenkreis gab es nämlich Leute, die sogar zu Hitler beteten. Ich höre noch heute die Sprechchöre auf dem Wilhelmplatz: »Lieber Führer, sei so nett, komm doch mal ans Fensterbrett!« Dichtgedrängt warteten die jubelnden Menschen und riefen nach dem »Führer«. Wenn Hitler auf den Balkon trat, ging ein gewaltiger Aufschrei durch die Menge. Das war wie Weihnachten.

Hans-Jürgen Habenicht, Jahrgang 1929

ständig erlag: »Wie ein Meteor stiegen Sie vor unseren staunenden Blicken auf und taten Wunder der Klärung und des Glaubens in einer Welt der Skepsis und Verzweiflung«, huldigte Joseph Goebbels seinem »Führer« in einem Brief. In dem fanatischen Jünger hatte Hitler einen Gleichgesinnten gewonnen, der die Methoden der Massenmanipulation bis zur Perfektion verfeinerte. 1926 als Gauleiter in das »rote« Berlin beordert, hatte Goebbels unter Beweis gestellt, daß er auch auf schwierigem Pflaster und mit harten Bandagen den Werbefeldzug für die Partei durchzufechten verstand. Solchermaßen geschult, durfte Goebbels von 1930 an als »Reichspropagandaleiter« die oberste Regie über sämtliche Kampagnen der Partei übernehmen. Für den Wahlkampfmarathon in der Endphase der Republik, der 1932 mit zwei Durchgängen zur Präsidentenwahl, zwei Reichstags- und elf Landtagswahlen seine höchste Steigerung erfuhr, war Hitlers Truppe besser als jede andere Partei gewappnet. Die fortwährende Propagandaschlacht entsprach dem Wesen ihres Wirkens. Im Agitationsfeldzug verwirklichte sich ihr Grundprinzip: Stil und Erscheinung waren wesentlicher als Argumente oder Diskussionen. Das Medium allein war schon Botschaft.
Die Infrastruktur war bereitet. Dank der forcierten Organisationsausdehnung reichte das Netzwerk der Partei inzwischen flächendeckend bis in jedes deutsche Dorf. Von der Studenten- bis zur Ärzteschaft blieb kaum eine größere Gesellschafts- oder Berufsgruppe ohne einen neugegründeten NS-Verband. Die Partei glich einem riesigen Werbeunternehmen, und ihre Methoden folgten dem Muster moderner Werbekampagnen. Dies illustriert eine Anweisung an alle Ortsgruppen aus dem Jahr 1928, für die ein rühriger junger Parteifunktionär namens Heinrich Himmler verantwortlich zeichnete. »Zum Vorwärtstreiben unserer politischen und SA-Organisation sowie zur planmäßigen Verbreitung unserer Presse ist von Zeit zu Zeit für jedes Gebiet Deutschlands eine wohlvorbereitete, das Maß der sonstigen Propaganda-Anstrengungen überschreitende Tätigkeit notwendig. Unter Propaganda-Aktion versteht die Propaganda-Abteilung:
1. Konzentration von 70 bis 200 Versammlungen in einem Gau im Zeitraum von 7-10 Tagen.
2. Diese zeitliche Anhäufung für ein Gebiet ist notwendig, wenn die beabsichtigte Wirkung erzielt werden soll.«
Als Aushängeschild der massierten Öffentlichkeitsarbeit sollten »Werbe-Abende« der SA oder Hitlerjugend dienen, von deren

Verlauf der spätere SS-Chef in seinem Rundschreiben ebenfalls präzise Vorstellungen hegte: »Die SA zeigt an diesem Abend, was sie aus eigenen Kräften zu leisten vermag, als da sind: sportliche Vorführungen, lebende Bilder, Theaterstücke, Singen von Liedern, Vorträge von SA-Leuten, Vorführung des Parteitagsfilms.«
Um keinen Zweifel an der erwarteten Einsatzbereitschaft aufkommen zu lassen, fügte der spätere SS-Chef noch den Hinweis hinzu: »Es ist selbstverständlich, daß sämtliche Redner des betreffenden Gaues während einer Propaganda-Aktion bis zur äußersten Grenze an jedem Abend sprechen.«
Das Fußvolk der Partei hielt die Agitationsmaschine in Bewegung. Die praktische Ausrichtung des Dauerwahlkampfs erwuchs für die Mitglieder der Ortsgruppen zur Hauptfunktion, der sie hingebungsvoll ihre Freizeit opferten. Hitlers Glaubensbekenntnis vermittelte ihnen ein sinnstiftendes Aufbruchserlebnis. Parteiverbände und SA-Einheiten organisierten Kundgebungen mit Rednern aus der parteieigenen Rhetorenschule, veranstalteten Aufmärsche, Fackelzüge, Platzkonzerte, Sportfeste, Sternfahrten und gemeinsame Kirchbesuche, verteilten Flugblätter, Kampfschriften, Zeitungen, sammelten Spendengelder, warben Mitglieder und fungierten selbst als uniformierte Staffage für alle Parteiveranstaltungen im Umkreis. »Der Wahlkampf ist im Prinzip fertig. Wir brauchen jetzt nur auf den Knopf zu drücken, und die Maschine setzt sich in Bewegung«, notierte Goebbels am 4. Februar 1932 in sein Tagebuch und prophezeite einen Wahlkampf, »wie ihn die Welt noch niemals gesehen hat«. Jedenfalls in Deutschland hatte es einen an Aufwand und Modernität vergleichbaren Propagandafeldzug zuvor noch nie gegeben. Bis in die kleinsten Städte überrollte die Partei das Land mit Tausenden von Kundgebungen, die ihrer Rednerriege rastlosen Einsatz abforderten. »Es beginnt die Raserei wieder«, beschrieb Goebbels die Hetze durch das Land. »Die Arbeit muß im Stehen, Gehen, Fahren und Fliegen erledigt werden. Die wichtigsten Unterredungen hält man auf der Treppe, im Hausflur, an der Türe, auf der Fahrt zum Bahnhof ab. Man kommt kaum zur Besinnung. [...] Wenn eine Rede zu Ende ist, befindet man sich in einem Zustande, als ob man in vollen Kleidern eben aus einem heißen Bad herausgezogen würde.«
Mit Einfallsreichtum und überlegenen Methoden diktierte die NS-Propagandamaschine über weite Strecken Themen und Tempo des Wahlkampfs allein und nutzte in nie dagewesener Weise alle

verfügbaren, zeitgemäßen Medien für ihre Zwecke: Illustrierte, Flugblätter, ungewöhnliche Plakatgrafiken, Grammophonplatten, sogar Tonfilme vervielfältigten Hitlers Botschaft. Ganze Stadtviertel wurden über Nacht mit blutroten Plakaten und Hakenkreuzsymbolen zugekleistert. Kolonnen von Lastwagen, auf denen SA-Männer mit wehender Fahne nationale Parolen brüllten, rollten über das Pflaster der Städte. Mit ihrem rastlosen Trommelfeuer durchbrachen die Nationalsozialisten das vorherrschende Klima lähmender Lethargie und fegten manche Skepsis beiseite: »Dauernd sah man das Hakenkreuz auf die Bürgersteige gemalt oder die Bürgersteige mit Flugzetteln bestreut, die die Nationalsozialisten verteilten«, berichtet eine Hausfrau aus Norddeutschland. »Ich wurde von dem Eindruck der Kraft dieser Partei angezogen, wenn mir auch vieles an ihr höchst zweifelhaft erschien.«

Mehr denn je zuvor wiesen sämtliche Reden, Schriften und Manifestationen unermüdlich auf den Mann an der Spitze, der selbst in atemloser Hetzjagd den umfangreichsten Teil des Wahlkampfs bestritt. Aus logistischer Not gelang ihm ein propagandistischer Coup: Um seine Agitationskraft möglichst umfassend zur Geltung zu bringen, charterte Hitler für sich und seinen Troß ein Flugzeug, das ihn in sieben Tagen zu Kundgebungen in 21 Städten trug, wo oft über 50 000 neugierige Menschen seiner harrten. Hitlers Himmelfahrt über Deutschland sprengte nicht nur die bestehenden Maßstäbe der Reichweite, sie umgab ihn mit einer Aura von Modernität und Mystizismus. Wenn sich das erleuchtete Flugzeug vom Nachthimmel auf das wartende Volk herabsenkte, schien die Botschaft vom Wunderheiler bildhafte Gestalt anzunehmen. Fahnenaufzüge, Marschklänge, das Spiel der Lichter und Symbole, feierliche Erwartung und vielstimmige Heil-Rufe taten ein übriges, das liturgische Erlebnis zu steigern. Jede Einzelheit dieses Gesamtschauspiels, von der Planung der Route bis zum Ablauf des Abends, war, wie Goebbels schrieb, »bis ins kleinste organisiert«, und alles zielte darauf ab, die Suggestivkraft von Hitlers Erscheinung zu erhöhen. Hunderttausende erlebten seine Reden als rauschhaftes Kollektiverlebnis, das sie in einen Taumel von Aufbruchsstimmung, Genugtuung und Gemeinschaftsempfinden versetzte. Bereitwillig ließen sie sich für einige Stunden um ihren gesunden Menschenverstand bringen. Sie wollten an den verheißenen Neubeginn glauben, an die Beseitigung der wirtschaftlichen Not, die Erlösung einer gedemütigten Nation. Oder sie sagten sich, daß es schlimmer als bisher sowieso nicht kommen

Das verführerischste Moment war eigentlich das messianische Erscheinungsbild Hitlers. Denn in Deutschland herrschte ein weltanschauliches Vakuum. Wir hatten keinen Kaiser mehr, unser Nationalbewußtsein war angekränkelt. Ein Großteil der Bevölkerung war von der Religion weit entfernt. So denke ich, daß der Nationalsozialismus für viele eine Ersatzreligion war, die eine ganz tiefe Begeisterung weckte und wie eine Kraftquelle wirkte. Man wollte anpacken, um für ein besseres Leben zu arbeiten. Aber daß das ein Spuk war mit ganz finsteren Schattenseiten, das wußte man doch.
Isa Vermehren, Jahrgang 1918

Junge Frauen und ihr Idol: Hitler und Besucherinnen auf dem Obersalzberg

Mit Lügen hat Hitler nicht gespart. Er wußte, was ankam. Wenn sich jemand als Retter bezeichnet, kann er sich zunächst immer des Beifalls der Masse sicher sein. Aber er war kein Retter, er bezeichnete sich nur so. Seine Rede war doch immer: »Wer an der Front kämpft, kann fallen. Wer nicht mitmacht, muß mit dem Tod rechnen!« Er war also ein brutaler, herzloser Psychopath, von Retter keine Spur. Wen hat er denn gerettet, und was sollte er denn retten?
Otto Gritschneder, Jahrgang 1914

könne. Hitler mied in dieser Zeit verbalradikale und antisemitische Ausfälle, bemühte sich, auch breiteren Bürgerkreisen salonfähig zu erscheinen, wenn er an seiner rassenpolitischen Grundkonfession auch weiterhin keinen Zweifel ließ. Mit Bedacht vermied er es, sich auf ein eindeutiges politisches Programm festzulegen. So resolut er gegen Mißstände zu Felde zog, so unbestimmt blieb er in seinen inhaltlichen Vorstellungen. »Schweigt mir mit euren Tagesfragen!« erklärte er auf einer Kundgebung. »Die Tagesfragen sind dazu angetan, den Blick für das Große zu trüben.« Wenn man erst einmal an der Macht sei, so die implizierte Botschaft, dann werde man sich auch den Problemen der Tagespolitik zuwenden. Aber bis dahin war der Kampf um die Macht Programm.

Mit dieser Strategie gelang Hitler das Kunststück, sich zum Garanten für die Erfüllung höchst unterschiedlicher, oft widersprüchlicher Interessen hochzustilisieren. Verschiedenste gesellschaftliche Gruppen bestärkte er – jede für sich – in ihrer tiefen Überzeugung, er wolle im Grunde dasselbe wie sie. So weckte seine Formel von der »moralischen und geistigen Erneuerung Deutschlands« bei älteren Bürgern mit konservativem Weltbild vielfach die Vorstellung, daß Hitler die traditionellen Werte der deutschen Vergangenheit wieder herstellen werde. Die Jüngeren hingegen knüpften an nationalsozialistische Politik die Erwartung, sie werde mit dem »System« zugleich auch die Relikte der bürgerlichen Vergangenheit hinwegfegen. »Macht Platz, Ihr Alten«, lautete eine zugkräftige Wahlkampfparole der Partei.

Sozialrevolutionäre Parolen mischten sich mit altvertrauten, oft radikal rückwärtsgewandten Wertvorstellungen. Der Entwurf einer rundum erneuerten Gesellschaft stand beziehungslos neben der Verherrlichung des feudalen »Ständestaates«. Unvereinbare Gegensätze wie das Interesse der Bauern an höheren Erzeugerpreisen einerseits und der Wunsch der Stadtbevölkerung nach billigeren Lebensmitteln andererseits wurden von mitreißenden Versprechungen einer »nationalen Wiedergeburt« übertüncht. Jeder durfte dem Sammelsurium von Versprechungen und ideologischen Versatzstücken entnehmen, was er selbst mit »Deutschlands Erwachen« verband.

Die Synthese der widerstreitenden Vorstellungen war die Integrationskraft des charismatischen Führers. Mehr und mehr präsentierte Hitler sich in der Rolle des weitsichtigen, über allen Zwistigkeiten stehenden Erneuerers. Viele schwankende Wähler, die das ungestüme Gebaren der braunen Bataillone eher mit Skepsis erfüllte, verbanden mit seiner Person zumindest doch die Hoffnung auf eine Wende. Die Wahlkampfrhetorik der NSDAP kam solch zaudernden Zuläufern bereitwillig entgegen: »Hitler hat uns bis jetzt nicht betrogen«, lautete ein Slogan. »Man muß diesen Mann erst einmal arbeiten lassen.« Die Kapitulation der bestehenden Regierung auf dem Höhepunkt der Krise, die Paralyse des parlamentarischen Systems, der verbreitete Eindruck der Regierungslosigkeit trieben der jung und dynamisch wirkenden Hitler-Bewegung Scharen von Wählern in die Arme.

Der massive Propagandasturm brachte der Partei Hitlers noch einmal einen erheblichen Zuwachs ein. Aus den Reichstagswahlen im Juli 1932 ging sie mit 37,3 Prozent der Stimmen als weitaus stärkste Partei hervor. Aber mit diesem Ergebnis stieß sie auch an die Grenzen ihres Wählerpotentials. Bei der folgenden Wahl im November ging der Stimmenanteil der NSDAP noch einmal deutlich zurück, was die Partei in eine mittelschwere Krise stürzte. Allein mit des Wählers Stimme war die Alleinherrschaft nicht zu erringen.

Daß Hitler am 30. Januar 1933 dennoch zum Reichskanzler ernannt wurde, verdankte er (wie in diesem Buch an anderer Stelle beschrieben) der schleichenden Aushöhlung der parlamentarischen Demokratie und einem Intrigenspiel der alten Machteliten, die ihn als Volkstribun für ihre Zwecke benutzen wollten. Der schier endlose Fackelzug von 25 000 SA-Männern, die von 19 Uhr abends bis 1 Uhr morgens nach Goebbels' Regieplan an der Reichskanzlei vorbeimarschierten, unterstrich indes eindrucksvoll, wer wirklich über die Macht der Straße verfügte. Die Symbolkraft dieses meisterhaften Spektakels verlieh dem Ereignis eine wesentlich nachhaltigere Außenwirkung, als offizielle Verlautbarungen es je vermocht hätten. Die Amtshandlung wurde zum historischen Ereignis stilisiert. Hier wurde nicht eine Regierung umgebildet, sondern eine nationale Revolution vollendet, lautete die suggerierte Botschaft.

Um sie massenwirksam kundzutun, bedienten sich die neuen Machthaber erstmals rigoros der Instrumente, die ihnen durch den Amtsantritt ausgeliefert waren: Die Rundfunksender brachten eine ausführliche Direktübertragung von der Kundgebung und Interviews mit NS-Größen. Das salbungsvolle Schlußwort sandte Goebbels höchstpersönlich über den Äther in weite Teile des »Reiches«. Die Journale der Wochenschau rückten die braunen

Fackelträger in ein glanzvolles Licht. Die nationalen Blätter feierten die »nationale Erhebung«.
Vom ersten Tag an wußte Hitlers Propaganda-Stratege die verfügbaren Massenmedien effektvoll zum Mittel der Massenmanipulation umzufunktionieren. Sie sollten vor allem einem Zweck dienen: der Huldigung Hitlers. Wie am 10. Februar 1933 im Berliner Sportpalast übernahm Goebbels oft selbst die Doppelrolle, zunächst auf der Tribüne die Rede seines Meisters emphatisch anzukündigen, um dann von der Sprecherkabine aus als »Reporter« von der Veranstaltung zu berichten. »Welch eine Wendung durch Gottes Fügung«, rief er ins Mikrophon, »ernst und gemessen schreitet, freundlich grüßend, durch die Massen der Führer, der Reichskanzler Adolf Hitler, der Führer des jungen Deutschland.« Dem angedeuteten Vergleich mit dem Menschensohn getreu, setzte Hitler ein »Amen« an das Ende seiner Rede.
Sie ertönte diesmal nicht nur landesweit aus den Radiogeräten, eigens aufgebaute Lautsprecher übertrugen sie auf öffentliche Plätze. Was die Weimarer Rundfunkpolitik schon vorgezeichnet hatte, wurde jetzt Methode: Private Informationsquellen wurden zu Instrumenten staatlicher Indoktrination. Nur zehn Tage nach der Veranstaltung flimmerte der Redner schon überlebensgroß über die Leinwände der deutschen Kinos. Erste Schritte auf dem Weg zu Hitlers medialer Allgegenwart.
Ausgerüstet mit dem Arsenal staatlicher Machtmittel, starteten die Nationalsozialisten von drückend überlegener Position aus in den letzten Wahlkampf der Weimarer Republik. Ihre Propagandamaschinerie schien sich diesmal schier zu überschlagen. In 45 Wahlsendungen, welche die Rundfunkstationen übertrugen, kamen ausschließlich Regierungsvertreter zu Wort, und die deutschnationale Koalitionspartei mußte sich weitgehend mit der Statistenrolle abfinden. Massenaufmärsche, Flaggenmeere, Jubelszenen, Großplakate, dröhnende Paraden und die schon legendären Hitlerflüge gaukelten den Menschen den Anbruch einer neuen Zeit vor, die keine Parteien mehr kenne, sondern nur einen »Führer«.
»Wenn man sagt, wir hätten kein Programm, so ist doch der Name Hitler Programm genug«, umriß der neuinstallierte Innenminister Wilhelm Frick die Parteidoktrin. »Das Entscheidende ist der Wille und die Kraft zur Tat.«
Tatkräftig gingen die Nationalsozialisten fürwahr zur Sache – bei der skrupellosen Unterdrückung ihrer politischen Gegner. Besonders gegen die Parteien der Linken entfesselten sie einen brutalen

Hitler während der Parade zum Deutschen Turn- und Sportfest in Breslau 1938. Teilnehmerinnen, unter ihnen Valerie Helwig, suchen Hitlers Händedruck

Ich glaube, als Mann hat Adolf Hitler für uns keine Rolle gespielt. Er war ein Übermensch und irgendwie geschlechtslos für uns. Er war eben Adolf Hitler, der Führer. Es war vielleicht so, wie damals Menschen zu Jesus aufgeschaut haben. 1938 fuhren wir zum Turnfest nach Breslau. Wir hatten uns fest vorgenommen, ganz diszipliniert am »Führer« vorbeizumarschieren. Wir wollten uns sozusagen würdig erweisen, ins Reich aufgenommen zu werden. Doch dann kam die SS und rief immer: »Mädels, lauft doch, lauft zum Führer!« Da sind alle vorgestürzt. Wir haben uns ziemlich hysterisch verhalten. Er schaute uns an und nickte immer mit dem Kopf, als wollte er sagen: »Ihr kommt auch heim ins Reich!« Die Ergriffenheit der Mädchen war so groß, daß einige geweint haben. Wir waren in Trance, wir wußten gar nicht, wie uns geschah.

Valerie Helwig, Jahrgang 1921

Terror, der jede Chancengleichheit im Keim erstickte. Wahlredner, die gegen das Regime auftraten, riskierten, von Schlägerkommandos mundtot gemacht zu werden. 69 Tote und mehrere hundert Verletzte auf beiden Seiten forderte der Feldzug der Gewalt, bei dem die Polizei den braunen Prügelgarden weitgehend das Feld überließ. Bei der parteiinternen Rollenverteilung übernahm Hermann Göring, gestützt auf das Herrschaftsinstrumentarium des preußischen Innenministeriums, die Aufgabe des Repressors. Der Reichstagsbrand lieferte schließlich den Vorwand für die offene, polizeistaatliche Ausschaltung der Links-Opposition. Zugleich war er Anlaß für eine propagandistische Generaloffensive, die gezielt auf tiefsitzende Ängste der Bevölkerung vor einem kommunistischen Aufstand spekulierte.

Zu dieser Doppelstrategie von Terror und Täuschung gehörte der aufwendig inszenierte Theaterdonner zum »Tag der erwachenden Nation«, wie man den Wahltag am 5. März getauft hatte. In Königsberg, Krönungsstadt der preußischen Könige, warf Hitler sich ganz in die Pose des siegreichen Befreiers seines Volkes: »Trage Dein Haupt jetzt wieder hoch und stolz! Nun bist Du nicht mehr versklavt und unfrei, Du bist nun wieder frei [...] durch Gottes gnädige Hilfe«, rief er in die Nacht, gefolgt von den Klängen des Niederländischen Dankgebetes, in das sich – in Wirklichkeit per Schallplatte eingespielt – das Dröhnen der Domglocken mischte. Das »agitatorische Meisterwerk«, resümierte der Zeitungswissenschaftler Emil Dovifat, »erweckte in leider nicht kleinen Teilen des deutschen Volkes den Eindruck, man werde nicht nationalsozialistisch, man sei es ja längst.«

Das Ergebnis der Reichstagswahlen rückte diesen Eindruck noch einmal ein wenig zurecht. Trotz des propagandistischen und terroristischen Kraftakts erreichte die NSDAP nicht mehr als 43,9 Prozent der Stimmen. Außer in Süddeutschland, wo sie ihren Rückstand aufholen konnte, gelang ihr nirgendwo ein maßgeblicher Zugewinn. Die Mehrheit der Deutschen – wiewohl beileibe keine leidenschaftlichen Demokraten – war trotz des massiven Drucks nicht gewillt, Hitler zu folgen – noch nicht!

Auch wenn Hitler schließlich mit autoritärer Gewalt die Macht erzwang, die ihm mit plebiszitärer Verführung allein versagt blieb, war er sich sehr wohl bewußt, daß es ihm jetzt erst noch bevorstand, seine Untertanen für sich zu gewinnen. Nach der Eroberung der staatlichen Macht galt es nun, die Macht über die Meinung der Menschen zu erringen. Die Propaganda erhielt eine herausragende Funktion im neuen Staat zugewiesen. Sie wandelte sich vom Werbeträger zum Indoktrinationssystem – nach Goebbels' Devise: »Wir wollen die Menschen so lange bearbeiten, bis sie uns verfallen sind.« Der oberste Meinungslenker erhielt ein eigenes Ministerium zum Zweck der propagandistischen Totalmobilmachung – ein Novum in der deutschen Geschichte. Systematisch sicherte er sich den Zugriff auf die wichtigsten Träger der veröffentlichten Meinung und konnte dabei auf das Entgegenkommen der traditionell obrigkeitshörigen Medien in Deutschland bauen. Dank der Massenproduktion von Billig-Radios, Marke »Volksempfänger«, erreichten die Worte des »Führers« bald jeden Haushalt.

Sein Meisterstück lieferte der Propagandaminister kurz nach seinem Amtsantritt ab: Kaum ein Ereignis hat die Illusionen über das neue Regime so genährt wie das Schauspiel zum »Tag der nationalen Erhebung« am 21. März 1933 in Postdam. Offiziell stand der Auftakt der neuen Reichstagssaison auf dem Spielplan. Aufführungstermin und Kulissen waren mit Bedacht gewählt: Das Datum verwies nicht nur auf den Frühlingsbeginn, sondern auch auf die Eröffnung des ersten deutschen Reichstags durch Bismarck im Jahr 1871. Und der Genius des Ortes, der vielbeschworene »Geist von Potsdam«, zehrte vom verblichenen Glanz preußischer Glorie. Hier, über den Sarkophagen der großen Soldatenkönige, sollte das Bündnis der alten Gewalten mit dem jungen Hitler-Regime augenfällig zelebriert werden. Marschkolonnen und Böllerschüsse, Blumenmädchen und Kriegsveteranen, Ehrenkränze und Orgelchoral: Goebbels hatte auch diesmal nichts dem Zufall überlassen, und Hitler hatte jedes Detail der historisierenden Zeremonie vorher abgesegnet.

Die traditionsreiche Garnisonsstadt schien für einen Tag in ihre Geschichte zurückgekehrt. Aus den Fenstern wehten schwarz-weiß-rote Fahnen, und aus der Menschenmenge glänzten Uniformen aller Art heraus. Zum Korps der Komparsen zählten Reichswehroffiziere, Abgeordnete, Wirtschaftsführer, hohe Beamte, Kirchenvertreter, ehemals gekrönte Häupter und kaiserliche Generäle ebenso wie Parteigenossen, Gauleiter und SA-Männer. Statt rabiatem Imponiergehabe legten Hitlers Gefolgsleute dieses Mal weihevolle Würde an den Tag. Der Reichskanzler selbst trat zum erstenmal öffentlich in schwarzem Frack und Zylinder in Erscheinung. Statt der Teilnahme am Festgottesdienst zog er es vor, auf dem Friedhof tote »alte Kämpfer« zu ehren. Doch dann,

kurz vor zwölf Uhr, traf er auf den Stufen der Garnisonkirche mit dem greisen Staatspräsidenten zusammen. Hindenburg reichte Hitler die Hand, und der »böhmische Gefreite« verneigte sich tief vor der feldgrauen, ordensbehangenen Uniform des greisen Generalfeldmarschalls. Das Trug-Bild von der ehrfürchtigen Verbeugung des Volkstribuns vor der etablierten Autorität preußischer Prägung, millionenfach auf Postkarten und Plakaten reproduziert, dämpfte im In- und Ausland die Furcht vor revolutionärem Überschwang und trug erheblich dazu bei, den Nimbus vom »Volkskanzler« zu stärken. Der symbolträchtige Händedruck erweckte den Anschein, als habe sich der ungestüme Volksverhetzer endlich mit den konservativen Trägern der Staatsgewalt versöhnt. Harmoniestreben, Traditionspflege und Aufbruchseuphorie erhielten gleichermaßen Nahrung. Im nationalgesinnten Bürgertum schwand die Reserve gegen den Emporkömmling aus dem Wiener Obdachlosenasyl. Beinahe in jeder Stadt kam es zu Loyalitätsbekundungen für die neue Regierung. Hitler wurde Ehrenbürger in Tausenden Gemeinden; Eichen und Linden wurden ihm zur Huldigung gepflanzt, Straßen und Plätze nach ihm benannt. Die Lobgesänge zu seinem 44. Geburtstag taten ein übriges, Hitler zu einem Staatsmann zu stilisieren, der, allem Parteienzwist entrückt, dem Walhall deutscher Größe zustrebte. In der verehrungsbereiten Anhängerschaft fanden solch pathetische Elogen dankbare Aufnahme. Die Sogwirkung der Hitler-Begeisterung riß auch Zögernde mit, wollten sie nicht Gefahr laufen, zu Außenseitern abgestempelt zu werden. Einschüchterung, Opportunismus und Gesinnungsschnüffelei verstärkten den allgemeinen Konformitätsdruck. Auch die brutale Kehrseite der Machteroberung: Massenverhaftungen, Terror und Existenzvernichtung, konnte die nationale Euphorie nicht wesentlich trüben. Wo die drakonischen Repressionen nicht ohnehin Beifall fanden, wurden sie vielfach zumindest als unvermeidliche Auswüchse oder notwendiges Übel der Wendezeit akzeptiert, ganz nach der Devise: »Wo gehobelt wird, da fallen auch Späne.«
Um so erstaunlicher erscheint es, wie rasch und umfassend Hitler der Einbruch in die Gesellschaftsschicht gelang, die sich ihm bis zuletzt noch am stärksten widersetzt hatte: die deutsche Arbeiterschaft. Am 1. Mai, dem traditionellen Tag der Arbeiterbewegung, den ausgerechnet das NS-Regime zum gesetzlichen Feiertag erhoben hatte, marschierten Millionen von Werktätigen in einer Reihe mit ihren Gegnern von gestern. Auch an diesem Festtag scheute

das Regime weder Aufwand noch Kosten, um der Huldigung an den »Arbeiter der Faust« einen glanzvollen Rahmen zu stiften. Auf dem Tempelhofer Feld in Berlin beschwor Hitler vor etwa einer halben Million Menschen das Ende der Klassenkämpfe: »Die Millionen Menschen, die in Berufe aufgeteilt, in künstliche Klassen auseinandergehalten worden sind, die, vom Standesdünkel und Klassenwahnsinn befallen, einander nicht mehr verstehen können, sie müssen wieder den Weg zueinander finden!«
Trotz der durchaus nicht wirkungslosen Zugkraft dieser »Volksgemeinschafts«-Utopie waren es doch weniger Parolen, mit denen Hitler große Teile der Arbeiterschaft köderte, als die Aussicht auf materiellen Fortschritt. »Arbeit und Brot« hatte der Wahlkämpfer verheißen und die Beseitigung der drückenden Arbeitslosigkeit in vier Jahren versprochen. Die Verwirklichung dieses Vorsatzes war nun die Meßlatte für den »Volkskanzler«. Er wußte, daß nur eine erfolgreiche Wirtschafts- und Arbeitsmarktpolitik seinem Regiment Kredit verschaffen konnte.
Tatsächlich wurde die Krise schneller und gründlicher überwunden, als es die neuen Machthaber selbst in Aussicht gestellt hatten. Schon 1936 war annähernde Vollbeschäftigung erreicht und in der Industrieproduktion die Talsohle überwunden.
Eine günstigere Marktlage, vor allem aber ein ganzes Bündel konjunkturpolitischer Maßnahmen, die die Nationalsozialisten beileibe nicht erfunden hatten, wohl aber konsequent genug einsetzten, ermöglichten den Umschwung.
Kernstück war ein gigantisches Beschäftigungsprogramm. Ein Riesenheer von Arbeitskräften wurde zu Großeinsätzen im ganzen Land wie der Trockenlegung von Sümpfen, Begradigung von Flüssen, Urbarmachung von Marschland, Aufforstung von Brachflächen oder zum Bau von Straßen, Kanälen und öffentlichen Gebäuden dirigiert. Entscheidender noch als die Bereinigung der Arbeitslosenstatistik und die Anschubwirkung für die Konjunktur war die psychologische Symbolkraft dieser propagandistisch aufbereiteten »Arbeitsschlacht«. Monotone Massenfron wurde zum »nationalen Aufbauwerk« verklärt. Eine Kette von ersten Spatenstichen, Grundsteinlegungen und Richtfesten vermittelten Aufbruchsstimmung und Aufschwung. Besonders der Bau neuer Autobahnen, mit dem das Regime ein Vorhaben aus Weimarer Zeiten in die Tat umsetzte, belebte den Glauben an einen Modernität und Mobilität verheißenden Wandel.
Bis Ende 1934 gab die NS-Regierung etwa fünf Milliarden Reichs-

Hitler bei Arbeitern in Berlin-Siemensstadt

Vor Hitlers Machtergreifung war der 1. Mai nur ein Feiertag der linken Arbeiterbewegung. Ich durfte an diesem Tag immer in der Schule fehlen. Unter Hitler wurde das dann offiziell ein freier Tag, das hat uns schon gefallen. Auch die Ferienangebote der »Kraft-durch-Freude«-Organisation waren eine große Sache. Gerade die Leute aus der Arbeiterschicht hatten sich bis dahin ja keinen Urlaub leisten können. Mit der KdF konnten die Leute für 30 Mark eine Woche lang in Urlaub fahren. Das war für damalige Verhältnisse auch viel Geld, aber wenn einer arbeitete, konnte er sich das doch einmal leisten. Viele haben da zugegriffen. Hitler hat das große Zustimmung eingebracht. Es hieß dann: »Der macht was fürs Volk!«

Frieda Becker, Jahrgang 1919

Es waren nur wenige Minuten, die ich ihn persönlich gesehen habe. Wir haben nachher darüber gesprochen und festgestellt, daß da einfach etwas Unerklärliches geschah. Er konnte hervorragend sprechen und die Gefühle der Menschen wie kein zweiter erfassen. Er hatte eine Ausstrahlung, die er quasi auf uns übertrug. Wir fühlten uns nicht nur persönlich angesprochen, sondern glaubten, daß hier ein Mensch auftrat, der über das Politische hinaus einen Auftrag zu erfüllen hatte. Das hat jeden von uns ergriffen.

Gertrud Franke, Jahrgang 1913

Es ist im Grunde genommen eine Verführung gewesen gegen alles, was an ethischer und humaner Erziehung in uns angelegt war. Diese Verführung halte ich für wichtiger als eine rein äußere Verführung, daß man da mitzumachen hat. Und das war ja auch das, was uns so verheerend verformt hat. Und dabei kommt der zweite Punkt. Im Grunde genommen war das eine Verführung zur Abtötung gewisser Persönlichkeitsstrukturen, die wir auch hatten. Unsere Sensibilität, unsere Anlage zum Mitgefühl für andere, das war eine der sehr psychischen Potenzen, die zerstört wurden in uns Deutschen, auch in Erwachsenen, aber wahrscheinlich noch mehr in den Jungen, die Fähigkeit zum Mitgefühl. *Renate Finckh, Jahrgang 1926*

mark für die Arbeitsbeschaffung aus – mehr als das Dreifache der gesamten industriellen Investitionen in diesem Zeitraum. Von Mitte der dreißiger Jahre an schuf vor allem die forcierte Rüstungsproduktion ein Überangebot an Arbeitsplätzen. Dabei tat es dem Prestige der nationalsozialistischen Wirtschaftspolitik keinen Abbruch, daß das mit einer auf lange Sicht zerstörerischen Staatsverschuldung, einem realen Einkommensverlust der Arbeitnehmer und der rigorosen Beseitigung der Tarifautonomie erkauft wurde. Ausschlaggebend blieb der Eindruck, daß Millionen nun nicht mehr stempelten, sondern schaufelten. Die Misere war, für jeden sichtbar, von der Straße verbannt. Nach den bitteren Erfahrungen von Krise, Elend und Hunger flößte die dirigistische Wirtschaftslenkung den Arbeitnehmern ein Grundgefühl relativer materieller Absicherung ein. Die Erlösung von der Existenzangst wurde Hitler persönlich gutgeschrieben, selbst von einstigen Gegnern: »Seit zwei Jahren arbeitet nun mein Mann«, zitierte ein bayerischer Blockwart die Frau eines früheren KPD-Mitglieds, »da schau her, da hängt nun der Führer« (sie zeigte auf ein Führerbild) »in unserer ehemaligen Kommunistenbude, und unter dem Bild hab ich meinem Dirndl das Vaterunser gelernt [!], ich, die ich 1932 aus der Kirche ausgetreten bin. Alle Tage muß mein Dirndl für den Führer ein Vaterunser beten, weil er uns das tägliche Brot wiedergegeben hat.«

An zahlreichen Fahnen sei zu sehen, »daß das Hakenkreuz über Hammer und Sichel genäht« sei, vermerkten auch die Berichte der Untergrund-SPD, die im Frühjahr 1934 eingestehen mußten: »Stimmungsmäßig verfügt die Regierung über den meisten Anhang in der Arbeiterschaft.«

Diesen Anhang wußte sie durch soziale Aufstiegschancen, Zuwendungen für besondere Leistungen und Vergünstigungen an sich zu binden. Besonders große Popularität brachte Hitler das staatlich organisierte Urlaubsprogramm ein, das der arbeitenden Bevölkerung »Kraft durch Freude« (KdF) versprach. Ferienreisen von Norwegen bis zur Adria boten zu konkurrenzlos günstigen Tarifen Erholung von der »Arbeitsschlacht«. Jeder dritte Arbeiter nahm 1938 am staatlichen Tourismusprogramm teil. Eine Kreuzfahrt an Bord eines der großen KdF-Schiffe blieb für die meisten von ihnen allerdings ein unerfüllbarer Traum. Dennoch profitierte das Regime allein vom Mythos dieser Traumreisen: »Zum erstenmal hatten die Arbeiter das Gefühl, nicht nur richtige Urlaubsfreude zu erleben, sondern nun auch zu der Schicht zu gehören,

die sich bisher keinen Urlaub leisten konnte«, erinnert sich der Handwerker Hermann Kreutzer, der aus sozialdemokratischem Milieu stammte.
Auf die Sehnsucht der Arbeiter nach Verbürgerlichung setzte die NS-Einheitsgewerkschaft »Deutsche Arbeitsfront« auch mit Bildungsangeboten oder Kursen in traditionell exklusiven Sportarten wie Tennis, Reiten, Segeln und Skilaufen.
Während die Diktatur die Arbeiterschaft vor allem mit sozialer Sicherheit und Aufstiegschancen überzeugte, band sie Besserverdienende mit einem breiten Angebot von Konsumgütern an sich. Autos, Motorräder, Wohnwagen, Radios, Haushaltsgeräte, Fotoapparate und Kosmetikartikel wandelten sich von Luxusgütern zu Massenwaren, das Eigenheim wurde zur gefragten Wohnform. Massenkonsum und bescheidener Wohlstand stimmten die Deutschen dem Staat Hitlers gewogen.
Sie konnten ihm auch kaum mehr entgehen. Ein verzweigtes Flechtwerk von Massenverbänden und Kontrollorganen sorgte für die völlige Vereinnahmung der »Volksgenossen«. Jungen, Mädchen, Jugendliche, Frauen, Kinderreiche, Sportler, Lehrer, Ärzte, Anwälte, Christen, Verkehrsteilnehmer oder Künstler: Jede Gesellschaftsgruppe wurde in eine NS-Organisation gezwängt. Nur der Schlaf sei noch Privatsache, umschrieb Robert Ley, Leiter der »Deutschen Arbeitsfront«, den totalitären Anpassungsdruck.
Die Begrüßungsformel »Heil Hitler« und der »Deutsche Gruß« wurden auch für Nicht-Parteiangehörige obligatorisch. Selbst körperliche Unzulänglichkeiten schützten vor der Treuebekundung nicht. Wenn der Hitler-Gruß mit der Rechten Probleme bereite, ließ das Innenministerium wissen, »so ist es richtig, diesen Gruß durch Erheben des linken Armes auszuführen.«
Auch in den gesellschaftlichen Führungsschichten verbreitete sich die Vorstellung, daß dem Staatschef ein besonderer politischer Genius gegeben sei und in seiner Person das nationale Volksempfinden Ausdruck finde.
Breite Zustimmung gewann Hitler vor allem durch den Anschein außenpolitischen Erfolgs. Die schrittweise Revision der Versailler Friedensbedingungen sorgte psychologisch für erheblichen Auftrieb. Von der Hypothek der Reparationszahlungen war das Deutsche Reich schon ohne Hitlers Zutun befreit. Auch die Rückkehr des Saarlandes ins Reich nach einer Volksabstimmung vom Januar 1935 fiel Hitler wie eine reife Frucht in den Schoß. Dann

steigerte er stufenweise den Einsatz, auf die Schwäche und Befriedungspolitik der Westmächte setzend: Wiedereinführung der Wehrpflicht, Aufrüstung der Wehrmacht, Vertrag mit London über den Flottenausbau, militärischer Einmarsch im Rheingebiet, »Anschluß« Österreichs, Besetzung des Sudetenlands. Jedesmal, wenn ein außenpolitischer Coup gelungen war, ging die Erleichterung in eine noch größere Bewunderung für Hitler über. Besonders die vordergründige »Friedfertigkeit« seiner Revisionspolitik, die das Kräfteverhältnis ohne Waffengewalt verschob, brachte ihm großen Kredit ein. Höhepunkt der gezielten Täuschung waren die Olympischen Spiele 1936 in Berlin. Vor aller Welt präsentierte Hitler sich als toleranter Landesvater und Friedensfürst. Hinter der glänzenden Fassade des sportlichen Großereignisses wurden für zwei Wochen die Spuren von Verfolgung und Gewalt getilgt. Wenngleich Plebiszite unter den Bedingungen der Diktatur nur sehr bedingt Rückschlüsse auf das tatsächliche Meinungsbild zulassen, so belegte das Ergebnis der Volksabstimmung vom 12. November 1933 mit 95 Prozent Ja-Stimmen doch Hitlers unangreifbaren Rückhalt in der Bevölkerung, wie selbst Gegner eingestehen mußten. Das Votum von 84,6 Prozent für die Alleinherrschaft Hitlers am 19. August 1934, wenige Wochen nach dem Willkür-Mord an etwa 100 politischen Kontrahenten im Zusammenhang mit der »Röhm-Affäre«, zeigte überdies, daß hartes Durchgreifen dem Staatschef Sympathien sicherte. Das Erscheinungsbild eines über der Partei stehenden Machthabers, der im rechten Moment einschritt und für »Ordnung sorgte«, versöhnte die Volksseele mit der Unbill über die Untaten seiner Untergebenen. Staatlich organisierter Mord wurde als Ausdruck der Entschlossenheit beifällig aufgenommen. Nur zu bereitwillig nahm man Illusionen und Dekorationen für die politische Wirklichkeit. Eine Flut von Veranstaltungen, Vorträgen, Fahrten und Festen schwemmte die Staatsbürger mit Macht in den nationalsozialistischen Meinungsstrom. Die unentwegten Appelle, Ansprachen, Prozessionen und Weihestunden, die den Hochfesten des NS-Staates kultischen Ausdruck verliehen, ließen sie kaum zur Besinnung kommen. Das völkische Gegenprogramm zum Kirchenjahr begann am 30. Januar mit dem »Tag der Machtergreifung«. Am 24. Februar folgte die Parteigründungsfeier, im März der »Heldengedenktag«. Wie zu Zeiten des Kaisers wurde auch »Führers Geburtstag« am 20. April mit einem Feiertag gewürdigt. Kurze Zeit nach dem »Tag der nationalen Arbeit« am 1. Mai wurden

Hitler gibt in Berchtesgaden Autogramme, hinter ihm Joseph Goebbels

Ich habe Hitler einmal persönlich erlebt und zwar 1940 in München. Ich aß in der damaligen Cafeteria Italiana in der Schellingstraße zu Mittag, als plötzlich zwei SS-Leute reinkamen und sich vor die Tür stellten. Die Gäste konnten in der Cafeteria bleiben, dann marschierte Hitler mit dem Gauleiter und zwei weiteren Personen herein und nahm am Nebentisch Platz. Sie rollten Pläne aus. Hitler setzte seine Brille auf und fing an zu zeichnen. Die Bedienung, die ihm etwas bringen wollte, wurde weggeschickt. So saß er da, malte und zeichnete. Nach einer Stunde kam irgend jemand und sagte: »Mein Führer, wir müssen weiter.« Und da marschierte er wieder raus, ohne etwas zu sich genommen zu haben. Er hatte damals eine enorme Ausstrahlung, der sich niemand entziehen konnte.

Hans Koch, Jahrgang 1913

Ich war in der Leibstandarte Adolf Hitlers. Vor dem Krieg zogen wir jede Woche einmal auf Wache. So stand ich vor der Voßstraße, vor dem »Führerzimmer«. Zwei Mann standen immer da. Wenn der »Führer« herauskam, wurde uns das vorher gesagt, die Gewehre wurden dann aufgenommen und präsentiert. Man konnte heulen, so tief ging das in einen rein. Hitler war für mich damals der Mann. Und für viele andere auch.

Heinz Kujanek, Jahrgang 1919

zum »Muttertag« die Heldinnen der »Gebärschlacht« geehrt. Die Feier der »Sommersonnenwende« am 21. Juni knüpfte mit Feuerrädern und Feuerreden an altgermanische Rituale an. Zum »Erntedankfest« Anfang Oktober nahm Hitler auf dem Bückeberg bei Hameln vor einer unübersehbaren Menschenmenge am »Erntealtar« feierlich die Erntekrone in Empfang. Der »Gedenktag für die Blutzeugen der Bewegung« am 9. November in München beschwor zum Abschluß des Feierjahres mit Fahnen, Fackeln und Opferfeuern einen mystischen Märtyrerkult. Der Versuch, auch die christliche Weihnacht durch ein »Jul-Fest« zur Wintersonnenwende zu verdrängen, hatte sich jedoch als Fehlschlag erwiesen. Auch abseits dieser Hochfeste schuf eine unaufhörliche Abfolge von Morgen-, Lebens-, Verpflichtungs-, Geburts-, Hochzeits- und Totenfeiern emotionale Bindungen zwischen Volk und Staat.

Glanzvoller Höhepunkt im NS-Festtagskalender und höchster Ausdruck des »Volksgemeinschafts«-Kultes war aber der alljährliche »Reichsparteitag« im September. In Nürnberg verwob die nationalsozialistische Regie alle ihre gestalterischen, propagandistischen und technischen Möglichkeiten zu einem monumentalen Massenspektakel, das den Zeitgenossen Sinnbild der Pracht- und Machtfülle ihres Reiches war. Die unübersehbare Heerschau der Massen verkörperte Gefolgschaft, die strenge Geometrie der Menschenblöcke Geschlossenheit, die Magie der Fahnen und Fackeln feierliche Hingabe. Der Reichsparteitag war Selbststilisierung des Führer-Staates, Kultgottesdienst der »Bewegung« und Machtdemonstration des Regimes in einem. Hunderttausende von Parteifunktionären, SA- und SS-Männern, Arbeitsdienstleistenden, Hitlerjungen und BdM-Mädchen empfanden die Pilgerreise nach Nürnberg als unvergeßliches Massenerlebnis von Zusammengehörigkeit und Unterwerfung: »Ich kann gar nicht sagen, wie schön dieses Erlebnis der Gemeinschaft war«, schrieb eine Teilnehmerin 1938 an ihre Mutter. »Das kann man auch am Radio nicht erleben. Nürnberg ist für uns wirklich die Kraftquelle. Das kann niemand fühlen, der nicht selbst mitten in dieser Stadt in ihrem schönsten Schmuck mit den festlich gestimmten Menschen weilte.«

Auch ausländische Beobachter blieben nicht unbeeindruckt von der Faszination des propagandistischen Gesamtkunstwerks: »Aber erstaunlich und nicht zu beschreiben ist die Atmosphäre der allgemeinen Begeisterung, in die die alte Stadt eingetaucht ist, dieser eigenartige Rausch, von dem Hunderttausende von Männern und Frauen ergriffen sind, die romantische Erregung, mystische Ekstase, eine Art heiligen Wahns, dem sie verfallen«, beschrieb der französische Botschafter in Deutschland, André François-Poncet, seine Eindrücke vom Reichsparteitag 1937. »Es geht davon eine Wirkung aus, der viele nicht zu widerstehen vermögen, sie kehren heim, verführt und gewonnen, reif zur Mitarbeit, ohne die gefährliche Wirklichkeit bemerkt zu haben, die sich unter dem trügerischen Prunk der großartigen Aufmärsche verbirgt.«

In den ritualisierten Masseninszenierungen und den von seinem Leibarchitekten Albert Speer eigens entworfenen Monumentalbauten verwirklichte Hitler sein ästhetisierendes Verständnis von politischer Kultur – im bewußten Gegensatz zur argumentativen Kommunikation der parlamentarischen Demokratie. Die Elemente entstammten altertümlichem Brauchtum ebenso wie moderner Massenchoreographie, wieder verband sich auf charakteristische Weise technizistische Rationalität mit archaischem Ritus. Der verhinderte Kunstmaler persönlich legte Einzelheiten der Inszenierung fest, musterte in der Nachbetrachtung jedes Veranstaltungsdetail auf seine weitere Verwendbarkeit und optimierte fortwährend den Ablaufplan. Jeder Tag war einer bestimmten Parteigliederung vorbehalten, die ihre Selbstdarstellung mit der Verherrlichung des »Führers« verband. Immer wieder folgte der Ablauf dem dreiteiligen Grundschema der protestantischen Liturgie von Aufruf, Verkündigung und Bekenntnis.

An eine Mischung aus Feldgottesdienst, Olympia und Militärgelöbnis erinnerte der Aufmarsch von 50 000 Arbeitsdienstmännern mit geschultertem Spaten vor der Führertribüne auf dem Zeppelinfeld. In chorischer Wechselrede mit einem Sprecher gaben sie ein markiges Bekenntnis ab. »Niemand ist zu niedrig«, rief der Solist, und vielstimmig schallte es zurück: »um für Deutschland zu arbeiten.« »Jeder hat das Recht und jeder hat die Pflicht«, tönte es aus dem Lautsprecher, und der Riesenchor fuhr fort: »um für Deutschland, das Vaterland, zu arbeiten.« Auf den Zuruf: »Der Führer will der Welt Frieden geben« antworteten die Arbeitsdienstmänner wie aus einem Munde: »Wohin er auch führt, wir folgen.« Beschlossen wurde die Zeremonie mit einem »Feierlied der Arbeit« und dem Auszug mit Gesang in geometrisch vollendeter Formation.

Am vierten Tag, dem »Tag der Gemeinschaft«, bildeten Tausende von Sportlern mit Massenschauübungen überdimensionale Kunstfiguren aus Menschenkörpern. Höhepunkt pseudosakraler Massensinnlichkeit war die nächtliche Weihestunde am fünften Tag. Beim Eintreffen Hitlers auf der Haupttribüne des Zeppelinfeldes schossen schlagartig die Strahlen von 150 Riesenscheinwerfern in den Nachthimmel und schufen über den 250 000 Zuschauern eine Kathedrale aus leuchtenden Säulen. Dieser »Lichtdom«, ursprünglich eine Verlegenheitslösung Speers, um nächtens die in ihren Pfründen fett gewordenen Parteifunktionäre in gnädiges Dunkel tauchen zu können, strahlte auf die Anwesenden eine geradezu übersinnliche Magie aus. Im Zusammenspiel mit einem Wall von Fahnen schlossen die Scheinwerferkegel die Versammlung symbolisch von der dunklen Außenwelt ab und erfüllten sie mit erhebendem Gemeinschaftsgefühl. Alle Aufmerksamkeit galt der hellerleuchteten Altar-Bühne, von der aus Hitler wie ein charismatischer Heilsbringer die Verkündigung vornahm.

Auch am Tag von SA und SS formte die Führer-Gefolgschaftsideologie ein geometrisches Monumentalkunstwerk. 120 000 uniformierte Parteisoldaten in der Luitpold-Arena, unter Sturmfahnen zu riesigen Menschenquadern zusammengefaßt, bildeten Spalier zu beiden Seiten der »Straße des Führers«. Unter Trauermusik und in caesarischer Einsamkeit – nur vom »Stabschef der SA« und dem »Reichsführer SS« in respektvollem Abstand gefolgt – schritt Hitler durch diese Menschengasse zum gegenüberliegenden Ehrenmal. Wie in der gesamten nationalsozialistischen Mystik beherrschte auch hier die kultische Verklärung des Todes das Zeremoniell. Am Gedenkschrein für die parteieigenen Märtyrer senkte sich die »Blutfahne«, eine zum Heiligtum überhöhte Reliquie des mißglückten Putschversuchs, auf den Trauerkranz des »Führers«. Hitler verharrte in andächtigem Schweigen, während sich in der Arena ein unübersehbarer Fahnenwald neigte. Dann kehrte er zur Führerkanzel zurück, begleitet vom Träger der »Blutfahne«, dem Symbol für das Vermächtnis der Toten. In feierlichem Ritual »weihte« Hitler damit die neuen Fahnen und Standarten der Partei, jede Berührung wurde von Salutschüssen akustisch untermalt. Mit dem Verweis auf den »Opfertod« der gefallenen Helden verpflichtete der »Führer« seine Jünger zu todesbereiter Gefolgschaft.

Die treuesten Anhänger fand Hitler in der deutschen Jugend. Für die jüngsten Nationalsozialisten kamen seine Worte einem ehernen Glaubensbekenntnis gleich. Bei ihnen fiel seine Lehre auf den

fruchtbarsten Boden, und auf sie richtete Hitler bis zuletzt seine größten Hoffnungen. »Flink wie Windhunde, zäh wie Leder, hart wie Kruppstahl«, wünschte Hitler sich »seine« Jugend, und sie setzte alles daran, diesem Vorbild nachzueifern.
»Hitler war die oberste Instanz, er machte die Vorgaben«, erinnert sich Renate Finckh. »Es gab da so ein schönes Plakat: ›Jungmädel, der Führer braucht auch dich!‹ Das war enorm aufbauend für uns: Wir wurden gebraucht. Und wir wollten ihm natürlich gefallen. Was hieß das? Daß man Zöpfe trug, auch wenn es anders netter ausgesehen hätte. Daß man auch im Winter mit blaugefrorenen Knien herumlief, selbst auf das Risiko hin, krank zu werden.«
Nicht allein weltanschauliche Schulung von Kindesbeinen an und jugendlicher Idealismus erklären den Feuereifer der Hitlerjugend. Der neue Staat erweckte für sie den Anschein, in besonderem Maß für junge Menschen offenzustehen und alte Hüte einzumotten. Die Jugendlichen fühlten sich nicht als Minderjährige, sondern als Hoffnungsträger der Nation. »Wir wurden ernst genommen«, beschrieben die Geschwister Scholl, später Regimegegner im Zeichen der »Weißen Rose«, die Stimmungslage ihrer Generation, »in einer merkwürdigen Weise ernst genommen, und das gab uns besonderen Auftrieb. Wir fühlten uns beteiligt an einem Prozeß, an einer Bewegung, die aus Masse Volk schuf.«
Die Verbindung von Lagerfeuerromantik, Begeisterung für den Sport und Faszination der Technik, aber auch die Möglichkeit, aus dem bürgerlichen Elternhaus auszubrechen, entwickelten eine verführerische Sogwirkung auf junge Menschen. Und wer abseits stand, mußte nicht nur mit Disziplinarmaßnahmen rechnen, sondern vor allem mit sozialer Ächtung. »Jungvolk« und »Hitlerjugend« wurden zur Ersatzfamilie, Hitler war der Übervater. Schon zehnjährige »Pimpfe« wußten seinen offiziellen Lebenslauf herunterzubeten, für »Hitlerjungen« gehörte seine Auffassung von Rassenlehre und Geschichte zum Grundwissen. Jeder Heimabend, jede Sportveranstaltung, jedes Zeltlager oder Geländespiel, jede Phase der nationalsozialistischen Erziehung diente der weltanschaulichen Indoktrination. Jugendliche erlagen schon deshalb bereitwillig der Verführungskunst des Rattenfängers, weil sie nie eine andere Welt kennengelernt hatten.
»Wir wollen, daß dieses deutsche Volk einst gehorsam ist, und ihr müßt euch in dem Gehorsam üben!« trichterte Hitler der »deutschen Jugend« auf dem Reichsparteitag ein. Nicht wenige sollten ihre tiefe Gläubigkeit in den letzten Tagen des Zweiten Weltkriegs als Hitlers letztes Aufgebot mit dem Leben büßen.

Hitler und die Deutschen: Er schrie heraus, was viele vage fühlten, und gab den Menschen den Glauben daran, daß ihre eigenen Gefühle groß und wichtig waren

Nachdem das Sudetenland und die Tschechei besetzt worden waren, oder zum Beispiel am Reichsbauerntag oder irgendeinem Tag, dann war das für uns von der Leibstandarte in Berlin immer ein unglaublicher Anblick: Hitler kam auf den Balkon, und wir standen als Absperrung unten auf dem Wilhelmplatz, mit dem Gesicht zur Masse, die sich uns entgegendrängte. Der Druck war so groß, daß man manchmal sogar brutal werden mußte.

Man mußte mit den Hacken hinten ausschlagen, weil die Menschen einen sonst restlos weggedrückt hätten. Da war nichts zu machen. Die Leute waren verrückt. Und nicht bloß einer oder zwei oder drei, sondern Tausende, der Wilhelmplatz war voller Menschen.

Heinz Kujanek, Jahrgang 1919

Wenn der »Führer« sprach und seine ganze Hoffnung auf die Jugend setzte, dann fühlte man sich persönlich angesprochen. Dann bekam man die Überzeugung: »Wir werden die Zukunft packen, ich werde da auch mithelfen!« Man hatte als Jugendlicher wohl noch keine rechte Vorstellung davon, was es heißt, die Zukunft mitzugestalten. Es war ein vager Vorgriff auf künftige Dinge, die man sich in letzter Konsequenz noch nicht vorstellen konnte.

Wir sangen damals Lieder wie »Es zittern die morschen Knochen der Welt vor dem Krieg«. Mit den morschen Knochen waren die Alten gemeint, die vom Ersten Weltkrieg sprachen. Wie schlimm das war, das konnten wir uns nicht vorstellen. »Laßt die alten morschen Knochen zittern«, sagten wir uns, »wir, die Jugend, wir werden weitermarschieren, bis alles in Scherben fällt.« Als dann tatsächlich alles in Scherben gefallen war, dann war es mit unserer Begeisterung natürlich vorbei. Aber dann war es zu spät.

Willi Polte, Jahrgang 1927

Die Glorifizierung des Hitler-Kultes war die übergreifende Bestimmung der gesamten Parteitags-Choreographie. Tribünenarchitektur, Programmablauf und Massenformation waren darauf ausgerichtet, Hitler als übermächtigen, von der Zustimmung des Volkes getragenen Herrscher herauszuheben. »Das ist das Wunder unserer Zeit, daß ihr mich gefunden habt unter so vielen Millionen«, verkündete Hitler in Nürnberg voller Pathos. »Und daß ich euch gefunden habe, das ist Deutschlands Glück.« Die Vervielfältigung des überdimensionalen Führer-Bildes durch die Medien, ganz besonders die künstlerisch bahnbrechende Stilisierung seiner einsamen Größe in Leni Riefenstahls Parteitagsfilm »Triumph des Willens«, sorgte für die Verbreitung des Hitler-Mythos.

So nimmt es auch nicht wunder, daß der Kult um den Alleinherrscher bald wilde Blüten trieb. In manchen Haushalten wurden »Hitler-Altäre« errichtet, an denen schlichte Gemüter stille Zwiesprache mit ihrem Ersatzgott halten konnten. »Christus ist zu uns gekommen durch Adolf Hitler«, pries ein Kirchenrat in Thüringen, und ein 64jähriger Parteigenosse schrieb 1936 an »seinen Führer«: »Aus unendlicher Liebe fühle ich mich gedrungen, unserem Schöpfer tagtäglich dafür zu danken, der uns durch seine Gnade und dem ganzen deutschen Volk einen solch herrlichen Führer geschenkt« hat.

Führergedichte, Führerfilme, Führerbilder und Führerdramen brachen über das deutsche Kulturleben herein. Von der Krawatte bis zum Aschenbecher blieb kaum ein Gebrauchsgegenstand davon verschont, den Rahmen für ein kitschiges Konterfei des Staatschefs abzugeben. Der Berghof auf dem Obersalzberg bei Berchtesgaden, wo Hitler häufig hofhielt, entwickelte sich zur Wallfahrtsstätte. »Die Gegend um das Haus Wachenfeld wird ständig von Verehrern und Verehrerinnen umstanden«, berichtete der Regierungspräsident von Oberbayern. »Selbst auf den Spaziergängen in einsamen Gegenden wird der Herr Reichskanzler von einem Schwarm zudringlicher Verehrer und Neugieriger verfolgt.« Der Enthusiasmus steigerte sich oft zur Ekstase, wenn Hitlers Anhängern das Glück widerfuhr, aus greifbarer Nähe ihres Idols ansichtig zu werden. Wie bei einem Wunderheiler galt allein schon die Begegnung oder Berührung als mystische Kraftspende. Besonders auf weibliche Bewunderer übte der äußerlich unscheinbare Mann, wie häufig überliefert ist, eine geradezu magische, erotisch bis religiös empfundene Anziehungskraft aus.

Ein Mädchen schmückt ein Hitler-Bild mit Feldblumen, 1935

Solange Hitler lebte, war er für mich ein Idol. Und als ich von seinem Tod erfuhr, ist für mich eine Welt zusammengestürzt, weil ich eben damals zu dieser Jugend gehörte, die voller Idealismus war. Hitler hatte damals eine sehr große Ausstrahlung. Ich kann mich zum Beispiel erinnern, daß mein Vater, nachdem Hitler ihm persönlich die Hand gereicht hatte, diese aus Ehrfurcht einfach nicht mehr gewaschen hat. Hitler verkörperte für uns eine Persönlichkeit und hatte eben eine Ausstrahlung. Aber man muß auch Hintergründe sehen: Als Durchschnittsbürger hatten wir keine Beziehungen ins Ausland und waren total abgekoppelt. Wir hatten nur den Reichsrundfunk und eine gesteuerte Presse und sind in unserer Einstellung immer nur bestätigt worden. Die Propaganda haben wir nicht als solche empfunden, sondern glaubten, daß alles, was gedruckt war, der Wahrheit entsprach. Zweifel hatte man damals nicht, wir waren ja jung.

Annemarie Strasosky, Jahrgang 1927

Mir ist eine Szene in Erinnerung: Hitler schüttelte direkt vor unserem Garten begeisterten Leuten die Hände. Als er wieder weg war, hob eine Frau einen Kieselstein auf, auf dem Hitler gestanden hatte. Sie preßte den Stein dann mit einem Ausdruck religiöser Verzückung an ihren Busen. Schon damals dachte ich mir: »Also Herrschaftszeiten, das geht doch ein bißchen zu weit, die spinnt ja.« Aber das war eben ein Teil der Begeisterung, der Inbrunst, die er hervorrufen konnte.

Egon Hanfstaengl, Jahrgang 1920 (Sohn von Hitlers »Pressechef«)

Wie ein stets wiederkehrender Refrain klingt in Erzählungen von der Begegnung mit Hitler die Wahrnehmung eines ganz persönlichen Augen-Blicks an: »Unsere Abteilung hat mich als einen von 15 Mann auserkoren, auf dem Parteitag mitzumarschieren«, erzählt der ehemalige Arbeitsdienst-Mann Hans Frühwirt, »und darauf war ich mächtig stolz. Als wir im Vorbeimarsch Hitler unseren Blick zuwandten, da ist etwas Eigenartiges passiert: Ich hatte den Eindruck, daß Hitler mir persönlich ganz fest in die Augen schaut. Wenn ich daran denke, läuft es mir noch heute heiß und kalt den Rücken herunter. Dieser Augenblick hat mich aufs tiefste bewegt. Und alle anderen Kameraden erzählten mir später, daß sie genau das gleiche Erlebnis hatten.«
Der Mythos vom unangreifbaren »Führer« half vielen Bürgern über den Ärger mit dem maßlosen Treiben der »kleinen Hitler« und den Widrigkeiten des Systems hinweg. »Wenn das der Führer wüßte...«, wurde zur universellen Ausrede für die Auswüchse des Dritten Reichs. Der Unmut über Unfähigkeit und Korruption seiner Erfüllungsgehilfen mehrte noch das Ansehen des Alleinherrschers. Der Nimbus des »Führers« ist nicht allein erklärbar als Kunstprodukt eines allmächtigen Propaganda-Apparats. Der Hitler-Mythos war auch in hohem Maße Schöpfung eines wirklichkeitsfremden Wunderglaubens. Bestärkt durch eine Reihe nicht für möglich gehaltener wirtschafts- und außenpolitischer Erfolge, war man nur zu gern bereit, dem Wunschdenken an eine fast übermenschliche, von der Vorsehung gesandte Erlöserfigur zu verfallen und die Augen vor den Schattenseiten seines Regiments zu verschließen. Die überlebensgroße Hitler-Statue war nicht allein Goebbels' Werk. Sie thronte auf einem Fundament aus Sehnsucht, Verehrungsdrang und Autoritätsgläubigkeit. Es spricht vieles dafür, daß Hitler selbst mit der Zeit dem Glauben an seinen eigenen Mythos verfiel. Die hingebungsvolle Ergriffenheit, die seine Umgebung ihm entgegenbrachte, färbte auch auf seine Selbsteinschätzung ab: »Ich gehe mit traumwandlerischer Sicherheit den Weg, den mich die Vorsehung gehen heißt«, pries er sich 1936 selbstgefällig. Millionen folgten ihm auf diesem Weg, der ins Verhängnis führte. Sie erlagen Hitlers Verführungskraft und ihrem eigenen Verlangen, sich von einem politischen Wunderprediger verführen zu lassen.

Der Privatmann

Wie es nun kam, weiß ich heute selber nicht, aber
eines Tages war es mir klar, daß ich Maler werden
würde, Kunstmaler

Ich aber beschloß, Politiker zu werden

Die Welt der Frau ist der Mann.
An anderes denkt sie nur ab und zu

Es gibt nichts Schöneres, als sich ein junges Ding
zu erziehen: Ein Mädchen mit achtzehn, zwanzig
Jahren, das biegsam ist wie Wachs

Kriegt ein Mädel kein Kind,
so wird es hysterisch oder krank

Auch der Trennungsschmerz
bringt der Frau eine Art Wohlgefühl

Wir wachsen in eine sonnige, wirklich tolerante
Weltanschauung hinein

Ein angeblicher Künstler, der irgendwelchen Mist
einschickt, muß im KZ umgeschult werden

Wien ist die Verkörperung der Blutschande

Das letzte Ziel muß unverrückbar die Entfernung
der Juden überhaupt sein

Hitler

Ich kenne Hitler seit dem Jahre 1909. Wir haben uns im Obdachlosenheim kennengelernt. [...] Er ist damals ganz verlaust herumgezogen.

Reinhold Hanisch, 1933

Mit kaum 17 Jahren kam ich nach Wien, und ich habe dort zum erstenmal die soziale Frage kennengelernt, das große Elend und die große Not breiter Schichten, die marxistische Bewegung. Ich bin aus Wien fortgegangen als absoluter Todfeind der gesamten marxistischen Weltanschauung.

Hitler in »Mein Kampf«, 1924

Die Soldatenräte in der Garnison waren alle rot. Fast jeden Tag wurden Vorträge gehalten im sozialistischen Sinne. Novembergeist war Trumpf. Hitler [...] hat nicht, wie er heute glauben machen will, den Marxismus als Irrlehre oder des deutschen Volkes Untergang gekennzeichnet. Er sagte zu seinen Kameraden wörtlich: »Ich stehe in Verbindung mit dem SPD-Parteisekretär, um in die Propagandaabteilung einzutreten.«

Westdeutsche Arbeiterzeitung, 1932

Nach dem Ersten Weltkrieg war er [...] nur einer von vielen tausend Ex-Soldaten, die auf der Straße waren und nach Arbeit suchten. [...] In dieser Zeit war Hitler bereit, von irgend jemandem einen Posten anzunehmen, der ihm freundlich gesonnen war. [...] Er hätte für einen jüdischen oder französischen Auftraggeber genau so gern gearbeitet wie für einen Arier. Als ich ihn das erstemal traf, glich er einem müden streunenden Hund, der nach einem Herrn suchte.

Hauptmann Karl Mayr über Hitler, 1941

Nun habe ich den Eindruck gewonnen, daß Sie, Herr Hitler, allmählich zu einer Menschenverachtung kommen, die mich mit banger Sorge erfüllt.

Walter Buch an Hitler, 1928

Es tut mir oft leid, daß man in einer Zeit lebt, in welcher einem noch nicht bewußt ist, wie die neue Welt aussehen wird. Eines Tages aber kann ich den Fleischfressern sagen: Die neue Welt wird vegetarisch sein!

Adolf Hitler, 1941

Hitler spricht und spricht. Mussolini, der gewöhnt ist, selbst zu sprechen, und nun eigentlich die ganze Zeit über schweigen muß, leidet. Am zweiten Tag, nach dem Frühstück, als wir uns eigentlich schon alles gesagt hatten, hat Hitler ununterbrochen eine Stunde und 40 Minuten gesprochen. Er hat auch nichts ausgelassen: Krieg und Frieden, Religion und Philosophie, Kunst und Geschichte. Mussolini schaute mechanisch auf seine Armbanduhr, und ich dachte an meine persönlichen Angelegenheiten; [...] Wer aber den Schlag weniger gut als wir ertragen hat, das waren die Deutschen. Die Armen! Sie müssen das jedenTag schlucken, und ich bin sicher, daß es kein Wort, keine Geste und keine Pause gibt, die sie nicht schon auswendig kennen.

Graf Galeazzo Ciano, 1943

Der Führer hat jetzt eine mir gänzlich unverständliche Scheu vor dem Mikrofon. Er weiß auch, daß es nicht richtig ist, daß er jetzt das Volk ohne Ansprache läßt, aber leider hat ihm der SD nach seiner letzten Rede mitgeteilt, daß das Volk daran kritisiert habe, er habe nichts wesentlich Neues gebracht. Und Neues kann er ja in der Tat dem Volke nicht mehr bringen. Es hat schon etwas für sich, wenn der Führer erklärt, daß er in einer Rede wenigstens irgend etwas bringen müsse; dieses stehe ihm aber im Augenblick nicht zur Verfügung. Ich erwiderte allerdings andererseits darauf, daß das Volk wenigstens auf eine Parole warte.

Joseph Goebbels, 1945

Es ist ein Glück für mich, daß ich nicht geheiratet habe: das wäre eine Katastrophe geworden! Es gibt einen Punkt, wo die Frau den Mann nie versteht, das ist, wenn in einer Ehe der Mann die Zeit nicht aufbringt, welche die Frau für sich glaubt, beanspruchen zu müssen.

Adolf Hitler, 1942

Wenn dem vor zwanzig Jahren ein richtiges Mädel über den Weg gelaufen wäre, daß heißt, wenn er die richtige Rolle bei ihr gespielt hätte, gäbe es kein Drittes Reich. Aber in dem Punkt hat es immer gehapert, lebenslang lauter Blamagen, und was blieb ihm da übrig, als Tyrann zu werden?

Balder Olden, 1933

Immerhin ist es interessant, daß sowohl das Republik-Horoskop wie das Horoskop des Führers für die zweite Hälfte des Monats April eine Erleichterung unserer militärischen Entwicklung prophezeit, dagegen wird diese Entwicklung sich für Mai, Juni weiter verschärfen, während angeblich Mitte August die Kriegshandlungen eingestellt werden sollen.

Joseph Goebbels, 1945

»Diese Leute dürfen nicht wissen, wer ich bin, sie dürfen nicht wissen, woher ich komme und aus welcher Familie ich stamme« – Hitler, der sich nach der Erdrutschwahl vom September 1930 anschickte, sein »Tausendjähriges Reich« zu errichten, fühlte sich von der eigenen Vergangenheit verfolgt. Er hing am Nimbus des Propheten, der aus dem Nichts in die Geschichte trat. Doch nun schien die Fassade dieses Kults zu bröckeln, der Mythos ins Wanken zu geraten. Seinem Machtinstinkt folgend, hatte er um sein Privatleben den Mantel des Schweigens gehüllt. Doch je mehr der Agitator des Rassenwahns ins Rampenlicht trat, um so mehr fragten NS-Gegner nach der Herkunft des politischen Aufsteigers. Hitler bekam zu spüren, daß er im Glashaus saß.
»Dieser junge Londoner Büroangestellte William Patrick Hitler ist ein Neffe von Adolf Hitler, dem neuen politischen Führer in Deutschland« – jene Zeilen in der amerikanischen Presse samt Foto waren der Grund für die Beunruhigung im NS-Hauptquartier. Der Diktator im Wartestand mußte mit Enthüllungen rechnen. Er bestellte den Neffen aus England eilends nach München, um ihn und seinen ebenfalls herbeizitierten Vater, Hitlers Halbbruder Alois, zur Räson zu bringen. Mit 2 000 Dollar im Handgepäck reiste die lästige Verwandtschaft ab, nicht ohne vorher das Versprechen gegeben zu haben, das Verwandtschaftsverhältnis künftig zu leugnen.
Nach der »Machtergreifung« fiel es dem NS-Diktator leichter, zu diktieren, was »sein Volk« wissen durfte und was nicht. Das Buch »Mein Kampf«, ein paar zensierte Biographien und Zigarettenalben mit Klebebildern gaben die offizielle Lesart wieder – die Mär von armer Leute Kind, von harter Jugend, früher Berufung und entsagungsvollem Aufstieg. »Uns wurde eingetrichtert«, erinnert sich die frühere BdM-Maid Sybill Gräfin Schönfeld, »daß der Führer in Wien nur Milch getrunken hat.«
Wie oft sind diese Fragen schon gestellt worden: Wo liegt der Ursprung der bösen Tat? Wie wuchs das »Schlangenei« des späteren Tyrannen? Was machte ihn zum Hasser nicht nur aller Juden,

sondern aller Menschen, die nicht seinem wahnverzerrten Weltbild entsprachen? Wie kam es zur Metamorphose vom Privatmann zum Politiker, vom gescheiterten »Künstler« zum Massenmörder? Der NS-Diktator hat versucht, die Spuren zu verwischen, die Forschung hat viel getan, um ihm den Triumph nicht zu gönnen.

Über seiner Familiengeschichte liegt ein Hauch von Inzest, Polygamie und unehelicher Herkunft. Hitler wurde als viertes Kind nach dem Tod dreier älterer Geschwister geboren; von den beiden jüngeren überlebte nur seine Schwester Paula – sie sollte später auf Hitlers Geheiß ihren Namen ändern.
Seine Mutter Klara war die dritte – dreiundzwanzig Jahre jüngere – Ehefrau von Hitlers Vater, Alois Schicklgruber (später Hitler). Dieser war unehelich geboren und wurde unter fragwürdigen Umständen erst legitimiert, als er schon neununddreißig war. Wer wirklich sein Großvater war, hat der NS-Führer nie erfahren. Jahrzehntelang wurde gemunkelt, er sei Jude gewesen. Heute weiß man, daß das nicht stimmt. Doch Hitler wußte es nicht. Das mag ihn insgeheim gepeinigt haben. Natürlich verschwieg er das in seiner autobiographischen Schrift – auch, daß sein Vater während der ersten Ehe seine spätere zweite Ehefrau schwängerte. Noch bevor die zweite Frau an einer schweren Krankheit starb, bekam die künftige dritte Frau, Hitlers Mutter Klara, ihr erstes Kind. Weil Alois und Klara Hitler weitläufig miteinander verwandt waren, brauchten sie eine kirchliche Sondergenehmigung zum Eheschluß.
Hitler äußerte einmal Genugtuung darüber, daß er nicht den Namen Schicklgruber, sondern Hitler trage. Gedankenspielereien zur Bedeutung des Namens »Hitler« für die »Karriere« des Braunauers sind keineswegs völlig abwegig. William Shirer fragte nicht zu unrecht: »Kann man sich etwa vorstellen, daß die fanatisierten deutschen Massen ›Heil Schicklgruber‹ geschrien hätten?«
Was Hitler in »Mein Kampf« umständlich verklausulierte: daß der geborene Alois Schicklgruber aus einfachen Verhältnissen stammte und ein Aufsteiger war. Er hatte es zum Zollamtsoberoffizial gebracht. Seine Kollegen beschrieben ihn als streng, genau und pedantisch – herzlos sei er jedoch nicht gewesen. Darüber sind die Meinungen geteilt. Fotos von Alois Hitler, vorzugsweise in K.u.K.-Dienstuniform, zeigen ihn in zeitgemäß herrischer Pose. Über weite Strecken des Familienlebens schien er jedenfalls der

typische Haustyrann gewesen zu sein, der seine Frau unterdrückte und seine Kinder prügelte. Sein ältester Sohn Alois, Hitlers Halbbruder, büchste im Alter von vierzehn Jahren aus und kam nie mehr zurück. Hitlers Mutter Klara litt unter ihrem Mann, fügte sich aber in die Rolle der genügsamen und fürsorglichen Hausfrau. Sie begann als Magd im Hause Hitler und blieb es innerlich. Noch Jahre nach der Hochzeit nannte sie ihren Ehegatten »Onkel Alois«. Unterwürfigkeit und Herrschaft bestimmten das Klima in der Familie. Die Mutter versuchte, nach besten Kräften, den Kindern zu geben, was ihnen der Vater vorenthielt: liebevolle Zuwendung. Ihre ersten drei Kinder starben früh, so wurde Adolf als das erste überlebende besonders liebevoll behandelt – verhätschelt, geradezu angebetet. Viel spricht dafür, daß diese ambivalente Beziehung zu Mutter und Vater den Sohn in einen Zwiespalt trieb. So mag die Verwöhnung durch die Mutter bei ihm Größenwahn und Ich-Kult, die Brutalität des Vaters hingegen Haß und Vorurteil hervorgerufen haben. Hitler zog später in seiner »Tischrunde« im Führerhauptquartier abfällig über den Vater her, aber die Abwertung ging nie so weit, daß sie auf Hitler selbst zurückgeschlagen wäre. Was Hitler in seiner Jugend erlebte, war keineswegs untypisch für die Zeit: mütterliche Anbetung, Verwöhnung, Unterwürfigkeit einerseits; väterliche Härte und autoritärer Zwang andererseits – doch sind das nur »Bruchstücke« im komplizierten Mosaik des Psychogramms von Adolf Hitler.

Während der Grundschulzeit im bäuerlichen Leonding gebärdete sich der Muttersohn gern als Anführer unter den Spielgefährten. Er galt als eigensinnig, manchmal herrisch, war jedoch durchaus begabt. Seine Zeugnisse aus den Volksschuljahren weisen gute Noten aus. Auf einem Klassenfoto von 1899 stellt der junge Hitler demonstrativ Überlegenheit zur Schau, Adolf oben in der Mitte. Ein Klassenbild aus späterer Zeit zeigt ihn am Rande. Der Eintritt in die Realschule in Linz hatte sein Leben verändert. Unter den Bürgerkindern der Stadt mag er sich zeitweise minderwertig gefühlt haben, jedenfalls konnte er die alte Rolle nicht mehr weiterspielen. Ob Hitler kleinbürgerliche Komplexe im großbürgerlichen Umfeld der oberösterreichischen Hauptstadt empfunden hat und ob das später in Aggression und Ressentiment mündete? Die Quellen lassen dies vermuten.

Jedenfalls wurde Hitler zweimal nicht versetzt, und der dritte Anlauf gelang erst nach einer Wiederholungsprüfung. In dieser Zeit trat der Konflikt zwischen Vater und Sohn offen zutage. Hit-

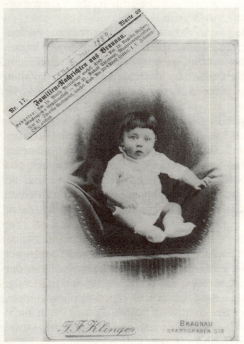

Die Eltern: Klara Hitler, geb. Pölzl, und Alois Hitler. Die Mutter war 23 Jahre jünger als ihr Mann, der sie 1885 in dritter Ehe geheiratet hatte. Beide Eheleute stammten aus dem Dorf Spital und wohnten zur Zeit der Geburt ihres Sohnes in Braunau am Inn, wo der Vater eine Stelle als Zollamtsoberoffizial innehatte. Hitler als Baby.

ler erzählte später im Beisein seiner Entourage, er sei so lange vom Vater geprügelt worden, bis er eine List ersann, die Abhilfe schaffte: Er begann, die Schläge laut zu zählen. Der Vater hörte auf vor lauter Schreck, im Glauben, daß der arme Bub nun ganz verrückt geworden sei.

Hitler selbst nannte Protest gegen den Vater als den eigentlichen Grund für sein Schulversagen. Der Streit drehte sich um seinen Lebenstraum. Hitler wollte Künstler werden: »Ich glaubte, daß, wenn der Vater erst den mangelnden Fortschritt in der Realschule sähe, er gut oder übel eben doch mich meinem erträumten Glück würde zugehen lassen.« Das war nicht nur Ausrede. Zweifelsohne waren Neigung und Begabung für die Malerei vorhanden. Zwei Beispiele, die auch Aufschluß über das Befinden des jungen »Malers« geben: eine Wallenstein-Zeichnung kurz vor Beendigung der 5. Klasse in der Leondinger Volksschule und eine Karikatur seines Lehrers, die wenig später in der Linzer Realschule entstand. Erstere zeugt von Selbstzufriedenheit, das Lehrer-Porträt hingegen von Trotz und Widerwillen.

Hitlers Vater wollte den Sohn dazu zwingen, Beamter zu werden. In der Tischrunde berichtet Hitler später von einem aufgenötigten Besuch im Linzer Hauptzollamt, wo er »voller Abscheu und Haß« nur den »Staatskäfig« zu erkennen vermochte, in dem »die alten Herren aufeinandergehockt gesessen seien, so dicht wie die Affen«.

Ein Motiv, das sein ganzes Leben durchzieht, tritt zutage. Hitler lehnte jede festgefügte Ordnung als Maßstab für sich ab. Künstler zu werden – das hieß für ihn zum einen unkonventioneller Lebensstil, zum anderen aber auch die Freiheit, völlig ungehindert schöpferisch tätig zu sein. Das bedeutete zugleich, die Freiheit zu haben, Geschaffenes jeder Zeit wieder zu verwerfen. Aufrichten und Niederreißen – das war ein Leitmotiv im Leben des Adolf Hitler.

Sein Deutschlehrer, der vor dem Prozeß in München mit Hitler-Anwalt Roder korrespondiert hatte, beschrieb seinen Schüler so: Hitler sei zwar begabt gewesen, »hatte sich aber wenig in der Gewalt, zumindest galt er auch für widerborstig, eigenmächtig, rechthaberisch und jähzornig, und es fiel ihm sichtlich schwer, sich in den Rahmen einer Schule zu fügen. Er war auch nicht fleißig; denn sonst hätte er bei seinen unbestreitbaren Anlagen viel bessere Erfolge erzielen können.«

Schon früh zeigte sich die Konstante: Unwillen, wenn nicht gar

Unfähigkeit zu regelmäßiger und intensiver Arbeit, auch Ausdruck seiner Abneigung gegen jede Form von Konvention, sofern er sie nicht selber schuf. Hitler stempelte zum Feind, wer von ihm forderte, daß er sich einfügte. Fast schon auffallend ordinär ließ er sich über seinen Deutschlehrer in der Tischrunde aus: »Lesen Sie meine Zeugnisse. Ich habe in Deutsch schlechte Noten gehabt. Dieser Idiot von Professor hat mir die deutsche Sprache verekelt, dieser Stümper, dieser kleine Knirps: ...Der ganze Mensch war mir widerlich.«

Hitler beschimpfte nicht nur seine Lehrer, er verwarf das ganze Schulsystem und den gesamten Habsburgerstaat gleich mit – wie er später alles verwarf, was sich ihm tatsächlich oder vermeintlich in den Weg stellte. In späteren Schilderungen wird auch der Vater immer mehr zum Widerling herabgewürdigt. An seinem Grab jedoch vergoß Hitler Tränen. Das Familienoberhaupt war nach einem Schlaganfall beim Frühschoppen tot zusammengesunken. Trotz aller Ablehnung glich Hitlers Wesen später mehr und mehr den Zügen seines Vaters: Jähzorn, Rastlosigkeit, eine Mischung von spießerhafter Enge und kleinbürgerlicher Attitüde, besonders aber der Starrsinn – der eigenen Überzeugung bis zum bittern Ende zu folgen –, das ist ein Erbteil des Zollamtsoberoffizials, den Hitler in »Mein Kampf« zum »Zollamtsoffizial« degradierte.

Hitler war dreizehn Jahre alt, als der Vater starb. Spannung wich aus der Familie; seine Pläne, Künstler zu werden, bekamen neuen Auftrieb. Die Bindung zwischen Mutter und Sohn wurde immer enger. Ihrem Willen, ordentlich die Schule abzuschließen, entsprach Hitler jedoch nicht, sie litt darunter – bei aller Mutterliebe war die Eigenliebe stärker. Die Schulleistungen sanken weiter. In seinen angeblichen Lieblingsfächern Geschichte und Geographie weisen die Zeugnisse des Jahres 1905 nur ein »genügend« aus. An eine Versetzung war ohnedies nicht zu denken, bei den Hauptfächern Mathematik und Deutsch stand »ungenügend«. Da kam ihn »plötzlich eine Krankheit zu Hilfe«, wie Hitler in »Mein Kampf« verräterisch formulierte. Wie es um seine Gesundheit damals wirklich stand, mag umstritten bleiben, jedenfalls war für ihn die Schullaufbahn damit beendet. Hitler sollte nie mehr einen »Abschluß« machen. Seiner Geringschätzung gegenüber der Schule hatte er schon früher »symbolisch« Ausdruck verliehen. Im September 1904 feierte er mit Schulkameraden den Beginn der großen Ferien, die Feier mündete in ein Gelage. Als ihn auf dem Heimweg ein dringendes Bedürfnis überkam, verrichtete er

Hitler (oberste Reihe, Mitte) in seiner Schulklasse in Leonding, 1899

Hitler in der Realschule, 1901 (oberste Reihe, rechts außen und Vergrößerung)

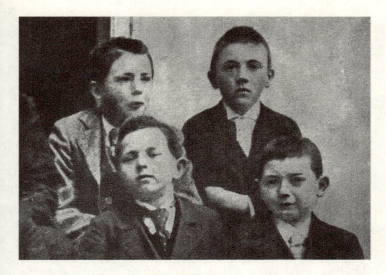

Er gibt zu, daß er ein besonderer Lausejunge war, und er hat Karl May kolossal verehrt, auch Winnetou gefiel ihm, daß der am Marterpfahl ganz ruhig sprach. Und während er sonst brüllte wie am Spieß, wenn er verprügelt wurde, damit seine Mutter kam, erzählte er, er habe, als er Winnetou las, bei der nächsten Tracht Prügel nur gezählt: eins, zwei, drei, vier, fünf, bei jedem Hieb, und da hat der Vater so einen Schreck gekriegt, weil er geglaubt hat, jetzt ist der arme Bub verrückt geworden.

Reinhard Spitzy, Jahrgang 1912 (Referent bei Ribbentrop)

Nun war es früher doch so, daß dieses blöde Zeugnis das ganze spätere Leben bestimmte! Lesen Sie meine Zeugnisse. Ich habe in Deutsch schlechte Noten gehabt. Dieser Idiot von Professor hat mir die deutsche Sprache verekelt, dieser Stümper, dieser kleine Knirps: Ich würde nie richtig einen Brief schreiben können! Stellen Sie sich das vor! Mit einem Fünfer, ausgestellt von diesem Trottel, hätte ich nie Techniker werden können. Jetzt ist, Gott sei Lob und Dank, die Hitlerjugend eingeschaltet, da kann die zweite Seite des Jungen beurteilt werden: Da zeigt sich doch seine Führungsfähigkeit! Ein Junge muß eine legale Möglichkeit haben, das unter Beweis zu stellen!

Hitler am 29. 8. 1942

am Wegesrand seine Notdurft. Dabei verwendete er das soeben erhaltene Zeugnis. Zu allem Unglück gelangte das Corpus delicti in die Hände des Schuldirektors. Nach einer demütigenden Standpauke wurde ein Duplikat ausgehändigt. Hitler selbst datiert den Beginn seiner alkoholischen Enthaltsamkeit von diesem Vorfall an, wobei er nie völliger Abstinenzler wurde.

Die Schulzeit hinter sich, träumte er den Traum, ein weltberühmter Maler zu werden. In seiner Heimatstadt Linz spielte er von nun an den Stenz, gab sich betont elegant, mit schwarzem, breitkrempigem Hut und schwarzen Glacéhandschuhen. So stellte er sich den Sprung in die »bessere Gesellschaft« vor. Das Ebenholzstöckchen am zierlichen Elfenbeingriff, promenierte der junge Tagträumer durch die Gassen, berauschte sich an den Opern Richard Wagners und füllte seine Zeichenblöcke mit immer neuen Skizzen. Ein neues Talent trat zutage. Hitler entwarf prachtvolle Bauten, Villen, Theater, Musentempel, monumentale Brücken und gruppierte schließlich das ganze Stadtbild von Linz zu neuer »Größe«. Später ließ er es sich nicht nehmen, jene »Nibelungen-Brücke« selber einzuweihen, die er als Fünfzehnjähriger auf dem Zeichenblock entworfen hatte.

Der junge Hitler baute sich die eigene Welt – was scherte ihn der Alltag. Von einem Brotberuf hielt er nichts, er steigerte sich in immer neue Traumgebilde. Häufige Opernbesuche leisteten dieser Neigung Vorschub. Als Hitler, zwölfjährig, zum erstenmal eine Wagner-Aufführung besuchte, »Lohengrin«, war das die Initialzündung einer lebenslangen Hingabe für das Werk des Bayreuther Meisters. Im Stehparterre des Linzer Theaters lernte Hitler seinen einzigen Jugendfreund kennen, August Kubizek, einen nur wenig älteren Tapezierersohn. »Gustl« erinnert sich später an den Wagner-Enthusiasmus seines Kameraden: »Selbst ein Lohengrin, der durch die Ungeschicklichkeit eines Bühnenarbeiters aus seinem Kahne fiel und ziemlich verstaubt aus dem ›Meere‹, in das er gefallen war, in sein Schwanengefährt wieder hineinklettern mußte, konnte ihm die Illusion nicht zerstören.«

Illusion – das war die Welt des Adolf Hitler. In geradezu ekstatische Stimmung geriet er nach einer Aufführung des »Rienzi« im Linzer Stadttheater. Noch ganz berauscht von der Musik und dem heldischen Epos, führte Hitler den Freund nach der Aufführung auf einen nahegelegenen Berg. Dort habe dieser, so Kubizek, mit erregter Stimme von einer Mission gesprochen, die er einst von seinem Volke empfangen werde. In schillerndsten Farben habe

Hitler seine und seines Volkes Zukunft ausgemalt. Dreißig Jahre später habe der »Führer« ihm gestanden: »Hier begann es.« Ob Legende oder nicht – es entsprach der Neigung des NS-Diktators, die Berufung zum Politiker auf »Erweckungsmomente« zurückzuführen und für die großen Entscheidungen seines Lebens nachträglich die Vorsehung zu bemühen.
Es war nicht nur das künstlerische, sondern auch das nationale Pathos, demzuliebe sich Hitler so inbrünstig für Wagner begeistern konnte: »Für deutsches Land das deutsche Schwert, so sei des Reiches Kraft bewährt« – solche Sätze sog der deutschtümelnde Junge in sich ein wie ein Schwamm. Hitler war der Auffassung, daß nur er selbst Wagner wirklich verstanden habe. Tatsächlich aber war er nur einer von vielen Wagner-Adepten seiner Zeit. Die pseudoromantische Sehnsucht nach der Traumwelt jenseits alltäglicher Öde teilte er mit vielen Altersgenossen. Aus dem Wagnerschen Schrifttum pickte sich Hitler nur das heraus, was in sein germanozentrisches Weltbild paßte, alles andere ließ er links liegen. Wagner-Schwiegersohn Houston Stewart Chamberlain war letztlich derjenige, der Gedanken seines berühmten »Verwandten« in eine rassistische Geschichtsphilosophie transformierte. Ein Autor schrieb einmal zu Wagners Rehabilitierung: »Niemals ist ein Kunstwerk so gründlich mißverstanden worden.«
Es ist schwer zu ermessen, welche Rolle Begriffe wie »Volk«, »Rasse«, »Raum« in Hitlers Jugend überhaupt spielten. Sicher wuchs er in völkischem Milieu auf, seinem Vater wird nachgesagt, er habe dem Alldeutschen und Antisemiten Schönerer nahegestanden, der wie er aus der Nähe von Spital stammte. Hitler selbst hat Widersprüchliches über seinen alten Herrn geschrieben, einmal, daß er von »schroffster nationaler Gesinnung« sei, ein anderes Mal, daß er »mehr oder minder weltbürgerlichen Anschauungen« anhing. Tatsächlich war Alois Hitler ein treuer Untertan des Kaisers – was Anwandlungen zum Deutschvölkischen oder Weltbürgerlichen nicht ausschloß. Die K.u.K.-Monarchie war ein halbwegs liberales Staatsgebilde – was zu ihrem Ende beitrug. Hitler haßte den Habsburger Staat. Seinem Geschichtslehrer Dr. Leopold Pötsch widmete Hitler mehr als zwei Seiten in »Mein Kampf«: »Heiße Liebe zu meiner deutschösterreichischen Heimat, tiefen Haß gegen den Habsburger Staat« habe er aus dem Geschichtsunterricht mitgenommen. Rassen-Fanatismus konnte man dem jungen Hitler allerdings noch nicht nachsagen. Ein Mitschüler erinnerte sich später an eine freilich denkwürdige Bege-

Hitler im Ersten Weltkrieg, als Gefreiter an der Westfront. Seine Kompanie ist ihm »Ersatzfamilie«. Aber er ist anders als die Kameraden – ein Eigenbrötler, der nicht raucht, trinkt und Bordelle meidet. Sein einziger Freund ist der Hund »Foxl«, ein »britischer Überläufer«

benheit aus dem Jahre 1901. Der zwölfjährige Hitler stand an der Tür seines Klassenzimmers und schickte die Hereinkommenden jeweils in die rechte oder linke Ecke, ordnete sie in Germanen und Nicht-Germanen. Gleichwohl belegt auch diese Episode nicht, daß sich Hitlers damalige Einstellung vom landläufigen und allgegenwärtigen Nationalismus seiner Zeit sonderlich abhob.
Hitler-Freund Kubizek ist Kronzeuge der Linzer Jahre. Wenn auch persönlich eingefärbt, spiegeln seine Schilderungen doch typische Merkmale des späteren NS-Diktators wider: »Ich erinnere mich, wie er mir oft über Dinge, die mich gar nicht interessierten, etwa die Verzehrungssteuer, die an der Donaubrücke eingehoben wurde, oder über die Wohltätigkeitslotterie, für die man gerade in den Straßen sammelte, einen langen Vortrag hielt. Er mußte eben sprechen und brauchte jemand, der ihm zuhörte. Ich staunte oft, wenn er vor mir allein mit lebhaften Gesten eine Rede hielt. [...] Solche Reden, meistens irgendwo im Freien, unter den Bäumen des Weinberges, in den Auwäldern an der Donau wirkten oft wie vulkanische Entladungen.«
Kubizek war Hitler hoffnungslos unterlegen und wohl deshalb der geeignete Freund. Er war Hitlers einziges Auditorium. Der lethargische Stubenhocker Adolf war sonst eher verschlossen, las zu Hause in wirrem Durcheinander Bücher von Karl May und Heldensagen.
Viel ist über Hitlers »Logorrhoe« geschrieben worden, seine krankhaft anmutende Redesucht, auch über seinen ungestümen Geltungsdrang und den manischen Zwang zur Selbstdarstellung. Daß er sich laut Aussagen von Mitschülern schon in jungen Jahren zu Höherem berufen fühlte und dem hin und wieder Ausdruck verlieh, mutet banal an; daß seine Gedanken maßlos über die Wirklichkeit hinausschossen, ebenso. Doch was bei anderen eher Tagträumerei war, mündete bei ihm oft in blinden Fanatismus oder pure Zerstörungswut. Sein Gemütszustand schwankte zwischen Selbstüberhöhung und Selbstverwerfung – die Mitte schien zu fehlen. Die eigene Intuition hob er in den Rang absoluter Wahrheit, ein »normales Gespräch« fand im Prinzip nicht statt. »Von mir erwartete er nur eines, Zustimmung«, erinnert sich Kubizek. Das blieb symptomatisch.
Die Neigung, vom Boden der Realität abzuheben, um dann um so tiefer in den Abgrund zu stürzen, war ebenso eine Konstante in Hitlers Leben. Einmal erwarb er ein Lotterielos, sogleich reifte der Traum vom großen Gewinn, eine Vision vom Dolce Vita in hoch-

Ich kann nicht sagen, wie ich im Krieg gelitten habe unter dem Versagen der Führung. Wir waren doch militärisch nicht gut und politisch so schlecht geführt, daß ich mir nur immer gewünscht habe, eingreifen zu können. Wenn ich Reichskanzler gewesen wäre, hätte ich innerhalb von drei Monaten die Obstruktion beseitigt und eine Konsolidierung aller Kräfte erreicht gehabt. Zwanzig, fünfundzwanzig Jahre jünger, würde ich jetzt vorn stehen: Ich war leidenschaftlich gern Soldat.

Hitler am 24. 7. 1941

Das ist sicher: Die Sorgen gehen niemals aus. Als junger Mensch habe ich Sorgen gehabt, wo es sich um Werte von 10, 20 oder 30 Mark handelte. Eine einzige Zeit gab es, in der ich keine Sorgen hatte: die sechs Jahre beim Militär; da hat man das nicht so ernst genommen, den Anzug – und wenn er nicht so gut war, war er doch ehrenhaft – bekam man geliefert, das Essen auch, desgleichen das Quartier oder die Erlaubnis, sich hinzulegen, wo man wollte. Dann kamen wieder Sorgen: die Partei-Sorgen, erst um 10 000 Mark, später um zwei, drei Millionen, schließlich um 500 und 1000 Millionen, und nach der Machtübernahme ging es dann um Milliarden.

Hitler am 13. 10. 1941

Hitler (oberste Reihe, zweiter von rechts) nach seiner Verwundung im Lazarett Beelitz bei Berlin, Oktober 1916. Von hier aus erfolgte seine Verlegung ins Lazarett Pasewalk in der Uckermark

herrschaftlichem Ambiente. Hitler hatte ein Traumschloß – eine Nobelwohnung mit Donaublick in Linz – schon konkret ins Auge gefaßt und das edle Domizil in seiner Phantasie komplett eingerichtet, wählte Stoffe, Möbel, Dekorationen aus und schwärmte von festlichen Empfängen in erlesenem Kreis – das war wochenlang für ihn die eigentliche Wirklichkeit. Dann zerschlug die Niete den schon sicher geglaubten Traum. Was folgte, war der Absturz: Hitler bekam einen Tobsuchtsanfall, wobei er nicht etwa nur das eigene Schicksal, sondern auch die Leichtgläubigkeit der Menschen, das Lotteriewesen und den betrügerischen Staat gleich mit in Bausch und Bogen verdammte. Wochenlang erging er sich in Selbstmitleid.

Die Neigung, Schuld auf andere abzuwälzen, ist zunächst nichts Außergewöhnliches. Doch, was der junge Hitler in seinen Gedanken aufbaute und niederriß, bestimmte beim späteren Diktator das Schicksal von Millionen. Für Hitler gab es nur: Alles oder nichts.

Hitler-Freund Kubizek nahm die Stimmungsschwankungen des seltsamen Kameraden hin. »Er verfügte völlig eigenmächtig über meine Freizeit«, erinnert er sich später. Hitler zog seinen privaten Kreis ausgesprochen eng – unter den Erwachsenen akzeptierte er nur die Mutter. Er reagierte ausfällig, wenn ihm jemand zu nahe kam. Ein ehemaliger Mitschüler begegnete ihm auf der Straße, rief »Servus, Hitler!«, faßte ihn vertraulich am Rockärmel. Als er dann fragte, wie es ihm – Hitler – gehe, stieg dem die Zornesröte ins Gesicht – »das geht dich einen Dreck an!« Jahre später, nach der »Machtergreifung«, wurde Hitler einmal in einem Münchner Lokal vom lauten Gruß eines alten SA-Schlägers aufgeschreckt: »Servus, Addi«. Kurz darauf fand der Altvertraute sich in Dachau wieder, wo er bis zum Kriegsende verblieb.

Mangelnde Vertraulichkeit, Berührungsfurcht und Bindungsangst – das kennzeichnet Hitler. Aversion gegen Gefühle, das war nicht nur Mittel für den Machterhalt, das entsprach auch seinem Wesen. Es sind Symptome von narzißtischer Ich-Vergötterung. Hitler bestand darauf, derjenige zu sein, der über Nähe und Distanz bestimmte, von zwischenmenschlichen Beziehungen im üblichen Sinn keine Spur. Sicher gab es später auch den charmanten und netten Hitler, den Kinderstreichler und Frauenliebling. Doch entscheidend war für ihn, daß er die Macht hatte, daß er bestimmen konnte, wo es langging. Henriette von Schirach, die Frau des »Reichsjugendführers« Baldur von Schirach, schrieb

später einmal von einer Begebenheit an einem Silvesterabend. Ihr Vater, Heinrich Hoffmann, Hitlers Leibfotograf, hatte über eine Türschwelle in der Schwabinger Wohnung einen Mistelzweig gehängt. Nach englischer Sitte durfte dort jeder jeden küssen. Es gelang Elsa Brümmer, einem bekannten Fotomodell, Hitler unter dem Strauch zu überraschen. Die Reaktion war bezeichnend: Bleich vor Wut ließ der sich den Mantel geben: »Wenn geküßt wird, bin ich es, der küßt« – ein Detail, das Bände spricht.
Schicksalsschläge in den Wiener Jahren hatten Hitlers selbstherrliches Gehabe in den Hintergrund treten lassen. Linz hatte für ihn nichts mehr zu bieten, er wollte in die große Welt und zog in die K.u.K.-Hauptstadt. Wiederum war es auch Flucht vor dem »ordentlichen Beruf«. Sein Vormund Josef Mayrhofer hatte eine Lehrstelle für ihn ausgespäht, Bäcker sollte er werden.
Aus seiner Wiener Scheinwelt riß ihn das Schicksal der Mutter. Im Winter 1906/1907 erkrankte Klara Hitler an Brustkrebs. Sie mußte sich sofort einer Operation unterziehen. Hitler fühlte sich seiner Mutter verpflichtet und begann unter dem Eindruck ihres schweren Leidens sein Leben in geordnete Bahnen zu lenken. Er bewarb sich an der Kunstakademie. Der erste Schritt glückte, Hitler bestand die Vorauswahl. Das Urteil der Professoren über den Inhalt der von ihm eingereichten Mappe jedoch war niederschmetternd: Probezeichnungen »ungenügend«. Die Zurückweisung traf ihn »wie ein jäher Schlag aus heiterem Himmel«. Nie zuvor war er in seiner Eitelkeit so gekränkt worden.
Schwerer wog, daß sich der Gesundheitszustand der Mutter weiter verschlechterte. Hitler unterbrach den Aufenthalt ihn Wien. Er hatte Angst, zu verlieren, was nicht zu ersetzen war. Einmal in seinem ganzen Leben nahm er sich zurück: »Kein schroffes Wort mehr, keine unwillige Äußerung, kein heftiges Hervorkehren des eigenen Standpunktes«, schreibt Kubizek. Der jüdische Arzt der Mutter, Dr. Bloch, berichtete, daß Hitler nächtelang nicht von ihrer Seite wich. Seine Beobachtungen bestätigen, »wie eng die gefühlsmäßige Bindung zwischen Mutter und Sohn« war. Im Dezember 1907 stirbt Hitlers Mutter in den Armen ihres Sohnes. Der Arzt erinnert sich später, »noch nie einen Menschen so schmerzgebrochen und leiderfüllt gesehen« zu haben.
Daß der Tod der Mutter eine wesentliche Zäsur in Hitlers Leben war, ist unumstritten. Kontrovers ist freilich, was dieser Schicksalsschlag für die Psyche des späteren Diktators und Massenmörders bedeutete. In zahlreichen Studien richtet sich das Augenmerk

auf das Verhältnis zwischen Hitler und dem jüdischen Arzt, Dr. Bloch. Daß Hitler den Arzt bewußt oder unbewußt für den Tod der Mutter verantwortlich gemacht habe, daß er ihren Tod wie eine Tötung auffaßte, daß all das später in Haß gegen die Juden umschlagen konnte, davon gehen einige Psychohistoriker aus – zumal Bloch sich einer neuen Behandlungsmethode bediente, die den unvermeidlichen Tod der Mutter noch qualvoller machte. Daß Hitler dies gewußt haben soll, ist allerdings auszuschließen. Vielmehr spricht alles dafür, daß er dem Arzt »für immer dankbar« blieb. Bloch selbst bestätigte nach dem Krieg, daß er während der NS-Zeit »Vergünstigungen« hatte, »wie sie nach meinem Eindruck keinem anderen Juden in ganz Deutschland oder Österreich eingeräumt worden sind«. Hitler selbst sorgte dafür, daß Bloch der Holocaust erspart blieb: Er ließ ihn ausreisen. Anhänger der Freudschen Schule vermuten im Verhältnis Bloch-Hitler eher eine Wiederbelebung ödipaler Komplexe: Der jüdische Arzt sei in die Rolle des so sehr verhaßten Vaters geschlüpft, herrschte in den Augen Hitlers über die Mutter, entkleidete sie, tastete ihre Brust ab, wobei sich der Sohn ausgegrenzt fühlte. Der Haß auf den Vater, der Tötungsverdacht gegen den Arzt, die Unsicherheit, ob Hitlers Großvater nicht doch Jude war – all das habe sich zu einer zerstörerischen Energie gebündelt, die in Auschwitz habe wirksam werden können.

Hitlers Machtstreben wird ebenfalls auf den Tod der Mutter zurückgeführt: Er sei unbewußt zum »Delegierten« der Verstorbenen geworden. Macht und Herrschaft habe er nicht zuletzt deshalb angehäuft, um ein lebender Beweis für den Wert der Mutter zu sein. Erich Fromm sprach von einem inzestuösen Band zwischen Mutter und Sohn: »Jemand, der mit einer bösartigen inzestuösen Bindung an die Mutter fixiert« sei, bleibe »narzißtisch, kalt und reaktionsunfähig«. Mutterkult und Muttertod stünden in Beziehung zu einer Art zerstörerischer Nekrophilie, zwanghaft habe Hitler alles in seiner Reichweite erniedrigen, vernichten müssen. – Doch alle diese Überlegungen post mortem berücksichtigen zu wenig die sozialen, politischen und geistesgeschichtlichen Einflüsse, denen jeder Mensch unterliegt – auch der junge Hitler.

Der Tod der Mutter blieb nicht der einzige Schicksalsschlag. Auch der zweite Anlauf zur Aufnahme an der Akademie sollte scheitern. Hitler und Kubizek bewohnten in Wien gemeinsam ein Zimmer in der Sempergasse. Der musikbegabte Freund hatte die Auf-

Aquarellskizze Hitlers in München (1913)

Der 16jährige Hitler, Bleistiftskizze von F. Sturmberger, einem Schulkameraden aus Steyr

Hitler kam eines Tages zu uns nach Hause, um mit meiner Mutter und mir Kaffee zu trinken. Als Mama den Mokka servierte, bat er sie um ein Stückchen Schokolade. Dieses steckte er dann in den Mund, trank gleichzeitig den Kaffee. Es sei eine Angewohnheit, erklärte er, die er sich während seiner Wiener Hungerjahre bei österreichischen Offizieren abgeschaut habe. Für Hitler war diese Art des Mokkatrinkens der Inbegriff von Luxus.

Egon Hanfstaengl, Jahrgang 1920 (Sohn von Hitlers »Pressechef«)

nahmeprüfung am Konservatorium bestanden. Hitler sah der eigenen Bewerbung mit gemischten Gefühlen entgegen. Schon bei der ersten Schlappe hatte er sich schwer getan, dem Freund vom Mißerfolg zu beichten. »Ich hab gar nicht gewußt, daß ich so einen gescheiten Freund habe«, war der reservierte Kommentar Hitlers zum geglückten Anlauf Kubizeks.

Der Lebensstil war der alte geblieben. Ausgedehnte Spaziergänge, Opernbesuche, mal ein Entwurf für ein Bauprojekt, mal ein Konzept für ein Heldenepos – eben Traumwelt. Gewöhnlich lag Hitler fast bis mittags im Bett. Damals starben deshalb noch nicht Menschen – wie später in der »Wolfsschanze«, als niemand es wagte, den »Führer« zu wecken, auch wenn dringende Entscheidungen anstanden. Der Politiker und Militär Hitler adaptierte Facetten aus dem Lebensstil des jungen Privatiers. Der Schreibtisch im »Arbeitszimmer« der neu gebauten Reichskanzlei blieb später meistens leer.

Was Hitler über seine finanzielle Lage in den frühen Wiener Jahren schrieb, ist unwahr. Die selbstmitleidige Mär, daß er als Siebzehnjähriger nach dem Tod der Mutter sein Brot selbst habe verdienen müssen, gehört ins Arsenal der »Führer«-Legenden. Tatsächlich hatte er sowohl in der Linzer Zeit als auch anfangs in Wien ein geregeltes und ausreichendes Auskommen. Keineswegs bedeutete der Tod der Mutter den später behaupteten Absturz in die Armut. Hitler bezog monatlich rund 25 Kronen Waisenrente, hinzu kamen etwa 60 Kronen aus dem väterlichen Erbteil. Der junge »Frührentner« hatte ein besseres Einkommen als ein K.u.K.-Assessor. Der soziale Einbruch kam erst später.

Die erste Ablehnung an der Akademie hatte Hitlers Hoffnungen ins Wanken gebracht. Bei der zweiten aber zerbarst sein Traumschloß in tausend Stücke. Nicht nur seine Arbeitsproben wurden abgelehnt, sein Zeichentalent war generell in Frage gestellt worden. Hitler fühlte sich persönlich gescheitert. Dies freilich ohne jeden Grund: Der Direktor der Anstalt hatte ihm sogar empfohlen, sein offenkundig stärkeres architektonisches Talent weiter auszubilden.

Was sein Mal-Talent anbelangt, so trifft sicher zu, was der Journalist Konrad Heiden einmal dazu schrieb: »Es sind durchweg steife, aber exakte Zeichnungen nach gedruckten oder lithografierten Vorlagen und zwar Stadtansichten und Architekturstücke, menschliche Figuren, die allenfalls als winzige Staffage vorkommen, sind ganz mißraten und wirken wie gestopfte Säcke.«

Auftakt zur Beerdigung des ermordeten bayerischen Ministerpräsidenten Kurt Eisner auf dem Münchner Ostfriedhof, 26. Februar 1919. Der Soldatenrat Hitler (ganz rechts), Diener der Räteregierung, wird sich gleich in den Trauerzug einreihen

Zwei Jahre nach dem Frontwechsel vom linken ins ultrarechte Spektrum: Stoßtrupp Hitler, Oktober 1921

Auch Hitler selbst will erkannt haben, wie er später schrieb, daß Architektur seine eigentliche Leidenschaft gewesen sei. Doch zog er nicht die Konsequenzen. In den Tischgesprächen gab Hitler Geldnot als Grund an: »Wer weiß, wenn meine Eltern vermögend genug gewesen wären...« – ein Scheinargument. Auch seine Begründung, daß man das Abitur brauchte, traf nicht für alle Architekturschulen in Österreich zu. Nein – für Hitler gab es keinen Weg zurück an die Schulbank. Und noch Dutzende anderer Optionen bot die Großstadt, doch er verweigerte sich in kindlichem Trotz. Bis an sein Lebensende blieben Akademien für ihn Orte, »die jedes Genie umzubringen versuchten«. Um so mehr machte er später in selbstmitleidiger Larmoyanz das ganze Bildungssystem und den Staat für seine Misere verantwortlich.

Hitler muß die zweite Ablehnung um so schlimmer empfunden haben, weil nun auch das Schulversagen wieder auf ihn zurückschlug. Bisher hatte er sich sagen können, daß er Maler werden wolle. Das war nun vorbei. Er zog sich von seiner Umwelt zurück, verließ die gemeinsame Wohnung, die er mit seinem Jugendfreund teilte, und brach jeden Kontakt zur Verwandtschaft ab. Niemandem wollte er den Mißerfolg eingestehen. Auch Kubizek wußte von nichts. Als der Freund nach acht Wochen Militärausbildung in die Hauptstadt zurückkehrte, war die Wohnung leer, ein paar nichtssagende Karten und Briefe blieben als Erinnerung. Somit schied der Mensch aus Hitlers Leben, der als erster die stundenlangen Monologe über sich hatte ergehen lassen müssen und später selber eingestand, wohl der erste von Millionen gewesen zu sein, die dem späteren »Führer« recht gaben, obwohl sie eigentlich mitunter anders dachten.

Für Hitler begannen die »traurigsten fünf Jahre« seines Lebens. Er ließ sich gehen, fand sich bald als »magerer junger Mann, verlaust, mit zerlöcherten Schuhen und wundgelaufenen Füßen« als Obdachloser im Asyl für gescheiterte Existenzen. Das väterliche Erbteil war inzwischen aufgebraucht. Doch »ohne jede Geldhilfe und auch zu stolz, eine solche auch nur von irgend jemand anzunehmen«, war er trotzdem nicht. Neben der Waisenrente kamen ihm immer wieder Geldgeschenke von Verwandten zu. Dennoch – Hitler verbrachte die Herbst- und Wintermonate 1909/1910 im Obdachlosenasyl in Meidling; anschließend zog er ins Männerheim in der Meldemannstraße.

Es war ein Absturz ins Bodenlose für den von stetem Geldfluß verwöhnten Sohn eines Aufsteigers, der nicht ohne großbürgerli-

che Allüren war: Massenquartiere, Drahtpritschen – die Tage auf der Gasse, in Wärmestuben oder mit Gelegenheitsarbeit verbringen, Ratten, Läuse, Wanzen – »Impressionen« einer selbstverschuldeten Misere. Ob Hitler auch gebettelt hat, ist nicht bewiesen, Weggenossen meinen, er sei dafür zu schüchtern gewesen oder zu stolz. »Sieg oder Niederlage« – das schien schon damals Leitmotiv zu sein: Auf den geplatzten Traum folgte ein selbstzerstörerisches Sich-Verrotten-Lassen. »Siegen« oder »Untergehen« hieß der Schlachtruf dreißig Jahre später – für ein ganzes Volk.
Der Umzug vom Asyl ins Männerwohnheim war der erste Schritt, um aus der schlimmsten Misere herauszukommen. Der Standard entsprach nicht einmal dem einer mittelmäßigen Jugendherberge, immerhin, geschlafen wurde in Einzelkabinen. Hitler fand in der sozialen Einrichtung eine kleine geordnete Welt vor, die Heimat und Kameradschaft bot. Einer, der im Heim mit ihm Bekanntschaft schloß, Karl Honisch, beschrieb das Milieu: »akademisch Gebildete, die irgendwie Schiffbruch erlitten hatten, neben Handelsangestellten, pensionierten Offizieren [und] Pensionisten«. Hitler wurde respektiert, hatte seinen Platz – einen hielt man ihm immer frei. Bei »aller Freundlichkeit« jedoch, so Honisch, habe Hitler eine Art an den Tag gelegt, »sich niemanden zu nahe kommen zu lassen [...] Man erlaubt sich ihm gegenüber keine Vertraulichkeiten.«
Hitler war derselbe geblieben, aber noch in sich gekehrter als bisher. Charakteristisch auch die Art und Weise des Gesprächs mit dem seltsamen Gast: »Am Anfang, wenn so eine Debatte in Gang kam, beteiligte er sich nur zeitweise mit einem Wort oder einer Bemerkung, das er einwarf, und arbeitete ruhig an seiner Zeichnung weiter. Wenn aber die geäußerten Ansichten ihm gar zu sehr gegen den Strich gingen, dann erwachte sein Widerspruch. Dann geschah es oft, daß er aufsprang, Pinsel oder Bleistift über den Tisch hinschleuderte und in äußerst temperamentvoller Weise, wobei er auch vor starken Ausdrücken nicht zurückschreckte, seine Ansichten vortrug; mit blitzenden Augen und den Haarschopf, der ihm fortwährend in die Stirn rutschte, mit einer immer wiederkehrenden Kopfbewegung zurückwerfend. Oft geschah es dann, daß er mitten in seiner Rede abbrach, mit einer Handbewegung sich wieder niedersetzte und an seiner Zeichnung weiterarbeitete, als hätte er sagen wollen, schade um jedes Wort, das man an euch verschwendet, ihr versteht es ja doch nicht.«
Die Rolle Kubizeks nahm nun die Männerheim-Gesellschaft ein.

Hier war Hitler in sicherer Umgebung, umgeben von Menschen, denen er überlegen war, sie nahmen hin, was er sagte und widersprachen nicht, und wenn, dann nur hinter seinem Rücken. Das Motiv durchzieht sein Leben. Die Gemeinschaft im Wohnheim fand ihre Entsprechung im Kreis der Kameraden in der »Kampfzeit«, im Kreis der Entourage auf dem Obersalzberg und in der Tischrunde im Führerhauptquartier während des Zweiten Weltkrieges.

Mit Hilfe der Malerei konnte Hitler sein monatliches Salär aufbessern. Meist fertigte er kleinformatige Bilder an, oft waren es nur Kopien von Postkarten und Stichen. Im Asyl hatte sich der Maler mit dem Gelegenheitsarbeiter Reinhold Hanisch (nicht zu verwechseln mit Karl Honisch) angefreundet – den Hitler übrigens keineswegs, wie oft behauptet, später als lästigen Zeugen umbringen ließ. Hanisch starb in Untersuchungshaft, nachdem er wegen eines Betrugsdelikts (u.a. wegen Fälschung von Hitlerbildern!) festgenommen worden war.

Damals betrieb Hanisch den Verkauf von Hitlers »Kunstwerken« – nicht ohne Erfolg. Der Gewinn wurde geteilt. Zu den Kunden zählten jüdische Kaufleute und Intellektuelle. Auch der Hausarzt Dr. Bloch gelangte in den Besitz einiger Gelegenheitswerke – er erhielt sie allerdings von Hitler als Geschenk, aus Dankbarkeit für die Behandlung seiner Mutter. Später, als das NSDAP-Hauptarchiv auf Weisung Hitlers veranlaßte, die gesammelten Werke ein für allemal sicherzustellen, mußte auch Bloch seine Bilder zurückgeben.

Es gibt Anhaltspunkte dafür, daß Hitler in der Wiener Zeit keineswegs der Juden-Hasser war, als den er sich retrospektiv ausgab. Was Reinhold Hanisch überlieferte, klingt – auch wenn er sonst vielen Legenden Nahrung gab – glaubwürdig. Der Jude Josef Neumann, der lange als bloßes Hirngespinst von Hanisch abgetan wurde, existierte und lebte im Wiener Männerheim: »Der Händler Neumann wurde ein richtiger Freund Hitlers. Er war ein gutmütiger Mensch, der Hitler sehr mochte und den Hitler auch hoch schätzte. Einmal sagte mir Hitler, daß Neumann ein sehr anständiger Mensch sei, weil Neumann, wenn einer von uns kleinere Schulden hatte, sie bezahlte...« – so Hanisch. Hitler hatte eine ganze Reihe jüdischer Bekannter und Freunde in Wien, darunter Bewohner des Männerheims und Händler, die seine Postkartenbilder verkauften; auch das Verhältnis zu Dr. Bloch läßt auf gegenseitige Sympathie schließen.

Hitlers Waffenschein, der ihn zum Tragen einer Pistole berechtigt, November 1921

Hitler stieg eines Tages auf einen Stuhl, hängte sich ein Tischtuch um und machte meiner Mutter vor, wie er als Bub immer römischer Senator gespielt hatte. Er gab oft solche kleinen Vorstellungen. Speziell seine Erzählungen aus dem Ersten Weltkrieg faszinierten mich. Wenn er den Schlachtenlärm imitierte, kam ich mir vor wie in einem Kino ohne Leinwand.

    Egon Hanfstaengl, Jahrgang 1920 (Sohn von Hitlers »Pressechef«)

Der Chef erwähnte dann, daß auch der Mensch sich bei außerordentlichen körperlichen Anstrengungen durch den dabei unvermeidlichen Schweißverlust verändere. Bei seinen Reden in Großkundgebungen sei er hernach klitschnaß gewesen und habe 4 bis 6 Pfund an Gewicht verloren gehabt. Wenn man bei seinen Reden in Bayern die 2 bis 3 Flaschen Bier, ohne die er in Bayern kaum habe landen können, bei seinen sonstigen Reden die gleiche Menge Sprudel (Mineralwasser, meist »Fachinger«) berücksichtige, die er noch zwischendurch getrunken habe, so könnten es auch bis zu 7 Pfund gewesen sein. Vielleicht sei dieser Gewichtsverlust gar nicht ungesund gewesen. Ihn habe daran nur immer gestört, daß sein einziger blaugefärbter Kriegsanzug seine Leibwäsche bei jeder Versammlung blau gefärbt habe.

aus Hitlers Tischgesprächen, aufgezeichnet von Henry Picker, Jahrgang 1912

Sicher darf man solche Indizien nicht überbewerten, doch wurden die Wiener Jahre nicht nur von zahlreichen Hitler-Biographen zur formativen Phase des Hitlerschen Antisemitismus erklärt, sondern auch vom »Sujet« selbst. Immer wieder führte der NS-Führer die Wiener Erfahrungen als Grund für seinen Judenhaß auf: »Ich bin von Wien fortgegangen als absoluter Antisemit, als Todfeind der gesamten marxistischen Weltanschauung.«
Sicher gab es taktische Gründe für die Rückdatierung, um dem eigenen Volk zu suggerieren, sein politisches Programm sei das Ergebnis lang gereifter Überlegung, doch spricht auch manches dafür, daß Hitler das Trauma der Wiener Jahre auf diese Weise kompensierte, indem er die ganze »schlimme Zeit« nachträglich einem Sündenbock aufbürdete: den Juden. Auch die Akademie erschien ihm im nachhinein »verjudet«. Antisemitismus wurde einmal die Ideologie der »Zu-kurz-Gekommenen« genannt. Hitler fühlte sich als ein Zu-kurz-Gekommener.
Wien sei die Schule seines Lebens gewesen, schrieb er in »Mein Kampf«. »Was mir so an freier Zeit von meiner Arbeit übrigblieb, ging restlos für mein Studium drauf. [...] In dieser Zeit bildete ich mir ein Weltbild und eine Weltanschauung, die zum granitenen Fundament meines derzeitigen Handelns wurde. Ich habe zu dem, was ich mir so einst schuf, nur weniges hinzulernen müssen, zu ändern brauchte ich nichts.«
In Wien also soll sich sein Weltbild gefestigt haben. Hitler »studierte« mit der Einstellung, alles eigentlich schon gewußt zu haben. Aufgeschnapptes, Unterbewußtes sowie dumpfe Vorurteile wurden zum Maßstab. Er gebot ohne Zweifel über rasche Auffassungsgabe und die Fähigkeit, in kürzester Zeit viel Stoff in sich einzusaugen, doch wirkliche Fachkenntnis erwarb sich Hitler nur auf dem Gebiet der Architektur und der Waffenkunde. Und er hatte Talent, oberflächliches Halbwissen geschickt zu verpacken. Von einem festen Weltbild während oder nach der Wiener Zeit konnte nicht die Rede sein. Seine Wahrnehmung blieb willkürlich und dumpf. Sein sogenanntes Studium war das »Studium der Straße«. Nachgewiesen ist auch, daß er viel weniger las, als er von sich selbst behauptete, und schon gar nicht systematisch, sondern eher sporadisch. Eine bewußte Auseinandersetzung mit den sogenannten »-ismen«: Marxismus, Kapitalismus, Parlamentarismus, Antisemitismus, hat vermutlich erst nach dem Ersten Weltkrieg stattgefunden und scheint aus den bekannten Gründen rückdatiert.

Was von Wien blieb, waren der soziale Dünkel des Kleinbürgers, die unterschwellige Angst, ins Elend abzurutschen, und Vorbehalte gegen die Klasse der Arbeiter. Hitler behauptete später, auf einer Baustelle gearbeitet zu haben – man habe ihm dort angedroht, ihn vom Gerüst zu stoßen, weil seine Argumente die Gewerkschafter zu sehr provoziert hätten.

Was weiter blieb, waren diffuse Gefühle von Untergangsstimmung in einer morbiden Epoche, vor allem aber Fremdenhaß. Nirgends in Mitteleuropa war er so spürbar wie in der Vielvölker-Metropole Wien. Zwei politische Persönlichkeiten jener Jahre haben Hitler, nach seiner eigenen Darstellung, beeinflußt. Der Alldeutsche Karl Ritter von Schönerer und der Wiener Bürgermeister Dr. Karl Lueger. Wenn Hitlers Antisemitismus in einigen Biographien auf Lueger zurückgeführt wird, dann vermutlich deshalb, weil Hitler ihn in »Mein Kampf« in den Vordergrund stellt. Wahrscheinlich aber haben ihn vor allem Luegers Fähigkeiten fasziniert, die Massen zu mobilisieren, während der Alldeutsche Schönerer eher ein ideologisches Vorbild zu sein schien, der »mächtigste und konsequenteste Antisemit, den Österreich hervorgebracht« hat, wie ein Historiker schrieb.

Aus dem privaten Erleben der Wiener Jahre ist jedoch nichts zu ersehen, was auf Hitlers späteren radikalen Antisemitismus schließen läßt. Überhaupt spricht viel dafür, daß er bis zum Ende des Ersten Weltkrieges eher unpolitisch blieb. Auch der Weggang von Wien nach München im Jahre 1913 war nicht politisch motiviert. Die Flucht in das Reich seiner Träume war eine Flucht weg von der Stätte des Versagens.

Zudem gab es ein weiteres Motiv: Hitler entzog sich schon seit geraumer Zeit dem Wehrdienst. Das Argument, er wolle nicht dem Staate dienen, den er verabscheute, mag richtig sein. Doch rein juristisch war es ein Vergehen: Stellungsflucht, ein unpopuläres Delikt, das Hitler später nach Kräften zu verschleiern suchte, als NS-Gegner ihm auf die Spur kamen. Sofort nach dem »Anschluß« Österreichs im März 1938 ließ Hitler nach der Militärakte fahnden wie nach anderen unliebsamen Spuren seiner Jugend – erst in den fünfziger Jahren tauchte die Akte des erklärten Feindes aller »Pazifisten« und »Drückeberger« wieder auf. Noch in den letzten Kriegstagen 1945 befahl Hitler, jeden zu verfolgen und erschießen zu lassen, bei dem auch nur der leiseste Verdacht aufkam, daß er sich aus dem Finale seines ›Heldenkrieges‹ stehlen wollte.

Auf der polizeilichen Meldestelle in München ließ er sich 1913 als »Staatenloser« registrieren, was er tatsächlich erst ab 1925 war. Noch immer ist es nicht plausibel, warum Hitler die Ankunft in München in »Mein Kampf« um ein Jahr, auf 1912, vordatierte. Jedenfalls schien er nun am Ziel angelangt: »Eine deutsche Stadt! Welch ein Unterschied gegen Wien«. Später beschreibt er die beiden Jahre vor dem Ersten Weltkrieg als die »glücklichste und weitaus zufriedenste« Zeit seines Lebens.

Sein Leben aber blieb auch in München eher öde. Hitler bewohnte gemeinsam mit dem Männerheim-Kumpan Rudolf Häusler ein Zimmer bei dem Schneidermeister Popp in der Schleißheimer Straße. Häusler zog später aus. Was die beiden miteinander verbunden haben mag, ist unklar. Von Häusler war später nie mehr die Rede. Erst die jüngere Forschung hat ihn wiederentdeckt. Von Beruf war der Zimmergenosse kaufmännischer Angestellter, später NSDAP-Hauptstellenleiter in Wien.

Hitlers Tagesablauf in München erinnerte an Wiener und Linzer Jahre. Ohne sich noch zum Maler berufen zu fühlen, malte Hitler von nun an für den reinen Broterwerb. Die Frau des Schneidermeisters Popp erinnerte sich später an den jungen Hitler, der außerordentlich höflich, aber distanziert gewesen sei. Oft »verging eine ganze Woche, ohne daß sich Hitler aus dem Haus rührte«. Kein einziges Mal hatte der schweigsame Mieter Besuch in seiner Wohnung, nur ab und zu traf ein Brief von seiner Halbschwester Angela ein. Auch seine Entwicklung als Maler war stehengeblieben. Nur die Motive hatten sich verändert: In Wien die Karlskirche, der Naschmarkt, die Altstadt – in München die Feldherrnhalle, das Alte Rathaus, Hofbräuhaus und Hoftheater. Stadtansichten: naturgetreu, exakt und irgendwie seelenlos – versteinert so wie er, der menschenscheue Sonderling. Hitler mußte hausieren gehen, wenn er Bilder verkaufen wollte, von Restaurant zu Restaurant. Einige seiner Arbeiten setzte die Kunsthandlung Stuffle am Maximilianplatz um – immerhin hatte er sein Auskommen.

Die spärlichen Aussagen der wenigen Zeitgenossen, die ihn damals überhaupt kannten, zeigen, daß Hitler in München eine unauffällige Erscheinung blieb, ein seltsamer Einzelgänger, merkwürdig eindimensional wie seine Bilder.

Was ihn jäh aus seiner Öde riß, war eine Vorladung der Münchner Kriminalpolizei. Die K.u.K.-Heeresverwaltung hatte Adolf Hitlers Aufenthaltsort aufgespürt und verlangte seine Überstellung nach

Hitler am 2. September 1923, in Nürnberg, zwei Monate vor dem Münchner Putschversuch, nach dessen Scheitern er zu fünf Jahren Festungshaft verurteilt wurde, von denen er nur neun Monate verbüßte

Der gescheiterte Putsch hinterließ bei Hitler eine sehr schmerzhafte Neurose und verwandelte ihn in ein verzogenes Kleinkind, das seinen Willen nicht durchsetzen konnte: Bei seinen ersten Verhören war er teils frech, teils brach er in Heulkrämpfe aus. Später versuchte er, sich zu Tode zu hungern; dann behauptete er steif und fest, das Essen, das man ihm bringe, sei vergiftet; schließlich mästete er sich mit Süßigkeiten von seinen »mütterlichen Freundinnen«.
Aussage des Gefängnisarztes der Festung Landsberg am Lech

Linz. In einem Schreiben, daß vor Selbstmitleid und Unterwürfigkeit nur so troff, erbat der Flüchtling Gnade vor Recht: »Ich war ein junger unerfahrener Mensch [...] Ohne Unterstützung nur auf mich selbst gestellt, langten die wenigen Kronen [...] kaum für eine Schlafstelle. Zwei Jahre lang hatte ich keine andere Freundin als Sorge und Not, keinen anderen Begleiter als ewigen unstillbaren Hunger. Ich habe das schöne Wort Jugend nie kennengelernt.« Doch nicht dieses larmoyante Schreiben – ein Vorgeschmack auf spätere »Führer«-Legenden – sondern die Musterungskommission in Salzburg, bei der sich Hitler vierzehn Tage später einfinden mußte, bereitete dem »Drama« ein Ende; sie befand: »Zum Waffen- und Hilfsdienst untauglich, zu schwach. Waffenunfähig.« Hitler mag in Triumphgefühlen geschwelgt haben, als der Staat, den er verachtete, seiner nicht habhaft werden konnte. Der »Ausgemusterte« kehrte nach München zurück, konnte seinem Künstlerdasein weiter frönen. Sein Leben aber blieb eintönig. Nichts Neues schien hinzuzukommen. Noch war er, entgegen der späteren Selbststilisierung, weit entfernt von jedem politischen Profil.

Der 1. August 1914 brachte die Erlösung. Als sich das millionenfache Sterben ankündigte, begrüßten unzählige Menschen die Aussicht auf den Weltenbrand als Ausbruch aus den Zwängen der Epoche – in vielen Städten Europas, auch in München. Hitler war nur einer unter Tausenden, die am Tag nach der deutschen Mobilmachung vor der Feldherrnhalle spontan der Kriegsproklamation Ovationen entgegenbrachten. Als Hitler-Fotograf Heinrich Hoffmann Jahre später seinem »Führer« eine Aufnahme von der Kundgebung am 2. August 1914 zeigte, ließ der einstige Demonstrant das Foto so oft vergrößern, bis er sich wiedererkannte. Was darauf zu sehen ist, zeigt auch ein neuerlicher Filmfund: Hitler begrüßt den Krieg mit freudig erregtem Gesicht.

Einen »Veitstanz« habe er daheim aufgeführt, »daß er für Deutschland in den Krieg ziehen darf«, erinnerte sich später ein Sprößling der Familie Popp – seiner Heimat Österreich hatte der Braunauer den Kriegsdienst verweigert.

Was den August 1914 für Hitler groß machte, war nicht allein die Aussicht auf den »deutschen Krieg«, für ihn war es vor allem Befreiung aus Öde und Leere eines ziellosen Lebens – Erlösung von sich selbst. Schon immer hatte er für alles Deutsche geschwärmt, Deutschland war seine fixe Idee, sein Traumreich, wenngleich es sich immer nur in seinem Kopf abspielte. Über-

Hitler mit seinem »Gauleiter« Julius Streicher in Nürnberg

Mein Vater stellte sich einer doppelten Aufgabe: Hitler in die Münchner Gesellschaft einzuführen und ihn dabei gleichzeitig weltmännischer zu erziehen. »Herr Hitler«, sagte mein Vater, »Sie sind innerhalb der nächsten Jahre Kanzler und können dann nicht mehr reisen. Ich möchte Sie nach Frankreich und England mitnehmen, mit Ihnen den amerikanischen Kontinent durchqueren, damit Sie einen Eindruck von diesem riesigen Land mit seinen unglaublichen Ressourcen bekommen.« Hitler antwortete, daß er Frankreich aus dem Ersten Weltkrieg bereits kenne und die Brudernation England verstehe. Amerika sei total verjudet und könne demnach keine Rolle mehr spielen, die er zu berücksichtigen habe. Die USA seien ja nicht einmal in der Lage, ihren Nationalhelden Charles Lindbergh vor der Entführung seines Kindes zu schützen!

Egon Hanfstaengl, Jahrgang 1920 (Sohn von Hitlers »Pressechef«)

haupt schien nur etwas »Höheres«, eine höhere Gewalt seinem Leben noch einen Sinn geben zu können – er, Hitler für sich allein, hatte versagt. Er brauchte Deutschland, um überhaupt noch jemand zu sein, jetzt bot sich die Chance, im Siegeszug mit ihm eins zu werden – eine Art Vorwegnahme des späteren »Du bist nichts, Dein Volk ist alles« –, Symptome von Eskapismus aus einer völlig desolaten Psyche in ein Über-Ich. Die Verkettung deutet auf das grundsätzlichere Thema: Hitler und die Deutschen. Wer die bewegten Bilder jener Tage im August 1914 Revue passieren läßt, Begeisterung und Euphorie erkennt, stellt Verwandtschaft zwischen dem Sujet Hitler und der Masse fest. Krieg für Volk und Vaterland als Fluchtmotiv aus der persönlichen Umschränkung. Da ist Hitler auf dem Odeonsplatz lediglich der Teil eines kollektiven Phänomens. Wie groß die Masse derer auch gewesen sein mag, die damals ähnlich empfanden wie er, Ängste, Affekte, Haß gegen das Fremde, aber auch Sehnsucht nach Sinn und Perspektive, ist nicht zu ermessen. Zum erstenmal stand das Bedürfnis Hitlers offenbar im Einklang mit den Wünschen, Zielen, Hoffnungen der meisten Bürger. Das Private war Politikum geworden. »Ich kenne nur noch Deutsche« – die Parole Kaiser Wilhelms II., der damit vor allem die politischen Gegner zur Bewilligung der Kriegskredite ermuntern wollte, mußte dem Maler aus Braunau vorgekommen sein wie eine Umarmung. »Ich schäme mich [...] nicht, es zu sagen, daß ich, überwältigt vor stürmischer Begeisterung, in die Knie gesunken war und dem Himmel aus übervollem Herzen danke, daß er mir das Glück geschenkt, in dieser Zeit leben zu dürfen.«
Doch Hitler war Ausländer und nicht Deutscher. Wieder konnte der Habsburger-Staat ihm den Traum zerstören. Wie sollte er, der Österreicher, die »Kriegsehe« mit Deutschland eingehen? – Schlamperei machte es möglich. Hitler hatte die Aufnahme in die deutsche Armee vermutlich der Unachtsamkeit eines bayerischen Feldwebels zu verdanken. Laut eines späteren Berichtes des zuständigen Kriegsarchivs habe man sich »wohl unbewußt einen Formfehler zuschulden kommen lassen«. Nach der Vereidigung des Bayerischen Reserve-Infanterie-Regiments Nr. 16 (des späteren Regiments List), vor König Ludwig III., Anfang September 1914, marschierte Hitler im deutschen Heer mit. Bislang unveröffentlichte Filmaufnahmen erinnern an den feierlichen Akt. Erster Bestimmungsort des Regiments war Lille an der Westfront.
Die Wochen, in denen sich ganze Abiturklassen mit »Hurra«-

Rufen in feindliches Maschinengewehrfeuer stürzten, gingen vorüber. Der Krieg offenbarte sein mörderisches Antlitz. Dennoch – »Ich war leidenschaftlich gern Soldat«, erinnerte sich Hitler 1941, mitten im totalen Krieg, den er entfesselt hatte.
Ein Vierteljahrhundert davor war er, der Gefreite an der Westfront, ein durchaus tapferer Soldat, der nach einhelliger Meinung seiner Kameraden verdient das Eiserne Kreuz II. Klasse und neben einer Reihe anderer Auszeichnungen seines Regiments auch das EK I erhielt; nicht, weil er, wie es in NS-Schulbüchern hieß, fünfzehn Franzosen gefangengenommen hatte, sondern weil er im Granatenhagel wichtige Meldungen in vorderster Linie an den Mann brachte. Als Meldegänger war er ungebunden und auf sich gestellt, das entsprach seinem Naturell. Andererseits muß er so pflichtversessen und »devot« gewesen sein, daß einige Kameraden sich darüber mokierten. Es entsprach Hitlers Überzeugung, sich im »heiligen« Kampf um Deutschland mit Übereifer unterzuordnen. Aber dieses Deutschland war noch immer Illusion; denn das, was er vorzufinden glaubte, als er einmal auf Heimaturlaub kam, konnte es wohl nicht gewesen sein: »Nicht mehr wiederzuerkennen«, überall Zersetzung, ob in Politik, Wirtschaft oder Kultur oder bei den Menschen selbst. Nein – sein Deutschland blieb über alles erhaben, dafür war ja Krieg.
Und dort war die Heimat das Regiment List. »Er hatte ja sonst niemanden«, erinnern sich später Kameraden. Hitler hatte den Kontakt zu seiner Familie völlig abgebrochen, nach einigen mit seiner Wirtsfamilie Popp in München gewechselten Briefen verebbte die Verbindung nach Hause mehr und mehr. Paketgeschenke verbat er sich schließlich, das paßte nicht in seinen Krieg. Als die Kameraden zu Weihnachten zehn Reichsmark für ihn aus dem Kantinenfonds abzweigen wollten, lehnte er ab. Er blieb der Sonderling, der oft stundenlang in einer Ecke des Unterstands kauerte. Der einzige wirkliche Freund in seinem Krieg war ausgerechnet ein britischer Überläufer, ein weißer Terrier, der ausgebüchst war und die Fronten gewechselt hatte. Hitler nannte ihn »Foxl«. Der Vierbeiner blieb drei Jahre lang an der Seite seines neuen Herrn, bis ein Diebstahl der Frontkameradschaft ein jähes Ende bereitete: »Dieser Schweinehund, der ihn mir genommen hat, weiß gar nicht, was er mir angetan hat.« Adolf Hitler und seine Hunde – ein eigenes Kapitel.
Hitler galt als Eigenbrötler, weil er Alkohol und Tabak, Frauen und Bordelle mied und jeden vehement beschimpfte, der sich auf

so landesverräterische Weise im Feindesland vergnügte. Trotz solcher patriotischen Strenge kam er nie über den Rang eines Gefreiten hinaus. Hitler hat sich nie von sich aus um eine Beförderung bemüht. Einige seiner Kameraden mutmaßten später, er habe eine Versetzung von der Kompanie vermeiden wollen – die hätte ihm wahrscheinlich geblüht. Daß er unter allen Umständen im vertrauten Umfeld bleiben wollte, zeigte sich auch, als er verwundet war: »Da lag er [...] und hatte keinen anderen Wunsch, als beim Regiment bleiben zu dürfen [...] Für den Gefreiten Hitler war das Regiment List Heimat« – so Regimentsadjutant Friedrich Wiedemann, der aber auch bemerkte, daß Hitler »nach militärischer Auffassung wirklich nicht das Zeug zum Vorgesetzten [hatte], seine Haltung war nachlässig und seine Antwort, wenn man ihn fragte, alles andere als militärisch kurz. Den Kopf hielt er meist etwas schief auf die linke Schulter geneigt. Nun, alles das spielt im Kriege keine Rolle. Aber irgendwie muß ein Mann schließlich zum Anführer geeignet sein.« – Die Summe solcher Gründe brachte es mit sich, daß Hitler stets Gefreiter blieb.

Daß er im Kameradenkreis heftig politisiert haben soll, davon künden ausschließlich Quellen aus der Zeit nach 1933. Eher scheint wahrscheinlich, was der NS-Politiker 1924 in »Mein Kampf« schrieb: »Ich war damals Soldat und wollte nicht politisieren, ich wollte von Politik nichts wissen.« Hitler-Freund Max Schmidt sprach sicher nicht für sich allein, als er darauf verwies, daß Hitler »in dieser Zeit nicht irgendwelchen politischen Einfluß auf einen zu nehmen« versuchte.

Umstritten ist auch, ob Hitler schon während des Ersten Weltkrieges radikaler Antisemit war. Häufig wird in diesem Zusammenhang ein Brief an den Münchner Assessor Hepp zitiert. In ihm hoffte Hitler, »daß die, die von uns das Glück besitzen werden, die Heimat wiederzusehn, sie reiner und von der Fremdländerei gereinigter finden werden.« Hier kommt latenter Fremdenhaß zum Ausdruck, aber nicht unbedingt Antisemitismus, dennoch behauptet Hitler später, seinen antijüdischen Affekt bereits im Krieg gespürt zu haben: »Ich habe im Weltkrieg das EK I nicht getragen, weil ich gesehen habe, wie es verliehen wird. Wir hatten einen Juden im Regiment, Guttmann, einen Feigling sondergleichen. Er hat das EK I getragen. Es war empörend und eine Schande.« Der Regimentsadjutant Hugo Guttmann aber war genau jener Mann, dem Hitler das Eiserne Kreuz zu verdanken hatte. Wahrscheinlich war auch hier wieder nachträgliche Legen-

Hitler und seine Hunde – ein eigenes Kapitel. Beim Fotografen, April 1925

Hitler hat seine Schäferhündin Blondi mit Blausäure vergiften lassen, um sich von der Wirkung des Giftes zu überzeugen. Er wollte absolut sicher gehen, nach der Einnahme auch wirklich tot zu sein. Dem Schicksal einiger seiner Generäle, die nach dem Attentat vom 20. Juli ihren eigenen Selbstmordversuch überlebten, wollte er auf jeden Fall entgehen.

Ernst Günther Schenck, Jahrgang 1904 (Arzt in Hitlers »Führerbunker«)

Ich bin ein Tierliebhaber, und Hunde habe ich besonders gern. Aber zu einem Boxer zum Beispiel habe ich kein inneres Verhältnis. Wenn überhaupt ich einen Hund noch haben möchte, dann einen Schäferhund; am liebsten wäre mir eine Hündin. Es käme mir wie ein Treuebruch vor, wenn ich mir einen anderen Hund zulegen wollte. Was sind das für wunderbare Tiere! Scharf und ihrem Herrn anhänglich, tapfer, kühn und schön!

Hitler am 25. 1. 1942

denbildung mit im Spiel. Unter den Kriegskameraden jedenfalls erinnerte sich keiner an antisemitische Tiraden Hitlers.

Die Phase der entscheidenden politischen Weichenstellungen in seinem Leben begann mit einem Trauma. Im Westen hatten sich die Fronten in endlosen Materialschlachten festgefressen, im Osten aber besiegelte der Waffenstillstand mit den Russen das Ende des Zweifrontenkriegs. Noch einmal wurden alle Kräfte an die Westfront geworfen, noch einmal gab es Zuversicht, noch einmal die Illusion des Sieges – auch für Hitler. Dabei stand die Niederlage längst schon fest. In der Nacht vom 13. auf den 14. Oktober 1918 wurde der hochdekorierte Gefreite Opfer eines britischen Gasangriffs und erblindete vorübergehend. Im pommerschen Reservelazarett zu Pasewalk offenbarte sich dem kaum Genesenden die Katastrophe. Niederlage und Revolution – war dies das Ende seines deutschen Traums? Noch ganz benommen von der Gasverätzung, fassungslos und voller Wut stürzte er in tiefe Depressionen. Verrat schien im Spiel, die nationale Schmach mutete als Machwerk innerer Feinde an. Der Wahn vom Dolchstoß ergriff schon hier von ihm Besitz. In dramatischer Übersteigerung erlebte Hitler sein Ende im Schützengraben noch einmal nach: »Während es mir um die Augen wieder schwarz ward, tastete und taumelte ich zum Schlafsaal zurück, warf mich auf mein Lager und grub den brennenden Kopf in Decke und Kissen. Seit dem Tage, da ich am Grabe der Mutter gestanden, hatte ich nicht mehr geweint [...] Nun aber konnte ich nicht mehr anders. Nun sah ich erst, wie sehr alles persönliche Leid versinkt gegenüber dem Unglück des Vaterlandes.« Dann soll es zu jener legendären Entscheidung gekommen sein: »Ich aber beschloß, Politiker zu werden.«

Es nimmt nicht wunder, daß sich um das Pasewalk-Erlebnis nicht nur Legenden, sondern auch psychohistorische Thesen ranken. Hitler projizierte in das »Erweckungserlebnis« hinein, was erst später reifen sollte, während des wirren Jahres 1919: Wenn sich überhaupt ein Schritt in die Politik datieren läßt, dann Monate danach und schon gar nicht als Ergebnis einmaliger oder gar planmäßiger Entscheidung. Hitler nennt als einen Auftrag seiner »Pasewalk-Erweckung« die Abrechnung mit den Juden; dies ist ganz sicher rückdatiert. Was sich in Pasewalk bei Hitler pathologisch-psychologisch abgespielt hat, ist nie ganz geklärt worden. Die Frage, wie lange er erblindet war, ist ebenso umstritten wie der fragliche Rückfall in die Blindheit nach der Nachricht von der

Niederlage – dies wird gelegentlich als Hysterie gedeutet. Überliefert ist jedoch, daß der zuständige Arzt, Professor Edmund Forster, Hitler unter Hypnose suggeriert habe, Erretter Deutschlands zu sein – um ihn zu heilen. Jedenfalls steht Pasewalk symbolisch für ein Trauma, das so mancher Spekulation Nahrung gab.

Die zeitgleiche Vision vom persönlichen und nationalen Zusammenbruch, die Hitler mit dem Motiv vom Grab der Mutter verwoben habe, inspirierte einige Psychohistoriker zu der Annahme, daß der Patient in Pasewalk nach der Niederlage Deutschland und die Mutter schlechthin gleichsetzte und »den Juden« als beider Vergifter ansah. Die Senfgasvergiftung und die Jodoformbehandlung seiner Mutter durch Dr. Bloch verschmolzen demnach zum Giftanschlag des Judentums auf das deutsche Volk. Als der Psychologe Forster Hitler in Hypnose suggeriert habe, Deutschland zu retten, habe sich das Rachemotiv »Mutter« mit dem von der »deutschen Niederlage« vermengt und bei Hitler antisemitische Energien freigesetzt. Deutschland sei gar zum Ersatz für die tote Mutter geworden: »Auf sein Unbewußtes wirkte die Aufforderung, Deutschland ins Leben zurückzurufen und zu rächen, als Auftrag, seine Mutter ins Leben zurückzurufen und zu rächen«, so Rudolph Binion.

Auch Helm Stierlin griff das Deutschland-Mutter-Motiv auf. Hitler, selbst ein Beispiel von »Mutter-Kind-Symbiose«, habe nunmehr den Auftrag erhalten, eine Rolle als »Superernährer und Stärkelieferant« für Deutschland einzunehmen. Der frühe Tod der ersten drei Kinder von Hitlers Mutter, ihre Schuldgefühle, die Parallele in Deutschlands Niederlage, die Abtrennung deutscher Gebiete, all das habe sich zu einem Komplex aufgestaut, den Hitler habe kompensieren müssen. Auch das Gefühl, »Verbündeter und Rächer seiner Mutter« gegen den Vater zu sein, sei nun in den nationalen Rang erhoben worden; ebenso wie das Motiv von der Aufwertung der Mutter durch die Gewinnung eigener Macht.

Um den Erkenntniswert solcher Interpretationen ist viel gestritten worden. Psychologische Vorgänge bei Hitler selbst mögen dadurch vielleicht erhellt werden, doch nicht das Phänomen, warum ihm Millionen zur Macht verhalfen. Hier wird der Mensch, der Geschichte macht, in den Vordergrund gerückt, doch Hitler war in diesen Jahren eher einer, den die Geschichte formte – mit all ihren sozialen, ökonomischen, politischen, moralischen und ideellen Strömungen. Der Schlüssel zum Verständnis Hitlers liegt wohl eher in den Parallelen der Psychosen: Die Sehn-

sucht nach dem wollüstigen Rausch der Volksgemeinschaft, dem Augusterlebnis 1914, als das ganze Volk begeistert in den Krieg zog. Die Erinnerung an einen Krieg, in dem trotz aller Grausamkeit die Klassenschranken in den Schützengräben aufgehoben schienen. Das bittere Gefühl, am Ende seien alle Opfer doch unsonst gewesen. Die Legende vom Dolchstoß in den Rücken eines unbesiegten Heeres. Das Trauma eines als Diktat empfundenen Friedens von Versailles; der Schock der Revolution von 1918, der Zerfall der alten Ordnung, die Entstehung einer ungeliebten Republik; die große Angst des Bürgertums vor Bolschewismus und dem Chaos; die Angst vor all dem Neuen, Ungewohnten, Ungewollten, das nach dem Zusammenbruch hereinbrach – das empfanden mit Hitler Millionen verbitterte Deutsche.
So geriet er in den Strudel der Nachkriegszeit, den er keineswegs – wie später vorgegeben – zielsicher durchschwamm. Zunächst jedenfalls war keine Spur von dem entschlossenen »Politiker« zu sehen. Als Hitler nach München zurückkam, fand er eine Welt vor, die nicht mehr die seine war – der Kriegsheimkehrer war heimatlos, in jeder Hinsicht: »Ich wußte, daß alles verloren war.«
Mancher, der am 24. März 1923 die Zeitung »Münchner Post« aufschlug, mochte seinen Augen nicht trauen: »In dieser Propagandaabteilung, deren Vater der revolutionäre Arbeiter- und Soldatenrat war, [...] saß Adolf Hitler, er hielt es damals mit seinen Anschauungen verträglich, daß er in dieser Propagandaabteilung für die demokratisch-republikanische Staatsform Vorträge hielt! Der gleiche Adolf Hitler, der heute das Wort ›Novemberverbrecher‹ stündlich auf den Lippen trägt, galt seiner Überzeugung nach in den Kreisen der Propagandaabteilung als Mehrheitssozialist und gab sich auch als solcher aus.«
Die Zeilen mochten verblüffen, mußte doch Hitler in der vierjährigen Zwischenzeit gleich mehrere Metamorphosen durchlebt haben, vom Niemand zur politischen Figur, in der politischen Farbe von rot nach braun. Was war geschehen? Aus dem Lazarett in Pasewalk entlassen, meldete sich der Gefreite zurück in der Kaserne seines Regiments in München. Er will in der Armee bleiben, so lange wie nur irgend möglich. Ausscheiden hätte ihn ins alte Dasein des Gestrandeten zurückgeworfen. Sein einziger Halt, sein einziges Zuhause ist das Regiment.
Die politischen Wirren in der bayerischen Hauptstadt verfolgte er eher teilnahmslos. Zunächst war für ihn nur die Kaserne Ort poli-

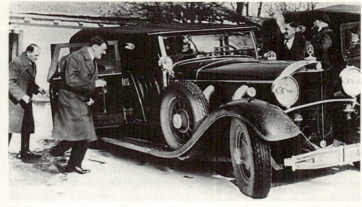

Hitler besteigt sein Lieblingsauto

Hitler im Wahlkampf 1930. Sein Flugzeug ist gelandet

Während einer Spazierfahrt in Hitlers Mercedes versuchte uns an einer Steigung ein Motorrad zu überholen. Hitler hatte einen knabenhaften Ehrgeiz und wollte auf keinen Fall, daß der Motorradfahrer an uns vorbeizog. Er signalisierte seinem Chauffeur, er solle auf jeden Fall verhindern, daß wir überholt werden. Als das Motorrad schließlich doch an uns vorbeiflitzte, ärgerte sich Hitler maßlos.

Egon Hanfstaengl, Jahrgang 1920 (Sohn von Hitlers »Pressechef«)

tischer Debatten. Jedenfalls kam es im Februar 1919 zur Wahl des »Vertrauensmannes« in der Kompanie. – Hitler kandidierte – und wurde auf Anhieb gewählt. Der links orientierte »Soldatenrat« der Münchner Räterepublik, der über alle Kasernen der bayerischen Hauptstadt wachte, hatte eine »Propagandaabteilung« beauftragt, die Soldaten an die neue republikanische Staatsform heranzuführen. Hitler hatte schon allein durch das Verlesen von Anordnungen »Aufklärungsarbeit« zu leisten. Doch schien er die Chance erkannt zu haben, sich bei den neuen Herren nützlich zu machen. Jedenfalls war er bald Teilnehmer einer »demokratisch-republikanischen« Schulung – mit sozialistischer Ausrichtung. Weder darüber noch über das Amt des Vertrauensmanns hat Hitler später jemals etwas verlauten lassen, außer in einer ebenso großspurigen wie verräterischen Bemerkung vor dem Münchner Volksgericht 1924: »Glauben Sie mir, ich wäre im anderen Lager mit offenen Armen aufgenommen worden.«
Er hätte immerhin die Möglichkeit gehabt, sich aus dem »roten« Machtbereich zu entfernen oder sich einem gegenrevolutionären Freikorps anzuschließen. Der Journalist Konrad Heiden, der in München ausgiebig recherchiert hatte, kam zu dem Schluß, daß Hitler »während der Räterepublik bei seinen Kameraden für die sozialdemokratische Regierung« eingetreten sei und »überhaupt in den erregten Diskussionen für die Sozialdemokraten und gegen die kommunistische Partei« Stellung bezog und sogar von »einem Eintritt in diese Partei« gesprochen habe.
So weit ist es jedoch nicht gekommen. Sicher aber ist, daß Hitler sich über ein damals vielleicht notwendiges Maß hinaus politisch anpaßte. Jedenfalls ging er zu weit für jemanden, dessen »granitenes Fundament« der eigenen Weltanschauung sich schon in früher Jugend ausgeprägt haben soll. Demnach war Hitler damals ein politischer Vagabund.
Die Ermordung von Ministerpräsident Eisner gab das Signal für die »zweite Revolution« in München. Nach Tagen wilden Aufruhrs herrschte Rätediktatur. Die Restbestände des Heeres sollten in eine »Rote Armee« umgewandelt werden. Hitler setzte hierzu eine Legende in die Welt: »Frühmorgens sollte ich verhaftet werden – die drei Burschen besaßen angesichts des vorgehaltenen Karabiners nicht den nötigen Mut und zogen ab, wie sie gekommen waren.« Die Wirklichkeit sah anders aus. Am Tage nach der Ausrufung der kommunistischen Regierung wurden alle Soldaten- und Kasernenräte Münchens zu einer außerordent-

lichen Sitzung einberufen. Die neuen Herrscher wollten sich der »Loyalität« der Soldaten vergewissern; Neuwahlen wurden beschlossen. Am Mittwoch, dem 16. April 1919, gab man das Ergebnis für das 2. Infanterieregiment bekannt. Eine Überraschung – und doch keine. Mit 19 Stimmen zum Ersatz-»Bataillons-Rat« wurde gewählt »Ers. Gefr. Hitler Adolf«. Die offizielle Erklärung zur Wahl lautete, »daß die Soldatenräte der Garnison rückhaltlos auf dem Boden der Räterepublik stehen.« Wo war das »granitene Fundament«? Hitler verhielt sich der roten Regierung gegenüber zumindest neutral. Ein sensationeller, bislang unveröffentlichter Filmfund zeigt den Trauermarsch, der damals dem Sarg des ermordeten Ministerpräsidenten Eisner folgte. Tausende erwiesen dem Unabhängigen Sozialdemokraten die letzte Ehre, darunter eine Abordnung des Demobilmachungsbataillons. Im Schritttempo des langen Zuges auch eine Gruppe von Soldaten mit Trauerflor. Mitten unter den Ranghöheren einer mit Gefreitenmütze – der Gefreite Adolf Hitler. Wie seine Kameraden trug auch er die rote Armbinde der Räte.

All das belegt, daß Hitler dort zu finden war, wo sich die Macht befand. Ein Diener jener politischen Kräfte, die er wenig später schon immer gehaßt haben will. Ein Mitläufer ohne politisches Profil.

Als Anfang Mai 1919 Truppen der Reichsregierung unter General von Oven München besetzten und die Rätediktatur zerschlugen, war das auch für Hitler das Signal zur Wende. Ein paar Tage später wechselte er die Seiten. Der Wechsel ist deutlich sichtbar: Ein Filmfund zeigt den Gefreiten in Lederhosen vor bajuwarischer Fahnenpracht: diesmal ohne rote Binde, diesmal bei den Rechten. Was folgte, war der verschlungene Aufstieg des Adolf Hitler im rechtsnationalen Milieu. Statt, daß man ihn, den Ersatz-Bataillonsrat, kritisch durchleuchtete, saß der Opportunist nach Fürsprache alter Kameraden bald selbst in einem Untersuchungsausschuß gegen kommunistische Umtriebe. Der Gefreite Hitler war bereit, den neuen Herren zu dienen, notfalls alte Kameraden aus der Rätezeit bei ihnen anzuschwärzen, Spitzeldienste beim Beobachten von sozialistischen Parteiversammlungen zu leisten. Wieder entging er der Entlassung aus der Armee, wieder dem drohenden Absturz in die alte Not.

Stramme Antikommunisten waren gefragt in München, echte Propagandaleute. Hauptmann Karl Mayr übernahm Ende Mai 1919 die Leitung der Aufklärungsabteilung des Bayerischen

Reichsgruppenkommandos 4 und suchte nach geeigneten Offizieren, Unteroffizieren und Soldaten. Unter denen, die man empfahl, war der Gefreite Hitler. Mayr erinnerte sich später an die erste Begegnung: »Er hätte für einen jüdischen oder französischen Auftraggeber genauso gern gearbeitet, wie für einen Arier. Als ich ihn das erstemal traf, glich er einem müden streunenden Hund, der nach einem Herrn sucht.« Mayr, der damals entschiedener Antisemit und Gegner der Republik war, geriet zum geistig-politischen Ziehvater des »streunenden Hundes« (später endete Mayr im KZ, weil er sich mit dem NS-Diktator überworfen hatte). Hitler war nun von Amts wegen Propagandist der Truppe, erhielt politischen Unterricht, und erteilte selbst Lektionen. Alles, was weit rechts war, wirtschaftlich, politisch und sozial, bekam er eingepaukt. Doch »Politik« bedeutete für ihn auch den Schritt aus der Isolation, er genoß den Umgang mit »einigen gleichgesinnten Kameraden«, die auch ihn anerkannten.

Im schwülen Klima nach Versailles kam der Haß gegen die »Novemberverbrecher« erst richtig auf, vor allem gegen jene, die den »Schandvertrag«, der als die zweite Schmach galt, angeblich in verräterischer Absicht unterzeichnet hatten. Der Feind, so wurde suggeriert, sei »unter uns«. Die Tatsache, daß Juden wie Eisner, Toller und Mühsam maßgeblich an der Münchner »Revolution« beteiligt waren, bildete für Hitler den letzten Mosaikstein seines Weltbildes. Künftig waren sie es, die als Wurzel allen Übels gelten dürften. Das erste Dokument, in dem sich der fanatische Antisemitismus Hitlers offenbart, stammt nicht von ungefähr aus jenen Tagen. Hier ist ein kategorischer Judenhaß zu spüren, der mit Hitlers privaten Erfahrungen nicht zu erklären ist, die Übersteigerung dumpfer Eindrücke zu irrationalem Haß; Hitler verstieg sich in pseudowissenschaftlicher Manier gar zur Formel eines »Antisemitismus der Vernunft«. Was der dreißigjährige Propagandaschüler formulierte, war die mechanische Negation der Humanität, und so mündet jener Brief vom September 1919 in die schreckliche Vision: »Letztes Ziel muß unverrückbar die Entfernung der Juden überhaupt sein.«

Was war geschehen? – Die Revolution, ein Jahr Polit-Thrill, die Selbsterfahrung als Propaganda-Redner, das rassistische Milieu, die Lektüre antisemitischer Pamphlete, all das hatte im latenten Judenfeind den potentiellen Judenvernichter geweckt. Was jedoch entscheidend war – Hitler gewann Einfluß: »Ich konnte reden. Keine Aufgabe konnte mich glücklicher machen als diese. […]

Hitlers Freundin Maria Reiter

Mein liebes, braves Kind!
Aus Deinen schmerzlich lieben Zeilen erfuhr ich erst, wie unrecht es war, daß ich Dir nicht gleich nach meiner Rückkunft schrieb. ... Ehe ich nun zu dem Inhalt Deiner letzten Briefe übergehe, will ich Dir erst danken für das liebe Geschenk, mit dem Du mich überrascht hast. Ich war wirklich glücklich, dieses Zeichen Deiner zärtlichen Freundschaft zu mir zu erhalten. Ich habe nichts in meiner Wohnung, dessen Besitz mich mehr freuen würde! Ich muß dabei immer an Dein freches Köpfchen und Deine Augen denken. ... Was nun Deine persönlichen Schmerzen betrifft, so darfst Du mir ruhig glauben, daß ich in Dir nachfühle. Aber Du sollst Dein Köpflein deshalb nicht traurig hängen lassen und mußt nur sehen und glauben: wenn auch die Väter ihre Kinder selbst manches Mal nicht mehr verstehen, da sie älter geworden sind, nicht nur an Jahren, sondern auch im Empfinden, so meinen sie es doch nur so recht herzlich gut mit ihnen. So glücklich mich Deine Liebe macht, so innig bitte ich Dich für uns, nur noch auf Deinen Vater zu hören.
Und nun, mein liebes Goldstück, nimm die herzlichsten Grüße von Deinem immer an Dich denkenden Wolf

Hitler, Brief an Maria »Mizzi« Reiter, 8. Februar 1927
(unveröffentlicht)

Viele Hunderte, ja wohl Tausende von Kameraden habe ich im Laufe meiner Vorträge wieder zu ihrem Volk und Vaterland geführt. Ich nationalisierte die Truppe.« Zeitgenossen hatten den Eindruck, daß Hitler sich durch Reden ständig selber neu erschuf. Im Lager Lechfeld, wo es galt, den heimgekehrten Soldaten wieder so etwas wie vaterländische Gefühle zu vermitteln, erlebte der Braunauer seine zweite Geburt, im Sinne von »Ich rede, also bin ich« – das war Hitler.
Noch zählten nur 5 000 Broschüren mit dem Titel »Was man vom Bolschewismus wissen muß«, 5 000 Flugblätter sowie eine kleine Handbibliothek zu seinem Waffenarsenal. Was fehlte, war die »Bewegung«. Bis zum charismatischen Volksredner war es noch ein weiter Weg. Doch er hatte Blut geleckt.
Auf einer Wahlveranstaltung der kleinen rechtsradikalen Splitterpartei DAP (Deutsche Arbeiterpartei) kam es zur Initialzündung. Dem politischen Vortrag folgte eine Diskussion, an der auch Hitler sich beteiligte – mit durchschlagendem Resultat: »Mensch! Der hat a Gosch'n«, begeisterte sich ein Funktionär, »den kunnt ma braucha.« Glasklar erkannte Hitler die Gelegenheit, der beruflich unsicheren Zukunft wieder eine Kontur zu geben. Das wahlpolitische Programm der DAP erwies sich als Melange aus Altbekanntem. Ablehnung der Demokratie, Haß auf die Juden und Marxisten. Tilgen der Schmach von Versailles. Nichts war neu, allem war Hitler auf seinem Weg schon einmal begegnet. Zum Parteieintritt aber mußte man ihn erst bewegen. Er erbat sich zwei Tage Bedenkzeit. Was dann kam, mutet fast schon typisch an: Wie ein Virus begab er sich in die »Zelle«, um sie dann zu sprengen, sein Motto »Alles oder nichts« vor Augen. Aus der Konkursmasse der Arbeiterpartei formte er die eigene Partei, die keine andere mehr neben sich duldete, wie auch er als Parteiführer niemanden duldete, der ihm die Macht streitig machen konnte.
Die braune Welt der NSDAP geriet zu seiner neuen Heimat. Sie glich der Armee: Uniform – Befehl – Gehorsam. Ebenso total, wie er zuvor Künstler war und dann Soldat, nahm er nun die Rolle als Politiker an. »Ich habe ihn nicht mehr gekannt«, erinnerte sich später ein Regimentskamerad an Hitlers Wandlung, »es war ein unbekanntes Feuer, das in ihm brannte.« Mit den ersten bescheidenen Erfolgen des »Trommlers« flackerte auch die Vision von Linz und Pasewalk wieder auf. Adolf Hitler glaubte nun felsenfest daran, der »Retter Deutschlands« zu sein. Auch sein ohnehin nicht sehr facettenreiches Privatleben ordnete er diesem

Hitler und seine Nichte Angelika (»Geli«) Raubal, um 1930

Hitler auf dem Obersalzberg (im Haus Wachenfeld)

Hitler pflegte immer das gleiche zu frühstücken. Einen Butterkeks und eine Tafel Schokolade. Dazu trank er ein oder zwei Tassen heiße Milch.

Karl Krause, Jahrgang 1911 (Hitlers Diener)

Hitler liebte Süßspeisen. Häufig verlangte er nach Palatschinken oder Rohrnudeln mit Zwetschgen und extra viel Sahnesoße. Ganz oben auf seinem Speisezettel standen auch Crepes mit Orangenstückchen.

Margarete Roloefs, Jahrgang 1913 (Hitlers Köchin)

wahnhaften Gedanken unter. Dabei schien es, als würde Hitler mit wachsender Bekanntheit endlich auch geselliger werden. In den Müncher Cafés, Kneipen und Biergärten war er umgeben von Parteifreunden, Gesinnungsgenossen und Vertretern der »besseren« Münchner Gesellschaft. Ein Doppelleben: einerseits der Demagoge in den Bierhallen, andererseits skurriler Mittelpunkt der »upper ten«, auf die er anfangs eher unbeholfen, ja verlegen wirkte. Eingeführt hatte ihn eine besonders schillernde Figur, der zum Alkohol neigende Dichter und Dramatiker Dietrich Eckart. Familie Hanfstaengl, mit dem Renommee des alteingesessenen Münchner Kunstverlages, nahm Hitler unter ihre Fittiche. Auch bedeutende Wirtschaftsführer wurden auf den Volksredner aufmerksam, der bekanntlich stark in den von ihnen so geschätzten Ordnungskategorien dachte. Namen wie Borsig, Thyssen oder Kornfrank spielten seit 1923 in Hitlers Leben eine Rolle. Reife Damen der Gesellschaft richteten manchen begehrlichen Blick auf ihn. »Hitler-Mutti« Carola Hoffmann, wie auch die »gnädigen Frauen« Bruckmann und Bechstein, schienen einen Narren an dem rechten Revolutionär gefressen zu haben. Ob sie hinter seinem schüchternen Gehabe den Geruch »barbarischer Wildheit« witterten, wie einmal geschrieben wurde, mag dahingestellt bleiben.

Gönner ermöglichten ihm einen Flug nach Berlin. Dort konnte Hitler Tuchfühlung mit dem »Dolchstoß-Opfer« General Ludendorff aufnehmen. Er fand rasch Zugang zu den völkischen Kreisen in der Reichshauptstadt. Mit Flieger-Held Hermann Göring drang ein Hauch von großer Welt in seinen bis dato eher spießigen Zirkel – der lokale Bierhallenkönig wurde zum Hoffnungsträger reaktionärer Kräfte im Reich.

Ein merkwürdiger Hoffnungsträger: Einer, der ständig an den Nägeln kaute und bergeweise Kuchen in sich hineinschlang, dessen Äußeres sich deutlich von der Umgebung abhob: Gelbe Lederschuhe, Rucksack, violettes Hemd zu blauem Anzug, braune Weste und knallrote Krawatte – Erinnerungen an erste Begegnungen mit Hitler. Ein italienischer Faschist bezeichnete ihn einmal spöttisch als »Julius Cäsar mit dem Tirolerhütchen«. Lange noch haftete ihm der Duft des Männerheims an, auch für verbale Entgleisungen im privaten Kreis gibt es Belege. Als einmal eine Gastgeberin ein freundliches Wort über die Juden fallen ließ, »begann er zu sprechen, und dann redete er endlos. Nach einer Weile stieß er den Stuhl zurück und stand auf, immer noch redend, oder besser gesagt, schreiend [...] Nachdem er länger als eine halbe Stunde eine ganz witzige, aber sehr einseitige Rede über die Juden gehalten hatte, brach er plötzlich ab, ging auf die Gastgeberin zu, entschuldigte sich und verabschiedete sich mit Handkuß.« Man verzieh ihm – wohl auch wegen seines manchmal aufblitzenden österreichischen Charmes, aber vor allem wohl deshalb, weil er den Ruf eines politischen Zauberers genoß. Sein Fanatismus verschaffte ihm die Attraktivität des Biestes. Tatsächlich aber blieb auch der Erfolgsmann Hitler hinter der Fassade jener altbekannte Sonderling, der sich insgeheim verzweifelt an den Strohhalm seiner neuen Berufung klammerte.

Das zeigte sich besonders beim Scheitern des Putschversuches 1923. Da war nicht »die Idee« unter den Schüssen vor der Feldherrnhalle begraben worden, aber scheinbar die Zukunft des Hauptverschwörers Hitler. Der Traum vom großen »Führer« schien mit einemmal zerplatzt. Folgerichtig sah er keinen andern Ausweg, als sich das Leben zu nehmen. Helene Hanfstaengl, die Gönnerin, konnte Hitler, der sich auf dem Marsch zur Feldherrnhalle seine Schulter ausgekugelt hatte, gerade noch die Waffe aus der Hand reißen. Nach seiner Verhaftung war der gescheiterte Putschist so verzweifelt, daß er zwei Wochen lang die Nahrung verweigerte, ein typischer Ausdruck seines Wesens.

Doch Hitler überstand nicht nur den Tiefpunkt. Er verstand ihn schließlich auch zu nutzen. Eine staunende Öffentlichkeit wurde Zeuge, wie Prozeß und Haft in Landsberg für ihn nicht das erwartete und endgültige Aus bedeuteten. Das Gegenteil: Die Niederlage wurde zum Triumph, der Prozeß geriet zum eigentlichen Sprungbrett seiner Karriere. Hitler nutzte den Gerichtssaal als Bühne und machte ihn zum Forum seiner rüden Demagogie. Die Festung Landsberg wurde zur »Zentrale« der offiziell verbotenen Partei umfunktioniert, in der ein inhaftierter »Trommler« das Kommando führte. Manche Vertreter der Staatsmacht ließen sich übertölpeln oder solidarisierten sich wegen der nationalen Polemik gegen das demokratische System, das sie selbst nicht mochten. Hitler bekam Blumen aus dem ganzen Land, für seinen Münchner Zirkel geriet Landsberg zum beliebten Ausflugsziel. Vor allem aber hatte er genügend Zeit, sich auf das Niveau der neuesten nationalistischen Schmähliteratur zu begeben – was ihn zusätzlich inspiriert haben mag, dem angeblich schon längst gehegten Wunsche nachzukommen, eine eigene »Kampfschrift« zu verfassen. Seinem Parteirivalen Otto Strasser zufolge aber ging

»Mein Kampf« auf den Vorschlag eines Haftgenossen zurück, dem der ständig monologisierende Hitler mächtig auf die Nerven ging. »Adolf, warum schreibst du das nicht auf?« Er tat es. In Landsberg konnte wieder ungestört gekartelt werden.

Hitler zählt zu jenen Häftlingen in der Geschichte, die durch die Haft an Ansehen gewonnen haben. Doch die Zügel der NS-Bewegung waren ihm vorübergehend aus der Hand geglitten, es brauchte Anstrengungen, bis die Partei wieder in Schwung kam und der »Führer«-Wille uneingeschränkt galt.

Mit dem Erscheinen von »Mein Kampf« stellte sich auch der Verkaufserfolg ein – nicht, weil viele das Buch lasen, sondern weil jeder anständige Parteigenosse das NS-Standardwerk auf seinem Bücherbrett haben mußte. So stieg mit der wachsenden Anhängerschar auch Hitlers privates Salär. Nun kehrte er den alten Linzer Stenz heraus. Im rotlackierten Mercedes Kompressor tingelte er zu den Wahlveranstaltungen, flirtete mit blutjungen Mädchen, kaufte sich einen Schäferhund und umgab sich am liebsten mit bayerischer Folklore. Hitler mit Hundepeitsche und in »kurzem Wichs« auf seinem Bergbauernhof bei Berchtesgaden wurde Liebling einer deutschtümelnden Schickeria. Die Münchner Wohnung aber mutete noch wie ein Relikt der alten Existenz an, karg möbliert, mit abgetretenem Linoleum-Fußboden. 1928 erwarb Hitler das schon vorher gemietete und später zur Residenz »Berghof« umgebaute »Haus Wachenfeld« auf dem Obersalzberg. Ein Jahr später bezog er die Neun-Zimmer-Wohnung am vornehmen Prinzregentenplatz, die er bis zu seinem Ende behielt. Tatsächlich aber blieb er privat eindimensional, auch wenn zum erstenmal in seinem Leben Frauen eine Rolle spielten.

Kaum ein Kapitel im Leben Adolf Hitlers ist stärker von Legenden durchsetzt als sein Verhältnis zu Frauen. Die einen wollen beweisen, daß der Dämon auch in sexueller Hinsicht pervers gewesen sein muß, und führen dafür Beispiele an, die nicht belegbar sind: »Tritt mich« – habe der masochistische »Führer« seiner nackten Bettgenossin befohlen – absurd. Andere sagen, er sei impotent gewesen, auch das ist nicht beweisbar. Daß ihm nur wenig zu einem echten Casanova gefehlt habe, dieser Meinung sind gewisse andere »Hitlerforscher«. Stochern in des »Führers« Unterhosen aber ist ein mühsames Geschäft: Mit seiner Geliebten Eva Braun und seiner Halbnichte Geli Raubal habe Hitler »über längere Zeit regelmäßig« und mit zwei Dutzend weiteren Frauen »wahrscheinlich gelegentlich« geschlechtliche Kontakte gehabt.

Meine Mutter machte nie ein Hehl daraus, daß sie von Hitlers Persönlichkeit fasziniert war. Sie fühlte sich ihm freundschaftlich verbunden und hielt ihm bis ans Ende eine Art von Nibelungentreue. Hitler war bei uns nie als Politiker, nur als Privatmann. Im übrigen hat er das Werk von Richard Wagner mißverstanden. Er hat sich immer nur das Nationale herausgezogen und völlig übersehen, daß es bei Wagner letztlich ja um etwas völlig anderes geht: um Katharsis, um Reinigung, und um Erlösung durch die Liebe. Das ist eine universelle Botschaft, die von Hitler völlig verkannt wurde.

Wolfgang Wagner, Jahrgang 1919

Hitler mit Winifred Wagner im Garten der Villa Wahnfried in Bayreuth zur Eröffnung der Wagner-Festspiele am 23. Juli 1937 (rechts Wieland, im Hintergrund Wolfgang Wagner)

Als Partnerinnen werden fremde Ehefrauen, Prinzessinnen und Schauspielerinnen wie Inga Ley und Opernsänger-Tochter Margarethe Slezak genannt. Hitler sei auch auf internationaler Ebene intim gewesen: mit Martha Dodd, der Tochter des Berliner US-Botschafters, und mit Lady Unity Mitford wie noch einigen anderen. Das Fazit dieser »Hitlerforscher«: Viele Frauen, »die erwartet hatten, einen rabiaten Grobian zu treffen, verließen ihn entzückt und begeistert«. All das ist weit übertrieben.

Akribisch wurde versucht, Pathologisches in Hitlers Sexualleben zu entdecken. Viele wollten dabei Erklärungen für seine Herrschaftspraxis und den Antisemitismus finden. Die Annahme, ein früher Geisenbiß in Hitlers Gemächte habe seine Psychose hervorgerufen, ist bislang der Gipfel an Absurdität. Andere Spekulationen unterstellen Hitler Verhältnisse zu jüdischen Frauen; eine Eifersuchtsaffäre, bei der ein Jude Rivale gewesen sein soll, wird als möglicher Grund für den Antisemitismus genannt – Neidkomplexe also. Simon Wiesenthal hält immer noch an seiner These fest, daß Hitler in der Wiener Zeit vermutlich Kontakte zu einer jüdischen Prostituierten hatte. Syphilis sei die Folge gewesen, worunter er ein Leben lang gelitten habe, was dann später in Haß umgeschlagen sei. Tatsächlich brachte Hitler in seiner Hetz-Propaganda Prostitution und Juden in Verbindung – doch das entsprach der Neigung, alles, was er beargwöhnte, den Juden zuzuschreiben. Syphilis hatte er nicht.

Freudianer gehen eher von Verklemmtheit, Körperangst und Verdrängung seiner sexuellen Wünsche aus: »Was der oberflächliche Firnis an Wohlerzogenheit und künstlicher Beherrschtheit so lange in Schach gehalten hatte, brach nun [...] durch zur Tat: in den Konzentrationslagern; in den Judenverfolgungen; in der Vernichtung aller menschlichen Sauberkeit; in der Niedermähung von Stadtbevölkerungen durch sadistisch sportliche Unwesen.« Sexuelle Verdrängung, Bigotterie, Doppelmoral, das waren jedoch keine hitlerspezifischen, sondern eher gesamtgesellschaftliche Probleme. Hier läge ein Erklärungsansatz für die Popularität der NS-Ideologie als Tat-Ideologie, die vielleicht für viele ein Angebot dargestellt haben mag, aufgestaute Komplexe abzureagieren.

Weder in Wien noch in München – also vor dem Ersten Weltkrieg – habe er »eine tatsächliche Begegnung mit einem Mädchen« gehabt, versicherte Hitler selbst. Das stimmt wahrscheinlich. Die erste »große Liebe« war ein Mädchen aus Linz, Stefanie, blond und hübsch, aus bestem Hause. Es blieb bei einer Anbetung aus der Ferne. Hitler ließ sie das »Burgfräulein« in seinen Phantasie-Opern spielen. Irgendwann kam ihr ein schüchterner Zettel von ihm zu, doch sie hat sich nie gemeldet. Hitlers Sekretärin Christa Schröder berichtete von einer Freundin namens Emilie aus den Wiener Tagen, was jedoch niemand bestätigte. Jugendfreund Kubizek erwähnte einen gemeinsamen Streifzug durch das Wiener Rotlichtviertel, wobei Hitler ausgesprochen prüde und angeekelt reagiert habe. Überdies gibt es viele Belege für ein gestörtes Verhältnis Hitlers zur Körperlichkeit. Sein Leibarzt Morell beschrieb, wie unangenehm es Hitler gewesen sei, sich vor ihm zu entkleiden. Daß er Frauen generell Geringschätzung entgegengebracht habe, sagt nicht nur Kubizek. Die Hitlersprüche über Frauen aus den Tischgesprächen sind inzwischen Legende, »Es gibt nichts Schöneres, als sich ein junges Ding zu erziehen: Ein Mädchen mit achtzehn, zwanzig Jahren, das biegsam ist wie Wachs« – oder: »Die Welt der Frau ist der Mann. An anderes denkt sie nur ab und zu« – oder: »Einem Mann muß es möglich sein, jedem Mädchen seinen Stempel aufzudrücken. Die Frau will es nicht anders.«

Hitler drückte Frauen seinen »Stempel« derart auf, daß einige glaubten, sich dem nur durch Selbstmord entziehen zu können. Er liebte die ganz Jungen, die ihm nicht zu widersprechen wagten. Irgendwann in Linz war die sexuelle Entwicklung des jugendlichen Flaneurs stehengeblieben. Jetzt holte er nach – auf seine Weise. »Das ist Mizzerl«, sagte Hitler, als er Henriette von Schirach stolz das Foto der siebzehnjährigen Maria Reiter präsentierte. Das war im Jahre 1926. Hitler machte der hübschen blonden Textil-Verkäuferin aus Berchtesgaden seit geraumer Zeit den Hof, und man hatte sich auch schon geküßt. Sie strickte fleißig Wadenstrümpfe und träumte von der Hochzeit. Doch nicht in seinen kühnsten Träumen dachte Hitler an eine dauerhafte Bindung. Dennoch schrieb er voller Pathos »Mein liebes Kind [...] ich hätte so gern Dein holdes Gesichtchen vor mir gehabt, um Dir mündlich zu sagen, was Dir Dein treuster Freund nun schreiben kann«, und er schließt: »dann wollte ich so gern bei Dir sein und in Deine lieben Augen sehen können und das andere vergessen – Dein Wolf.« – »Wolf« war sein Pseudonym; wie ein Wolf, so Hitler, wolle er in die Herde seiner politischen Gegner einbrechen. Seine Schwester Paula mußte, solange sie bei ihm auf dem Berghof wohnte, den Namen »Wolf« annehmen – eine weitere Facette des Hitler-Kults.

Mizzi Reiter aber wartete vergeblich auf ihren »Wolf«, der schickte ihr zum Geburtstag zwei Bände von »Mein Kampf« und schrieb dazu: »Lies sie durch, und Du wirst, glaube ich, mich dann besser verstehen.« Sie las nicht und verstand nicht. Als sie sich aus Liebeskummer am Türpfosten erhängen wollte, griff die Familie nocht rechtzeitig ein.

»Meine Braut ist Deutschland«, betonte Hitler immer wieder voller Pathos, Deutschland war seine Karriere; mehrmals äußerte er Bedenken, daß Frauen ihn am Aufstieg hindern könnten. Zudem hatte er die eitle Befürchtung, das Volk würde es ihm nicht verzeihen, wenn er heirate; wie auch der Filmstar Popularität einbüße, wenn er in den Stand der Ehe trete. Schon aber trat ein neuer Schwarm in Hitlers Leben: Süß und blond und siebzehn Jahre alt, seine Nichte Geli Raubal, Tocher seiner Halbschwester Angela. Im Jahre 1929 nahm der dreiundzwanzig Jahre ältere Onkel sie bei sich auf. In einer Mischung aus väterlicher Zuneigung und schulbubenhafter Verliebtheit umsorgte er das einfach geartete österreichische Mädchen. Geli Raubal spürte Zuneigung, war ihrem Onkel allerdings in keiner Form gewachsen. Er förderte sie, ließ sie Gesangsunterricht nehmen, ging mit ihr in die Oper und in Restaurants; wachte jedoch eifersüchtig über jeden Umgang und gebot über ihre Zeit. Als Hitler-Fahrer Emil Maurice die hübsche Nichte einmal herzhaft auf die Wange küßte, erlitt der »Chef« einen Tobsuchtsanfall: »Ich fürchtete, er würde mich über den Haufen schießen«, erinnerte sich der Fahrer später. Wie eine Gefangene mußte sich Geli Raubal zuletzt in der Wohnung am Prinzregentenplatz vorgekommen sein, die dauernde Bevormundung erstickte ihren Lebenswillen. Während Hitler über Deutschland Wahlkampf trieb, wartete in der Münchner Wohnung unfrei und unbefriedigt Geli auf den Onkel, der sich kaum zu Hause blicken ließ. Doch wenn er da war, spielte er den Tyrannen. Nach einem Streit nahm Geli sich das Leben.

»Es hat zwischen beiden keinerlei intime Beziehungen gegeben«, davon ist die Geli-Freundin Henriette von Schirach überzeugt. Doch ist es gängige Meinung, daß der notorische Narziß allein bei Geli Raubal zu tiefer und inniger Liebe fähig gewesen ist. Gelis Zimmer blieb abgeschlossen, niemand außer ihm durfte es betreten. Mit Bildern und Büsten betrieb er einen wahren Totenkult. Beim Klang ihres Namens, heißt es, seien ihm Tränen in die Augen getreten. Die Tote stilisierte er zur großen und einzigen Liebe seines Lebens. Die Beachtung, die er ihr zu Lebzeiten ver-

Hitler mit seiner Hündin »Blondi« im Führerhauptquartier Winniza, 21. Juli 1941

Hitlers Hündin wurde nervös und hat meine Mutter gebissen. Eigentlich hat sie eher gezwickt, als richtig zugebissen. Hitler reagierte hysterisch; er wollte gehen und seine Pistole holen, um den Hund auf der Stelle zu erschießen, da er die von ihm angehimmelte Frau gebissen hatte. Meine Mutter versuchte, Hitler zu beruhigen, und sagte: »Um Gottes willen, Herr Hitler, lassen Sie den Hund, es ist nicht so schlimm«, worauf er sich langsam beruhigte.

Egon Hanfstaengl, Jahrgang 1920 (Sohn von Hitlers »Pressechef«)

wehrt hat, schenkte er ihr im Tode. Konnte Hitler nur das Tote lieben?
Hitler liebte vor allem nur sich selbst, gerade schwamm er auf der Woge des Erfolgs. Er hatte die Befürchtung, daß der Tod der Nichte ihm politisch schaden konnte; das beschäftigte ihn bei aller Trauer am meisten – in der Tat gab es Mordverdächtigungen gegen ihn, die sich später als haltlos erwiesen. Noch in der Woche des Todes von Geli Raubal hielt er in Hamburg vor über 10 000 Anhängern eine fanatische Rede. Doch – »von nun an«, meinte Geli-Freundin Schirach, habe »das zärtliche Element« in Hitlers Leben gefehlt sowie die sanfte Kritik, die er sich von seiner Nichte habe gefallen lassen müssen. »Damals hat sich in Hitler der Keim zur Unmenschlichkeit entwickelt«, will Hitler-Fotograf Hoffmann gespürt haben.
»Ich fürchte, ich bringe den Frauen kein Glück«, erklärte das Objekt der weiblichen Begierde 1939, nachdem eine weitere Verehrerin den Versuch gemacht hatte, sich das Leben zu nehmen. Diesmal war es eine ansehnliche britische Aristokratin, Unity Mitford, die dem »Führer« auf Schritt und Tritt zu folgen suchte. Hitler hatte sie benutzt, um Kontakte zu einflußreichen Kreisen in England zu knüpfen. Wenige Stunden nach Kriegsausbruch schoß sie sich eine Kugel in den Kopf. Sie überlebte, starb aber Jahre später an den Folgen.
»Ich glaube, daß es Menschen gibt, die den Tod anziehen«, hat Henriette von Schirach gesagt, »und ganz gewiß war Hitler einer von ihnen.«
Die Fotolaborantin Eva Braun war zwanzig Jahre und acht Monate alt, als sie sich zum erstenmal wegen Hitler umbringen wollte, am Allerheiligenabend 1932. Einen Skandal konnte Hitler sich nicht noch einmal erlauben: »Ich werde mich in Zukunft mehr um sie kümmern müssen. Und sei es, um zu verhüten, daß sie noch einmal eine solche Dummheit macht« – das war der »Liebhaber« Hitler. Eva Braun war jung, hübsch, einfach und ehrlich, doch auch sie konnte ihrem »Auserwählten« nicht das Wasser reichen. Als am 30. Januar 1933 der greise Reichspräsident Paul von Hindenburg Hitler zum neuen Reichskanzler ernannte, war das für sie kein Freudentag.
Noch ahnte keiner seiner Königsmacher etwas vom Charakter jenes Mannes, den sie in das Amt gehievt hatten: dessen Vorliebe für minderjährige Mädchen fast schon pathologische Züge trug; der, beziehungsarm und rücksichtslos, im Notfall über Leichen

Hitler und sein Pressechef »Putzi« Hanfstaengel mit einem »jungen Parteigenossen«

In meiner Kindheit war Hitler mein heißgeliebter »Onkel Dolf«. Damals spielte ich am liebsten mit ihm Eisenbahn. Er kniete sich auf Hände und Füße und war dann mein Eisenbahntunnel, unter dem ich hindurchkroch, während »Onkel Dolf« die Geräusche des Zuges imitierte. Er konnte auch wunderbar die Laute von Gänsen und Enten nachmachen, ganz zu schweigen von dem Muhen von Kühen, dem Wiehern von Pferden, dem Blöken der Schafe und dem Meckern der Ziegen.

Anläßlich der Hochzeit eines hohen SA-Führers traf ich ein letztes Mal mit Hitler zusammen. Während alle Leute ihn mit »Heil Hitler« ansprachen, sagten meine Mutter und ich nur »Grüß Gott, Herr Hitler«. Wir hatten damit einen großen Fehler gemacht. Hitler zog seine Hand weg, blickte über meinen Kopf und sah mich nicht mehr an. Statt dessen begann er, Befehle durch den Saal zu brüllen. Für mich war das schlimm. Es war die letzte Begegnung mit meinem heißgeliebten »Onkel Dolf«.

Egon Hanfstaengl, Jahrgang 1920 (Sohn von Hitlers »Pressechef«)

ging. Zwei Jahre später, am 11. März 1935, notierte Eva Braun in ihr Tagebuch: »Ich bin verzweifelt...« Und fuhr fort: »Er braucht mich nur zu ganz bestimmten Zwecken.« Es ist dies nicht der einzige Beleg dafür, daß es zwischen beiden auch zu intimen Kontakten kam. Doch Hitler ließ sie, wie zuvor schon Mizzi Reiter und Geli Raubal, am ausgestreckten Arm verhungern: Blitzbesuche, dann wieder monatelanges Schweigen – dieses Hin und Her hatte auch Eva Braun mürbe gemacht. Verzweifelt schrieb sie 1935 in ihr Tagebuch: »Warum quält er mich und macht nicht gleich ein Ende?« Und wenig später: »Ich habe mich für 35 Stück entschlossen. Es sollte diesmal wirklich eine todsichere Angelegenheit werden.« Es war ihr zweiter Selbstmordversuch. Wie durch ein Wunder überlebte sie. Jetzt erst lenkte Hitler ein, den Tod der Nichte Geli vor Augen, und stoppte sein quälerisches Spiel: Er holte Eva Braun zu sich auf den Berghof – um den Preis totaler Selbstverleugnung. In seinem Schatten blieb sie Fräulein Braun – die heimliche Geliebte, die ihren Liebsten vor den Gästen siezen soll. Sie mußte sich über Seitentreppen und Nebeneingänge stehlen, speiste oft allein mit einem Foto des Angebeteten vis-à-vis auf dem Eßtisch und wurde jedesmal auf ihr Zimmer verbannt, wenn hoher Besuch angesagt war. Hitler fühlte sich durch ihre Anwesenheit keineswegs gestört, als er Albert Speer in ihrem Beisein zu verstehen gab: »Sehr intelligente Menschen sollten sich eine primitive und dumme Frau nehmen [...] In meiner freien Zeit will ich meine Ruhe haben.«

Den Deutschen gegenüber inszenierte sich Hitler als anspruchsloser Asket und erster Diener seines Volkes. Nach dem Selbstmord seiner Nichte aß er kein Fleisch mehr, mied Alkohol und Tabak. Sein einziger Schmuck – so schien es – waren die goldenen Manschettenknöpfe seines Vaters an der braunen Parteiuniform, die er immer öfter trug, um den mönchischen Charakter seines Daseins zu unterstreichen. Trotz der nunmehr unerschöpflichen Geldquellen, die aus der Buchvermarktung und zahlreichen »Spenden« aus der Industrie sprudelten, blieb das private Ambiente bieder. Der Bergbauernhof bei Berchtesgaden wurde unter Einbeziehung des alten Grundrisses einfach aufgeblasen, das Vertraute sozusagen umbaut. Was entstand, war zwar durchaus monströs – ein Klotz in der alpenländischen Idylle mit Superlativen wie dem größten Panoramafenster oder dem größten Marmortisch der Welt. Doch sorgten Zirbelholzvertäfelungen und germanische Runenschnitzereien neben nicht »entarteten« Gemälden für eine eher konventio-

nelle Idylle. Das »Tschapperl«, wie Hitler Eva Braun mitunter nannte, sorgte für die gewohnte kleinbürgerliche Umgebung. Nicht die ausländischen Staatsgäste, die Mächtigen und Großen seines Reiches waren der Alltag in Hitlers Haus am Berg; den Ton gab die Ersatzfamilie an: ein eng umschränkter Kreis von Leibärzten, Leibfotografen, Leibwächtern, Sekretärinnen und Adjutanten. Ein eng umschränkter Kreis von trauter Unverbindlichkeit. Im Zentrum des heraufziehenden Sturms herrschte die Grabesstille absoluter Unterordnung.
Der Tagesablauf auf dem Berghof war geregelt – monoton. Hitler, der sein Zimmer nachts immer abschloß, schlief lange, öffnete morgens die Tür, griff die bereitgelegte Zeitung vom Stuhl, verschwand wieder. Der Tag begann am frühen Mittag, dann Empfänge, Autopartien, Besprechungen, Reisen, wie es dem »Führer« beliebte. Die Aneinanderreihung von Zerstreuungen war geradezu ein Abbild seines alten Lebensstils. Hitler war der »Künstler«-Politiker. Die Abende aber hinterließen bei den Beteiligten eher die »Erinnerung einer merkwürdigen Leere«: drei bis vier Stunden Filmeschauen, Unterhaltsames, Banales, Sentimentales, Plattes; auch das Personal hatte Zutritt. Wenn ein im Reich verbotener Film gezeigt wurde oder ein Import aus Amerika, war die Entourage komplett versammelt. Hitler saß mit Eva Braun stets in der ersten Reihe. Hier waren Menschen, die ihm nichts anhaben konnten. Sie waren Publikum, nicht Partner. Hitler sprach auch hier nicht mit den Menschen, sondern zu den Menschen. Wenn er sich zurückgezogen hatte, versuchten die noch Wachgebliebenen in den Morgenstunden ein wenig vorenthaltene Fröhlichkeit nachzuholen.
Der Amateurschmalfilm »Bunte Filmschau« von Eva Braun zeigt Hitler als Hundefreund. Doch er haßte es, wenn er beim Spiel mit dem Hund überrascht wurde; er hatte panische Angst, lächerlich zu wirken. Seine Sekretärinnen berichten, daß er den Hund »roh« davonjagte, wenn er sich beobachtet fühlte. Gehorchte das Tier nicht seinem Willen, bekam es die Peitsche zu spüren.
Und dann die Kinder auf dem Berghof. Manche von ihnen erinnern sich noch heute an »Onkel Adolf«. Nur Menschen, die ihm ausgeliefert waren, weckten Gefühle in ihm. Widersprechen durfte niemand.
Hitler spürte unterschwellig immer Angst, dekouvriert zu werden, Ansehen einzubüßen. Er ging nie schwimmen, stieg nie auf ein Pferd oder etwa in einen Kahn auf einem der umliegenden bayeri-

schen Seen: Was habe er »auch in einem Kahn verloren«, räsonierte er, er sei »kein Freund von Mätzchen«. Er vermied es, sich in der Öffentlichkeit mit einem neuen Anzug oder einer neuen Kopfbedeckung zu zeigen, bevor er nicht die Probe aufs Exempel gemacht hatte. Leibfotograf Hoffmann mußte den Modefotografen spielen und dem »Führer« das eigene Konterfei samt neuem Outfit zur Abnahme einreichen. Hitler wollte möglichst immer gleich aussehen. Der angestrengte Stilisierungswille zeigt gerade in den Foto-Serien Hoffmanns seine hohle Seite: Auf ein, zwei Bildern mag die herrische Pose – ob in Lederhose oder Frack – gelungen erscheinen; die übrigen Fotos zeigen einen »Cäsar mit dem Tirolerhütchen«.

Dennoch, eine Vielzahl von Zeitzeugen berichtet, daß er tatsächlich über hypnotische Kräfte verfügt haben muß, um anderen den eigenen Willen aufzuzwingen, auch in der Privatsphäre. Ob es die vielzitierten blauen Augen waren? Oder nur der Trick des sogenannten »Führerblicks«, dem Gegenüber nicht in die Augen, sondern auf die Nasenwurzel zu schauen, was angeblich überirdisch wirken soll? Unerklärlich bleibt, daß ihm gebildete Männer wie Albert Speer, sein Rüstungsminister und Hofarchitekt, lange rückhaltlos ergeben waren: »Sonst hätte ich beispielsweise nicht im April 1945 diese Wahnsinnstat meines Fluges in das belagerte Berlin unternommen, um mich von ihm zu verabschieden.«

Hitler, der Privatmann, umgab sich mit dem Nimbus des Künstlers. Er förderte Kunst, sofern sie seinem eigenen Geschmack entsprach, vor allem den brachialen Realismus. Was er nicht mochte oder nicht verstand, wurde als entartet verworfen. Im nachhinein geriet Hitlers Protektion zum Kainsmal der Epoche. Kunst und Künstler, die ihm nicht gefielen, ließ er verfolgen: »Ein angeblicher Künstler, der irgendwelchen Mist einschickt, muß im KZ umgeschult werden.«

Dennoch: Der private Hitler ist kein Monster. Die Menschenverachtung, das rücksichtslose Wesen findet man nicht in der Idylle des Berghofs, nicht in der »Freizeit«. Hitlers Sekretärinnen schwärmen noch heute von der Freundlichkeit des »Chefs«, von seinem Handkuß-Charme. Das Janusgesicht des Diktators: Hier der »Führer«, die Treuen und der Schäferhund auf der Terrasse vor bayerischblauem Himmel und Alpengipfeln – dort die Gequälten, Gemarterten, Totgeprügelten in den Vernichtungslagern. Hier »Quax, der Bruchpilot« im Führerkino, dort die Bombennächte in den deutschen Städten. Er küßte den Damen

Hitler mit Emmy und Edda Göring, 20. April 1940

Hitler war ein fürsorglicher und betulicher Mann, speziell im Bezug auf junge Ehepaare. Er hat immer versucht, seine Adjutanten unter die Haube zu bringen. Natürlich haben wir ihn gefragt, warum er selbst nicht heirate. Seine Antwort war immer: »Das kann ich keiner Frau antun.«

Traudl Junge, Jahrgang 1920 (Hitlers Sekretärin)

Magda Goebbels und Eva Braun haben sich einmal auf Hitlers Berghof ausgemalt, welche Frau wohl am besten zu ihm passen würde. Als er von diesem Gespräch erfuhr bekam er einen seiner gefürchteten Tobsuchtanfälle.

Margarete Roloefs, Jahrgang 1913 (Hitlers Köchin)

die Hand und unterschrieb ganz nebenbei ein Todesurteil. Er setzte sich – unter dem Beifall seiner Damen – leidenschaftlich für den Tierschutz ein und hielt es für normal, daß Millionen deutscher Männer auf den Schlachtfeldern seines Vernichtungskrieges starben. Für Tiere empfand er Mitleid, für Menschen nicht. Mord, Charme, Banales – das war in seinem Alltag vereinbar. Kein schlechtes Gewissen, wozu auch? Es gab ja die größere Sache. »Wo gehobelt wird« für Deutschland, fallen eben Späne. Menschlichkeit wird überlistet. Die Überhöhung des Politischen erlaubte eine schizoide Spaltung von der Privatsphäre. Hitler hat nicht einmal ein KZ besucht, nicht einmal persönlich Gewalt angewandt. Er hat das Grauen nicht an sich herangelassen. Hitlers Sekretärin Traudl Junge berichtet von einer Begebenheit, als Hoffmann-Tochter Henriette von Schirach in trauter Runde von der barbarischen Behandlung der Juden in Holland erzählte. Sie beklagte, wie schlimm es den armen Menschen erging. Hitler sei sofort aufgesprungen und habe mit versteinerter Miene erwidert: »Humanitätsduselei.« Dann sei er schnellen Schrittes aus dem Raum geeilt. Frau Schirach sei nie wieder eingeladen worden. Hier hatte ein Tabubruch stattgefunden. Politisches war in die Privatsphäre eingedrungen. Für Hitler blieb nur eines: Abschotten, eine Neigung, die sich im Verlauf des Krieges noch steigerte.
Für Hitler war der Krieg das eigentliche Ziel seiner Politik. Er wollte wieder da beginnen, wo man 1918, »zu Unrecht«, aufgehört hatte. Dem bei Kriegsbeginn schon fünfzigjährigen Diktator »pressierte« es, weil die private Lebensuhr ablief. Deshalb forcierte er den Kriegsbeginn. Erleichtert und wie selbstverständlich schlüpfte er in den grauen Rock und knüpfte an die eigene Tradition an. Nach Frankreichs Kapitulation ließ er es sich nicht nehmen, mit alten Kriegskameraden die Stätten seiner Fronterlebnisse abzuschreiten – Rache für die Niederlage, die er nie verschmerzt hat: Auf Befehl des »Führers« wurden in Compiègne der Gedenkstein und die Wagenhalle des »Waggons« gesprengt.
Hitlers Ersatz-Familie im Felde war einst die Kompanie gewesen. Jetzt war es ein enger Kreis von Adjutanten, Dienern, Sekretärinnen. In den muffigen Nischen seiner ständig wechselnden »Führerhauptquartiere«, herrschte der Einzelgänger mit unerbittlicher Strenge, ebenso wie einst sein Vater. Als Hitler-Adjutant Fritz Darges dabei versagte, auf Befehl des »Führers« eine Stubenfliege zu fangen, wurde er unverzüglich an die Front versetzt. Den abkommandierten Führungsoffizieren der Stäbe verwehrte Hitler

Hitler beim Bleigießen auf dem Obersalzberg, Silvester 1938/39

Auf dem Obersalzberg schlief Hitler meist bis zum Mittagessen. Nachdem er dann endlich aufgestanden war, ging er auf den Balkon und wartete, bis ich ihm meldete, daß das Essen angerichtet sei. Ich servierte ihm immer nur vegetarische Kost. Gab es zum Beispiel Frikadellen, so bekam Hitler welche aus Gemüse. Viele an Hitlers Tafel, darunter zum Beispiel Rudolf Heß, aßen zum Schein vegetarische Kost mit, um sich anschließend in der Küche einen Braten servieren zu lassen.

Karl Krause, Jahrgang 1911 (Hitlers Diener)

Die schönste Zeit auf dem Obersalzberg war die, bei der, außer uns Mädchen, keine anderen Frauen anwesend waren. Hitler war dann völlig gelöst. Er aß sein Frühstück von einem Tablett auf seinem Schoß und trank mit uns Kaffee. Sobald aber irgendwelche Damen auftauchten, mußte sich alles wieder nach der Etikette richten. Da war er sehr penibel.

Margarete Roloefs, Jahrgang 1913 (Hitlers Köchin)

den Händedruck, als sich das Kriegsglück Ende 1941 zu wenden begann. Und als dann eine einzige Serie himmelschreiender Fehlentscheidungen Hitlers den Weg in die Katastrophe ebnete, wirkte er vollends wie ein Abbild seines Vaters. Da saß nicht der »Führer«, da saß der Zollamtsoberoffizial auf seinem Thron und hielt mit furchtbarem Starrsinn an der einmal eingeschlagenen Richtung fest.

In diese Zeit der Wandlung fiel nun auch die letzte Schranke vor dem Genozid am Judentum. Was einst mit Drangsalierung und Diskriminierung begonnen hatte, mündete nun in Massenmord nach Plan. Es entsprach der Hitlerschen Lebensverachtung, einmal ins Auge gefaßte Ziele ohne Rücksicht auf Verluste in die Tat umzusetzten.

Immer häufiger fiel er in Depressionen. Je öfter ihn der Erfolg verließ, desto häufiger erschien er wie der kauernde Gefreite im Unterstand. Je heftiger er an Schlafstörungen litt, um so unbeherrschbarer wurde sein Rededrang. Es war ein ständiges Schwanken zwischen Extremen. Nächtelang war seine nächste Umgebung endlosen Monologen ausgesetzt, als wäre das der notwendige Ersatz für das vergangene Stimulans der Massenovationen.

Mit schwindender Fortune verfiel er nun auch körperlich. Zu einer Herzkranzgefäßverengung kam, rasant voranschreitend, die Parkinsonsche Krankheit. Hitlers linke Hand zitterte im Frühjahr 1945 so stark, daß er Filmaufnahmen untersagen ließ, die den Verfall vor Augen führen konnten. Leibarzt Dr. Morell behandelte ihn mit starken Medikamenten – regelmäßig wurde ihm auch das Aufputschmittel Pervitin verabreicht – eine bewußtseinsverändernde Droge. Und doch, trotz des körperlichen Verfalls, blieb Hitler in jeder Situation klar genug, um den nahen Untergang vorherzusehen und in Kauf zu nehmen. Es gab nur noch die Alternative: Siegen oder untergehen. Er ahnte das Kommende und verdammte mit kindlichem Trotz die Generäle. Denn nicht er war schuld. Die anderen waren es.

Doch immer wieder klammerte er sich an das »Wunder«, das alles noch einmal fügen würde. Nichts bestätigte ihn hierin so sehr, wie der gescheiterte Attentatsversuch vom 20. Juli 1944. Ein weiteres Mal schien die »Vorsehung« den »Erwählten« gerettet zu haben. Im gleichen Atemzuge ließ er Hunderte hinrichten. Es gibt Anhaltspunkte, daß Hitler die grausame Erhängung der Hauptverschwörer des 20. Juli mit Klaviersaiten nicht nur persönlich

Hitler und Eva Braun im Teehaus auf dem Obersalzberg, um 1940

Im Garten auf dem Obersalzberg

Auf einem Spaziergang mit Eva Braun sagte ich zu ihr: »Fräulein Braun, Sie sind die beneidetste Frau Deutschlands, seit Sie bei Adolf Hitler sind.« Darauf antwortete sie: »Oh, Herr Frentz, ich bin doch nur eine Gefangene in einem goldenen Käfig.«

Walter Frentz, Jahrgang 1907 (Hitlers Kameramann)

Der Chef – wie wir Hitler nannten – konnte einen sehr gut auf die Schippe nehmen. Als zu Beginn des Krieges sich einige Frauen bei ihm beklagt hatten, daß sie keine seidene Unterwäsche mehr bekommen würden, antwortete er: »Dann tragt lederne, die hält länger. Die Seide brauchen wir für unsere Fallschirmjäger.«

Karl Krause, Jahrgang 1911 (Hitlers Diener)

angeordnet hat, sondern auch den Befehl gab, die Vollstreckung zu filmen. In jedem Falle war es auch für den Privatmann eine nicht einmal verheimlichte Genugtuung, jene Männer qualvoll sterben zu wissen, die das Attentat gegen den »Erwählten« gewagt hatten.
Ganz im Inneren aber wußte er, daß er zum Untergang verdammt war. Und er floh vor diesem Wissen in die Traumwelt seiner Bauten. Am 8. Februar 1945 brachte der Architekt Hermann Giesler ein riesiges Modell der künftigen Stadt Linz von München nach Berlin. Während sich die alliierten Armeen unaufhaltsam seiner Hauptstadt näherten, sollte Hitler ganze Nächte vor dem nie verwirklichten Modell seiner Heimatstadt verweilen.
»Gegen meinen Willen bin ich Politiker geworden. Die Politik ist mir nur ein Mittel zum Zweck«, dieser Satz aus den Tischgesprächen zielt auf den Kern des Hitlerschen Politikbegriffs. Politik war für ihn auch Behelf, um seine pervertierten »künstlerischen« Triebe auszuleben. Der gescheiterte Künstler, der verhinderte Architekt schlüpfte in das Gewand des Diktators. Der gewaltsame Versuch, ein tausendjähriges Reich zu errichten, war seine entartete Kunst. Albert Speer brachte es auf den Punkt: »Seine Pläne für die monumentalen Bauten bildeten die Kulissen für das von ihm zu inszenierende Weltgeschehen; Theater blieb immer Leitlinie seines Lebens und begleitete ihn bis zum Schlußeffekt der Vernichtung des eigenen Volkes.«
Hitler betrachtete die Deutschen als sein Privateigentum. Man kann nicht sagen, daß viele Volksgenossen versucht hätten, ihm einen gegenteiligen Eindruck zu vermitteln. »Führer befiehl, wir folgen« – wer das jahrelang hört, glaubt selbst daran. Der Tyrann opferte Armeen kaltblütig wie Figuren auf dem Schachbrett, ließ Städte ohne Gemütsregung in Schutt und Asche sinken. Hitler ist in diesem schrecklichen Szenario der Künstler-Dämon, der sein Werk betrachtete, es für mißglückt befand, um es dann zu zerstören. Am Ende kümmerte ihn »sein Volk« keinen Deut, denn dieses deutsche Volk hatte sich ja als zu schwach erwiesen und sollte verschwinden. Es war der Vernichtung würdig. Bis zum Schluß blieb er seiner Losung treu. Alles oder nichts.
Der eigene Tod hätte zur Farce werden können. Doch er geriet zum Abgesang im Stile einer Wagneroper – mit Treuebruch, Heirat, Testament, Selbstmord und Verbrennung.
Während der letzten Tage im Führerbunker wechselten Tobsuchtsanfälle mit Phasen tiefer Depression. Nach klaren Augen-

Hitler und Eva Braun auf dem Obersalzberg

Eva Braun war vor dem Krieg Verkäuferin bei Hitlers Fotograf Heinrich Hoffmann in München. Sie hat abends oft noch im Büro gesessen, Abrechnungen gemacht und zu Abend gegessen. Bei diesen Gelegenheiten hat Hitler sie kennengelernt – nähergekommen sind sie sich allerdings erst nach Kriegsausbruch. Als der Obersalzberg umgebaut wurde, bekam Eva Braun ein Zimmer direkt neben Hitlers Schlafzimmer.

Karl Krause, Jahrgang 1911 (Hitlers Diener)

Die Beziehung zu Eva Braun, hat Hitler immer versucht zu vertuschen. Niemand sollte wissen, daß er ein festes Verhältnis hatte. Die deutschen Frauen sollten sich auch weiterhin Chancen ausrechnen können, mit ihm anzubandeln.

Egon Hanfstaengl, Jahrgang 1920 (Sohn von Hitlers »Pressechef«)

blicken tauchte Hitler wieder ab in die Tiefen seiner zwanghaften Visionen. In diese Untergangstimmung platzte am Abend des 26. April ein Telegramm von Reichsmarschall Göring, in dem der ultimativ die Machtübernahme ankündigte. Hitler erlitt einen Wutausbruch, daß ein Paladin »sowohl mich wie auch sein Vaterland betrogen und allein gelassen« habe. »Nun bleibt mir nichts mehr. Keine Treue mehr, keine Ehre mehr, keine Enttäuschung, die ich nicht erlebt habe.« Hitler steigerte sich in die Rolle des Opfers. Er hatte keine Freunde, das hatte sich ihm nie zuvor so deutlich offenbart; auch jene Männer waren keine, die ihn von Anfang an auf seinem politischen Weg begleiteten. In der Nacht zum 29. April kam die zweite Hiobsbotschaft: Himmler, stand in einer Reuter-Meldung geschrieben, verhandele mit dem schwedischen Grafen Bernadotte über Frieden. Noch einmal Verrat! Ausgerechnet der »getreue Heinrich«. Daß ihn der korrupte Göring im Stich lassen könnte, war fast offenkundig. Aber Himmler? – »Er tobte wie ein Verrückter«, erinnerte sich die Pilotin Hanna Reitsch.
Der Tod seines Männerfreundes Mussolini verstärkte die Panikstimmung. Partisanen hatten den Diktator zusammen mit seiner Geliebten erschossen und in Mailand mit dem Kopf nach unten aufgehängt. Hitler war schockiert. Auf die Frage seiner Sekretärin Traudl Junge, warum er denn nicht »selber in den Kampf hineingehe«, antwortete der »Chef« brüsk, »damit ich den Russen in die Hände falle und mir das gleiche passiert wie Mussolini?«
Also blieb nur noch der Selbstmord. Doch zuvor ein letzter Gnadenakt.
Die Volltreffer russischer Granaten ließen den Bunker erzittern, als Gauamtsleiter Walter Wagner feierliche Worte sprach, die Hitlers Freundin jahrelang ersehnt hatte: »Nunmehr frage ich Sie, Eva Braun, ob Sie gewillt sind, die Ehe mit meinem Führer Adolf Hitler einzugehen?« Sie war gewillt. Bei der Unterzeichnung der Heiratsurkunde kritzelte sie vor lauter Aufregung zuerst das B ihres Mädchennamens aufs Papier, strich es durch, bevor sie dann den neuen Namen schrieb. Es war der 29. April 1945, kurz nach Mitternacht, als Hitler die verheimlichte Geliebte zur Frau nahm. Erst als die Flucht in den Selbstmord für ihn feststand, hatte sich der Tyrann dazu durchgerungen, »jenes Mädchen zur Frau zu nehmen, das nach langen Jahren treuer Freundschaft aus freiem Willen in die schon fast belagerte Sadt hereinkam, um ihr Schicksal mit dem meinen zu teilen«. Grotesk mußte es anmuten: Ein

Bund fürs Leben, um in den Tod zu gehen. Auch nach der verkrampften Zeremonie wagte niemand im Bunker, Eva Braun nun »Frau Hitler« zu nennen. Nach der Trauung zog sich Hitler mit seiner Sekretärin Traudl Junge zurück und begann zu diktieren: »Mein politisches Testament«. Ohne Pause und ohne Korrekturen legte der Diktator ein letztes Zeugnis davon ab, in welcher Welt des Wahns er lebte. Frau Junge stenografierte Worte voller Haß und Beschuldigungen. Mit abgegriffenen Phrasen versuchte der Diktator seine bestialischen Taten zu rechtfertigen und schrieb die Schuld am Krieg dem »internationalen Judentum« zu. Von Hitler nichts Neues – und schon gar keine Reue.
Dann bereitete sich das Ehepaar auf den gemeinsamen Freitod vor. Gift und Schußwaffen lagen bereit. Die Wirkung des Gifts ließ Hitler an seiner Hündin Blondi erproben. Es wirkte.
Die Rote Armee stand bereits am Potsdamer Platz, der Tiergarten war besetzt. Stalins Truppen fehlten nur noch ein paar Meter bis zum Bunker der Zitadelle, als sich Hitler von den letzten Getreuen verabschiedete und dann in seine Privaträume zurückzog. Am 30. April gegen 15.30 Uhr krachte im Bunker ein einzelner Schuß, der im lärmenden Trommelfeuer der russischen Artillerie kaum zu hören war. In seinem Privatraum saß Hitler zusammengesackt auf dem mit Blut befleckten Sofa, rechts neben ihm, nach hintengelehnt, Eva Hitler, beide waren tot. Am Boden lagen zwei Pistolen. Über die Todesursache von Eva Hitler bestand nie ein Zweifel. Sie hatte sich mit Zyankali vergiftet. Bei Adolf Hitler war lange umstritten, ob nur ein Schuß oder Kopfschuß und Gift die Todesursache war. Heute steht fest, daß Hitler erst in eine Zyankali-Kapsel biß und sich dann in die rechte Schläfe schoß.
SS-Männer und Bedienstete trugen die Leichen über die engen Bunkertreppen nach oben in den Garten der Reichskanzlei. »Es war, als wäre ein Bann von uns gewichen«, erinnert sich Traudl Junge später. Hitler-Adjutant Günsche goß die ersten von etwa 200 Litern Benzin über die Leichen. Ein loderndes Papierknäuel entfachte das Feuer, das sich zuerst nicht entzünden wollte: »Der Chef brennt nicht«, soll Hitler-Chauffeur Kempka gerufen haben. Der Diktator hatte die Verbrennung ausdrücklich angeordnet. Stalin sollte ihn nicht als totes Ungeheuer im Moskauer Zoo zur Schau stellen können.
Vom Eingang des Bunkers aus beobachteten Martin Bormann und Joseph Goebbels schweigend, wie der Körper des Mannes, der millionenfaches Leid in die Welt gebracht hatte und dem sie in

blindem Gehorsam bis zu seinem Ende gefolgt waren, in Flammen aufging. Rings um den Bunker detonierten russische Granaten. Der Boden vibrierte, als die Totengräber Hitlers den rechten Arm erhoben und ihrem »Führer« zum letztenmal den Gruß erwiesen – es war der Abgesang des »Dritten Reiches«.
Am 1. Mai gab der Großdeutsche Rundfunk seine Version der Ereignisse bekannt. Adolf Hitler sei »in seinem Befehlsstand in der Reichskanzlei, bis zum letzten Atemzuge kämpfend, für Deutschland gefallen«. Es war die letzte Lüge des Regimes.
Albert Speer, der von sich selbst sagte, wenn Hitler überhaupt einen Freund hätte haben können, dann am ehesten ihn, zog später Bilanz: »Hitler war das Produkt einer geschichtlichen Situation […] In normalen Zeitläuften wäre Hitler ein unglücklicher, erfolgloser Kleinbürger geblieben, ein Kleinbürger, über dessen dämonische Anwandlungen sich die Mitbürger erstaunt hätten. Ein kontaktscheuer Einzelgänger, der seine Phantasien in seinen Skizzenbüchern ausgelebt hätte.«
Die Zeiten aber waren nicht normal.

Der Diktator

Was für ein Glück für die Regierungen,
daß die Menschen nicht denken

Unsere Bewegung ist antiparlamentarisch

In den nächsten tausend Jahren gibt es in
Deutschland keine Revolution mehr

Ich habe nur Leute brauchen können,
die geprügelt haben

Die deutsche Armee muß in vier Jahren
einsatzfähig sein

Wenn Du nicht kämpfen willst, dann stirb

Und wenn Deutschland nicht würdig ist,
kann es untergehen

Nichts ist möglich, wenn nicht ein Wille befiehlt

Mein Wille entscheidet

Hitler

Wenn ich legal zur Macht gekommen sein werde, dann will ich in legaler Regierung Staatsgerichte einsetzen, die die Verantwortlichen am Unglück unseres Volkes gesetzmäßig aburteilen sollen. Möglicherweise werden dann legal einige Köpfe rollen.

Adolf Hitler, 1930

Die deutsche Verfassung ist bedeutend vereinfacht worden. Sie hat nur noch die folgenden drei Paragraphen:
1. Das deutsche Volk besteht aus dem Führer und den Angeführten.
2. Der Führer ernennt und erschießt seine Minister persönlich.
3. Alle Stände sind abgeschafft, insbesondere der Wohlstand und der Anstand. Zugelassen ist nur der Notstand.

Witz aus der Nazi-Zeit

Röhm, du bist verhaftet.

Adolf Hitler, 1934

In dieser Stunde war ich verantwortlich für das Schicksal der deutschen Nation und damit des deutschen Volkes oberster Gerichtsherr! Meuternde Divisionen hat man zu allen Zeiten durch Dezimierung wieder zur Ordnung gerufen. Ich habe Befehl gegeben, die Hauptschuldigen an diesem Verrat zu erschießen.

Adolf Hitler, 1934

Man konnte innerlich zuweilen wanken. Nun, immerhin, nach wenig mehr als einem Jahr, beginnt sich der Hitlerismus als das zu erweisen, als was man ihn von jeher empfand: als das letzte an Niedrigkeit, entarteter Dummheit und blutiger Schmach. Und man schämt sich der wenigen Augenblicke, wo man an seinem Gefühle zweifeln wollte.

Thomas Mann, 1934

Mir hat einmal ein Mann gesagt: »Hören Sie, wenn Sie das machen, dann geht Deutschland in sechs Wochen zugrunde.« Ich sage: Das deutsche Volk hat einst Kriege mit den Römern überstanden. Das deutsche Volk hat die Völkerwanderung überstanden. Das deutsche Volk hat dann die späteren großen Kämpfe des frühen und späten Mittelalters überstanden. Das deutsche Volk hat dann die Glaubenskämpfe der neueren Zeit überstanden. Das deutsche Volk hat dann später die Napoleonischen Kriege, die Freiheitskriege, es hat sogar einen Weltkrieg überstanden, sogar die Revolution [von 1918] – es wird auch mich überstehen!

Adolf Hitler, 1938

Ich bin in meinem Leben so oft Prophet gewesen, und ihr habt mir nicht geglaubt, sondern mich verlacht und verspottet. Ich will wieder Prophet sein und euch sagen: ihr kehrt niemals mehr zurück! [...] Wenn es mir möglich wurde, die Gegner zu beseitigen, als sie die ganze Macht hatten und wir gar nichts, dann will ich ihnen sagen: Heute haben wir die Macht, und ihr habt nichts! Ihr beseitigt uns wirklich nicht!

Adolf Hitler, 1935

Ich habe überhaupt keine Experten. Bei mir genügt der Kopf allein.

Adolf Hitler, 1942

Der Titel Führer ist an sich der schönste, weil er aus der Sprache erwachsen ist. Es hat sich das so ergeben, das ist auch das richtige. Auch das Wort »Mein Führer«, ich glaube, das haben die Frauen geprägt.

Adolf Hitler, 1942

Was den Führer angeht, kann er selbst nachlesen in der Bibel, die ihm mit Recht verhaßt ist: »Wie der Hund zu seinem Gebrochenen zurückkehrt, also der Narr zu seiner Torheit.«

Heinrich Mann, 1936

Ich habe den Ehrgeiz, mir einmal im deutschen Volk ein Denkmal zu setzen. Aber ich weiß auch, daß dieses Denkmal besser im Frieden aufzustellen ist als in einem Krieg. Mein Ehrgeiz geht dahin, daß wir in Deutschland die besten Anstalten für die Erziehung unseres Volkes schaffen. Ich will, daß wir in Deutschland die schönsten Stadien erhalten, daß unsere Straßen ausgebaut werden, daß unsere Kultur sich hebt und veredelt, ich will, daß unsere Städte verschönert werden, ich will auf allen Gebieten des menschlichen Kulturlebens und -strebens Deutschland mit an die Spitze stellen. Das ist mein Ehrgeiz!

Adolf Hitler, 1936

Wer die Reichskanzlei betritt, muß das Gefühl haben, vor den Herrn der Welt zu treten, und schon der Weg dahin durch den Triumphbogen auf den breiten Straßen an der Soldatenhalle vorbei zum Platz des Volkes soll den Atem nehmen.

Adolf Hitler, 1941

Die ganze national-sozialistische »Bewegung« einschließlich ihres Erweckers, ist ein wahres Sich sielen des deutschen Gemütes in der mythischen Jauche. Der ganze falsche und zeitverhunzte »Wiederkehr«-Charakter dieses Rummels ist ein wahres Fressen für ihren Wahrheitshaß, ihre Gier nach Qualm und Dunst.

Thomas Mann, 1934

Die Kinder hatten schulfrei. Hakenkreuzfahnen schmückten die Straßen bis in die entlegensten Winkel des nunmehr »großdeutschen« Reiches. In den Kirchen wurden Dankgottesdienste zelebriert. Festredner der Partei übertrumpften sich gegenseitig mit Variationen der Vorgaben aus Goebbels' Propagandaministerium. Noch einmal feierten die Deutschen den Geburtstag ihres »Führers« so begeistert wie zu Kaisers Zeiten. Am 20. April 1939 wurde Hitler 50 Jahre alt.
Am letzten Wiegenfest des Kanzlers vor Ausbruch des Krieges entfaltete der Kult um ihn noch einmal seine ganze Pracht. Zehntausende von privaten Glückwünschen überschwemmten die Poststelle seiner Kanzlei. »Der Herr möge Sie segnen und Sie uns recht lange erhalten«, schrieb einer aus dem Heer der Gratulanten, »Tausende werden mit unendlicher Liebe die Hände regen, um Ihnen, geliebter Führer, diesen Tag schön und froh zu gestalten.« Auf langen Tischreihen in den Fluren der Reichskanzlei türmten sich Geschenke »aus dem Volk«, wie der »Völkische Beobachter« meldete, von handgestrickten Socken bis zum Tizian in Öl.
Für Hitler, den notorischen Spätaufsteher, begann der Tag ungewohnt frühmorgens um acht mit einem Ständchen des Musikzuges seiner »Leibstandarte«. Dann gratulierten das Diplomatische Korps und die Mitglieder des Kabinetts. Einige der Minister sahen ihren Chef zum erstenmal seit langer Zeit. Die Macht übte er längst ohne sie aus. Um 11 Uhr begannen die eigentlichen Feierlichkeiten: die Parade der Wehrmacht auf der neugestalteten »Ost-West-Achse«. Vier Stunden lang wälzte sich ein Strom von Soldaten, Kanonen und Panzern an der Ehrentribüne vorbei, begleitet vom drohenden Brummen der Kampfflugzeuge, deren Formationsflug auch den Himmel über Berlin in die Heerschau einbezog. Es war die größte Militärparade, die Deutschland je gesehen hatte.
Hitlers Reich war für den kommenden Krieg gerüstet – das war die Botschaft dieser Inszenierung. Am Ende entbot das Fahnen-

bataillon der Wehrmacht seinem obersten Kriegsherrn einen pathetischen Gruß: Die Fahnen jener Regimenter, deren Traditionen Hitler längst mißbrauchte, senkten sich vor ihm. Sechs Jahre später lagen diese Fahnen auf dem Roten Platz in Moskau.
Hitlers Ausspruch, »Ich bin kein Diktator«, zielt auf die plebiszitäre Seite seiner Herrschaft. Und dennoch: Diese Selbsteinschätzung ist nur eine von den vielen Täuschungen des Mannes. Hitler war natürlich ein Diktator, der verbrecherischste in der Weltgeschichte und eine Zeitlang auch einer der mächtigsten. Doch er war immer mehr als nur Diktator. Seine Macht beruhte gleichermaßen auf Verführung und Gewalt. Erst in den Kriegsjahren, als niemand mehr zu verführen war, neigte sich die Waagschale endgültig zur Gewalt. Die totale Machtfülle erlangte Hitler schrittweise, und endgültig erst 1938/39. Von da an aber gab es keinen Machtbereich in Deutschland mehr, in dem er nicht das letzte Wort hatte. Hitler war Oberster Kriegsherr, Gesetzgeber und Gerichtsherr in einem. Seine Herrschaft hatte ein unkontrolliertes Ausmaß erreicht, wie es nie zuvor in Deutschland angehäuft worden war. Kein Potentat des Mittelalters, kein preußischer König und schon gar kein Politiker der Republik von Weimar hätte sich mit dieser Zusammenballung von Macht messen können.
Hitlers Weg zur Herrschaft über Deutschland ist ein Lehrbeispiel für die Macht Fortunas in der Geschichte. Was die Propaganda des Regimes zum Mythos der entschlossenen Macht-»Ergreifung« stilisiert hat, stellt sich bei genauerem Hinsehen als Kette von Mißverständnissen und Zufällen dar.
Die verhängnisvolle Chance, die sich den Nationalsozialisten am 30. Januar 1933 bot, war nur ein winziges Fenster, das sich für einen flüchtigen Augenblick geöffnet hatte. Daß Hitler mit sicherem Instinkt durch dieses Fenster eindrang, sich zum Tyrannen über das ganze Haus aufschwang, um es anschließend in Trümmer zu legen – das war weder zwangsläufig noch von langer Hand geplant. Hitler war einfach im »richtigen« Moment zur Stelle.
Der 27. März 1930 ist für diese Entwicklung ein wichtiges Datum. An jenem Tag wurde die Weimarer Demokratie zu Grabe gelegt: Die Koalition der letzten parlamentarisch gebildeten Regierung zerbrach an dem sozialen und ökonomischen Beben, das die Weltwirtschaftskrise ausgelöst hatte. Die erste deutsche Demokratie kapitulierte. Seit ihrer Geburtsstunde hatte sie sich einer republikfeindlichen Mehrheit der Bevölkerung gegenübergesehen. Nie-

mand demonstrierte, niemand versuchte, die demokratische Regierungsform zu verteidigen, als sich der Zentrumskanzler Heinrich Brüning auf ein Hintertürchen im Weimarer Verfassungswerk besann und mit diktatorischen Notverordnungen der Krise Herr zu werden suchte. Nach den Buchstaben der Verfassung war das ganz legal, de facto aber war es ein kalter Staatsstreich. Was eigentlich für Notfälle gedacht war, machte Brüning zum Dauerzustand: die Machtausübung per Verordnung mit der Unterschrift des Präsidenten. Der Person des Reichspräsidenten kam dabei eine entscheidende Bedeutung zu. Daß der greise Feldmarschall von Hindenburg, ein Weltkriegsheld und alles andere als ein überzeugter Demokrat, dieses Amt bekleidete, war eines jener kleinen Unglücke, ohne die das große Unglück nicht geschehen kann.
Zu diesem Zeitpunkt war die NSDAP noch eine unbedeutende Splitterpartei, die allenfalls durch ihr besonders lärmendes Auftreten auf sich aufmerksam gemacht hatte. Bei den Reichstagswahlen 1928 hatte sie nur 2,6 Prozent der Stimmen auf sich vereinen können. Ihre Mitgliederzahl hatte eben erst die Grenze von 100 000 überschritten. Der Chef dieser Partei, der sich reichlich vermessen mit dem Titel »Führer« schmückte, hatte zwar nach dem gescheiterten Putsch von 1923 eine gewisse Berühmtheit erlangt, in Berlin aber nahm ihn im Frühjahr 1930 niemand ernst. Das gängige Geschichtsbild, Hitler habe die Demokratie von Weimar zertrümmert, hängt deshalb schief. Das parlamentarische System hatte seinen Geist schon ausgehaucht, bevor der Aufstieg der Nazi-Bewegung begann. Erst die Trümmer der Republik gaben den Nährboden ab, auf dem die braune Saat aufging.
Erst nach der Kapitulation der Demokratie erreichte die Anziehungskraft des Hakenkreuzes epidemische Ausmaße. Im September 1930 stimmten plötzlich siebenmal so viele Deutsche für Hitler wie noch zwei Jahre zuvor. Bei den nächsten Reichstagswahlen, am 31. Juli 1932, wurde die NSDAP mit 37,3 Prozent zur stärksten Partei. Der Demagoge aus Österreich stellte auf einmal einen Machtfaktor dar, an dem in diesem heißen Sommer des politischen Terrors kein Weg vorbeizuführen schien. Hitler ante portas? Nach den Juliwahlen von 1932 standen die Wetten günstig für eine Regierungsbeteiligung der Braunhemden – jedenfalls günstiger als ein halbes Jahr später.
Was hatten die Deutschen von Hitler zu erwarten? Bezeichnenderweise konnte das niemand so genau sagen. Der erste Eindruck:

Hitler und seine Mitstreiter waren jung. 1932 zählte Göring 39 Lenze, Goebbels 36, Himmler 30 und Hitler 43. Verglichen mit den grauen Eminenzen der Weimarer Zeit, verströmten sie geradezu eine jugendliche Aufbruchsstimmung. Eine klare Programmatik, wie sie etwa die Kommunisten verfolgten, hatten die Nationalsozialisten nicht. Die jungen Männer in den braunen Hemden wollten an die Macht. Frauen spielten keine Rolle, aber das galt für alle Parteien.

Aus Hitlers vielen Reden wurde vor allem klar, was er nicht wollte: die Republik der »Novemberverbrecher« und die »Erfüllung« von Versailles. Antisemitische Parolen hörte man damals kaum von ihm. Der Wolf hatte Kreide gefressen – aber nur, weil die gewünschte Resonanz der Zuhörer ausblieb. Ansonsten schimmerte aus den Auftritten dieser Jahre jener diffuse Verschnitt völkischen Gedankenguts, von dem sich nur wenige vorstellen konnten, daß er jemals Eingang in die politische Wirklichkeit finden würde. Kurt Tucholsky brachte die inhaltliche Leere des Politikers Hitler auf den Punkt: »Den Mann gibt es gar nicht; er ist nur der Lärm, den er erzeugt.« Tatsächlich lag in der programmatischen Enthaltsamkeit eine Stärke der NSDAP. Hitler versprach keine Lösungen, er nannte nur Ziele: Ordnung, Arbeit und Brot. Er setzte auf Dynamik, nicht auf Argumente. Er wollte kein Politiker sein, sondern Retter und Heilsbringer.

Hitlers Anziehungskraft beruhte neben seinem Rednertalent vor allem auf der Position, die er innerhalb der Partei einnahm. Zielstrebig und rücksichtslos hatte er seit dem gescheiterten Putsch von 1923 aus dem ungeordneten Haufen der frühen Jahre eine straffe Organisation geformt. An der Spitze stand er selbst allein, als einzig entscheidender »Führer«. Das war das Bild, das die Parteipropaganda nach außen vermittelte, und im großen und ganzen stimmte es auch. Hitler traf damit den Nerv der Zeit. Die Abdankung der Monarchie hatte ein Vakuum hinterlassen, das kein demokratischer Politiker zu füllen vermochte. Mit der steigenden Fieberkurve Weimars war das immer deutlicher zu spüren. Man wünschte sich die »gute, alte Zeit« zurück und möglichst auch die entsprechende Führungskraft. Der Dichter Stefan George dichtete 1921 die berühmte Eloge auf »den einen, der da pflanzt das neue Reich«, die genau die seelische Gemengelage der Deutschen traf. Doch »der eine« mußte nicht Hitler sein. Noch betrachteten ihn die Konservativen als österreichischen Parvenü, behaftet mit dem Makel des revolutionären Geruchs.

Dabei hatte der Bierkellerputschist von 1923 offenbar allen umstürzlerischen Plänen entsagt. Nach dem deprimierenden Scheitern in München hieß die neue Strategie: Legalität. Der Weg war widersinnig, aber effektiv: Mit den von der Verfassung vorgegebenen Mitteln sollte erst einmal die Macht erobert werden, um dann die abgewirtschaftete Demokratie abzusägen. »Zwar mag es länger dauern, sie zu überstimmen, als sie zu erschießen«, klärte Hitler unruhige Kumpane auf, »am Ende aber wird uns ihre eigene Verfassung den Erfolg zuschieben.« Über seine diktatorischen Absichten ließ er freilich keinen Zweifel: »Ich habe mir nur ein Ziel gestellt, nämlich die dreißig Parteien aus Deutschland hinauszufegen.« In einem öffentlichen Gerichtsprozeß sagte er sogar unverhohlen, wie man sich das konkret vorzustellen hatte. »Wenn ich legal zur Macht gekommen sein werde«, witzelte der Zeuge Hitler im September 1930 vor dem Reichsgericht, »werden möglicherweise legal einige Köpfe rollen.« Das war Klartext. Ein Wolf im Schafspelz schwingt solche Reden nicht. Dennoch ließen sich Hitlers konservative Steigbügelhalter und wohl auch ein Gutteil seiner Wählerschaft vom scheinbaren Befolgen demokratischer Spielregeln täuschen. Wenn in Deutschland Recht und Ordnung eingehalten wurden, fragte keiner nach Moral.
Doch aller Verführung und Wahlkampfmühe zum Trotz kam keine Mehrheit für Hitler zustande. In einem Akt politischen Schmierentheaters hatte er sich am 26. Februar 1932 zum braunschweigischen Regierungsrat vereidigen lassen, um endlich die deutsche Staatsbürgerschaft zu erhalten. Als Ex-Österreicher und Staatenloser hätte er zuvor kein Regierungsamt in Deutschland bekleiden dürfen. Im November 1932 sah es jedoch ganz so aus, als habe Hitler den Beamteneid auf die verhaßte Republik vergebens abgelegt. Bei den zweiten Reichstagswahlen dieses Jahres am 6. November hatte die NSDAP zwei Millionen Stimmen verloren. Sie stellte zwar immer noch die stärkste Fraktion, eine regierungsfähige Mehrheit aber schien in weite Ferne gerückt. Der Stern der Partei begann wieder zu sinken.
Alle Verhandlungen mit den konservativen Kräften waren letztlich an Hitlers maßlosen Forderungen gescheitert. Er wollte Reichskanzler werden, kein »Minister Hitler«. Der eigentliche »Kanzlermacher«, Reichspräsident Hindenburg, brachte dem NS-Führer kaum Sympathie entgegen. Im Frühjahr hatte sich der 85jährige gegen den Kandidaten Hitler wiederwählen lassen – mit den Stimmen der ungeliebten Sozialdemokraten, die sich für das kleinere

Hitler mit Außenminister von Neurath, 1934

Ich persönlich habe schon nach dem Reichstagsbrand meine Zweifel gehabt, daß da noch irgend etwas aufzuhalten wäre. Wer die Straßenkämpfe in Berlin sah, wer sah, wie sich die nationalsozialistischen Kampfformationen aufgeführt haben, und wer dann am 6. März 1933 die Flaggenhissungen auf den öffentlichen Gebäuden erlebt hat und die Hilflosigkeit der Polizei, die schwarz-rot-goldene Fahne zu schützen – wer dies erlebt hatte, der wußte: Hier ist jetzt etwas in Gang. Wir hofften, daß diejenigen recht behalten würden, die meinten: Das kann nicht lange dauern.

Johann Baptist Gradl, Jahrgang 1904

Übel entschieden. Seitdem fand der Feldmarschall noch weniger Gefallen am »böhmischen Gefreiten«, wie er Hitler abschätzig und geographisch fehlerhaft bezeichnete.

In der Partei machte sich nach den ersten Wahlverlusten ihrer Geschichte Niedergeschlagenheit breit. Hitlers Nimbus der Unwiderstehlichkeit war dahin. Tausende Enttäuschte traten aus der SA, der paramilitärischen Schlägertruppe Hitlers, aus. »Jetzt muß etwas geschehen«, trug der ratlose Josef Goebbels in sein Tagebuch ein. Nach dem pausenlosen Wahlkampfgetöse schien die NSDAP am Ende ihrer Kräfte. Außerdem stand sie kurz vor der Pleite. Das Großkapital machte nämlich spitze Finger, wenn die Spendensammler der Braunhemden anklopften. Die Mär von den reichen Dunkelmännern hinter Hitler hielt sich dennoch zäh; wohl auch, weil der Gedanke unerträglich war, die Nazis hätten ihren Aufstieg aus eigener Kraft vollbracht.

Das Kassenbuch der Partei ist zwar kurz vor Kriegende in einer absurden Spurenbeseitigung vernichtet worden, doch besteht kein Zweifel an den klammen Konten. »Die Geldbeschaffung ist äußerst schwer«, klagte Goebbels, »die Herren von ›Besitz und Bildung‹ stehen alle bei der Regierung.« Industrielle und Banken mißtrauten, von wenigen Ausnahmen abgesehen, dem Volkstribun Hitler, der für ihren Geschmack viel zu weitgehende soziale Versprechungen machte. Das sollte sich erst nach dessen Machtübernahme ändern. Hitler aber kümmerte die finanzielle Flaute nicht. Munter unterschrieb er ungedeckte Schecks und Schuldscheine. Nach der Machtübernahme würde die Bezahlung kein Problem sein, ansonsten war man eben bankrott. Sieg oder Untergang, das alte Leitmotiv. Sieben Jahre später spielte der Hasardeur sein Spiel erneut. Anstelle der Partei stand da jedoch Deutschland, und statt der Bezwingung der maroden Republik sollte es gleich ein Sieg über die ganze Welt sein.

In dieser angespannten Phase steuerte die Partei in eine schwere innere Zerreißprobe. Gregor Strasser, Wortführer des gemäßigten und eher pragmatischen Flügels der NSDAP, probte den Aufstand. Er forderte lautstark, man müsse die sich bietende Gelegenheit nutzen und einer Mehrparteienregierung der »nationalen« Rechten beitreten. Hitler dagegen wollte kompromißlos alles oder nichts spielen – va banque, wie so oft in seinem Leben. Strassers eigenmächtige Sondierungen bei General Streicher Anfang Dezember waren der Casus belli. Hitler handelte mit traumwandlerischem Machtinstinkt. Eine Spaltung der NSDAP hätte sein

Lebenswerk vernichtet. Mit einer flammenden Rede, in der er dem alten Weggefährten »treulosen Verrat« vorwarf, zog er dessen Gefolgschaft auf seine Seite, noch bevor ein Machtkampf überhaupt ausgebrochen war. Wieder waren es nicht Argumente, die den Ausschlag gaben, sondern Emotionen.
Strasser war ohnedies nicht der Mann, der fähig und willens gewesen wäre, Hitler die Stirn zu bieten. Resigniert trat er von allen Parteiämtern zurück. Eineinhalb Jahre später mußte er für seine Opposition mit dem Leben bezahlen. Hitler war aus der Krise, die der Kanzler Schleicher diskret angefächelt hatte, mit einem blauen Auge davongekommen. Doch wie nahe er am Abgrund war (»fünf Minuten vor dem endgültigen Sieg«, so Hitler prophetisch auf dem Höhepunkt der Krise), beweist die Katastrophenstimmung seiner Umgebung. Er selbst hat damals düster gedroht: »Wenn die Partei einmal zerfällt, dann mache ich in drei Minuten mit der Pistole Schluß.«
Hätte die Geschichte einen anderen Lauf genommen, wenn Strasser den Fehdehandschuh aufgenommen hätte? Wäre die Biographie des Adolf Hitler aus Braunau heute nur eine marginale Episode der deutschen Parteiengeschichte? Fortuna war mit Hitler – leider. Der merkte sich die Ausschaltung von Strasser als taktisches Muster. Er hatte nicht diskutiert, sondern bedingungslose Loyalität gefordert und sie auch erhalten. Die Macht innerhalb der Partei beruhte auf Unterwerfung, nicht auf Kompetenz. Kritik am »Führer« war gleichbedeutend mit Verrat. Die Regeln der Diktatur standen schon fest, bevor sie begann.
Nach außen allerdings wirkte der parteiinterne Grabenkampf verheerend. Zur Jahreswende schien es, als würde der braune Spuk bald ebenso schnell verschwinden, wie er aufgetaucht war. Der kommunistische Liedermacher Erich Weinert spottete schon in einer Art Nachruf: »Sowas wollte die Nation befrei'n!« Die »Frankfurter Zeitung« konstatierte in ihrer Neujahrsausgabe eine »Entzauberung des Nationalsozialismus«, und Reichskanzler Kurt von Schleicher frohlockte: »Herr Hitler bildet kein Problem mehr. Seine Bewegung hat aufgehört, eine politische Gefahr zu sein.«
Dies war ein schwerer Irrtum, einer der schwersten der deutschen Geschichte. Binnen weniger Wochen waren die voreiligen Totengräber verstummt. Schuld daran waren Ränke hinter den Kulissen der politischen Macht, die weitgehend vor der Öffentlichkeit verborgen blieben. Drei Männer spielten die Hauptrollen in diesem folgenschweren Drama: Reichskanzler General Kurt von Schlei-

cher, sein Vorgänger Franz von Papen und Reichspräsident Paul von Hindenburg. Hitler trat nur sehr zurückhaltend auf. Er wartete kühl ab und tat damit wohl das taktisch Richtige. Papen, Schleicher und Hindenburg gehörten der konservativen, im Prinzip eher monarchistisch gesinnten Aristokratenkaste an, die seltsamerweise gerade am Ruder war. Alle drei waren Offiziere, ein Major, ein General und ein Feldmarschall. Heute würde man wohl Militärjunta dazu sagen. Ihr Problem war freilich, daß sie nicht die Kraft besaßen, die Republik einfach abzuschaffen, was ihnen wohl am liebsten gewesen wäre. Denn wie Kaninchen vor der Schlange zitterten sie vor einem Wort: Revolution. Vermutlich mit Recht: Die Erinnerung an die Novembertage 1918 war noch frisch, und mit dem bescheidenen Heer von 100 000 Mann, das der Versailler Vertrag übriggelassen hatte, war gegen die Parteiarmeen von links und rechts nichts auszurichten. Also mußte nach den Buchstaben der Verfassung gegen den Geist der Verfassung regiert werden.

Doch um die Jahreswende 1932/33 hatte sich das System der Notverordnungen und Reichstagsauflösungen selbst in die Sackgasse manövriert. Kurt von Schleicher, erst seit dem 2. Dezember Reichskanzler, war mit seinem Versuch, die Gewerkschaften auf seine Seite zu ziehen, zwischen alle Stühle geraten. Hindenburg wiederum war der scheinbar glück- und machtlosen Regierungen ohne parlamentarische Basis überdrüssig. Er hatte es satt, sich mit dem alltäglichen politischen Geplänkel befassen zu müssen. Der alte Held wollte einfach seine Ruhe. Die Suche nach einer rechten Reichstagsmehrheit aber rief zwangsläufig den eigentlich schon abgeschriebenen Hitler wieder auf den Plan.

Groteskerweise machte gerade die jüngste Krise der Nationalsozialisten deren »Führer« hoffähig. Die Dynamik der Bewegung hatte ja offenbar ihren Gipfelpunkt überschritten. Auf den Straßen war die Farbe braun derzeit weniger präsent. Außerdem zeigte sich der angeschlagene Volkstribun jetzt verhandlungswillig.

Hitlers Türöffner zur staatlichen Macht war Franz von Papen. Der ebenso umtriebige wie rachsüchtige Ex-Kanzler erfreute sich nach wie vor der Gunst Hindenburgs und nutzte diese zu anhaltender Intrige gegen seinen einstigen Gönner Schleicher. Die beiden Möchtegern-Staatsmänner machten sich gegenseitig das Regieren schwer – ein Trauerspiel von Dilettanten. Papen zimmerte nun mit Überredungskunst und Winkelzügen ein Bündnis der »nationalen Kräfte« zusammen. Hitler sollte Reichskanzler werden,

doch alle wichtigen Ressorts im Kabinett würden in den Händen der Konservativen bleiben. Für den Posten des Reichswehrministers war General von Blomberg vorgesehen, ein alter Vertrauter Hindenburgs. Papen selbst wollte als Vizekanzler und Reichskommissar für Preußen im Hintergrund die Fäden ziehen.
Mit diesem Konzept, den Emporkömmling an der Macht gleichsam »einzurahmen«, erklärte sich nach einigem Zögern auch der Reichspräsident einverstanden. Der Sturz der Regierung Schleicher war damit beschlossene Sache. Hitlers Forderung, bald Neuwahlen stattfinden zu lassen, ließ hoffen, daß der neue Kanzler um ein parlamentarisches Fundament bemüht sei. Umstellt von konservativen Aufpassern würden die nunmehr »domestizierten« Nazis schon keinen Schaden anrichten können. Papen selbst war davon so überzeugt, daß er vor Bekannten prahlte: »In zwei Monaten haben wir Hitler in die Ecke gedrückt, daß er quietscht.« Wieder ein kapitales Fehlurteil, das folgenreichste in der politischen Karriere Franz von Papens.
Der 30. Januar war ein bitterkalter Wintertag. Die Menschen in den Warteschlangen vor den Wohlfahrtsküchen froren bei Temperaturen um minus zehn Grad erbärmlich. Die »Deutsche Tageszeitung« meldete, an diesem Montag komme der Planet Mars der Erde so nah wie seit langem nicht. Ein schlechtes Omen: Dieser rote Himmelsnachbar, das Symbol kriegerischer Gewalt, markiert den Anbruch stürmischer Zeiten. Die Morgenzeitungen berichteten vom Rücktritt des Kabinetts Schleicher. Eigentlich nichts Besonderes, 20 Regierungen hatten die Deutschen in den dreizehn Jahren seit der Revolution schon kommen und gehen sehen. Regierungskrise in Berlin – das war der Dauerzustand. Noch konnte die Presse nur spekulieren, wer Schleichers Nachfolger werden würde.
Vor dem Hotel »Kaiserhof«, ganz in der Nähe der Reichskanzlei, versammelten sich an diesem Morgen auf Goebbels' Geheiß einige hundert »Schaulustige«. Um halb elf wurden »Heil«-Rufe in der Menge laut. Hitler machte sich im offenen schwarzen Mercedes auf den Weg in die Reichskanzlei, begleitet von seinen Paladinen Göring und Frick. In ihren langen Mänteln und Schlapphüten erinnerten sie eher an zwielichtige Gestalten aus der Halbwelt als an Männer, die sich anschickten, Deutschland zu regieren.
Keine zwei Stunden später kehrte Hitler als Reichskanzler in den »Kaiserhof« zurück – mit Tränen in den Augen, wie ein Zeuge des Geschehens berichtete. Sein Gefolge, Göring, Goebbels, Heß und

Röhm, umringte ihn überglücklich. Kellner und Zimmermädchen drängten heran, dem neuen Kanzler die Hand zu schütteln. Am Abend schrieb Goebbels in sein Tagebuch: »Es ist fast wie ein Traum. Wir sind alle stumm vor Ergriffenheit.« Die Vereidigung durch Hindenburg war eine nüchterne Zeremonie gewesen. Der Feldmarschall wollte die »unangenehme Sache« schnell hinter sich bringen, zumal Bedenken des Koalitionspartners Alfred Hugenberg gegen die Ausschreibung baldiger Neuwahlen den Beginn verzögert hatten. Hitler sprach als erster die Eidesformel, »die Verfassung und die Gesetze des Reiches zu wahren«.
Es war die erste öffentliche Lüge des neuernannten Kanzlers. Anschließend versicherte er dem Feldmarschall in biederem Ton, er werde ihm als Reichskanzler genauso treu dienen wie einst als »Gefreiter im deutschen Heere«.
Über den Rundfunk verbreitete sich die Nachricht von Hitlers Ernennung wie ein Lauffeuer durch Deutschland. Doch abgesehen von organisierten Kundgebungen der Nazis brach nicht gerade ein Sturm der Begeisterung los. Die »nationale Erhebung«, die von NS-Chronisten später in den 30. Januar hineininterpretiert werden sollte, fand in Wahrheit nicht statt, noch nicht. Von »philosophischer Ruhe« der Bevölkerung berichtete der englische Botschafter nach London. Weder kam es zu nennenswerter Gewalt der SA-Horden noch zu größeren Protesten oder Streikaktionen der Linken. Die Börse schloß mit leicht festeren Kursen. Immerhin organisierte Goebbels am Abend noch einen Fackelzug mit mehr als 20 000 Teilnehmern durchs Brandenburger Tor und an der Reichskanzlei vorbei. Hitler und Hindenburg, beide im dunklen Anzug, sahen von erleuchteten Fenstern der Reichskanzlei auf das endlose Feuerband der Marschkolonnen herab. Von Zeit zu Zeit grüßte der neue Kanzler mit erhobenem rechten Arm. Doch selbst im Herzen von Berlin wollte der Funke nicht so recht überspringen, und Goebbels sah sich später angesichts der Filmaufnahmen dieser Nacht genötigt, für die Kameras das Spektakel mit riesigem Aufwand noch einmal nachzustellen.
Die volle Bedeutung des 30. Januar haben wohl damals nur wenige erfaßt. Die meisten Beobachter sahen Hitler eingezwängt zwischen den Interessen von Junkern, Industriellen und Reichswehrgenerälen. Allgemein räumte man der neuen Regierung keine lange Lebensdauer ein. Die Rufe der wenigen Hellsichtigen verhallten ungehört, wie beispielsweise Hubertus von Löwensteins Warnung an seine sozialdemokratischen Freunde: »Kame-

Der Diktator läßt sich gern mit Kindern fotografieren

Ab 1935 wurde es allgemein Pflicht, in die Hitlerjugend zu gehen. Wir haben das begrüßt, denn wir trieben viel Sport in der HJ. Auch der Wehrsport mit Kleinkaliberschießen, die Geländemärsche nach Karte und Kompaß haben uns viel Spaß gemacht. Wir waren alle sehr begeistert. An kritische Gespräche kann ich mich überhaupt nicht erinnern. Wir wußten, was wir hier machen, ist für uns, für Deutschland und natürlich für Hitler. Ja, wir haben die HJ als Vorbereitung auf den Dienst als Soldat gesehen. Aber das haben wir aus unserer Sicht positiv bewertet.

Hans Frühwirth, Jahrgang 1918

raden, habt ihr begriffen, daß heute der Zweite Weltkrieg begonnen hat?« Hitler dagegen erfaßte die Chance, die sich ihm bot, voll und ganz. Einige Tage zuvor hatte er orakelt, wenn er endlich in der Reichskanzlei sei, werde ihn »keine Macht der Welt« dort lebend wieder herausbringen. Noch in der Nacht des 30. Januar skizzierte er im kleinen Kreis, was er mit den Deutschen nun vorhatte: die »germanische Rassenrevolution« nämlich und den »Schlußkampf des weißen Mannes«. Das waren wieder die sinistren Visionen aus »Mein Kampf« – mit dem Unterschied allerdings, daß ihr Urheber jetzt an den Schalthebeln der Macht hantierte.
Wie er dorthin gelangt war und zu welchem Zeitpunkt, das hatten eher zufällige Kabalen wie die von Papen und Schleicher bestimmt. Alles hätte ganz anders kommen können, gewiß.
Doch Hitler war mehr als nur ein staatlicher Glücksritter – sonst wäre er bald in der Versenkung verschwunden. Er war in ungeheurem Maß auch Medium und Zentrum. In ihm bündelten sich nicht nur böse Emotionen, sondern auch historische Entwicklungen. Daß sich überhaupt jenes Fenster der Geschichte öffnete, das ihm ermöglichte, unser Jahrhundert wie kein anderer Mensch zu verändern, ist nur durch die starken Kraftlinien zu erklären, die sich in Hitler trafen. Die in ganz Europa anzutreffende Revolutionsfurcht ist eine dieser mächtigen Tendenzen. Der Schock der russischen Oktoberrevolution hatte den gesamten Kontinent in Unruhe versetzt und die gegenrevolutionären Kräfte mobilisiert. Das führte in vielen Ländern zu einer Welle totalitärer und faschistischer Bewegungen, deren radikalste Ausprägung der deutsche Nationalsozialismus war. Die Demokratie befand sich in den zwanziger und dreißiger Jahren in ganz Europa auf dem Rückzug. Insofern war Hitler ein europäisches Phänomen.
Doch sein eigener Anspruch, »Revolutionär gegen die Revolution« zu sein, hat noch eine andere, spezifisch deutsche Bedeutungsebene. Die dumpfen Ängste vor der modernen Welt, die Hitler in seinen frühen Jahren mit sicherem Geruchssinn eingesogen hatte, gaben jetzt die Richtung der »Bewegung« vor: Nicht die Restauration des Kaiserreichs war das Ziel, sondern die Rückkehr zu vormodernen, ja vorzivilisatorischen Gesellschaftsformen. Begriffe wie »Volksgemeinschaft« stammten aus einem romantisierten Bild des Mittelalters, das ohnedies nicht stimmte, und die letzten Kämpfe um »Lebensraum« hatte Europa während der Völkerwanderung erlebt. Hitler wollte das Rad der Geschichte

nicht einfach anhalten, er wollte es zurückdrehen. In diesem Sinne war er tatsächlich ein Revolutionär.

Der 30. Januar 1933 markiert den Ausgangspunkt von Hitlers Revolution – einer Revolution, die sich durch den »Dienstboteneingang der Wilhelmstraße« an die Macht geschlichen hatte, wie eine englische Zeitung treffend formulierte. Bemerkenswert ist, daß der Beginn dieser Umwälzung nahezu unblutig vonstatten ging. Ungeheure Ströme von Blut sollte es erst kosten, die erschreckenden Folgen dieses 30. Januar wieder rückgängig zu machen. Bemerkenswert ist aber auch, wie reibungslos und selbstverständlich Hitler in den folgenden Monaten die Macht nun wirklich Schlag auf Schlag »ergriff«. Denn am Tag seiner Ernennung zum Reichskanzler hatte es ja aus verfassungsrechtlicher Sicht nur einen weiteren Regierungswechsel gegeben. Vom Beginn der Diktatur jedenfalls war am 30. Januar nichts zu spüren.

Hitler setzte seinen scheinheiligen Legalitätskurs fort. Die erste Kabinettssitzung noch am Tage der Vereidigung bestätigte den Eindruck, die Konservativen hätten ihn an die Kette gelegt. Bescheiden, ja linkisch ist das Bild, das der neue Kanzler in den Wochenschaubildern von jener ersten Zusammenkunft vermittelt. »Große Lügner sind auch große Zauberer«, hat er selbst gesagt. Die Täuschung gelang so meisterhaft, daß unter den Diplomaten des Auswärtigen Amtes bald Scherze über die »hervorragendste Charaktereigenschaft Hitlers, seine Weichheit« kursierten. Die alten Kämpfer in Partei und SA waren entsetzt. Man hatte zwar unmittelbar nach dem 30. Januar in einer ersten Welle des Terrors so manche alte Rechnung begleichen können, aber der erhoffte Sturm auf Posten und Pfründe ließ auf sich warten. Selbst Goebbels, der doch täglich an Hitlers Seite gewesen war, zeigte sich enttäuscht. Nicht einmal ein winziger Ministerposten war für ihn abgefallen.

Doch hinter der zurückhaltenden bürgerlichen Fassade begann Hitler auf der Klaviatur des Staatsapparates die Partitur seines Machtausbaus virtuos zu spielen. Er war ein blutiger Anfänger im Regieren, hatte keine Verwaltungserfahrung, nicht mal Abitur. Selbst in den Reichstag hatte er nie zuvor einen Fuß gesetzt. Eine Fähigkeit beherrschte er jedoch wie kein zweiter: Er konnte Menschen dazu bringen, seinem Willen gefügig zu sein. Und er war ein Machtmensch, der instinktiv seine Chancen erkannte und genauso sicher zugriff.

Mit Papens tatkräftiger Hilfe überredete er Hindenburg schon am 1. Februar zur Unterschrift unter die Auflösung des Reichstags und die Ausschreibung von Neuwahlen für den 5. März. Eine taktische Meisterleistung. Fünf Wochen würde das Parlament ausgeschaltet sein. Bis dahin konnte die neue Regierung auf der Basis von Notverordnungen ungehindert schalten und walten. Vor allem aber würde die NSDAP mit dem Staatsapparat im Rücken einen Wahlkampf führen können, wie es ihn noch nie gegeben hatte. Mit Papen und den anderen Konservativen war sich Hitler ohnehin einig, daß dies die letzten Wahlen überhaupt sein würden. Hoch und heilig hatten sich die ungleichen Staatsstreichler gegenseitig versprochen, daß die Wahlergebnisse die Zusammensetzung des Kabinetts nicht ändern würden.

Nur langsam dämmerte Hitlers Koalitionspartnern, wie der Geniestreich mit den Neuwahlen für sie selbst zum zweischneidigen Schwert wurde. Denn so, wie jetzt verabredet, waren das keine Parlamentswahlen mehr, sondern ein reines Plebiszit für den Kanzler. Hitler konnte dabei nur gewinnen: Eine Mehrheit für ihn würde die Autorität der konservativen Minister weiter schwächen – eine Niederlage würde wohl gleich die gewaltsame Beseitigung des Parlaments zur Folge haben. Wirtschaftsminister Alfred Hugenberg seufzte in einem lichten Moment: »Ich habe die größte Dummheit meines Lebens begangen. Ich habe mich mit dem größten Demagogen der Weltgeschichte verbündet.«

Voller Elan machte sich Goebbels daran, den Wahlkampf in Schwung zu bringen. Wieder war Hitler im Flugzeug »über Deutschland« unterwegs und sprach mit dem frischen Prestige des Regierungschefs unzählige Male auf Versammlungen und im Rundfunk. Höhepunkt der Kampagne war seine Rede am 10. Februar im Berliner Sportpalast, die von allen Radiosendern des Reiches übertragen werden mußte. Inhaltlich konnte man den Ansprachen jener Wochen nichts Neues entnehmen. Der neue Kanzler im Braunhemd setzte auf das antikommunistische Erfolgsrezept der »Kampfzeit« und beschwor dabei wie immer wahre Katastrophenszenarien. »Vierzehn Jahre Marxismus haben Deutschland ruiniert«, schrie er im Sportpalast, »ein Jahr Bolschewismus würde Deutschland vernichten.«

Das antimarxistische Credo schlug besser ein denn je. Nach dem überraschenden »Amen« am Ende der Rede brach ein Jubelsturm los, der alles übertraf, was Hitler bisher an Begeisterung entfacht hatte. Wenn Goebbels nach der Sportpalastrede, wohl selbst noch berauscht, einen allgemeinen »Taumel« notierte, dann war das beinahe eine Untertreibung. Die konservativen Partner hingegen zeigten sich bei öffentlichen Auftritten kaum. Sie überließen Hitler hochnäsig »die Straße«, ohne zu durchschauen, daß das »nationale Erwachen« kaum etwas mit der Regierung, dafür aber um so mehr mit dem Kanzler zu tun hatte. Dies waren zwei Welten von Politikverständnis, 20. gegen 19. Jahrhundert.

Finanziell konnten die Wahlkämpfer unter Goebbels' Regie diesmal aus dem vollen schöpfen. Führende Industrielle aus dem ganzen Reich hatten bald nach dem Regierungswechsel einen feinen Riecher unter Beweis gestellt und sich beeilt, mit den neuen Machthabern freundliche Beziehungen herzustellen. Als Vermittler zwischen den noblen Herren und den Nazis machte sich der quirlige ehemalige Reichsbankpräsident Hjalmar Schacht nützlich. Hermann Göring, der souverän die Rolle des jovialen, großbürgerlichen Gesichts der Revolution mimte, lud am 20. Februar in die Wilhelmstraße ein. Dort trafen die Industriekapitäne einen höflichen Reichskanzler in Anzug und Krawatte, der so gar nichts mehr vom proletarischen Revolutionär an sich hatte. Hitler hielt eine wahre Werberede und versprach goldene Zeiten für die Arbeitgeber – ein Geschäft auf Gegenseitigkeit. Mit Kanonen ließen sich schon immer glänzende Profite machen. Schacht beendete schließlich das Treffen mit der freundlichen Aufforderung: »Nun, meine Herren, an die Kasse!« Die Herren ließen sich nicht zweimal bitten.

Auch bei der Reichswehr wurde Hitler vorstellig und erzählte den Generälen genau das, was sie hören wollten. Während eines fast konspirativen Treffens in der Dienstwohnung des Chefs der Heeresleitung, General von Hammerstein, versprach der Weltkriegsgefreite den Befehlshabern die Erfüllung ihrer sehnlichsten Wünsche: Erstens, Deutschlands Armee sollte wieder groß und stark werden, und zweitens, aus innenpolitischen Händeln wolle er sie heraushalten. Im Klartext hieß das, Hitler versprach, die Gelüste seiner SA auf die fetten Weidegründe der Reichswehr im Zaum zu halten. Daß er nebenbei auch über »die Eroberung von neuem Lebensraum im Osten« fabulierte, nahm die Generalität ohne Murren zur Kenntnis.

Auf seine engste Umgebung machte Hitler in den ersten Wochen nach der Machtübernahme einen rastlosen Eindruck. Er arbeitete wie elektrisiert, hastete von Termin zu Termin und schien selbst die verhaßte Schreibtischarbeit nicht zu scheuen. Schon morgens

um zehn erschien er in der Reichskanzlei und begann sich mit der Begeisterung des Autodidakten in die Kunst der Staatsführung einzuarbeiten. Im Taktieren war er ohnedies schon ein Meister. Die Zurückhaltung der ersten Tage und Wochen ging auf die Erkenntnis zurück, daß seine Macht noch auf tönernen Füßen stand. Für den »großen Schlag«, die Bartholomäusnacht gegen die Opposition, war die Zeit noch nicht reif. Erst mußten die Fronten geklärt werden. Die Sondierungen bei Armee und Großkapital waren wichtige Schritte in diese Richtung. Dabei erwies sich Hitler als wahrer Verstellungskünstler, der bis zur Selbstverleugnung gehen konnte, um Verbündete zu gewinnen.
Währenddessen ging es den politischen Gegnern schon mal schrittweise an den Kragen – »ganz legal«, wie Hitler angekündigt hatte. Mit Hindenburgs Unterschrift versehen, hob am 4. Februar eine »Verordnung zum Schutze des deutschen Volkes« de facto die Pressefreiheit auf. Damit konnten alle, die nicht in den Chor der »nationalen Erhebung« einstimmen wollten, mundtot gemacht werden. Als »Mann fürs Grobe« profilierte sich Göring, der neben seiner gönnerhaften Seite eine ausgeprägte terroristische Ader an den Tag legen konnte. Mit den staatlichen Machtbefugnissen als preußischer Innenminister setzte er eine radikale Säuberung der Verwaltung in Gang. Seine Polizei machte Jagd auf Kommunisten und Sozialdemokraten, wobei der Minister am 17. Februar ausdrücklich dazu aufforderte, »rücksichtslos von der Waffe Gebrauch zu machen«. Doch der Schießbefehl zeitigte aus Görings Sicht nicht die gewünschten Resultate, so daß er wenig später 50 000 SA- und SS-Männer zu »Hilfspolizisten« ernannte: staatliche Absolution für braune Schlägerbanden. Polizei und Parteiarmee verschmolzen zu einem gnadenlosen Unterdrückungsapparat. Goebbels vermerkte anerkennend in seinem Tagebuch: »Göring räumt in Preußen auf mit einer herzerfrischenden Forschheit.«
Der in Wahrheit schlimmste Terrorist schien mit den Umtrieben seiner Scharfmacher nichts zu tun zu haben. Hitler pflegte das Image des gemäßigten Nationalsozialisten. Und Deutschland ging ihm auf den Leim: so gründlich, daß noch nach dem Kriege viele erst einmal nicht glauben wollten, er sei der diabolische Lenker und Ideengeber des Terrors gewesen. »Wenn das der Führer wüßte« – das geflügelte Wort der Verführten beschreibt nicht nur den Erfolg von Verstellung und Lüge, es erhellt auch die Bereitwilligkeit, sich täuschen zu lassen.

Hitler hielt eine Rundfunkrede, und mein Vater, der sehr gegen das Regime war, sagte, meine Mutter solle doch den alten »Sabbelkopf« abstellen. Meine Mutter stellte daraufhin das Radio ab, und ich erzählte das später beiläufig meiner Freundin. Als ich eine Stunde später nach Hause kam, weinte meine Mutter und sagte, ich hätte die Familie fast ins KZ gebracht. Ich war sehr erschrocken und verstand sofort die Gefahr. Meine Freundin hatte es natürlich gleich gemeldet.

Ilse Hofmann, Jahrgang 1930

Am 9. November pflegt der Diktator im Kreise der »alten Kämpfer« den Weg zur Münchner Feldherrnhalle nachzuschreiten

Ich erinnere mich, wie 1934 junge SA-Rüpel die Möbel von zwei jüdischen Professoren aus der Nachbarschaft auf die Straße geworfen haben. Mein Großvater brauchte zwei Tage, um damit fertigzuwerden. Später sagte er nur, so etwas könne unser »Führer« nicht wissen. Heute ist mir völlig unverständlich, wie die anderen Professoren dabei tatenlos zusehen konnten. Das waren doch gestern noch Kollegen und Freunde gewesen. Ich kann mir das nur so erklären, daß viele froh waren, wissenschaftliche Konkurrenten loszuwerden.

Sybill Gräfin Schönfeld, Jahrgang 1927

Es herrschte sozusagen Friedhofsstille im deutschen Volk. Die Menschen waren gläubig und fasziniert. Das ungeheure Verbrechen, das Hitler am 30. Juni 1934 beging und anschließend für rechtens erklären ließ, war der Masse gleichgültig.

Ernst Müller-Meiningen, Jahrgang 1908

Die große Frage nach Hitlers Machtübernahme war die gleiche, die 1918 schon Rosa Luxemburg gestellt hatte: »Wo ist das deutsche Proletariat?« Jahrelang hatten sich Kommunisten und Nationalsozialisten bis aufs Messer bekriegt, doch nach dem 30. Januar schien die Linke wie gelähmt. Die unverhohlenen Ankündigungen des neuen Kanzlers, den Marxismus in Deutschland »ausrotten« zu wollen, blieben ohne Reaktion. Außer einem folgenlosen Aufruf zum Generalstreik und ein paar Schlägereien zwischen SA und Rotfront gab es keine Gegenwehr. Nicht einmal seine ärgsten Feinde versuchten, den Diktator aufzuhalten. Hitler allerdings wäre ein Putschversuch der KPD willkommen gewesen. Dann hätte er endlich den Vorwand zum Losschlagen gehabt. Er rechnete wohl auch ernsthaft damit. Für ihn war es undenkbar, daß sich der mächtige Feind mit seinen Millionen Anhängern kampflos ergeben würde. Er selbst jedenfalls hätte in der umgekehrten Situation den Bürgerkrieg entfesselt. »Kampflos« kam in seinem Wortschatz nicht vor.

In die gespannte Atmosphäre flog am Abend des 27. Februar der Funke. Hitler war zu Gast bei der Familie Goebbels, als gegen zehn Uhr abends die Meldung eintraf, der Reichstag stehe in Flammen. Die Polizei hatte in dem brennenden Gebäude einen holländischen Kommunisten namens Marinus van der Lubbe festgenommen, der offenbar das Feuer gelegt hatte. Hitler soll erregt gerufen haben: »Jetzt habe ich sie!« Auf jeden Fall hat er die sich bietende Chance augenblicklich erkannt. Sofort fuhr er mit Goebbels zum Reichstag, wo sie Göring trafen, der schon in Blutrauschstimmung war. »Das ist der Beginn des kommunistischen Aufstands«, brüllte er gegen das Heulen der Sirenen an, »es darf keine Minute versäumt werden.« Ein Augenzeuge schilderte Hitlers Reaktion: »Nun sah ich, daß sein Gesicht flammend rot war vor Erregung und von der Hitze, die sich in der Kuppel sammelte. Als ob er bersten wollte, schrie er in so unbeherrschter Weise, wie ich es bisher nicht an ihm erlebt hatte: ›Es gibt jetzt kein Erbarmen; wer sich uns in den Weg stellt, wird niedergemacht.‹«

Für einen kurzen Augenblick glaubten die drei führenden Nazis vermutlich tatsächlich an ein Fanal für den erwarteten Aufstand – Opfer der eigenen Agitation. Doch entsprechende Meldungen aus dem Reich blieben aus. Die deutsche Linke war zu schwach und zu zerstritten für den Gegenschlag. Trotzdem versetzte Göring noch vom Brandort aus die gesamte preußische Polizei in Alarmzustand. Längst vorbereitete »Schwarze Listen« wurden aus den

Schubladen geholt und noch in dieser Nacht mehr als 4 000 KPD-Funktionäre und mißliebige Intellektuelle verhaftet. Es folgte ein Verbot der KPD-Presse sowie, in einem Aufwasch, auch der SPD-Zeitungen, mit der Begründung, die Sozialdemokraten seien mindestens »Mitwisser«.

Am nächsten Morgen stürzte sich die nationalsozialistische Propaganda auf das gefundene Fressen. »Das Maß ist voll!« drohte der »Völkische Beobachter« und behauptete, es seien kommunistische »Anweisungen« für »Terrorakte und große Plünderungen« entdeckt worden. Platte Lügen, aber ungemein wirkungsvoll. Lang geschürte Ängste vor der »roten Gefahr« brachen jetzt an die Oberfläche. Panikartikel aus Goebbels' »think tank« lösten eine Welle der Hysterie aus. Kasernen wurden in Alarmzustand versetzt, in den bürgerlichen Wohnvierteln patrouillierten freiwillige Wachkommandos, und in den Dörfern stellten die Bauern aus Angst vor Giftanschlägen Posten vor den Brunnen auf. Heinrich Brüning, der ehemalige Zentrumskanzler und »Erfinder« der Regierung per Notverordnung, notierte erstaunt: »Die Menschen sind wie betäubt.«

In dieser Atmosphäre legte Hitler am Vormittag des 28. Februar dem Reichspräsidenten eine neue, nächtens improvisierte Notverordnung vor. Sie trug den an Zynismus nicht mehr zu übertreffenden Titel »Zum Schutz von Volk und Staat«. Ob der alte Herr die volle Tragweite der Verordnung erfaßte, ist nicht sicher. Vermutlich war er sehr erfreut darüber, daß mit der »Kommune«, den eigentlichen Schuldigen am Kollaps des Kaiserreichs, endlich »kurzer Prozeß« gemacht wurde. Doch was er an diesem aufgewühlten Morgen unterschrieb, war nichts weniger als das Grundgesetz des Dritten Reiches, die Erklärung des unbegrenzten Ausnahmezustands.

Dieser als »Reichstagsbrandverordnung« in die Geschichte eingegangene Freibrief für staatlichen Terror blieb bis zum Kriegsende 1945 die rechtliche Grundlage der Zwangsherrschaft. Sie setzte kurzerhand die Grundrechte der Weimarer Verfassung außer Kraft und ermächtigte die Polizei zur Verhängung von »Schutzhaft«. Ohne Gerichtsverfahren konnten von nun an Menschen festgenommen und beliebig lange eingekerkert werden. Der Damm war gebrochen, der Rechtsstaat beiseite gewischt. Hitler hatte geistesgegenwärtig die von ihm selbst verschärfte Situation genutzt. Schrankenlose Macht per Handstreich. Ein Quantensprung, der Form nach sogar wieder »legal«. Von jetzt an muß man Hitler Diktator nennen. Ohne das Kabinett, das Parlament oder das Volk zu fragen und ohne großes Aufsehen hatte er der Verfassung das Herz herausgerissen.

Die meisten Zeitgenossen nahmen deshalb den Anbruch der Diktatur gar nicht wahr. Präsidiale Notverordnungen waren ja nichts Ungewöhnliches, und verfolgt wurden zunächst nur die Kommunisten. Allerdings hätte es zumindest Anlaß zu Bedenken geben müssen, daß diese Verordnung unbefristet, »bis auf weiteres«, gelten sollte. Doch ehe man sich dessen bewußt war, hatte Hindenburg schon unterschrieben. Einmal mehr hatte Hitler seine Widersacher, vor allem die konservativen Sattelhelfer, einfach überrumpelt. Dabei war ihm Fortuna wieder zu Hilfe gekommen. Die Flammen, die aus der Reichstagskuppel loderten, paßten so fugenlos ins Konzept der Nazis, daß man jahrelang glaubte, Göring oder Hitler selbst seien die Drahtzieher gewesen. Es scheint aber so, als habe der Anarchist und Tippelbruder van der Lubbe das Feuer tatsächlich im Alleingang gelegt: ein Idealist, der protestieren wollte und Schlimmes anrichtete. Noch bleiben zwar ein paar allerletzte Zweifel an seiner Täterschaft, und der Streit darüber wird wohl noch so manches Buch füllen. Doch ist dies letzten Endes eher eine Sache der Kriminalisten als eine Angelegenheit von historischer Bedeutung.

Im Rückblick fehlt dem Brandanschlag nicht bittere Ironie. Daß ein NS-Gegner ausgerechnet das Symbol der deutschen Demokratie (im Nazijargon die »Schwatzbude«) in Schutt und Asche legte und damit Hitler auch noch eine großartige Gelegenheit verschaffte, gehört schon zu den makabren Zufällen deutscher Geschichte. Die Zerstörungen an dem wilhelminischen Mammutbau waren zwar nicht so bedeutend, daß der Reichstag hätte abgerissen werden müssen – doch in absehbarer Zeit konnte in der Ruine keine Parlamentssitzung mehr stattfinden.

Unter diesen Vorzeichen hatten die Wahlen vom 5. März etwas Gespenstisches an sich. Die NSDAP war noch einmal mit viel Pathos in die letzte Wahlkampfwoche gezogen. Hitlers Trommler hatten sich bemüht, die aufgewühlten Emotionen der letzten Tage in Zustimmung für die Partei umzumünzen. Nach der pompösen Schlußveranstaltung in Königsberg, die abermals von allen Sendern übertragen werden mußte, marschierten im ganzen Reich SA-Kolonnen durch die Städte. Fackelzüge als Wahlwerbung und Drohung zugleich. Dies waren keine regulären Wahlen mehr. Der amerikanische Botschafter nannte sie schlicht eine »Farce«. Die

Am Tag der Aktion gegen Röhm wurde unsere Einheit in Alarmzustand versetzt. Wir wußten schon bald, was passiert war, also »Röhm-Putsch«, und daß alle möglichen SA-Leute erschossen worden waren. Wir kamen in ein Dorf-Gasthaus, da war ein Riesenauflauf. Parteileute hatten alle »Juno«-Packungen im Dorf aufgekauft, das war die verbreitetste Zigarettenmarke. Weshalb? Weil damals in den Junos Abziehbilder aller SA-Führer waren. Zwei Unteroffiziere saßen nun an einem Tisch mit dem Stapel und öffneten die Packungen. Dann wurde mit lautem Gejohle gewettet, mit hohem Einsatz: Lebt er, oder lebt er nicht mehr. Und einer machte die Schachtel auf und sagte: »Tot, ihr habt gewonnen«, oder: »lebt noch«. So war die Stimmung damals. Unversöhnlich. Über die Aktion gegen Röhm war man froh.

Adolf Graf Kielmannsegg, Jahrgang 1906

Hitler und sein Dutzfreund, SA-Chef Ernst Röhm, 3. September 1933

KPD war zwar nicht verboten worden, hatte aber aufgrund drakonischer Maßnahmen keinen Wahlkampf betreiben können. Dasselbe galt für die Sozialdemokraten. Ein Verbot der KPD vor der Wahl, wie es Papen vorschlug, lehnte Hitler jedoch ab – wegen des zu erwartenden »Überlaufens« der Kommunisten zur SPD. Er wollte der letzte sein, der die Spaltung der deutschen Linken rückgängig machte.

Wenige Tage nach seiner Ernennung hatte der Kanzler seinem Kabinett angekündigt, er erwarte am 5. März ein Ergebnis von mindestens 51 Prozent für die Regierungskoalition. Im Vergleich zu den letzten Wahlen mußten die Nazis und ihre Partner dafür rund zehn Prozent zulegen. Ein vermessenes Ziel für nur fünf Wochen Amtszeit. Nach Auszählung der Stimmen hatte die unheilige Allianz aus Nazis und Deutschnationalen 51,9 Prozent erreicht. Hitlers Prognose hatte nur um ein Prozent darunter gelegen. Dennoch wollte in den Amtsräumen Görings, wo die NSDAP-Spitze sich zur Wahlparty getroffen hatte, keine rechte Stimmung aufkommen. In der selbsterzeugten Wahlkampfeuphorie waren die Erwartungen in schwindelerregende Höhen geklettert. 43,9 Prozent, das empfanden viele jetzt als empfindlichen Dämpfer. Keine absolute Mehrheit. Nun werde man »die Bande« also doch noch nicht los, grollte Hitler und meinte damit Papen und Hugenberg.

Vor allem deutsche Historiker haben nach dem Krieg dieses Ergebnis mit Vorliebe hervorgehoben. Trotz Terror und Manipulation, hieß es, habe die Mehrheit der Deutschen damals nicht für Hitler gestimmt. Doch abgesehen von der eher akademischen Frage, ob die deutschnationalen Stimmen nicht auch Stimmen für den Kanzler waren, ist das Ergebnis der Märzwahlen gleichwohl erschreckend. Es war ein Votum gegen die Republik. Eine Partei, die offen die Abschaffung der Demokratie forderte und auch schon sichtbar betrieb, hatte das beste Wahlergebnis der gesamten Weimarer Zeit erzielt.

Für Hitler bedeuteten die Ergebnisse ohnehin nur einen Stimmungstest. Die Machtfrage war schon geklärt. »Wenn die Wahl nicht entscheidet«, hatte er am 20. Februar den Industriellen versprochen, »muß die Entscheidung eben auf anderem Wege fallen.« Und Goebbels frohlockte: »Was bedeuten jetzt noch Zahlen? Wir sind die Herren im Reich und in Preußen.« Doch die »Zahlen« der Wahl waren immerhin so günstig ausgefallen, daß der nächste Schritt zur absoluten Macht wieder auf pseudolegalem Wege eingeschlagen werden konnte.

Die Reichstagsbrandverordnung hatte den schrankenlosen Mißbrauch der Exekutive ermöglicht. Polizei und Verwaltung waren neben der SA zum zweiten Knüppel der »nationalen Revolution« geworden. Gesetze aber konnte man mit der Reichstagsbrandverordnung nicht erlassen. Das konnten nur das Parlament oder der Reichspräsident mit seinen Notverordnungen, den bewährten Quasi-Gesetzen. Ein »Ermächtigungsgesetz« mußte also her, das die Regierung selbst zum Gesetzgeber machte – aus machttechnischer Sicht eigentlich überflüssig, denn Hitler war ja längst im Besitz diktatorischer Gewalt. Doch warum die Maske fallen lassen, den Schein der Legalität aufgeben, solange es auch anders ging? Im legalen Gewand ließ sich das Ausmaß der Diktatur bestens verharmlosen. »Recht und Ordnung« hatten auf das deutsche Bürgertum noch immer beruhigende Wirkung.
Am 23. März waren sämtliche Vorkehrungen für das Ermächtigungsgesetz getroffen. Vor der provisorisch eingerichteten Berliner Krolloper, die von nun an Bühne für das Siechtum eines deutschen Parlaments sein sollte, standen uniformierte SA-Männer einschüchternd Spalier. »Wir wollen das Ermächtigungsgesetz«, drohten ihre Sprechchöre, »sonst gibt's Zunder!« Die 81 Abgeordneten der KPD hatte Reichstagspräsident Hermann Göring gar nicht erst eingeladen, sie waren ohnehin im Untergrund oder »in Oranienburg verhindert«. Mit allerlei Geschäftsordnungstricks und falschen Versprechungen hatten die Nazis versucht, das Zustandekommen der erforderlichen Zwei-Drittel-Mehrheit vorab zu sichern. Den Rest sollte die sorgsam inszenierte Drohkulisse besorgen. Vor einer riesigen Hakenkreuzfahne machte Hitler im Braunhemd klar, daß er sich bei einem Scheitern im Parlament mit brutaler Gewalt holen würde, was die Abgeordneten ihm verwehrten. »Mögen Sie, meine Herren Abgeordneten«, schloß er seine Rede, »nunmehr selbst die Entscheidung treffen über Frieden oder Krieg.«
Die überwiegende Mehrzahl der Abgeordneten entschied sich für den »Frieden« mit Hitler. Das katholische Zentrum gab sich noch der Illusion hin, ein Brief mit schriftlichen Garantien des Kanzlers sei unterwegs, wie von Hitler versprochen. Der Brief kam niemals an. Nur die 94 Sozialdemokraten stimmten geschlossen mit Nein. Ihr Parteivorsitzender Otto Wels hatte in einer mutigen Rede noch einmal ein aufrichtiges Bekenntnis zur Demokratie abgelegt. Unter dem Schweigen des Plenums und den Schlachtgesängen der SA war sein Ausruf, »Freiheit und Leben kann man uns neh-

men, die Ehre nicht«, nur noch ein letzter vergeblicher Appell. »Spät kommt ihr«, höhnte Hitler in seiner Antwort. Nicht ganz zu unrecht. Solange die SPD noch hätte handeln können, war sie stumm geblieben.
Als Göring das Ergebnis bekanntgab, stürmten die NSDAP-Abgeordneten zur Regierungsbank vor und stimmten mit erhobenem rechten Arm das »Horst-Wessel-Lied« an. Die Demokratie hatte Selbstmord begangen. Präsident und Parlament waren endgültig entmachtet. Hitler hatte nun auch formal die ganze Macht in seinen Händen. Keine zwei Monate nach der unerwarteten Chance des 30. Januar saß der Diktator fest im Sattel. Der »Völkische Beobachter« jubelte: »Ein historischer Tag. Der Tag des Dritten Reiches ist gekommen.«
Man kann trefflich über die Zustimmung der bürgerlichen Parteien für das Ermächtigungsgesetz streiten. Der spätere Bundespräsident Heuss hat sich sein Ja von damals immer wieder vorwerfen lassen müssen. Gewiß, Opposition läßt sich mit der Angst um Leib und Leben nicht entspannt betreiben. Auch ist der Einwand berechtigt, die Diktatur habe sich an jenem Tag ohnehin nicht mehr aufhalten lassen. Doch bot der 23. März die letzte Gelegenheit wenigstens für eine Geste des Widerspruchs. Die SPD hat diese Chance genutzt: spät, aber immerhin. Daß allerdings die Liberalen und das Zentrum Hitlers Diktatur auch noch zum Schein der Legalität verhalfen, war bezeichnend für die Erosion der demokratischen Kultur. Deutschland war nicht nur zu schwach, um dem Diktator Widerstand zu leisten. Allzu viele hatten sich schon fangen lassen im tödlichen Geflecht von Verführung und Gewalt.
Die Lawine der »nationalen Revolution« gewann indessen an Fahrt. Zwei Entwicklungen waren dafür verantwortlich: Zum einen konnte mit der Ernennung von Goebbels zum Minister für »Volksaufklärung und Propaganda« die Maschinerie der Verführung zu neuen Höhenflügen ansetzen. Ihren vorläufigen Höhepunkt erreichte sie am 21. März mit einem grandiosen politischen Rührstück, dem »Tag von Potsdam«: Hitler als Biedermann, der über den Gräbern der Preußenkönige deren Tradition beschwor! Der pathetische Schulterschluß zwischen Hitlers und Hindenburgs Deutschland, symbolisiert durch ihren Handschlag in der Garnisonkirche, war wohl der effektivste Propaganda-Gag des »Dritten Reiches«. Seine entwaffnende Wirkung auf die Parlamentarier in der Krolloper zwei Tage darauf ist immer wieder

Hitler und Himmler bei der »Standartenweihe mit der Blutfahne« auf dem »Reichsparteitag« in Nürnberg, 15. September 1935

Er wurde ja als Erlöser angesehen, der das Volk aus dieser schrecklichen Hoffnungslosikeit erlöst. Er war natürlich sehr überhöht, in der Vorstellung vieler Leute ... und das war immer so ein religiöser Duktus: Du, der du weißt, in welcher Not ... und du, der du uns hilfst ...

Marion Gräfin Dönhoff, Jahrgang 1909

betont worden. Dabei hatte der Österreicher Hitler an Preußen wirklich kein Interesse. Aus Hindenburgs Sicht jedoch entsprach die Verbrüderung mit dem Nazi-Chef neuer Sympathie für den tatkräftigen Kanzler, den er mittlerweile »als einen Mann von ehrlichstem nationalem Wollen kennengelernt« zu haben glaubte: ein geschichtsmächtiger Narr. Die Tausende von Gemeinden, die Hitler in den kommenden Wochen ihre Ehrenbürgerschaft antrugen, oder die Wälder von »Hitler-Eichen«, die nun gepflanzt wurden, zeigen, daß der alte Feldmarschall mit seiner Einschätzung nicht allein stand.

Hinter jener glänzenden Fassade trat nun immer deutlicher die häßliche Kehrseite zutage. Eine neue Welle zügellosen SA-Terrors schwappte über das Land. Die Schlägertruppe war alles andere als zufrieden mit dem bisherigen Verlauf der »nationalen Erhebung«. Das Startsignal für einen neuen Amoklauf war die Wahl vom 5. März. Als hätten sich die Braunhemden bis dahin zurückgehalten, um bürgerliche Wähler nicht zu verschrecken, überzogen sie Deutschland jetzt um so brutaler mit ihrem Verständnis von Revolution. Lange aufgestauter Haß brach sich Bahn, Rachsucht und einfach nur Habgier. In die Geschichtsbücher ist diese Phase als der »wilde« Terror eingegangen (als ob der organisierte Terror weniger verabscheuungswürdig wäre!). Mehr als 25 000 »Schutzhäftlinge« sind bis Ende April 1933 polizeilich registriert worden. Wie viele Tausend in improvisierte SA-Keller verschleppt und dort Opfer viehischer Mißhandlungen wurden, ist ungewiß. Buchführung war keine Stärke der SA-Folterknechte, im Gegensatz zu ihren Nachfolgern von der SS.

Schilderungen aus den ersten »wilden« Konzentrationslagern lesen sich wie Passagen aus Dantes Inferno. »Die Opfer, die wir vorfanden, waren dem Hungertod nahe«, erinnerte sich ein Polizeioffizier. »Als wir eintraten, lagen diese lebenden Skelette reihenweise mit eiternden Wunden auf dem faulenden Stroh.« Die Einrichtung staatlich »kontrollierter« Konzentrationslager wurde angesichts der Horrorgeschichten aus den Schuppen und Verließen der SA weithin als Rückkehr zu Gesetz und Ordnung begrüßt. Der »Völkische Beobachter« über die Öffnung des ersten KZ in Dachau: »Polizei und Innenministerium sind überzeugt, daß sie damit zur Beruhigung der gesamten nationalen Bevölkerung und in ihrem Sinne handeln.« Die Notiz ist datiert vom 21. März, dem »Tag von Potsdam«. Hitlers eigener Januskopf begann sich in seinem Staat zu spiegeln.

Vor allem in der Provinz richtete sich der Sturm der SA auch gegen Rathäuser und Bürgermeisterämter. Wie Eroberer pflanzten die entfesselten Janitscharen die Hakenkreuzfahne auf öffentliche Gebäude – Zeichen politischer Landnahme, aber meist auch Beleg für den »Karrieresprung« eines SA-Mannes oder Parteifunktionärs auf einen Posten der öffentlichen Verwaltung. »Wenn wir Deutschland groß machen, haben wir auch ein Recht, an uns zu denken«, hatte Hitler versprochen, und seine Miliz löste jetzt den Wechsel ein. Da den Braunhemden aber meist jegliche Verwaltungserfahrung fehlte, legte ihre Inkompetenz nicht selten ganze Behörden lahm.
Hitlers Haltung gegenüber der brachialen »Revolution von unten« war von machiavellistischem Machtinstinkt bestimmt. Es blieb ihm nicht verborgen, daß sich die Unzufriedenheit der SA auch gegen ihn richtete. Denn genau das Bild, das er für sein bürgerliches Publikum nach außen kehrte, empfanden nicht wenige Heißsporne in seinem Gefolge als Verrat. Ein Hitler im schwarzen Cut, eingerahmt von Baronen und »Herrenreitern« – dafür war man nicht all die Jahre gegen eben dieses Bürgertum angerannt.
Gegen die Proteste bürgerlicher Koalitionäre nahm der Kanzler seine »Sturm-Abteilung« freilich vehement in Schutz. Papen gegenüber erklärte er zynisch, er bewundere »geradezu die unerhörte Disziplin seiner SA- und SS-Männer«. Als latente Drohung gegen Hugenberg und Papen war die unruhige Parteiarmee von unschätzbarem Wert. Dennoch versuchte er am 10. März, die blindwütigen Schläger zu disziplinieren, und mahnte in einem Aufruf, die »nationale Revolution« nicht durch zügellose Einzelaktionen zu gefährden. Dies war die gewohnte Doppelstrategie. Tatsächlich scheint Hitlers Umgebung die Gefahr des Abgleitens in Chaos und Anarchie zeitweise ernst genommen zu haben, wie eine Tagebuchnotiz von Goebbels zeigt: »Wir dürfen am Ende nicht vor der Todesstrafe zurückschrecken, da sonst die Gefahr besteht, daß die Revolution den Händen des Führers entrissen wird.« Noch aber waren alle Maßnahmen gegen die unkontrollierbare Gewalt der SA eher halbherzig. Mehr als ein Jahr blieb sie ein kaum kalkulierbarer Machtfaktor.
Nach der stürmischen Phase von Januar bis April 1933 hatte Hitler die Partie um Deutschland für sich entschieden. Was nun folgte, trifft der Begriff, den die Nazis selbst dafür prägten, nur unvollkommen: Die »Gleichschaltung« von Staat und Gesellschaft war nämlich gleichzeitig von oben befohlenes »Schalten«

und eben auch die freiwillige, manchmal vorauseilende Anpassung. Der Sog der »Revolution« machte vielfach ein aktives Handeln Hitlers überflüssig. Nachdem die erklärten Gegner aus ihren Ämtern und Funktionen verjagt worden waren, gelang es dem Diktator mühelos, die Gesellschaft in den nationalen Gleichschritt einzureihen. Viel Zuckerbrot war da im Spiel und nur wenig Peitsche vonnöten.

Exemplarisch die Zerschlagung der Gewerkschaften: Ausgerechnet Hitler erklärte den 1. Mai, den traditionellen Tag der Arbeiterbewegung, zum gesetzlichen Feiertag, eine uralte Forderung der Gewerkschaften. In den Gewerkschaftshäusern machte sich absurde Hoffnung breit. Immerhin war man doch Hitler entgegengekommen und hatte sich von der SPD, dem alten, aber nun verfemten Partner, distanziert. Doch schon am Tag nach den gigantischen Aufmärschen des Maifeiertags platzte die Illusion. Schwerbewaffnete SA-Kommandos stürmten die Gewerkschaftshäuser und verschleppten die führenden Arbeiterfunktionäre ins KZ. Mitglieder und Vermögen vereinnahmte die neugegründete »Deutsche Arbeitsfront«, natürlich unter der Kontrolle eines Hitlervasallen. Der Diktator hatte die mächtigen deutschen Arbeiterverbände erst betäubt und dann liquidiert. Nirgends regte sich ein Streik.

Noch leichteres Spiel hatte Hitler mit den verbliebenen Parteien. Nur eine, die SPD, mußte er am 22. Juni verbieten. Die anderen, entkräftet vom massenhaften Mitgliederschwund in Richtung NSDAP, ersparten sich den zweifellos »ungesunden« Widerstand, lösten sich selbst auf oder ließen sich von der NSDAP schlucken, wie die Deutschnationalen Hugenbergs. Den härtesten Brocken, das katholische Zentrum, knackte Hitler mit Hilfe des Papstes. Der Abschluß des Konkordats, einer Art von »Freundschaftsvertrag« zwischen dem Diktator und dem Vatikan, versüßte der Partei die Aufgabe. Am 14. Juli, ausgerechnet am Jahrestag der französischen Revolution, erklärte der Reichskanzler und »Führer« der NSDAP Deutschland per Gesetz zum Einparteienstaat, genaugenommen zum Staat seiner Partei.

Der Rest der Gesellschaft erlag dem Gleichschaltungsdruck mit einer auch für Hitler überraschenden Geschwindigkeit. Vom vormals einflußreichen Industrieverband bis zum Kleintierzüchterverein, von den Sportverbänden bis zur altehrwürdigen Preußischen Akademie der Künste – von allen Seiten trafen Ergebenheitsadressen und Treuegelöbnisse beim »Führer« ein. Loya-

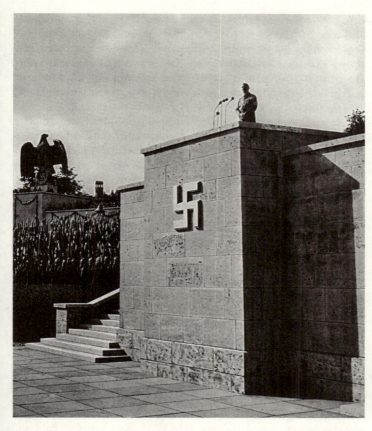

Hitler auf dem »Reichsparteitag« in Nürnberg, 15. September 1935

Noch heute bin ich der Meinung, daß Hitler ein Übermensch war. Er konnte die Massen begeistern und so in seinen Bann schlagen, daß sie ihm freiwillig gefolgt sind. Hitler war für mich der Herr, die Personifizierung des deutschen Volkes. Ich glaubte fest daran, daß er keine Fehler begeht.

Tobias Portschy, Jahrgang 1905 (ehemaliger »Gauleiter« im Burgenland)

Die Nazis waren ausgekochte Propagandisten. Bei Hitlers Aufmärschen haben sie an wenigen Punkten ihre bestellten Jubler plaziert und dort auch die Kameras von den Wochenschauen aufgestellt. Der Eindruck, Hitler fährt durch ein Meer begeisterter Anhänger, war bloße Täuschung. Auch die Teilnehmerzahlen waren oft gefälscht. Gemeldet wurden grundsätzlich 100 000, auch wenn es bloß 1 500 waren. *Robert Müller, Jahrgang 1913*

litätsbekundungen gingen einher mit personellen Konsequenzen: Jüdische Mitglieder wurden aus Vereinen und Verbänden ausgeschlossen. In die Führungspositionen drängten sich »PGs« – Parteigenossen der NSDAP. Deren Zahl war durch eine ungeheure Beitrittswelle bis zum Mai 1933 von 850 000 auf 2,5 Millionen angeschwollen. Hitler sah sich wegen der »Verwässerung« der Partei durch die Opportunistenflut der »Märzgefallenen« zum Aufnahmestopp gezwungen.
Die Deutschen – ein Volk von Überläufern? Tatsächlich arrangierte sich die Mehrheit mit dem neuen Mann, den damals niemand einen »Diktator« nannte. (Doch wo nennen Sympathisanten einer Diktatur das Kind schon beim Namen?) Zur Minderheit, die sich mit der Flucht ins Ausland oder in die »innere« Emigration dem Bann des Hakenkreuzes zu entziehen suchte, gehörte allerdings die Creme der Weimarer Kultur. Mehr als 5 000 Angehörige der kulturellen Elite, Intellektuelle und Juden vor allem, flohen bis Kriegsausbruch aus dem Reich, das bald das »Tausendjährige« hieß: Thomas Mann und Albert Einstein waren darunter, Lion Feuchtwanger wie später auch Marlene Dietrich. Allein dreißig Nobelpreisträger kehrten ihren Lehrstühlen den Rücken. Es war ein Aderlaß, von dem sich Deutschland nicht mehr erholte. Daß auch führende Kernphysiker unter den Emigranten waren, die ein paar Jahre später zwar für die USA an der Atombombe bauten, nicht aber für Hitler, war für die Menschheit wenigstens in diesem Sinne ein Glück.
Die Bilanz des ersten halben Jahres Regierung Hitler ist atemberaubend. Weimar war begraben, die Deutschen hatten der Republik nicht eine Träne nachgeweint. Die Fundamente des »Führerstaates« waren gelegt. Hitlers Herrschaft war im eigenen Land unangreifbar. Thomas Mann schrieb in jenen Tagen hellsichtig: »Nur ein Krieg könnte sie stürzen.« Jeder andere Politiker hätte wohl innegehalten und versucht, das Erreichte erst einmal zu sichern. Hitlers konservative Steigbügelhalter leiteten daraus die trügerische Hoffnung ab, die Dynamik der braunen Revolution käme nun endlich zum Stillstand. Seine mäßigenden Reden jener Wochen nährten solche Illusionen. »Es sind mehr Revolutionen im ersten Ansturm gelungen, als gelungene aufgefangen worden«, mahnte er seinen ungeduldigen Anhang und warnte, man dürfe nicht »herumsuchen, ob noch etwas zu revolutionieren« sei. Doch wieder erwies sich Hitler als Meister der Verstellung. Die Hoffnungen der Konservativen blieben Wunschträume von Zauberlehrlingen, der Besen möge endlich Ruhe geben.

Dabei kehrte dieser Besen keineswegs auf neuen Bahnen. Hitlers Ziele waren stets die alten: Lebensraum im Osten (offen) und Entfernung der Juden (noch offen). Daß »Entfernung« auch Ermordung meinen konnte, kam erst später auf. Es galt nun, die »Idee des Nationalsozialismus« in die Köpfe der Deutschen einzupflanzen. Es galt, »die Menschen so lange zu bearbeiten, bis sie uns verfallen sind«. Es galt, nicht weniger zu schaffen als den »neuen Menschen«, der heroisch, herrisch und gewalttätig nach neuen Ufern streben sollte. Nur herrschen genügte Hitler nicht, er wollte das Denken der Deutschen diktieren, es in einem »Generalwillen« vereinen. Daß der »Führer« allein diesen Willen bestimmte, verstand sich von selbst.

Im Sommer 1934 galt es allerdings, die schwierige Arbeit am »neuen Menschen« vorläufig zu unterbrechen und sich noch einmal handfester Innenpolitik zu widmen. Drei Machtfaktoren neben Hitler gab es noch im Reich, die gleichwohl alle von ihm abhingen: die SA mit ihren drei Millionen lautstarken Unzufriedenen; die Reichswehr, die ihre Seele schon halb an Hitler verkauft hatte; und den dahindämmernden Hindenburg, der nach dem Ermächtigungsgesetz nicht mehr benötigt wurde, aber das prestigeträchtige Amt des Reichspräsidenten am Leben erhielt. Bislang hatte Hitler diese Kräfte im labilen Gleichgewicht halten können. Doch der rapide schlechter werdende Gesundheitszustand Hindenburgs zwang ihn zum Handeln.

Reichswehr oder SA? Vor einem Jahr hatte er diese Entscheidung aus machttaktischen Gründen noch nicht herbeigeführt, jetzt aber gab es einen Waffenträger zu viel im Reich. Beide Seiten hatten 1934 ihren gesteigerten Machtanspruch herausposaunt. Ernst Röhm, der vierschrötige Chef der SA und Duzfreund Hitlers, verlangte immer lauter, Armee und SA zu einem großen »Volksheer« zusammenzulegen – unter seinem Befehl, verstand sich.

Die Reichswehrgeneräle dagegen liebäugelten offen mit deutschnationalen, ja monarchistischen Träumereien, die ihnen die immer noch fidelen Papen und Schleicher einflüsterten. Der Vizekanzler hielt am 17. Juni sogar eine mutige, oppositionelle Rede in Marburg. Jetzt gab es kein Zurück mehr.

Hitler wußte: Wenn er die Reichswehr der SA auslieferte, war der Traum vom Angriffskrieg gen Osten ausgeträumt. Zum Erobern brauchte man eine Profi-Truppe, keine disziplinlose Volksmiliz. Also mußte er den Streich gegen die SA führen. Andererseits wollte er gleichzeitig den Monarchisten den Wind aus den Segeln

nehmen – eigentlich die Quadratur des Kreises. Er zögerte und zauderte wie stets vor folgenschweren Entschlüssen. Zuschlagen konnte er dann aber mit brachialem Ungestüm. Am 30. Juni ließ er Röhm und dessen engste Gefolgschaft von SS-Kommandos erschießen – »eiskalt«, um eines seiner Lieblingsworte zu gebrauchen. Die Revolution verschlang ihre Kinder. Gleichsam in einem Aufwasch wurden alte Rechnungen beglichen und zahlreiche politische Gegner liquidiert, darunter General von Schleicher, zwei enge Vertraute Papens, Gregor Strasser und Pater Stempfle, der geholfen hatte, »Mein Kampf« zu redigieren, aber wohl zu viel über Hitlers Privatleben wußte. Insgesamt fielen mehr als achtzig Menschen den Todesschwadronen zum Opfer. In den kommenden Wochen setzte eine Inquisitionswelle das blutige Geschäft fort. Mehrere hundert SA-Führer erlitten noch Röhms Schicksal – eine Orgie der Gewalt, die zeitweise außer Kontrolle geraten war. Dahinter aber stand kalte Berechnung. Der Diktator hatte Reichswehrminister Blomberg ebenso eingeweiht wie seinen Paladin Göring. Armee und Partei waren nun Hitlers Komplizen. Die Bluthochzeit hielt bis zum Ende des Reiches. Hitlers Rechnung ging auf. An die SA-Spitze konnte er jetzt mit Viktor Lutze eine willfährige Marionette setzen, die enthauptete Parteiarmee spielte auf dem Machttableau politisch keine Rolle mehr. Jetzt erst war die »Machtergreifung« abgeschlossen. Nun begann als Belohnung für gründliches Morden der Aufstieg der SS. Von nun an kümmerte sich der schwarze Orden nahezu geräuschlos um das grausame Geschäft der Unterdrückung.
Der Chef der Totenkopf-Truppe, ein ehemaliger Hühnerzüchter namens Heinrich Himmler, stieg in wenigen Jahren zum mächtigsten Mann im Schatten des Diktators auf.
Die Monarchisten um Papen, der die Warnung verstand und von sich aus zurücktrat, mußten ihren längst schon irrealen Traum von einem halbfeudalen Ständestaat für immer begraben. Noch am Todestag Hindenburgs, dem 2. August 1934, trat ein schon vorbereitetes Gesetz in Kraft, das die Ämter des Präsidenten und des Kanzlers verschmolz. Noch am selben Tag beschloß die Reichswehrführung aus eigenem Antrieb, die Soldaten auf Hitler zu vereidigen – wie einst auf den Monarchen. Das war mehr als ein Dankeschön, es war die bedingungslose Unterwerfung der Armee unter den »Führer«, wie er von jetzt ab allgemein genannt wurde. Hitlers Übernahme des Oberbefehls über die in »Wehrmacht« umgetaufte Truppe im Jahre 1938 war nur noch formaler Vollzug

der Machtverhältnisse. Für das Offizierskorps, auf preußische Traditionen getrimmt, erwies sich der personalisierte Eid als folgenschwer. Noch den Widerständlern vom 20. Juli 1944 bereitete Kopfzerbrechen, daß sie mit dem Tyrannenmord zugleich auch Eidbruch begehen würden.

Kennzeichnend für den Verfall der allgemeinen Moral waren die Reaktionen auf diese Nacht der langen Messer. Empörung gab es kaum. Ohne große Mühe gelang es Goebbels' Propagandakünstlern, Hitler als den großen »Ordnungsstifter« und abermaligen »Retter« darzustellen. Der »Völkische Beobachter« deckte die angeblichen Machenschaften der »Verschwörerclique« auf und empörte sich genüßlich über die Homosexuellen in der SA-Spitze – an deren Neigung Hitler zuvor nie Anstoß genommen hatte. Ein amtlicher Stimmungsbericht stellte fest, in der Bevölkerung habe der Schlag gegen die »braunen Revoluzzer« ein Gefühl »wiederkehrender Rechtssicherheit« ausgelöst. Verkehrte Welt! Carl Schmitt, der prominente Staatsrechtler der Weimarer Jahre, beeilte sich, die Bluttat in seinem pseudojuristischen Gutachten, »Der Führer schützt das Recht«, als gerechte Schutzmaßnahme zu verbrämen, Hitler habe hier als »Oberster Gerichtsherr« gehandelt. Das »gesunde Volksempfinden« applaudierte.

Wie gekonnt und erfolgreich die Propaganda damals war, zeigt das Überleben des Begriffes »Röhm-Putsch« für das Juni-Massaker bis in unsere Tage. Die Forschung hat diese Goebbelssche Schimäre längst entlarvt. Ein ernsthafter Umsturzversuch der SA stand weder bevor, noch war er geplant.

Die Selbstverständlichkeit, mit der die Deutschen den Femeord am Duzfreund hinnahmen, war erstes tragisches Symptom der kollektiven Verblendung durch den von Goebbels' Propaganda nun entfachten »Führermythos«. Betrachtet man den Aufwand, mit dem das Regime diesen Mythos pflegte, kann man sich des Eindrucks nicht erwehren, das Dritte Reich sei vor allem mit seiner Selbstinszenierung beschäftigt gewesen. Die vielen »nationalen Feiertage« mit ihren Massenaufmärschen, die Sonnenwendfeiern, die monströsen Reichsparteitage oder die perfekte Show der Olympischen Spiele 1936 in Berlin – all das kostete ungeheuer viel Geld und Arbeitskraft. Doch aus Hitlers Sicht lohnte die Investition.

Sein System beruhte auf Zustimmung. Er war ein Diktator, der nicht gegen sein Volk regieren wollte. Gewiß hätten die Machtmittel in seinen Händen auch für totale Unterdrückung gereicht.

Für seine Fernziele aber war die Mobilisierung der Massen unabdingbar. »Nur die fanatisierte Masse ist lenkbar«, hat Hitler einmal gesagt und auch danach gehandelt. Er brauchte die Akklamation durch diese »Masse«, nicht zuletzt auch für sein krankhaftes Ego. Viermal ließ er dafür bis zum Kriegsausbruch Volksabstimmungen oder Scheinwahlen abhalten. Deren Ergebnisse bestätigen trotz mannigfacher Manipulation und Fälschung dennoch die große Akzeptanz des Diktators: neunzig bis neunundneunzig Prozent offizielle Ja-Stimmen, so oder so eindeutige Plebiszite für Hitler, wie auch Regimegegner ratlos eingestehen mußten.

Doch nur mit Verheißungen und Inszenierungen ließ sich die Zustimmung der Massen nicht erhalten. Handfeste Erfolge waren notwendig, vor allem auf dem Arbeitsmarkt. Vollmundigen Versprechen mußten Taten folgen, dies sei »für das Gelingen unserer Revolution schlechthin ausschlaggebend«, erklärte Hitler zu Beginn seiner Herrschaft. Es war eine Binsenweisheit, die er konsequent in Taten umsetzte. Die verblüffend schnelle Überwindung der sozialen Krise war eine der zentralen Säulen für die Stabilität der Hitler-Herrschaft. Zwar kam es ungefähr zur gleichen Zeit auch in anderen Staaten zu einem wirtschaftlichen Aufschwung. In Deutschland aber wurde er allein als das Verdienst des neuen Staates angesehen.

Die Impulse für den Aufschwung kamen nicht zuletzt von Hitler selbst. Von Volkswirtschaft verstand er herzlich wenig, dafür war er als sensibler Seismograph der Massenseele um so effektiver. Mit wirtschaftspolitischen Programmen allein, erkannte er, war der Krise nicht beizukommen. Die Weimarer Regierungen waren schließlich oft genug daran gescheitert. Was fehlte, war die Initialzündung. Und Menschen zu entflammen war ja seine ureigene Spezialität. Mit einer Kette von Aufrufen, Grundsteinlegungen und willensstarken Gesten machte er sich ans Werk. Die Massenhypnose war ein voller Erfolg. Hitler erzeugte eine Aufbruchsstimmung, die von einigen Beobachtern mit der Euphorie des Kriegsausbruchs 1914 verglichen wurde.

Faszinosum dieser inneren Mobilmachung war der Bau der Autobahnen. Die Nazis haben die Pläne dafür aus den Schubladen ihrer Weimarer Vorgänger geholt. Der oft strapazierte – und historisch korrekte – Hinweis darauf, Hitler sei gar nicht der »Erfinder« der Autobahnen gewesen, entspringt wohl der Scheu, die Überreste seiner Herrschaft generell zu akzeptieren. Richtig in Schwung kam der Schnellstraßenbau jedoch erst durch Hitler. Bezeichnend

Hitler und Schauspielerin Ida Wüst bei der Spende für das »Winterhilfswerk«, 10. Dezember 1934

Hitler nimmt die »Parade« vorbeifahrender Autobahnarbeiter bei der Eröffnung des ersten Teilstücks der Strecke Frankfurt a. M. – Heidelberg ab, 19. Mai 1935

Nicht nur aktiver Widerstand konnte schwere Strafen zur Folge haben. Selbst belanglose Äußerungen oder Bemerkungen über einen hohen Funktionär reichten aus, für zwei Jahre ins Gefängnis zu wandern. Ein lumpiger Witz konnte die Fahrkarte nach Dachau sein.

Robert Müller, Jahrgang 1913

war, daß auf den Baustellen zehntausendfache menschliche Arbeitskraft eingesetzt wurde. Mit modernen Maschinen hätte man schneller und billiger bauen können, die Arbeitslosen aber wären auf der Straße geblieben. Infrastrukturelle Kriegsvorbereitung, wie bisweilen unterstellt, waren die Autobahnen freilich nicht. Militärs wurden bei der Planung der Trassen nicht konsultiert, 1939 fuhr die Wehrmacht per Bahn in ihre Aufmarschgebiete.

Andere Arbeitsbeschaffungsmaßnahmen dienten allerdings ganz unverhüllt kriegerischen Zwecken. Die Wiederaufrüstung kam rasend in Fahrt. Vor allem ab 1936 wurden die Weichen der Wirtschaft von Hitler eindeutig in Richtung Krieg gestellt. »Die deutsche Wirtschaft muß in vier Jahren kriegsfähig sein«, lautete der Auftrag, den er im Schatten der Olympischen Spiele an Göring erteilte. Der notorische Ämtersammler Göring, damals unbestritten zweiter Mann im Staate Hitlers, baute seine Machtstellung mit den Vollmachten für die Rüstungslenkung zu einer Art Wirtschaftsdiktator aus.

Dabei hielt sich der wohlgenährte Reichsjägermeister und neue Superökonom an die unausgesprochene Devise »Kanonen und Butter« – obgleich er offiziell den Vorrang der Kanonen predigte. Bei aller Arbeit für die Rüstung achtete das Regime penibel darauf, Engpässe in der Versorgung schnell zu beheben. Mit leerem Bauch gehorchte es sich eben nicht so gut. Hitler ordnete 1936 sogar persönlich die Einschränkung der Einfuhr rüstungswichtiger Rohstoffe an, um die Lebensmittel nicht rationieren zu müssen. Das Bild des strahlenden »Wirtschaftswunders« sollte keine Schrammen bekommen. Die Deutschen dankten es ihm. Im Sinne des Normalverbrauchers waren die Jahre 1935 bis 1938 die glücklichsten des Regimes. Daß Juden schon verfolgt und gequält wurden, nahm die breite Masse allenfalls als Schönheitsfehler wahr.

Tatsächlich aber war das »Wunder« von Vollbeschäftigung und Wachstum ein ökonomisches Kartenhaus. Hjalmar Schacht, den die Nazis etwas übertrieben als »Finanzgenie« feierten, hatte dem Aufschwung finanziell die Bahn geebnet. Nach der Machterschleichung war er von Hitler zum Dank für seine Dienste beim Anbandeln mit den Schwerindustriellen auf den Sessel des Reichsbankpräsidenten und bald auch auf den des Wirtschaftsministers gehievt worden. Im Kern beruhte sein kompliziertes System von Wechseln und Krediten, das er im Dienste der NS-

Wirtschaft zimmerte, auf einer immer schnelleren Staatsverschuldung. Für den gelernten Ökonomen war dies ein gewagtes Spiel, bei dem Vorsicht oberstes Gebot sein mußte.
Hitler aber wollte von Vorsicht nichts wissen. Für ihn waren Begriffe wie Konjunktur oder Geldpolitik nur Mittel zum Zweck – und der hieß schnellstmögliche Aufrüstung für den großen Krieg. Vor Industriellen erklärte er, es komme nicht mehr darauf an, wirtschaftlich zu produzieren, sondern darauf, überhaupt zu produzieren. Über kurz oder lang mußte es darüber zum Bruch mit Schacht kommen. Daß es der Finanzjongleur bis 1939 an der Seite Hitlers aushielt, zeigt, wie sehr auch er dem Bann des Diktators erlegen war.
Neben dem Bau von Panzern, Kanonen und Flugzeugen wurden in der »Volksgemeinschaft« auch die Menschen militarisiert. Den Krieg um Lebensraum gedachte der Diktator mit überzeugten Nationalsozialisten zu führen. Nur der wahrhaft »neue Mensch« erschien ihm fähig für die Landnahme im Osten. Die Deutschen wurden umerzogen, zum erstenmal. Die »Führerdiktatur« machte nicht an Wohnungstüren Halt. Ihre Fangarme griffen nach den Familien und den innersten Gedanken der Menschen. Es sollte nach Hitlers Worten »keine freien Räume« mehr geben, »in denen der einzelne sich selbst gehört«. Der Durchdringungsprozeß ging fast lautlos vonstatten. Hauptinstrument blieb die Partei.
Im Zuge der »Gleichschaltung« waren Parteigenossen überall in Verwaltungen, Vereinen und Verbänden in leitende Positionen gelangt und wachten nun – nicht ohne Eigennutz – über linientreues Verhalten. Daneben überzog die Partei das Land mit einem dichten Netz von Gau-, Kreis- und Ortsgruppenleitern sowie den allgegenwärtigen Blockwarten. 1935 gab es rund 260 000 »Politische Leiter«, zwei Jahre später schon 700 000. Die Deutschen – ein Volk von vielen »kleinen Führern«. Als Blockwart mußte man zwar meist gehorchen, doch hatte man schon einen kleinen Zipfel Macht in Händen, der auch ausgekostet werden konnte.
So zog die Funktionärskaste den Unmut der Bevölkerung auf sich. Die kleinen Schikanen und Bevormundungen boten meist mehr Anlaß zu Kritik als die eigentlichen, die »großen« und deshalb geheimen Verbrechen des Regimes. Die »Leiter« waren gleichzeitig Blitzableiter, gehorsame Handlanger wie auch Augen und Ohren der Diktatur. Sie sammelten Beiträge für das Winterhilfswerk ein und machten sich als Gesinnungsschnüffler unbeliebt. Sie sollten »nationalsozialistisches Vorbild« sein und diskret das

Privatleben der Volksgenossen überwachen. Es war ein undankbarer Job. Wer einen Parteiposten übernahm, verlor oft binnen kurzem seinen Freundeskreis.
Doch auch wer nicht Parteimitglied war, kam unweigerlich in Berührung mit dem Nazi-Netzwerk. Ob in der Hitlerjugend oder im »Bund Deutscher Mädel«, in der »Deutschen Arbeitsfront« mit ihren 23 Millionen Mitgliedern oder als Urlauber des Freizeitwerks »Kraft durch Freude«, in der NS-Schwesternschaft oder der »Volkswohlfahrt« – den Krakenarmen der Diktatur zu entgehen war fast unmöglich. In allen Lebensbereichen war man ihr ausgeliefert. Orwell ließ grüßen, und die Deutschen erwiesen sich als willige Opfer totalitärer Drangsalierung. Wo Gehorsam oberste Tugend ist, haben Diktatoren leichtes Spiel.
Freilich nahmen viele diese Gleichschaltung erfreut als Durchbruch zur vermeintlichen Gleichheit hin: Verkrustete Strukturen brachen auf, Klassen- und Bildungsschranken fielen. Hitler zwang das Land zum Fortschritt für den Rückschritt. Aller rückwärtsgewandten Ideologie zum Trotz war er ungewollt ein großer Modernisierer. Er wollte das Rad der Geschichte zurückdrehen und beschleunigte es doch nur. Doch dieser Modernitätsschub hatte einen unverschämten Preis.
Die Deutschen begannen sich voreinander zu fürchten. Die bange Frage war: Lauerte im Nachbarn, im Kollegen, im Freund oder gar im eigenen Familienmitglied ein Spitzel des Systems? Zahlreiche Fälle sind dokumentiert, in denen Kinder regimekritische Äußerungen ihrer Eltern pflichtschuldig dem HJ-Führer meldeten. Denunzianten öffnete sich ein weites Arbeitsfeld, und die Menge des aktenkundigen Verrats war zeitweise so hoch, daß die zuständigen Staatsorgane nicht mit der Verfolgung nachkamen.
Hitlers Forderung, die Zeit des »privaten Glücks« sei vorbei, war erschreckend weit erfüllt worden. Zu keinen Zeiten ist in Deutschland so viel geflüstert worden wie in seinem Reich. Bezeichnend für die Kraft seiner Diktatur ist aber, wie bereitwillig die Bürger ihre Bespitzelung selber ausübten. Die Geheime Staatspolizei (Gestapo) mußte oft nur noch das schmutzige Geschäft besorgen, unbotmäßige Volksgenossen »abzuholen«, mit Vorliebe im Morgengrauen. Mit ihren gerade 30 000 Beamten hätte sie für eine flächendeckende Überwachung viel zuwenig Personal gehabt. Das lehrt ein Vergleich mit der Spitzelbehörde eines anderen deutschen Staates, dem verblichenen Ministerium für Staatssicherheit der DDR. Die Stasi hatte dreimal mehr Mitarbeiter als die

Gestapo, bei weniger als einem Drittel potentieller Opfer. Ein Gestapo-Schnüffler hatte also neunmal mehr Volksgenossen zu »betreuen« als der Stasi-Kollege Genossen.

Auf das Ausland wirkte Hitlers Diktatur, die ihre Bürger in so eiserner Umklammerung zu halten schien, wie ein einziger monolithischer Machtblock mit dem »Führer« an der Spitze. Tatsächlich aber spiegelte der Staatsaufbau zunehmend die Persönlichkeit wider, die ihn geschaffen hatte: in einzelnen Zügen konzentriert, manchmal genial, insgesamt aber ungeordnet, ja chaotisch. Hitler hatte nach den Anfangsmonaten seiner Herrschaft, als er noch regelmäßig der Tätigkeit des Regierens nachgegangen war, zu seinem Lebensstil aus Münchner Caféhauszeiten zurückgefunden. Er war wieder ganz der alte Bohemien. Meist schlief er bis mittags, änderte dann seinen Terminkalender nach Lust und Laune und lief erst in der Nacht, im Kreise enger Vertrauter, beim Monologisieren zu großer Form auf. Mit Vorliebe führte er heikle Gespräche zu später Stunde, wenn seine Gäste müde und dadurch fügsam wurden.

Vor allem aber war der Diktator viel auf Reisen. Der Mann, der Deutschland sein will, will auch überall in Deutschland sein – am liebsten über Deutschland. Zwischen Berlin, München, Bayreuth und dem Berghof ging es rastlos hin und her. Mehr als ein paar Stunden blieb er kaum an einem Ort – als müßte er sich seiner Macht im ganzen Reich ständig versichern. Für die Regierungsgeschäfte ergaben sich daraus erhebliche Behinderungen: Minister oder Parteifunktionäre, die ihn sprechen wollten, mußten oft dem Führertroß hinterher reisen, in der Hoffnung, vorgelassen zu werden. Hitler selbst setzte sich nur selten an einen Schreibtisch oder widmete sich dem Aktenstudium. Der Kanzler und »Führer« der Deutschen scheute regelmäßige Arbeit. »Eine einzige geniale Idee«, erklärte er mit Vorliebe, »ist wichtiger als ein ganzes Leben voller Büroarbeit.«

Aus diesem Selbstverständnis eines freischaffenden Künstlers ergaben sich schwerwiegende Konsequenzen für die Staatsführung. Da er Befehle oder Weisungen oft gleichsam im Vorbeigehen und stets nur mündlich formulierte, wurde der Kunst des Auslegens und der Interpretation durch die Mitarbeiter Tür und Tor geöffnet. Der »Führerwille« mußte gedeutet werden. Hitlers Befehle entstanden denn auch häufig unter eher zufälligen Umständen und mußten später durch nachträgliche »Ausführungsbestimmungen« korrigiert oder auch mitunter wirkungslos gemacht werden. Aufgehoben wurden »Führerbefehle« natürlich nie. Der Diplomat Ernst von Weizsäcker erinnerte sich nach dem Kriege: »Die Kunst der Ministerien bestand nun darin, die gute Stunde oder Minute zu benutzen, wo Hitler, manchmal durch ein hingeworfenes Wort, eine Entscheidung traf, die dann als ›Führerbefehl‹ ihren Weg nahm.«

An Besprechungen oder Konferenzen nahm Hitler ungern teil. Am liebsten führte er Gespräche unter vier Augen, wo er seine suggestive Rhetorik ausspielen konnte und vor geballtem Sachwissen geschützt war. Sitzungen des Kabinetts fanden nur noch unregelmäßig statt, seit 1938 überhaupt nicht mehr. Widerspruch im Beisein Dritter konnte ihn zu regelrechten Wutausbrüchen provozieren. Unter vier Augen hingegen hörte er sich Kritik auch schon mal an. Mal mischte er sich mit stupender Muße in winzige Detailfragen von Sonnwendfeiern ein, ein anderes Mal erschienen ihm wichtige politische Entscheidungen als lästiges Alltagsgeschäft, das er gelangweilt seinen Satrapen überließ. Vieles am Diktator wirkte liederlich. Noch immer war er auch der alte Herumtreiber aus Wiener Tagen. Doch wenn er sich einmal entschlossen hatte zu handeln, dann geschah das blitzartig und mit eruptiver Energie, etwa in der Röhm-Krise oder bei den außenpolitischen Coups. Hitler lenkte seinen Staat gewöhnlich flüchtig, selten konzentriert – dann aber impulsiv.

Diese Regierungsform schuf eine institutionelle Leere, in die ein verwirrendes Gestrüpp von Instanzen hineinwuchs. Das Dritte Reich war der Struktur nach ein »Doppelstaat«. Den alten Staatsapparat tastete der Diktator nicht an. Zwar setzte er an die Spitze treue Günstlinge und sorgte dafür, daß Parteigenossen die Bürokratie infiltrieren konnten, die Instanzen aber ließ er unberührt. Auf das Können und die Qualifikation der alten Eliten etwa im Auswärtigen Amt oder in der Reichswehrführung zu verzichten, hätte auf dem Weg zu seinen fernen Zielen viel Zeit gekostet. Für Hitler, der alles in der Spanne seines Lebens erreichen wollte, zu viel Zeit.

Doch ließ er neben den Trägern des »klassischen« Staatsapparats Gliederungen der Partei wuchern, die sich nun mit den alten Ressorts und untereinander um Autorität und Kompetenzen balgten. Das hatte zwei Folgen: Zum einen richtete Hitler zusätzliche Pfründe für alte Weggefährten ein, deren Appetit nach Macht und Geld unstillbar wurde. Wichtiger war freilich, die mehr oder minder raffinierten Widerstände und Bremsversuche der alten Büro-

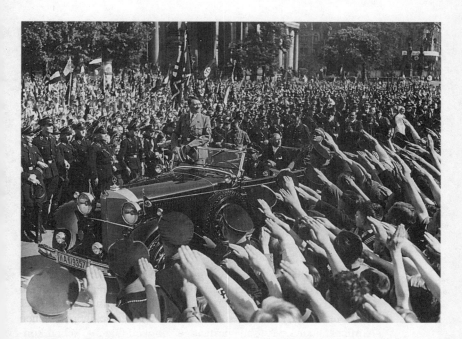

Hitler auf der Kundgebung zum 1. Mai 1934 im Berliner Lustgarten

Die Diktatur funktionierte nach dem Grundprinzip: Zuckerbrot und Peitsche. Etwas Butter, Kraft durch Freude, die Fahrt nach Madeira. Aber wer nicht parierte, wurde an die Wand gestellt. Raube den Menschen das Eigenwertgefühl, laß sie zusammenschrumpfen zu einer einzigen, großen breiigen Masse. Ausschließung der Selbstkontrolle. So hat er gesprochen. Er war ein Diktator der niederträchtigsten Art, ein aufgeblasener Kleinbürger, kein kerniger Prolet, kein Großbürger, sondern einer, der sich andienerte bei der Macht.

Walter Jens, Jahrgang 1923

Hitler war ein Diktator mit fast uneingeschränkter Macht. Er war ein Diktator, der seine Herrschaft sehr geschickt zu sichern verstand. Er war bereit, die notwendige Brutalität und Grausamkeit anzuwenden. Er war ungeheuer konsequent und radikal. So gesehen, war er natürlich ein außerordentlich erfolgreicher Diktator.

Ewald von Kleist, Jahrgang 1922 (Offizier bei Stauffenberg)

kratie zu umgehen, die im Prinzip nichts gegen Unterdrückung hatte – nur geordnet mußte es zugehen.
Die Folge war ein Chaos von rivalisierenden Instanzen, ein einziges Hauen und Stechen. In den Ländern stritten die Gauleiter der Partei mit den staatlichen Reichsstatthaltern. Parteistellen wie die »Dienststelle Ribbentrop« konkurrierten mit den Diplomaten vom Auswärtigen Amt um Einfluß auf die Außenpolitik. Die immer mächtiger werdende SS rang mit der staatlichen Polizei. Ein von Nazis kontrollierter »Volksgerichtshof« etablierte sich neben der althergebrachten Justiz. Hitler selbst gebot über nicht weniger als drei Kanzleien, die sich mitunter gegenseitig befehdeten.
Die Zahl der »Sonder«-Behörden und -Beauftragten war bald unüberschaubar. Wann immer Hitler neue Aufgabenbereiche sah oder mit bestimmten Dingen unzufrieden war, ernannte er einen neuen »Sonderbeauftragten«. Das war Blitzkrieg im Inneren. Der atavistische Glaube an die Wirkung eines »rücksichtslosen Willens«, durchgesetzt vom »richtigen Mann an der richtigen Stelle«, zersetzte den Staat. Warnungen über die zunehmende Anarchie seiner Verwaltung schlug der Diktator in den Wind. »Man muß die Menschen sich reiben lassen«, war einer seiner Lieblingssprüche, »dann entsteht Wärme.«
Kurzfristig waren dieser Politik tatsächlich erstaunliche Erfolge beschieden. Auf lange Sicht jedoch gab es enorme Reibungsverluste, die zu Leerlauf und Lähmung des gesamten aufgeblähten Apparates führten. In den Kriegsjahren verpuffte deshalb wohl auch ein erheblicher Teil der Rüstungsanstrengung. Soll man darüber klagen?
Natürlich gab es zahlreiche Versuche, das Chaos einzudämmen. Doch alle Anläufe zur Verwaltungsreform, wie sie Innenminister Frick unermüdlich unternahm, scheiterten am Diktator selbst. Mit sicherem Machtinstinkt hatte Hitler erkannt, daß inmitten seiner miteinander konkurrierenden Paladine die eigene Omnipotenz unangreifbar blieb.
Divide et impera – »Teile und herrsche«. Hitler folgte dem altbewährten Rezept der Tyrannei weniger systematisch denn intuitiv. Gewiß, einige seiner Spießgesellen konnten gewaltige Macht in ihren Händen anhäufen, Göring etwa mit seiner barocken Ämterfülle oder Himmler mit seinem Schattenreich der SS. Bezeichnenderweise hat jedoch keiner der Komplizen je versucht, den Diktator zu stürzen. Ohne ihn, das wußten sie, waren sie nichts.

Erst in den letzten Todeszuckungen des Reiches sagten sie sich los von ihrem Bändiger – weil es nun nur noch darum ging, die eigene Haut zu retten.
Zur Festigung der eigenen Macht im Wildwuchs seiner Herrschaft hatte Hitler gezielte Strategien entwickelt. Bei Streitigkeiten trat er stets erst dann als Schiedsrichter in Erscheinung, wenn sich schon abzeichnete, welche Seite sich durchsetzen würde. Das war Darwinismus pur. Der Stärkere wurde zu Loyalität und Dankbarkeit verpflichtet. So blieb Hitler immer Zentrum seines Imperiums. Nur die persönliche Loyalität dem Diktator gegenüber war im Führerstaat verpflichtend. Hitler allein hielt das Chaos dieses neofeudalen Gebildes zusammen, und er allein band durch seine mythisch verklärte Position als »Führer« die Bevölkerung an sich. Daß sich um ihn herum Bestechung und Vetternwirtschaft breitmachten, drang nicht an die Öffentlichkeit.
Hitler herrschte ganz bewußt durch Korruption, von der er wußte. Er ließ Göring an Gütern und Geld ungehindert zusammenraffen, was diesem nur möglich war; er ließ es zu, daß Goebbels sich von Industriellen Villen schenken ließ. Er ließ sich selbst für seinen »Berghof«, einen Klotz am Berg mit 222 Zimmern, Gelder zuschanzen, die heute jeden Rechnungshof zu einer Korruptionsanklage treiben würden. Für Hitler aber war dies keine Korruption: Spenden an den »Führer« und die Seinen? Nur gerechte Huldigungen!
Hitlers Herrschaft hatte ihre Schwächen. Über vieles, was die kleinen Hitler im Detail so trieben, war er nicht informiert, wollte es auch gar nicht sein. Vieles konnte sich so hinter seinem Rücken abspielen. Wie die meisten Despoten war auch er umgeben von Ja-Sagern und Speichelleckern, deren geschönte Berichte seinen Blick für die Wirklichkeit verstellten. Es ist frappierend, wie wenig er regierte.
Doch deshalb war er noch lange kein »schwacher Diktator«, wie einige Historiker glauben. Die großen Ziele bestimmte Hitler allein, er setzte sie konsequent durch. Zur Not auch gegen den Willen seiner Kumpane – wie die Entfesselung des Krieges zeigt. Göring wollte ihn nicht, Ribbentrop wollte ihn nicht – aber da die beiden dies nicht voneinander wußten, sondern sich mißtrauten, schlossen sie kein Bündnis.
Kein Mächtiger des Hitler-Reichs hat gegen Hitlers Willen Karriere gemacht. Schon ein Schatten auf der unbedingten Loyalität zu Hitler konnte lebensgefährlich sein, was die Strafaktion an

Röhm lehrte. Hitler war ein »starker« Diktator, der aus dem Weg räumte, was ihm mißfiel, notfalls auch die eigenen Gefolgsleute. Der Diktator war so »stark«, daß er es sich leisten konnte, wie ein Kapitän den Kurs vorzugeben und den Rest den vielen unbedingt ergebenen Steuermännern zu überlassen. Hitler war der monokratische Herrscher eines polykratischen Machtapparats. »Der Führer gibt die große Linie, er weist die Richtung, aber er läßt dem einzelnen weitesten Spielraum«, sagte Philipp Bouhler, Leiter der »Kanzlei des Führers«, einer der drittrangigen Steuermänner, 1936. Wenig später sollte derselbe ehrgeizige Bouhler seinen »Spielraum« großzügig ausschöpfen und kaltblütig die Mordaktion der »Euthanasie« einleiten.
Doch trug Hitlers Diktatur den Keim des Zerfalls von Beginn an in sich. Sein Reich hatte nie die Aussicht, ein »tausendjähriges« zu werden. Hitlers Wesen war immer auf das große Finale ausgerichtet. Joachim Fest hat das mit Recht als »Unfähigkeit zu überleben« bezeichnet. So wie das »Dritte Reich« kein wahrhaftiges Verhältnis zur Vergangenheit hatte und echte Traditionen mißverstand, mangelte es ihm auch an einer realistischen Vision der Zukunft, fehlten Planungen zur Dauerhaftigkeit. Selbst das angestrebte Großreich vom Atlantik bis zum Ural war als dynamisches Gebilde angelegt, geprägt durch ständige Veränderung, ständigen Kampf. Hitler war kein Bismarck, er war kein Reichsgründer. Obwohl er etwas völlig Neues schaffen wollte, war er nur Zerstörer. Der schleichende Zerfall des Staatsapparats war dafür nur ein kleines Beispiel. Der Staat war Hitler egal, er hatte, wie alles, nur »Mittel« zu sein für den allein von ihm bestimmten großen Zweck.
Zu guter Letzt hat er zugunsten seiner eigenen Unersetzlichkeit darauf verzichtet, einen Nachfolger zu installieren. Göring war zwar designiert, doch wurde er nicht ernst genommen. Sicher wäre wohl zumindest in den Kriegsjahren der »getreue Heinrich« Himmler mit der Macht seines SS-Imperiums im Rücken erster Kandidat für Hitlers Nachfolge gewesen. Doch Himmler hätte niemals »Führer« werden können, höchstens ein gnadenloser Gewaltherrscher. Hitlers Diktatur war nicht auf Dauer angelegt. Die zerstörerischen Kräfte im Inneren des Tyrannen spiegelten sich lange vor der Kapitulation in dem auf Selbstzerstörung angelegten Wesen seiner Herrschaft.

Der Eroberer

Wehe dem, der schwach ist

Der Gedanke zum Schlagen war schon
immer in mir

Zum Wohle des deutschen Volkes müssen wir
alle 15 bis 20 Jahre nach Kriegen streben

Ich will den Krieg lieber mit fünfzig haben, als
wenn ich fünfundfünfzig bin oder sechzig

Ich habe es nicht für möglich gehalten, daß mir die
Tschechoslowakei von ihren Freunden quasi auf
dem Tablett serviert wird

Es ist mir gleichgültig, ob es einen Weltkrieg gibt
oder nicht

Man muß die eigenen Rückzugslinien selbst
abschneiden, dann kämpft man leichter und
entschlossener

Genies außerordentlicher Natur lassen keine
Rücksicht auf die normale Menschheit zu

Wenn das deutsche Volk nicht mehr stark genug
ist, sein eigenes Blut für seine Existenz einzusetzen,
soll es vergehen

Hitler

Wir wollen zugleich aber auch, so wie wir im Inneren stets den Frieden in unserem Volke gepredigt haben, ein friedliebendes Element unter den anderen Völkern sein. Wir können das nicht oft genug wiederholen. Wir suchen den Frieden, weil wir ihn lieben! Allein wir stehen zur Ehre, weil wir ohne sie nicht leben wollen!

Adolf Hitler, 1935

Ich brauche nur einen Befehl zu geben, und über Nacht ist der ganze lächerliche Spuk an der Grenze zerstoben. Sie werden doch nicht glauben, daß Sie mich auch nur eine halbe Stunde aufhalten können? Wer weiß – vielleicht bin ich über Nacht auf einmal in Wien: wie der Frühlingssturm! Dann sollen Sie was erleben!

Adolf Hitler, 1938

Die Tschechei ist ein wahrer Dreckhaufen. Dagegen Feindschaft von allen Seiten zu schüren, liegt nur in unserem Interesse. Und dann gegen die Habsburger. Der Führer kennt sie und ihre Politik sehr gut aus seiner Wiener Zeit. Die ist für ihn überhaupt die große Schule gewesen.

Joseph Goebbels ,1938

Wir werden uns nie auf ein Gespräch mit Hitler einlassen, nie mit ihm oder einem aus seinem Lande verhandeln. Wir werden ihn bekämpfen zu Land, wir werden ihn bekämpfen zur See, und wir werden ihn in der Luft bekämpfen, bis wir mit Gottes Hilfe die Welt von diesem Scheusal befreit und sein Joch von den Schultern der Völker genommen haben.

Winston Churchill, 1940

Und wenn die britische Luftwaffe zwei- oder viertausend Kilogramm Bomben wirft, dann werfen wir jetzt in einer Nacht 150 000, 180 000, 230 000, 300 000, 400 000, eine Million Kilogramm. Wenn sie erklären, sie werden unsere Städte in großem Ausmaß angreifen – wir werden ihre Städte ausradieren!

Adolf Hitler, 1940

Diesem Narren traue ich wahrhaftig zu, daß er uns auch noch Rußland auf den Hals hetzt. Ich denke nicht daran, mich damit zu beschäftigen.

Generalfeldmarschall Franz Halder, 1940

Alles, was ich unternehme, ist gegen Rußland gerichtet; wenn der Westen zu dumm und zu blind ist, um dies zu begreifen, werde ich gezwungen sein, mich mit den Russen zu verständigen, den Westen zu schlagen und dann nach seiner Niederlage mich mit meinen Kräften gegen die Sowjetunion zu wenden.

Adolf Hitler, 1939

Diesen Befehl gebe ich nicht weiter. Die 8. Division ist eine Division von Soldaten und nicht von Mördern und Marodeuren. Ich werde jeden vor ein Kriegsgericht stellen, der Kriegsgefangene anders behandelt, als die Genfer Konvention und die Haager Landkriegsordnung es vorschreiben.

Generalmajor Gustav Hoehne, 1941

Ich wollte zur Wolga kommen, und zwar an einer bestimmten Stelle, an einer bestimmten Stadt. Zufälligerweise trägt sie den Namen von Stalin. Aber denken Sie nur nicht, daß ich aus diesem Grunde dorthin marschiert wäre. [...] Dort war ein gigantischer Umschlagplatz. Den wollte ich nehmen, und – wissen Sie – wir sind bescheiden, wir haben ihn nämlich.

Adolf Hitler, 1942

Es kommt ja doch alles so, wie es kommen soll. Ich und auch alle meine Kameraden haben die Schnauze gestrichen voll. Bald muß das ein Ende haben. Allzulang darf das auch nicht mehr dauern.

Hans R., Stalingrad 1943

Offensiv will der Führer auf jeden Fall wieder werden; wann, das kann er allerdings im Augenblick noch nicht sagen.

Joseph Goebbels, 1944

Findet sich denn da drüben im Führerhauptquartier kein Offizier, der das Schwein mit der Pistole umlegt?

Claus Graf Schenk von Stauffenberg, 1942

Das Attentat muß erfolgen. Sollte es nicht gelingen, so muß trotzdem in Berlin gehandelt werden. Denn es kommt nicht mehr auf den praktischen Zweck an, sondern darauf, daß die deutsche Widerstandsbewegung vor der Welt und vor der Geschichte den entscheidenden Wurf gewagt hat. Alles andere ist daneben gleichgültig.

Oberst Henning von Tresckow, 1944

Eines Tages wird die Geschichte der deutschen Generalität seit 1933 geschrieben werden, und das wird keine schöne Geschichte sein, sondern ein höchst erbauliches und urpreußisches Buch. Darin wird man nachlesen können, wie sich die Generäle, um mächtig zu werden, unterwarfen. [...] Wie sie, bis auf wenige, ihrem Treuebruch die Treue hielten bis übers Grab. Über wessen Grab?

Erich Kästner, 1945

Ein Mann in einer weißen Uniform tanzt durch sein riesiges Büro und spielt mit einer gewaltigen Erdkugel. Graziös läßt er die Welt auf dem Finger rotieren, wirft sie hoch, fängt sie wieder auf, stupst sie mit dem Zeh und spielt mit ihr – bis sie schließlich platzt. Der größenwahnsinnige Mann mit dem Bärtchen möchte die Welt beherrschen und zerstört sie. Die Szene aus dem Film »Der große Diktator« wurde 1939 gedreht. Ihr Weitblick erschreckt: Charlie Chaplin parodiert Adolf Hitler. Mit künstlerischen Mitteln bringt er dessen Ziele auf den Punkt: Sein Diktator Hynkel strebte nach Weltherrschaft.
In der NS-Terminologie finden sich ähnliche Vergleiche, ja sogar das gleiche Bild, das auch Chaplin verwendet: Schon 1929 erklärte Hitler: »Für uns ist diese Erde ein Spielball.« Man soll die Analogien nicht zu weit treiben. Für Hitler war das Spiel mit der Erde blutiger Ernst. Als »Der große Diktator« 1940 in die Kinos kam, war der Krieg in Europa längst entbrannt. Hitlers Wehrmacht hatte Polen überfallen und in einem Blitzkrieg ebenso besiegt wie Norwegen, Dänemark, die Niederlande, Belgien und sogar den »Erbfeind« Frankreich. Hitler stand auf dem Gipfel seiner militärischen Erfolge. Während der letzten Jahre war ihm alles gelungen. Was immer er auch unternahm – er hatte es erfolgreich beendet. Die Welt staunte und erschrak. Als »größten Feldherrn aller Zeiten« rühmte ihn sein Marschall Keitel. »Als größten Deutschen der Geschichte« hatte sich Hitler im Überschwang seines (letzten) Erfolgs vor dem Krieg, der Zerschlagung der »Rest-Tschechei«, selbst gefeiert.
Wenn Hitler nicht den Krieg begonnen hätte... Würden sich dann nicht nur seine Landsleute diesem Urteil angeschlossen haben, sondern hätte es auch die Geschichte getan? Der Erpresser und der Kriegsherr Hitler sind zwei Seiten derselben Medaille. Den Friedensengel Hitler, der Außenpolitik in der Kontinuität der Weimarer Republik betreibt und dessen Ziel sich darin erschöpft, die »Fesseln von Versailles« zu sprengen, hat es nie gegeben. Hitler wollte immer mehr. Und von Anfang an lag seinem Tun, allen

Brüchen zum Trotz, ein Ideengebäude zugrunde, dessen konsequente Umsetzung den Atem verschlägt. Die Quelle heißt »Mein Kampf« – Hitlers autobiographisches Pamphlet, dessen fünf Jahrzehnte währendes Verbot es davor bewahrt hat, sich und seine hochtrabende Plattheit bloßzustellen – den Ideenschutt des 19. Jahrhunderts. Doch es war gefährlicher Ideenschutt.

»Wir Nationalsozialisten ziehen bewußt einen Strich unter die außenpolitische Richtung unserer Vorkriegszeit.« Für Hitler war die bloße Revision von Versailles ein Irrweg, weil sie von den eigentlichen Zielen ablenke. »Wir schließen endlich ab die Kolonial- und Handelspolitik der Vorkriegszeit und gehen über zur Bodenpolitik der Zukunft.« Das Schlüsselwort hieß »Lebensraum«. Deutschland könne seine wachsende Bevölkerung nicht mehr innerhalb der eigenen Grenzen ernähren, das »Volk ohne Raum« brauche zur Existenzsicherung neue Siedlungsgebiete, sonst drohe der »Untergang«. Das deutsche Volk sei nämlich auf »unmöglicher Grundfläche zusammengepfercht« und sähe daher »einer jämmerlichen Zeit entgegen«. Um dies zu ändern, gäbe es nur eine Stoßrichtung: »Wir stoppen den ewigen Germanenzug nach Süden und Westen Europas und weisen den Blick nach dem Land im Osten.« Denn: »Wollte man in Europa Grund und Boden, dann konnte dies im großen und ganzen nur auf Kosten Rußlands geschehen.« Und dann weiter? »Deutschland wird entweder Weltmacht oder überhaupt nicht sein.« Dieser Satz ist ebenso simpel wie irrsinnig. Aber um dieses Entweder-Oder kreiste Hitlers Denken.

Am Anfang dieses Weges nach Osten stand ein Marsch nach Westen. Am 7. März 1936 ließ Hitler seine neugeschaffene »Wehrmacht« in das entmilitarisierte Rheinland einmarschieren. Es war eine kalkulierte Kriegserklärung an die Friedensordnung von Versailles – und ein Vabanquespiel sondergleichen. Die Soldaten, von der Bevölkerung enthusiastisch begrüßt, hatten Anweisung, bei militärischem Widerstand sofort den Rückzug anzutreten. Doch es gab keinen Widerstand. Der Westen unternahm nichts. Briten und Franzosen glaubten Hitlers Friedensbeteuerungen, weil sie ihnen glauben wollten. Sie glaubten dem gerissenen Taktiker, der geschickt die Schwäche seiner Gegner ausnutzte; dem hinterlistigen Lügner, der durch große Worte über seine wahren Absichten hinwegtäuschte; dem begabten Propagandisten, der sich bietende Vorteile trickreich nutzte und es durch geschickte Manöver verstand, den Eindruck eines »Friedensengels« zu

erwecken: »Bei Diktaten wirken wir nicht mit. Jemand muß in Deutschland kommen und sagen: Den Frieden wollen wir. Aber diese ununterbrochene Unterdrückung lehnen wir ab. Und die Entbehrung ertragen wir nicht.«
Sie glaubten dem Wolf, der Kreide fraß, um seine eigentlichen Ziele zu vernebeln. Die Franzosen waren zu müde, um schon wieder Krieg zu führen. Die Briten waren insgeheim schon überzeugt, daß Hitlers Einmarsch eigentlich bererechtigt war: »Er ist ja in den eigenen Vorgarten zurückgekehrt.«
Dabei standen Erfolg und Mißerfolg selten so auf Messers Schneide, wie beim Einmarsch ins Rheinland. Hitler selbst räumte nach einem Bericht seines Chefdolmetschers Schmidt ein: »Wären die Franzosen damals ins Rheinland eingerückt, hätten wir uns mit Schimpf und Schande wieder zurückziehen müssen.« Der Diktator war sich der eigenen Schwäche wohl bewußt. Tatsächlich wäre es damals noch am ehesten möglich gewesen, Hitler in die Schranken zu weisen. Die Wehrmacht war noch schwach. Im März 1936 hatten Briten und Franzosen ihre letzte Chance, ohne kriegerische Folgen dem Diktator Einhalt zu gebieten. Vielleicht wäre es sogar möglich gewesen, Hitlers Diktatur zu stürzen. Diese Chance wurde leichtfertig vertan.
Hitler hatte Erfolg. War es Glück oder Gespür? Er war nicht nur Vabanque-, er war auch ein geschickter Pokerspieler, der mit einem schlechten Blatt blufft, weil er glaubt, daß sein Gegenüber ein noch schlechteres Blatt hat. Der deutsche Botschafter in Rom, Ulrich von Hassell, gibt in einer Gesprächsnotiz Hitlers Lageeinschätzung wieder, die er am 14. Februar 1936 in einem Gespräch erläutert hatte: »Die Sowjetunion sei gegenwärtig nur darauf erpicht, im Westen Ruhe zu haben, England sei militärisch in schlechtem Zustand und durch andere Probleme stark gefesselt, Frankreich sei innenpolitisch zerfahren. Er glaubt nicht, daß man solchen deutschen Schritt mit militärischem Vorgehen beantworten werde.« Dennoch war es mehr als ein begrenztes Risiko. Einen Krieg mit Frankreich konnte Hitler zu diesem Zeitpunkt nicht führen. Der zaudernde Diktator hatte während der Aktion für kurze Zeit erwogen, alles abzubrechen, als Nachrichten kamen, die Franzosen hätten eine Garnison von Metz nach Saarbrücken in Marsch gesetzt. Doch sein Außenminister von Neurath, ein schlauer Schwabe, forderte ihn auf, die Nerven zu behalten: »Jetzt sind mer drinne und jetzt bleibe mer drinne.« Auch wenn Hitler nicht, wie später behauptet, »einem Nervenzusam-

Der britische Außenminister Sir John Simon und Anthony Eden bei Hitler in der Reichskanzlei, Berlin im März 1935

Vielleicht das größte Vabanque-Spiel von ihm war die Rheinlandbesetzung. Das wäre für den Westen eine Sternstunde gewesen, denn da hätten sie ihn stürzen können.

Otto von Habsburg, Jahrgang 1912

Außenminister Neurath sagte damals: »Herr Hitler, das können Sie riskieren, da wird nichts passieren.« Und oft habe ich gehört, wie Hitler erzählte: »Alle Generäle hatten volle Hosen, nur der schlaue Schwabe, der Neurath, sagte mir damals: »Herr Hitler, das können Sie riskieren.«

Ich erinnere mich, da wurde ein englischer Lord gemeldet, und Hitler war in bester Stimmung. Er sagte: »Lassen Sie ihn noch ein bißchen warten, ich muß erst böse werden.« Und dann riß er sich zusammen und sagte: »So, jetzt können Sie ihn kommen lassen!« Dann zog er eine Show ab, daß der Engländer ganz verschreckt war und am Telefon zu Hause meldete, Hitler sei sehr empört. Und kaum war der Lord weg, fing Hitler an zu lachen, rieb sich die Hände und meinte: »Der glaubt jetzt, daß ich wirklich böse bin. Bitte etwas Tee und Kuchen.«

Reinhard Spitzy, Jahrgang 1912 (Referent bei Ribbentrop)

menbruch nahe« war – nervös war er schon. Und sicher keineswegs so siegesgewiß, wie er sich später immer dargestellt hat: »Ja, dem Mutigen gehört die Welt«, rief der Diktator zwar, als er im Triumph durch die Industriereviere links des Rheins fuhr. Er seufzte aber auch: »Bin ich froh, daß es so glatt abgegangen ist.« Seine eigene Angst vergaß Hitler rasch. Die Befürchtungen der anderen aber – etwa der von Goebbels als »Angstmeier« verspotteten hohen Beamten im Auswärtigen Amt, die vor dem Einmarsch gewarnt hatten – blieben ihm stets in Erinnerung. Sein Selbstbewußtsein wuchs enorm. Die Folgen waren fatal. »Wir wollen doch aufhören va banque zu spielen«, sagte Göring kurz vor Kriegsbeginn zu seinem »Führer«. Hitler erwiderte: »Wir haben immer va banque gespielt, und ich werde immer va banque spielen.«

Zwar erschütterte Hitler das System der Versailler Friedensordnung. Doch es war kein blindes Attackieren, das auf einen Schlag ein stabiles Bauwerk zu zerstören trachtete. Vielmehr vernichtete er ein Gebäude, das auf schwachen Fundamenten ruhte und vor allem: dessen Architekten selbst nicht völlig von der Stabilität ihres Werkes überzeugt waren. Man muß nicht so weit gehen wie Oswald Spengler: »Es war kein Sieg, denn die Gegner fehlten.« Doch die Friedensordnung war schon ausgehöhlt, ehe Hitler sie untergrub, bereits mürbe, ehe Hitler sie zerriß. Er hatte leichtes Spiel.

Zur Lösung der deutschen Frage könne es nur den Weg der Gewalt geben. Dies war der Schlüsselsatz eines Treffens, zu dem Hitler am 5. November 1937 die Oberbefehlshaber von Heer, Marine und Luftwaffe sowie den Reichskriegsminister und den Außenminister geladen hatte. Der Diktator sprach von der ungelösten deutschen Frage, er sprach von Gewalt – und er sprach auch davon, welche Länder als erste annektiert werden sollten: Österreich und die Tschechoslowakei.

Zwar hatte Berlin in einem Abkommen von 1936 die volle Souveränität Österreichs anerkannt. Doch schon damals mußte sich Österreich »als deutscher Staat bekennen.« Diese Formulierung war nicht die einzige Pression. Weit schlimmer noch mußte sich die Zusage Wiens auswirken, Mitglieder der sogenannten »Nationalen Opposition« an der Machthabe zu beteiligen. Doch Kurt von Schuschnigg, der neue Regierungschef, weigerte sich, dieser Zusage nachzukommen – verständlich, wenn man bedenkt, daß er damit Nationalsozialisten und Befürworter des »Anschlusses«

in seine Regierung hätte aufnehmen müssen, die dort, gleichsam als »fünfte Kolonne« Hitlers, die Souveränität der Alpenrepublik von innen aushöhlen sollten. Hier setzte der deutsche Diktator den Hebel an, um die österreichische Regierung in Schwierigkeiten zu bringen. Bei der Wahl seiner weiteren Mittel ließ Hitler jede bisher geübte Zurückhaltung fallen. Das Vorspiel zu diesem letzten Akt vor dem dramatischen Ende der ersten österreichischen Republik war zugleich der Auftakt für ein neues Stück: Zum erstenmal präsentierte sich der deutsche »Führer«, der bislang vornehmlich als »Täuscher« erfolgreich war, auf internationalem Parkett auch in der Rolle des »Erpressers«. Mit unverhohlenen Drohungen und massivem Druck versuchte er, einen ausländischen Staatsmann gefügig zu machen – eine neue Qualität in den internationalen Beziehungen.
Als der österreichische Kanzler am Vormittag des 12. Februar 1938 auf dem Berghof bei Berchtesgaden von Hitler empfangen wurde, sah er sich nach einer kurzen Begrüßung einem ungewohnten Gesprächsstil gegenüber. Hitler überschüttete ihn mit einer Fülle von Vorwürfen. Von »ununterbrochenem Volksverrat« war die Rede, von »deutschfeindlicher Politik« und einem angeblichen Versuch, Deutschland zu spalten. Hitlers massive Angriffe gipfelten in der Drohung: »Ich bin fest entschlossen, mit dem allem ein Ende zu machen«. Bei der Erfüllung seines »geschichtlichen Auftrags« würde ihn nichts aufhalten können und Schuschnigg schon gar nicht, denn der stehe allein. Unmißverständlich drohte Hitler mit dem Einsatz militärischer Mittel. »Sie werden doch nicht glauben, daß Sie mich auch nur eine halbe Stunde aufhalten können? Wer weiß – vielleicht bin ich über Nacht auf einmal in Wien: wie der Frühlingssturm! Dann sollen Sie was erleben!«
In den Beschreibungen des Gesprächs wird Hitler von Zeitzeugen als ein wild gestikulierender Mann geschildert, der mit geballter Faust und in außerordentlich rüdem Ton auf sein Gegenüber einschrie, ihn sogar des Raumes verwies. Derart zermürbt, gab Schuschnigg nach und unterzeichnete ein Dokument, mit dem sich Wien zur Marionette Berlins machte: Der österreichische Kanzler mußte dem Nationalsozialisten Seyß-Inquart als Innenminister die Polizeigewalt übertragen und der NSDAP Österreichs die volle Betätigungsfreiheit wiedergeben. Er mußte zusagen, seine Außenpolitik mit Berlin abzustimmen und deutsche Offiziere an Besprechungen des österreichischen Generalstabs zu

beteiligen. Das Papier bedeutete das Todesurteil für ein unabhängiges Österreich.
Schuschnigg unternahm in den nächsten Tagen den verzweifelten Versuch, seinen ehemaligen Landsmann zu bremsen.
Am 9. März verkündete der österreichische Regierungschef seine Absicht, am nächsten Wochenende eine Volksabstimmung durchführen zu lassen. Die Losung: »Für ein freies und deutsches, unabhängiges und soziales, für ein christliches und einiges Österreich.« Damit wollte er der Behauptung Hitlers entgegentreten, die österreichische Bevölkerung sei für den Anschluß. Das Wahlalter wurde auf 24 Jahre heraufgesetzt, weil die Wählerverzeichnisse seit sechs Jahren nicht mehr aktualisiert worden seien. Weil damit vor allem auch die von den Nationalsozialisten begeisterten Jungwähler ausgeschlossen waren, witterte Berlin Verrat und Manipulation. Die überall geschwenkten rot-weiß-roten Nationalfahnen und die breite Zustimmung in der internationalen Presse ließen die Aussichten Hitlers schwinden, ein Votum für den Anschluß zu bekommen. Sogar die österreichischen Sozialisten, vehemente Gegner Schuschniggs, waren bereit, ihre Ablehnung des »Austrofaschismus« zurückzustellen. In einem Aufruf vom 10. März hieß es: »Arbeiter! Genossen! [...] Der 13. März ist für die Arbeiter ein Tag der Bekundung ihrer fanatischen Feindschaft gegen den Hitlerfaschismus. Darum muß die Arbeiterschaft am Sonntag, dem 13. März, mit Ja stimmen.«
Am gleichen Tag zwang Hitler den österreichischen Kanzler, sein Vorhaben aufzugeben und die Volksbefragung abzusagen.
An diesem 10. März hatten sich die Ereignisse überschlagen: In den Mittagsstunden hatte Hitler seinem Bündnispartner Mussolini in einem persönlichen Brief erklärt, daß er »als Sohn der österreichischen Erde« gezwungen sei, »Gesetz und Ordnung in seinem Heimatland wiederherzustellen.« Um seinen Männerfreund in Rom zu beruhigen, hatte Hitler den Fortbestand der Brennergrenze wortreich unterstrichen. Ribbentrop hatte seinem »Führer« versichert, daß England am Schicksal Österreichs nicht weiter interessiert sei. Frankreich stand mitten in einer Regierungskrise und war nach außen weitgehend handlungsunfähig. Weit und breit war niemand da, der die österreichische Souveränität garantieren wollte.
In Hitlers Weisung für den Einmarsch in Österreich, die in Anspielung auf den Thronfolger der ehemaligen Habsburger Monarchie den Decknamen »Unternehmen Otto« trug, hieß es:

»Ich beabsichtige, wenn andere Mittel nicht zum Ziele führen, mit bewaffneten Kräften in Österreich einzurücken [...] und weitere Gewalttaten gegen die deutschgesinnte Bevölkerung zu unterbinden.«
Einer der Standardvorwände aller Aggressoren, der vorgebliche Schutz ethnischer oder politischer Minderheiten, sollte herhalten, um die Verletzung internationalen Rechts zu rechtfertigen. Hitler war zum erstenmal bereit, die Grenzen eines souveränen Staates zu mißachten – das war die neue Qualität, kein Vergleich mit dem Einmarsch in das (deutsche) Rheinland. Dem widerspricht auch nicht, wenn er gegen Ende dieser Weisung verfügte: »Das Verhalten der Truppe muß dem Gesichtspunkt Rechnung tragen, daß wir keinen Krieg gegen ein Brudervolk führen wollen.« Wenn diese Taktik nicht verfangen würde, so war Hitler auch zum Kampf bereit: »Sollte es zum Widerstand kommen, so ist er mit größter Rücksichtslosigkeit durch Waffengewalt zu brechen.«
Am nächsten Tag, einem Samstag, überschritten Soldaten der 8. Armee der Deutschen Wehrmacht die Grenzen nach Österreich. Wieder einmal hielt Hitler an einem Wochenende die Welt in Atem. Ebenso interessant wie der Inhalt des Einmarsch-Befehls waren die näheren Umstände seiner Entstehung. Im nachhinein hatte der Diktator die Entscheidung als »Selbstverständlichkeit« beschrieben. Doch wie schon im Laufe der Rheinlandbesetzung, zeigte sich Hitler auch hier als wankelmütiger Zauderer. Sein Erfolg war das Resultat von Zufällen (internationale Lage), Ungeschicklichkeiten des Gegners (Schuschniggs Anhebung des Wahlalters), Desinteresse (das sich in einer Äußerung Hendersons erkennen läßt, der gegenüber einem Österreicher erklärte: »Sie sind Deutsche, und die Deutschen gehören zusammen«) und Unterstützung (Hitler erklärte auf die Nachricht von Mussolinis Zustimmung erleichtert und überschwenglich: »Das werde ich ihm nie vergessen, nie, nie nie, kann sein, was will.«).
Der Chef des Generalstabs, General Beck, erwiderte auf Keitels Frage nach dem Stand der Planungen: »Wir haben nichts vorbereitet, gar nichts.« Binnen weniger Stunden entwarf General von Manstein einen improvisierten Operationsplan. Hitler selbst war unschlüssig. Es waren Ribbentrop und vor allem Göring, die ihren »Führer« zum Einmarsch drängten. Göring prahlte noch vor dem Nürnberger Gerichtshof 1946 im Angesicht des Galgens: »Weniger der Führer als vielmehr ich selbst habe hier das Tempo angegeben.«

Seine Bemerkung, dabei habe er sich sogar über »Bedenken des Führers« hinweggesetzt, sind ein weiterer Beleg dafür, daß Hitler in Krisensituationen keineswegs der kühle Rechner war, der unbeirrt einen einmal gefaßten Plan durchsetzen wollte. Der große »Führer« schwankte vielmehr, traf Entscheidungen, die er wenig später widerrief, überspielte seine Unsicherheit durch hysterisches Geschrei und rechnete es Göring hoch an, in dieser Situation Ruhe bewahrt zu haben. Es war Göring, der Schuschnigg in der Nacht zum 11. März am Telefon ultimativ zum Rücktritt aufforderte. Und es war ebenfalls Göring, der über Wilhelm Keppler, Hitlers Sonderbeauftragten in Wien, ein Telegramm veranlaßte, mit dem der mittlerweile vom österreichischen Präsidenten unter Druck zum neuen Reichskanzler ernannte Nazi Seyß-Inquart die deutschen Brüder in Berlin um Hilfe bat. Die »baldmöglichste Entsendung deutscher Truppen« zur Wiederherstellung von »Ruhe und Ordnung«, so lautete die »dringende Bitte« an die deutsche Regierung. Erst als alles ins Rollen gebracht war und am Abend des 11. März die Nachricht vom Stillhalten Mussolinis eintraf, beendete Hitler sein Zögern. Er, der nach Aussagen von Staatssekretär Meissner ursprünglich erwogen hatte, die Vereinigung in Etappen durchzuführen, wartete nun das offizielle Absenden des Telegramms durch Seyß-Inquart gar nicht mehr ab, sondern setzte gleich die deutschen Truppen in Marsch.
Wie unorganisiert und hektisch sich der Einmarsch der deutschen Verbände vollzog, kann daran abgelesen werden, daß etwa die 2. Panzerdivision des Generals Guderian ohne Straßenkarten aufgebrochen war. Wäre die deutsche Armee zum Kampf gezwungen worden, hätte sie logistische Probleme überwinden müssen. Doch es gab keinen Widerstand zu brechen. Weder Tschechen noch Franzosen wollten für die Unabhängigkeit Österreichs kämpfen. Und die Österreicher selbst? Sie wollten endlich »heim ins Reich«. Hitlers Fahrt von seinem Geburtsort Braunau durch seine Heimat nach Linz, der Stadt seiner Pubertät, war begleitet von jubelnden Menschenmassen, von einem Meer von Blumen und Fahnen. Ausgezogen war er als Versager; heim kehrte er als Herrscher. Am 13. März unterzeichnete er das »Gesetz über die Wiedervereinigung Österreichs mit dem Deutschen Reich«, einen Tag später folgte der triumphale Einzug in Wien – der Stadt seines Scheiterns. Auf dem Heldenplatz hatten sich Hunderttausende versammelt, um die »größte Vollzugsmeldung« Adolf Hitlers zu umjubeln: »Als Führer und Kanzler der deutschen Nation und

In Linz war ein unbeschreiblicher Jubel. Und nun geschah das Merkwürdige: Hitler, der den »Anschluß« im Moment gar nicht anstrebte – er wollte eine nationalsozialistische Regierung durchsetzen –, sagte sich: »Die Nachrichten aus England und Frankreich sind alle positiv, im Grunde droht von dort keine Gefahr, die Russen können nichts dagegen tun. Warum soll ich nicht gleich alles machen?« Und dann nahm er gleich alles mit, und wir fuhren nach Wien.

Reinhard Spitzy, Jahrgang 1912 (Referent bei Ribbentrop)

Die Reaktionen auf den Anschluß Österreichs waren verschieden. Doch die meisten Österreicher waren sehr begeistert, auch wenn sie keine Nationalsozialisten waren. Hitler marschierte ein, und gleich anschließend hatte man das Gefühl, es ginge aufwärts. Die Leute bekamen Arbeit, denn Arbeitsplätze wurden durch das neu entstandene Aluminiumwerk und das Stahlwerk geschaffen. Die Leute hatten endlich wieder was zu essen. Bis Hitler einmarschierte, herrschten ja tragische Zustände: Braunau hatte damals 8 000 Einwohner, und viele gingen betteln.

Helene Gärtner, Jahrgang 1932

Hitler besucht unmittelbar nach dem »Anschluß« Österreichs das faschistische Italien, um mit Mussolini sein weiteres Vorgehen in Europa abzustimmen. Der »Duce« verabschiedet Hitler auf dem Bahnhof Termini in Rom, 9. Mai 1938

des Reichs melde ich vor der Geschichte nunmehr den Eintritt meiner Heimat in das Deutsche Reich.« Der darauf losbrechende Jubel war echt, das Ergebnis der Volksabstimmung über den Anschluß am 10. April mußte wohl nur wenig gefälscht werden und erbrachte eine neunundneunzigprozentige Zustimmung.
Im Taumel der Gefühle gingen Akte der Gewalt, die das Geschehen begleiteten, nahezu unter. Die Opfer waren vor allem Juden und Gegner des Anschlusses. Hunderte begingen Selbstmord.
Zum erstenmal präsentierte Hitler sich nun als »Mehrer des Reiches«. Dabei konnte er noch immer darauf verweisen, eine von breiten Schichten in Österreich und Deutschland als Unrecht empfundene Bestimmung des Versailler Vertrags, das Anschlußverbot, »wiedergutgemacht« zu haben. Der Anschluß wurde als Vollzug des »Selbstbestimmungsrechtes der Völker« hingestellt. Zur »Familienangelegenheit« hatte Göring das »Unternehmen Otto« erklärt. Erneut profitierte Hitler von einem unterschwelligen Unbehagen an der Friedensordnung. Das Ausbleiben von internationalen Reaktionen deutete er auf seine Art. Er sah sich durch die Leichtigkeit, mit der er einen souveränen Staat gewonnen und ein Mitglied des Völkerbundes ausgelöscht hatte, in der Wahl seiner Mittel bestätigt. Man müsse den schwächlichen Demokratien nur energisch genug entgegentreten, die Zeit der eigenen Schwäche war vorbei! Hatte er beim Einmarsch in Österreich noch gezögert, so waren die Unentschlossenheit und die Furcht vor möglichen Reaktionen beim nächsten Unternehmen vergessen. Einmal erfolgreich angewandt, zählte die Erpressung von nun an zu seinem festen Repertoire.
Das nächste Opfer war schon ausgemacht. Schon in seiner Rede vom 20. Februar hatte er Ansprüche angemeldet, die alle Nachbarn Deutschlands beunruhigen mußten: »Zu den Interessen des Deutschen Reiches gehört der Schutz jener deutschen Volksteile an unseren Grenzen, die nicht in der Lage sind, ihre politische und geistige Freiheit aus eigener Kraft zu sichern.« Daß damit nicht nur die Deutsch-Österreicher gemeint waren, machte Hitler schon wenige Tage nach dem Anschluß der »Ostmark« klar. So wie in Österreich hatte Hitler auch im Sudetenland seine Hilfstruppen. Konrad Henlein, ehemaliger Bankangestellter und Weltkriegsoffizier, nun Turnlehrer, stand an der Spitze der Sudetendeutschen Partei, die für die Selbständigkeit der sudetendeutschen Volksgruppe im tschechoslowakischen Staat kämpfte. Es war nicht zuletzt die unnachgiebige Haltung der Prager Regierung, welche

die bisher nationale, aber nicht nationalsozialistische Partei eine Anlehnung an den mächtigen Herrn in Berlin suchen ließ.
Am 28. März 1938 traf Henlein auf Einladung Berlins zum erstenmal mit Hitler zusammen. Der deutsche Diktator erläuterte seinem neuen Gefolgsmann die Rolle, die er ihm im Kampf um das Sudetengebiet zugedacht hatte: »Die SDP muß ihre Zersetzungsarbeit fortsetzen, sie muß der tschechischen Regierung unannehmbare Bedingungen stellen.«
»Immer so viel fordern, daß wir nicht zufriedengestellt werden können« – die flinke Antwort Henleins beschreibt eine Methode, die Hitler und er in den nächsten Monaten immer wieder anwandten.
Die Machthaber in Prag hatten sich bislang jeder Forderung der Sudetendeutschen nach Gleichberechtigung im Vielvölkerstaat Tschechoslowakei widersetzt – allen anderslautenden Lippenbekenntnissen zum Trotz. Im Sudetenland waren die Weichen auf Konflikt gestellt. Der starke Mann in Prag, Eduard Benesch, vertraute auf die Unterstützung seines Bündnispartners Frankreich. Doch in England war die Bereitschaft, sich für Prag einzusetzen, außerordentlich gering. »Die Tschechen gehen uns nichts an«, titelte die Daily Mail, und selbst Premierminister Chamberlain sah im Vielvölkerstaat Tschechoslowakei nur einen »fernen, unbekannten Staat« aus »Fetzen und Flicken«.
Hitler ließ den »Fall Grün« vorbereiten. Dabei war nicht nur das deutschbesiedelte Sudetenland, sondern die ganze Tschechoslowakei Objekt seiner Begierde. Doch damit nicht genug: Hitler ging es nicht primär um die Zerschlagung der Tschechoslowakei, schon gar nicht nur um die Interessen der Sudetendeutschen. Er suchte die Gelegenheit, um einen Krieg auszulösen, mit dem er seine eigentlichen Eroberungsziele verwirklichen konnte. Doch er wollte als der Provozierte dastehen, nicht als Provokateur. Als Hitler am 21. April General Keitel befahl, einen Plan zur Eroberung der Tschechoslowakei auszuarbeiten, achtete er penibel darauf, seinem gewalttätigen Vorgehen einen Anstrich von Legalität zu geben: »Die beste Lösung wäre ein blitzartiges Handeln aufgrund eines Zwischenfalls, z.B. Ermordung des deutschen Gesandten.«
Noch existierte kein exakter Zeitplan, doch am 30. Mai revidierte Hitler die bisherigen Weisungen für den »Fall Grün« und verkündete: »Es ist mein unabänderlicher Entschluß, die Tschechoslowakei in absehbarer Zeit durch eine militärische Aktion zu zerschlagen. Ihre Ausführung muß spätestens am 1.10.1938 sichergestellt sein.«

Diese plötzliche Eile war die Folge der sogenannten »Wochenendkrise«, die Europa am 21. und 22. Mai beinahe in den Krieg gestürzt hätte. Gerüchte über deutsche Truppenkonzentrationen an der Grenze beantwortete die Prager Regierung am 21. Mai mit einer Teilmobilmachung. Das war ein deutliches Signal: Die kleine Tschechoslowakei schien bereit, dem großen Nachbarn Widerstand zu leisten. Doch es gab keinen deutschen Aufmarsch. Als Folge eines Mißverständnisses stand Europa auf einmal am Rande eines Krieges. Nachdem westliche Beobachter sich davon überzeugt hatten, daß keine deutschen Truppenbewegungen an der Grenze stattgefunden hatten, schien sich die Lage wieder zu beruhigen. Doch ein folgenschweres Nachspiel stand noch bevor: Prager Zeitungen und anschließend auch internationale Blätter interpretierten die Beteuerungen Berlins als »Schwäche« des deutschen Diktators. Hitler war über diese öffentliche Demütigung außer sich. Am 28. Mai ließ er die militärischen Befehlshaber, wichtige Beamte und Parteifunktionäre zu einer Sondersitzung zusammenrufen und teilte ihnen mit: »Es ist mein unerschütterlicher Entschluß, die Tschechoslowakei von der Landkarte zu streichen. [...] Wir werden Methoden anwenden müssen, die vielleicht nicht die sofortige Zustimmung von Ihnen, den alten Offizieren, finden.« Hitler ging davon aus, daß binnen zweier Monate ein Krieg ausbrechen werde, der nur der Auftakt für weitere Aktionen sein sollte: »So werden wir nur die Lage im Osten bereinigen. Dann werde ich Ihnen drei oder vier Jahre Zeit geben, und dann bereinigen wir die Lage im Westen.« Der Prestigeverlust, die Häme über ein angebliches Zurückweichen hatte seine ohnedies vorhandene Kriegslust beflügelt. »Viele Torheiten und Verbrechen Hitlers sind von Zufälligkeiten ausgelöst worden.« So sah es Erich Kordt, der Chef des Ministerbüros im Reichsaußenministerium. Die Ereignisse vom 20. bis 30. Mai 1938 zählen in gewissem Sinne auch dazu.
Um den Krieg zu verhindern, entfalteten Sonderbotschafter und Sonderbeauftragte in Europa eine hektische Reisediplomatie. Aber wie die Lösung der Sudetenfrage – Hitlers angeblich »letzte Forderung« – aussehen sollte, darüber gingen die Ansichten auseinander. Die Verhandlungsbereitschaft war nicht überall gleich groß, vor allem war sie nicht überall ehrlich gemeint. An dieser Unehrlichkeit beider Seiten scheiterten nach sieben Wochen die direkten Gespräche zwischen Sudetendeutschen und der Prager Regierung.

Diese sogenannten sudetendeutschen Gebiete waren nie ein Bestandteil des Deutschen Reiches. Sie waren immer Bestandteil des Königreiches Böhmen, das als ein föderativer Bestandteil des Heiligen Römischen Reiches existierte. Durch das Münchner Abkommen und die Vernichtung der Rest-Tschechoslowakei wurden die sudetendeutschen Gebiete zum erstenmal Teil des Deutschen Reiches.

Es war ein schrecklicher Verrat von unseren Verbündeten, die uns seit dem Beginn der Tschechoslowakei immer wieder versichert hatten, daß sie unsere Selbständigkeit, Freiheit und Sicherheit garantieren werden. Sie haben uns verraten.

Eduard Goldstücker, Jahrgang 1913 (tschechischer Staatsbürger)

Hitler im Gespräch mit Emil Hacha, dem ehemaligen Staatspräsidenten der Tschechoslowakei und künftigem Präsidenten der Protektoratsregierung auf der Prager Burg, 16. März 1939

Chamberlain suchte nach neuen Wegen. Doch auch Lord Walter Runciman, ein mit dem britischen Premier befreundeter Geschäftsmann, schaffte bei seiner Reise nach Prag im August 1938 nicht den erhofften Durchbruch. Während sich London um den Frieden bemühte, bereitete Berlin den Krieg vor: auf politischer, propagandistischer und vor allem auf militärischer Ebene. Im Vorfeld des Parteitags der NSDAP wurde eine publizistische Kampagne gegen die Tschechoslowakei gestartet, die während der Tage von Nürnberg an Schärfe zunahm. Zur gleichen Zeit, als Hitlers Paladine auf dem »ersten Reichsparteitag Großdeutschlands« die Stimmung anheizten, diskutierte der »Führer« die Details des Operationsplans »Grün«. Von seinen Generälen verlangte er raumgewinnende Operationen durch eine starke Panzerarmee, er wollte einen überraschenden, schnellen Vorstoß – mit einem Wort: schon einen »Blitzkrieg«. Der frühere Gefreite gab seinen erfahrenen Generälen Lektionen in moderner Kriegführung.
Nach außen, in seiner Rede zum Abschluß des Parteitags, zeigte sich Hitler wieder mit seinem üblichen Doppelgesicht: Dr. Jekyll und Mr. Hyde. Neben scharfen persönlichen Angriffen gegen Benesch fanden sich Forderungen in ruhiger Sprache, denen selbst Gegner des Nationalsozialismus zustimmen konnten: »Was die Deutschen fordern, ist das Selbstbestimmungsrecht, das jedes andere Volk auch besitzt.« Obwohl er sich trotz großen Geschreis nicht öffentlich auf den Krieg festlegte, fanden sich, neben gemäßigten Tönen, auch deutliche Drohungen: »Die Deutschen in der Tschechoslowakei sind weder wehrlos, noch sind sie verlassen.« Nach dem Parteitag kam es im Sudetengebiet zu Unruhen und Gewalttätigkeiten von beiden Seiten. Prag verhängte am 13. September in 13 Bezirken das Standrecht.
Die Krise spitzte sich zu, und die Reisediplomatie erreichte ihren ersten Höhepunkt. Am 13. September erhielt Hitler ein überraschendes Telegramm des britischen Premiers: »Im Hinblick auf die zunehmend kritische Lage schlage ich vor, Sie sofort aufzusuchen, um den Versuch zu machen, eine friedliche Lösung zu finden. N.Ch.« Diese Art der Konfliktlösung stand nicht auf Hitlers Eroberungsfahrplan. Aber er konnte das Angebot nicht ablehnen, ohne vor der Welt als der Alleinschuldige dazustehen.
Die Ankündigung des Treffens auf Hitlers Berghof in Berchtesgaden löste in Europa unterschiedliche Reaktionen aus: In London und Paris hofften viele auf eine friedliche Lösung. In Berlin

befürchtete Hitler sie, und die Paladine des Regimes interpretierten Chamberlains Offerte eher als Schwäche. Der tiefere Grund für das britische Verhalten, die Bereitschaft, zum Erhalt des Friedens auch ungewöhnliche Schritte zu unternehmen, war für Hitler nicht nachvollziehbar.

Das Gespräch auf Hitlers Berghof verlief für eine internationale Konferenz hochrangiger Politiker mehr als außergewöhnlich. Wie schon gegenüber Schuschnigg, so redete sich Hitler auch gegenüber dem britischen Premier in Rage und verstieg sich zu kaum verhüllten Drohungen. Seine Schilderung der Probleme im Sudetenland schloß Hitler mit der erregten Feststellung: »Ich werde in kürzester Frist diese Frage – so oder so – aus eigener Initiative regeln.« Das war eine offene Drohung. »So oder so« – das hieß Krieg oder Kapitulation. Chamberlain hatte die Drohung bemerkt und kündigte seine Abreise an. Hitler zögerte einen Augenblick. Der Hasardeur wechselte abrupt vom hysterischen Aufbrausen zu einer beherrschten Antwort: »Wenn Sie für die Behandlung der Sudetenfrage den Grundsatz des Selbstbestimmungsrechtes der Völker anerkennen können, dann können wir uns anschließend darüber unterhalten, wie dieser Grundsatz in die Praxis umgesetzt werden kann.«

Es gibt wohlfeile Interpretationen, warum Hitler es in Berchtesgaden nicht zum Bruch kommen ließ. Man müsse dem »Führer« nur energisch genug entgegentreten, um ihn zur Vernunft zu bringen, so sahen und sehen es die Gegner der Appeasement-Politik. Eine andere Deutung ist plausibler: In Berchtesgaden gab es keinen Grund, der vor der Weltöffentlichkeit als Rechtfertigung für den Einmarsch in die Tschechoslowakei hätte benutzt werden können. Auch bei anderen Gelegenheiten hatte Hitler zumindest ansatzweise den Versuch einer Legitimation unternommen. Erst recht suchte er zur Auslösung von »Fall Grün« nach einem Vorwand. Und genau den hatte ihm der britische Premier durch seine Nachgiebigkeit nicht geliefert. Man einigte sich, die Gespräche zu vertagen, weil Chamberlain sich mit seinem Kabinett beraten mußte. Das Treffen endete fast harmonisch.

Vor seiner zweiten Reise nach Deutschland gelang es Chamberlain, seine französischen Partner zu überzeugen, den Sudetendeutschen das Selbstbestimmungsrecht zuzugestehen. Unter dem Einfluß der Chamberlain-Reise hatte auch Benesch erstmals Konzessionen in der Sudetenfrage angeboten. Zwar blieb sein Angebot weit hinter den Forderungen Hitlers zurück, doch es

belegte einen grundsätzlichen Meinungswechsel: Benesch lehnte eine Gebietsabtretung nicht mehr kategorisch ab! Den Franzosen wurde es so erleichtert, Hitlers Vorschlag zuzustimmen.
Mehr und mehr wurde Prag von Paris und London unter Druck gesetzt. Der französische Botschafter drohte Prag mit der Kündigung des französisch-tschechischen Freundschaftsvertrags. Auch der Westen setzte nun auf Drohungen – ein Verfall der internationalen Sitten. Hitler hatte sich mit seinem Ultimatum durchgesetzt. Die Prager Politiker mußten erkennen, daß es zwischen Staaten keine Freundschaft gibt, nur gemeinsame Interessen. Und die Interessen zwischen Prag, London und Paris waren mittlerweile zu unterschiedlich.
Doch auch Chamberlain mußte, als er am 22. September in Godesberg zu seinem zweiten Gipfeltreffen mit Hitler zusammenkam, eine neue Erfahrung machen. Hitler lehnte den britisch-französischen Plan als »viel zu langwierig« ab.
Nun verhielt er selbst sich genauso, wie er es im März Henlein empfohlen hatte: Er stellte immer neue Bedingungen. Der Premierminister kehrte aufgebracht in sein Hotel zurück. Am Ende eines brieflichen Meinungsaustauschs hielt Chamberlain ein Ultimatum in Händen: die detaillierte Aufstellung von Hitlers Forderungen inklusive einem sehr knappen Zeitplan für die Räumung des Sudetenlandes. Als schließlich auch noch die Meldung von der Mobilmachung der tschechischen Truppen die Situation verschärfte, schien der britische Premier zu resignieren. Hitler bot, sein Ziel vor Augen, eine Konzession in der Zeitfrage an. Nicht am 28. September, sondern erst am 1. Oktober sollte das Sudetengebiet abgetreten werden. Dies war nur ein scheinbares Entgegenkommen. Alle Befehle zum »Fall Grün« gingen vom 1. Oktober aus. Eine Vorverlegung war nie beabsichtigt und auch kaum möglich. Hitlers Kompromißvorschlag war eine Komödie.
Der Premierminister erklärte sich bereit, die neue Fassung nach Prag zu übermitteln. Doch er hatte Hitler endlich durchschaut. Nach seiner Rückkehr sprach er intern vom »ordinärsten kleinen Hund«, dem er je begegnet sei. Dennoch übermittelte er das »Angebot« Hitlers, das ein Ultimatum war, nach Prag. Von dort kam die befürchtete Absage.
Chamberlain schlug Hitler »eine Zusammenkunft von Vertretern Deutschlands und der tschechoslowakischen Regierung« vor, die das Ziel haben sollte, »durch eine Vereinbarung den Weg festzulegen, auf dem das Gebiet zu übergeben ist«. Er selbst sei bereit, als

Vermittler teilzunehmen. Der deutsche Dolmetscher schilderte die anschließenden Ereignisse als »ungeregelte Diskussion«. Tatsächlich war es ein Stück aus dem Tollhaus. Hitler tobte und wetterte gegen den »Terroristen« Benesch. Über Modifikationen zu diskutieren, war er nicht bereit. Erneut formulierte er ein Ultimatum: Die Tschechen sollten sein Memorandum annehmen, sonst würde er sich das Gebiet mit Gewalt nehmen. »In zwei Tagen, am 28. September um 14.00 Uhr«, wolle er eine endgültige Antwort. Eine friedliche Lösung war in weite Ferne gerückt.

In dieser Stimmung hielt er am Abend seine inzwischen berüchtigte Rede im Berliner Sportpalast, in der er alle Register seines rhetorischen Talents zog. Auch hier pochte er auf die Übergabe des Sudetengebiets bis spätestens 1. Oktober und drohte, »daß nun Fraktur geredet werden muß«. An diesem Abend wurde die fatale Formel »Führer befiehl, wir folgen« populär. Die Zeichen standen auf Sturm.

Als am nächsten Tag der britische Unterhändler erneut bei Hitler vorstellig wurde, lag aus Prag noch keine Nachricht vor. Auf Hitlers Ultimatum hatte Wilson nur noch eine Antwort parat: »Sollte Frankreich in Verfolgung seiner vertraglichen Verpflichtungen in die Feindseligkeiten gegen Deutschland aktiv verwickelt werden, so würde sich das Vereinigte Königreich gezwungen sehen, Frankreich beizustehen.« Großbritannien war offensichtlich in letzter Konsequenz doch zum Krieg bereit. Die Würfel schienen gefallen. Hitler befahl das Einrücken der Sturmabteilungen in die Ausgangsstellungen.

Doch weniger als eine Stunde vor Ablauf des Ultimatums am 28. September hatte sich die politische Lage völlig geändert. Im Gespräch mit Botschafter Henderson erklärte sich Hitler plötzlich bereit, auf einer internationalen Konferenz ein letztes Mal über das Sudetenland zu verhandeln. Die Idee für eine solche Konferenz wehte seit einem Tag über das internationale Parkett. Warum hatte Hitler dieses Angebot angenommen? Es war das Zusammentreffen von drei Gründen, die Hitler schwanken und das Ultimatum außer Kraft setzen ließen: Die Meldungen über die Kriegsvorbereitungen in Prag, Paris und London ließen darauf schließen, daß allein die französisch-tschechische Allianz dreimal mehr Soldaten aufbieten konnte, als die deutsche Wehrmacht. Die energischen Vorbereitungen in London zeugten von einer Entschlossenheit, nun doch den unvermeidlichen Krieg zu führen, die Hitler an seiner bisherigen Einschätzung Chamberlains zweifeln

ließ. Auch eine psychologische Erfahrung besonderer Art ließ Hitler vor dem Äußersten zurückschrecken: Am Vorabend hatte er eine motorisierte Division in voller Kampfausrüstung durch Berlin ziehen lassen – eine Drohgebärde gegenüber der Weltöffentlichkeit. Der »Führer« hoffte auf Zustimmung aus der Bevölkerung, so wie er es 1914 erlebte hatte, als die Menschen überall begeistert in den Krieg zogen. Doch der Beifall blieb aus. Begeisterte Aggressionslust hatte er erwartet, beklemmende Angst war nun zu spüren. Hitlers Enttäuschung folgte die Wut, aber auch die Einsicht: »Mit diesem Volk kann ich noch keinen Krieg führen.« Als nach dieser mißglückten Demonstration auch der deutsche Verbündete Italien auf einen letzten Verhandlungsversuch drängte, nutzte Hitler die Gelegenheit, um ohne Gesichtsverlust sein Ultimatum aufzuschieben. Wie improvisiert das Zusammentreffen von Daladier und Chamberlain mit Hitler und Mussolini am nächsten Tag in München über die Bühne ging, macht eine kleine Episode am Rande deutlich: Bei der Unterzeichnung mußten die vier Vertragspartner warten, bis sie ihre Unterschrift unter das Dokument setzen konnten – das Tintenfaß war nicht rechtzeitig aufgefüllt worden. An den Fakten änderte dies wenig. Die vier Mächte einigten sich, daß die sudetendeutschen Gebiete an Deutschland fallen sollten. Hitler hatte den Beteiligten auch in München gedroht: »Entweder die Konferenz hat in kurzer Zeit Erfolg, oder die Lösung wird durch die Waffen herbeigeführt.« Der Erpresser setzte sich durch. Der Einmarsch der Wehrmacht sollte am 1. Oktober beginnen und am 10. beendet sein. Für das, was von der Tschechoslowakei übrigblieb, übernahmen Großbritannien und Frankreich eine Bestandsgarantie.
Ein Vergleich des Textes von München mit Hitlers Godesberger Forderungen zeigt, daß es nur unwesentliche Unterschiede gab. Betrachtet man die spannungslose Atmosphäre dieser Konferenz, so ist das Drama ihrer Vorgeschichte geradezu frappierend. Wenn nur um Details gerungen wurde, so zeigt dies weniger die nachgiebige Position der Briten und Franzosen, sondern es machte klar, wie nahe sich die Positionen schon vor Konferenzbeginn gekommen waren. Die Abtretung der Sudetengebiete war schon vor München beschlossene Sache, es ging, so Frankreichs Botschafter François-Poncet »nur noch um Kleinigkeiten«.
Bleibt die Frage nach den »Siegern« und den »Verlierern« von München. Für die Zeitgenossen schien die Sache klar: Mussolini, der den Vorschlag eingebracht hatte, auf dem das unterzeichnete

Hitler in der Reichskanzlei, Berlin 1. September 1939

Hitler war zunächst das, was man einen militärischen Dilettanten nennt. Mehr nicht. Er war sehr geprägt von seinen Erfahrungen aus dem Ersten Weltkrieg, in dem er zweifellos ein tapferer Soldat gewesen war. Hitler eignete sich mit der Zeit mit seinem Verstand und seinem Gedächtnis sehr schnell eine Unmenge militärischen Einzelwissens an und konnte so über viele militärischen Sachverhalte mitreden. Hitler hatte Ideen, die in operativer Hinsicht teilweise gar nicht so schlecht waren. Er verschloß jedoch völlig die Augen vor Hindernissen, Begrenzungen und Problemen. Er glaubte, alles durch seine Ideologie – den nationalsozialistischen Geist in der Truppe – ersetzen zu können, was natürlich vollkommener Unsinn war.

Johann Adolf Graf Kielmannsegg, Jahrgang 1906 (Offizier im Generalstab)

Während des deutschen Vorstoßes nach Stalingrad und in den Kaukasus offenbarte sich mir eine der größten Schwächen des Feldherrn Hitler: Ihm fehlte jegliches Gefühl für die Logistik eines Krieges. Dadurch wurden seine operativen Ziele und seine Entscheidungen immer irrealer. Sie wurden wirklichkeitsfremd und überforderten die Truppe derart, daß negative Folgen unausweichlich waren.

Ulrich de Maizière, Jahrgang 1912 (Offizier im Generalstab)

Abkommen beruhte, ließ sich als »Friedensstifter« feiern. Zu Unrecht, denn der Vorschlag wurde nicht in Rom, sondern in Berlin erarbeitet. Ernst von Weizsäcker, Staatssekretär im Auswärtigen Amt, hatte die Federführung übernommen. Sogar Hermann Göring unterstützte diesen Vorschlag, der Mussolini auf dem Weg nach München zugespielt wurde.
Chamberlain, der nicht wußte, wer der geistige Vater des Textes war, betrachtete sich als Vater des Erfolges, dem es gelungen war, in letzter Sekunde den Frieden zu retten. Zudem hatte er nach der Konferenz von Hitler die mürrisch gegebene schriftliche Zusage erhalten, »Fragen, die unsere beiden Länder angehen, nach der Methode der Konsultation zu behandeln und uns weiter [zu] bemühen, etwaige Ursachen von Meinungsverschiedenheiten aus dem Weg zu räumen«. Noch hoffte Chamberlain auf »Peace in our Time« und ließ sich bei seiner Rückkehr nach London von einer begeisterten Menge feiern.
Die Menschen in Westeuropa fühlten sich als Sieger. Und doch gab es viele Verlierer. Selbst Ministerpräsident Daladier konnte die Begeisterung der Menschen nicht verstehen: »Diese Idioten«, war sein deprimierter Kommentar gegenüber einem Begleiter. Auch Winston Churchill war der Auffassung, daß »wir ohne Krieg eine schwere Niederlage hingenommen haben«. Marineminister Duff Cooper, Gegner der Appeasement-Politik, trat deswegen zurück. Die Tschechen waren entsetzt. Sie fühlten sich verraten. Und auch in Deutschland gab es Verlierer. Da war zum einen die deutsche Opposition gegen Hitler. Eine Gruppe von Beamten und Diplomaten wie Erich Kordt, Chef des Ministerbüros im Auswärtigen Amt, und hohen Militärs wie General Beck hatten gehofft, daß Großbritannien sich nicht erpressen lassen werde. Wenn Hitler seine Drohung wahr machen und in das Sudetenland einmarschieren würde, wollte die deutsche Opposition gegen den öffentlich als Kriegstreiber desavouierten deutschen Diktator vorgehen. Doch die britische Regierung, von Kordts Bruder Theo über das Vorhaben informiert, scheute das Risiko. Und noch ein Deutscher zählte sich zu den Verlierern von München: Hitler bereute den erzielten Kompromiß. Chamberlain hatte ihm »seinen« Krieg, den er hatte provozieren wollen, verdorben. Noch im Angesicht der bevorstehenden Niederlage trauerte Hitler im Februar 1945 der »verpaßten Gelegenheit« von München nach: »Damals war die letzte Gelegenheit, den Krieg abzugrenzen. Aber sie akzeptierten alles, wie Schwächlinge gaben sie allen meinen Forderungen nach.

Unter solchen Voraussetzungen war es tatsächlich schwierig, einen Krieg vom Zaune zu brechen.«
Hitler, der jedes Entgegenkommen seiner Verhandlungspartner durch weitere Forderungen vereiteln wollte, hatte in München alles erreicht und deshalb das für ihn Entscheidende verloren. Er wollte keine friedliche Lösung, sondern die Auslösung des Krieges. Daran war er gehindert worden. Das war eine Niederlage. Für den Westen war es nur ein Aufschub, aber Zeit, um gegen Hitler nachzurüsten.
Das Urteil über die Münchner Konferenz, Höhepunkt der Appeasement-Politik, kann deshalb keineswegs so eindeutig ausfallen, wie es immer wieder dargestellt wurde. Sir Alex Douglas Home, Chamberlains Privatsekretär in München, erklärte im Rückblick, England habe damals Zeit gebraucht, um wieder verteidigungsfähig zu werden. Durch München habe man ein Friedensjahr gewonnen, »das schließlich den Unterschied ausgemacht haben könnte zwischen Sieg und Niederlage im folgenden Krieg«. Nun sollte man nicht soweit gehen, in der Münchner Konferenz das kurzfristige Zurückweichen der Westmächte zugunsten eines langfristigen Erfolgs zu sehen. Dennoch muß eine Deutung der britischen und französischen Haltung die psychologischen und militärischen Rahmenbedingungen berücksichtigen. Zum einen war der Westen zu diesem Zeitpunkt nicht für einen Krieg gerüstet. Zum anderen, und darin liegt einer der Schlüssel zum außenpolitischen Erfolg der ersten Jahre Hitlers, konnte der deutsche Diktator bei fast allen Forderungen auf die moralische Rechtfertigung verweisen. Jedenfalls bis München.
Dann ließ Hitler seine Maske fallen. Am 21. Oktober gab er Weisung für die militärische »Erledigung der Rest-Tschechei«. Ein letztes Mal nutzte Hitler die Methoden seiner bis dahin erreichten Erfolge: Gewaltandrohung und Friedensversprechen, Erpressung und Zwang. Und nicht zuletzt der Einsatz nützlicher Idioten – Hilfstruppen für seine Zwecke. Diese Mittel hatte er inzwischen verfeinert, wenngleich sich die Schwerpunkte mehr und mehr verschoben hatten. Die Friedensbeteuerungen waren immer stärker in den Hintergrund getreten. Die neue Machtstellung des Reiches ließ ihn anders auftreten als zu Beginn seiner Regierungszeit. Aber es gab sie immer noch, die Beteuerungen, auf eine »längere Friedensperiode« hinzuarbeiten.
Sein Helfer bei der Liquidierung der Rest-Tschechei sollte diesmal der Führer der slowakischen Nationalpartei sein: Vojtech Tuka.

Sein Opfer war der Staatspräsident der amputierten Tschechoslowakei: Emil Hacha, Nachfolger des zurückgetretenen Benesch. Der Separatist Tuka forderte Loslösung und völlige Unabhängigkeit für die Slowakei. Es kam zu Unruhen, die Tschechoslowakei schien sich von innen aufzulösen. Die Tage der »Rest-Tschechei« waren gezählt. Das greise Staatsoberhaupt Emil Hacha trat persönlich den »Gang nach Canossa« an, um in der Berliner Reichskanzlei seinem Widersacher wenigstens ein Zugeständnis abzuringen: Die tschechischen Kernlande Böhmen und Mähren wollte er als eigenständigen Staat erhalten. Der kranke alte Mann hatte keine Chance. Ihm stand der große, triumphierende Diktator gegenüber, ein Sadist, der den erschöpften Greis immer weiter in die Ecke trieb. Von Drohungen, die bis zur Bombardierung der tschechischen Hauptstadt reichten, zermürbt, setzte Hacha in den Morgenstunden des 15. März seine Unterschrift unter eine Erklärung, die ihm Hitler vorlegte. Darin hieß es: »Der tschechoslowakische Staatspräsident hat erklärt, daß er, um eine endgültige Befriedung zu erreichen, das Schicksal des tschechischen Volkes und Landes vertrauensvoll in die Hände des Führers des Deutschen Reiches legt.«
Das Ende der Tschechoslowakei war besiegelt. Hitler hatte sich seinen Gewaltakt sogar noch legitimieren lassen. Während der Erpreßte deprimiert Berlin verließ, stürmte der Erpresser voller Euphorie zu seinen Sekretärinnen: »Kinder, gebt mir mal jede da und da einen Kuß. Das ist der schönste Tag in meinem Leben. Ich werde als der größte Deutsche in die Geschichte eingehen.« Wenige Stunden später überquerten deutsche Soldaten die Grenze nach Böhmen und Mähren. Der Einmarsch verlief zwar »friedensmäßig«, doch ein Blumenkrieg war es nicht. Die Deutschen wurden nicht von jubelnden Menschen empfangen, wie noch ein Jahr zuvor in Österreich. Statt Begeisterung schlug ihnen da und dort sogar Haß entgegen. Anders als ein halbes Jahr zuvor im Sudetenland, waren sie nicht als »Befreier« willkommen, sondern als Besatzer verhaßt. Der Einmarsch nach Prag markierte einen Wendepunkt.
Der Einmarsch ins entmilitarisierte Rheinland 1935, der Anschluß Österreichs und des Sudetenlandes 1938 – immer konnte sich Hitler auf das Selbstbestimmungsrecht berufen, in allen Fällen hatte er zumindest ansatzweise eine moralische Legitimation. Bis zum März 1939 konnte Hitlers Politik, wenn man die Augen arg zusammenkniff, noch als Revision des Versailler Vertrages inter-

Hitler und Martin Bormann besichtigen U-Boote in Wilhelmshaven, 28. September 1939

Wenn ein General dem Führer etwas vom Kriegsgeschehen berichten wollte, hat Bormann das oft mit dem Vorwand abgeblockt, Hitler sei heute gesundheitlich nicht beieinander, man könne ihm das nicht zumuten. Hitler wurde von Bormann einfach vor negativen Frontberichten abgeschirmt.

Margarete Roloefs, Jahrgang 1913 (Hitlers Köchin)

pretiert werden. Jetzt machte er sich zum erstenmal daran, ein anderes Volk zu »befreien«. Das Selbstbestimmungsrecht der Völker wurde mit Füßen getreten. Mit dem Einmarsch setzte sich Hitler moralisch ins Unrecht, zerstörte die internationale Geschäftsgrundlage, brach alle gegebenen Zusagen. Die Sudeten sollten seine »letzte Forderung« sein, hatte er der Welt versprochen. Nun zeigte er sein wahres Gesicht.
Die europäische Öffentlichkeit war schockiert. Zwar beließ es die britische Regierung nur bei einer schwachen Protestnote. Doch schon bald zeigte sich, daß die internationale Stimmung umgeschlagen war. In Paris erhielt Daladier Sondervollmachten zum Ausbau der Landesverteidigung. Da hatte Hitler Polen als sein nächstes Ziel schon längst ins Auge gefaßt.
Als Hitler nach dem Einmarsch in Prag triumphierend selbst auf den Hradschin zog und von einem Fenster aus den Blick über die eroberte Stadt genoß, flogen über die alte Burg der Böhmenkönige Schwärme von krächzenden Raben, die Künder von Unheil. Kein halbes Jahr später war Krieg in Europa. Nun war er nicht mehr »nur« Eroberer; nun war er, was er immer schon am liebsten werden wollte: Feldherr.
Hitler, der »größte Feldherr aller Zeiten« – mit diesem Bild verlieh die NS-Propaganda dem deutschen Diktator die Aura des genialen Militärführers. Ein anderes Bild von den militärischen Fähigkeiten Hitlers wurde nach dem Krieg gezeichnet: Hitler erschien als militärischer Dilettant, als begriffsstutziger Gefreiter, der als selbsternannter »Oberster Befehlshaber der Wehrmacht« völlig überfordert war und durch seine irrationale Kriegsführung Deutschland in die militärische Niederlage trieb. Das Bild eines solchen Versagers malten Memoiren deutscher Generäle, die nach 1945 den Eindruck erweckten, sie hätten den Krieg gewinnen können, wenn Hitler sie nicht daran gehindert hätte. War der Kriegsherr Hitler ein Genie oder ein Scharlatan?
Krieg war für Hitler Mittel und Ziel. Der Ideologe glaubte im Krieg ein ehernes Naturgesetz, den Urgedanken des Lebens, erkannt zu haben. Krieg war für ihn das letzte Ziel der Politik: »Ich gebe der Gewalt ihre angestammte Würde wieder, die Quelle alles Großen und die Mutter der Ordnung zu sein.«
Gewalt als Mutter, Krieg als Vater aller Dinge, Krieg als Dauerzustand: »Wo immer auch unser Erfolg endet, er wird stets nur der Ausgangspunkt eines neuen Kampfes sein.« Der Friede als Prinzip kommt in Hitlers Ideologie nicht vor. Friede ist nur Vorkrieg oder Nachkrieg.

Es gibt Theorien, die im Ausbruch des Krieges 1939 die zwangsläufige Folge einer wirtschaftlichen Krisensituation sehen. Solche Theorien ignorieren zweierlei: Zwar hatte in Friedenszeiten keine andere Volkswirtschaft soviel Geld in die Kriegsvorbereitung gesteckt wie die deutsche, und das Deutsche Reich war im September 1939 besser auf einen Krieg vorbereitet als seine Gegner. Doch schon im Laufe des Jahres 1939 holte die britische Industrie die deutsche Rüstungsproduktion auf vielen wichtigen Gebieten ein. Deutschlands Rüstung war zu Kriegsbeginn noch lange nicht so kriegswirtschaftlich ausgerichtet, wie sie es nach Stalingrad zwangsläufig sein mußte. Die unbestreitbaren finanziellen Schwierigkeiten der massiven Aufrüstung hätten durchaus auch auf anderem Wege gelöst werden können. Krieg war keineswegs der einzige und deshalb unvermeidliche Ausweg.

Der Zeitpunkt des Kriegsausbruch hatte andere Gründe: Es war der Zeitdruck, unter den sich Hitler selbst stellte. Seine persönliche Lebensplanung hatte er den politisch-militärischen Zielen übergeordnet. Er wolle den Krieg lieber mit 50 als mit 60 Jahren führen, erklärte er. Seine größte »Furcht« im Sommer 1939: »Ich habe Angst, daß mir noch im letzten Augenblick irgendein Schweinehund einen Vermittlungsvorschlag vorlegt.«

So wie der Krieg auf wirtschaftlichem Gebiet vorbereitet wurde, stellte Hitler auch im militärischen Bereich die Weichen: Die Armee war in atemberaubendem Tempo gestärkt worden, die Befehlsstrukturen waren auf Hitler zugeschnitten. Nach der Blomberg-Fritsch-Krise hatte Hitler sich den Zugriff auf die Wehrmachtsführung gesichert – »Kraftgewinnung und Konzentration« nannte es die NS-Propaganda. Erstmals seit Friedrich dem Großen waren die höchste militärische und politische Macht wieder in einer Hand vereinigt.

Doch die Hierarchie, für die der militärische Aufbau üblicherweise ein Paradebeispiel ist, hatte ihre Besonderheiten. Der für die sinnvolle Führungsarbeit notwendige geschlossene Aufbau mit eindeutigen Befehlswegen weist auf der höchsten Ebene eine für militärische Organisationen ungewöhnliche, für die NS-Struktur aber typische Eigenart auf: Hitler hatte sich als Befehlsinstrument das Oberkommando der Wehrmacht (OKW) geschaffen. Fortan gab es in der militärischen Führungsebene die latente und gewollte Konkurrenz zwischen dem Oberkommando der Wehrmacht (OKW) und dem Oberkommando des Heeres (OKH). Das OKW blieb jedoch eine Befehlsstelle ohne eigene »Hausmacht«, ohne eigene Truppen, ohne jede strategische Kompetenz. Als Leiter dieser Dienststelle benötigte Hitler keinen selbständigen Denker, sondern einen gefügigen Vasallen. Prädestiniert für diese Rolle war der kurz zuvor zum General beförderte Wilhelm Keitel, der selbst von seinen Kameraden als »ängstlich und opportunistisch« eingeschätzt wurde. Auch in der militärischen Führung gab es jene Form des »institutionellen Darwinismus«, der die Strukturen des »Dritten Reiches« insgesamt charakterisiert. Unumstritten war erneut lediglich die absolute und uneingeschränkte Instanz an der Spitze: Hitler. Immer häufiger mischte sich der Diktator in die militärische Planung ein. Hatte er sich zunächst darauf beschränkt, Ziele zu benennen, so griff er im Frankreichfeldzug in strategische Fragen ein, im Rußlandfeldzug in taktische Probleme. In der Schlacht um Stalingrad kümmerte er sich um Details des Häuserkampfes.

Einen langen Materialkrieg konnte sich das Hitler-Reich nicht leisten; nur den schnellen »Blitzkrieg«.

Hitlers Mittel für den Blitzkrieg war die Panzerwaffe. Ihr Aufbau war vor allem seine Leistung. Mag man auch moralische Einwände dagegen vorbringen, in der Förderung eines todbringenden Waffensystems eine »Leistung« zu sehen, so steht doch fest, daß die deutsche Wehrmacht als einzige europäische Armee bei Kriegsbeginn über die operativen Möglichkeiten für eine neue Art der Kriegsführung verfügte. Zwar waren weder die Idee noch ihr Einsatz ein eigenständiger Einfall Hitlers. Panzer hatten alle Mächte. Doch die Überlegung, sie in eigenen Armeen zusammenzufassen, setzte Hitler gegen die Mehrheit seiner konservativen Generäle durch. Dies schien eher Eingabe denn Einsicht. Doch sein Glück war, daß in den Armeen, mit denen sich die Wehrmacht anfangs auseinandersetzen mußte, altes Denken vorherrschte – eine Modernisierungslücke, in die Hitler stieß.

Er verblüffte seine Generäle immer wieder mit erheblichem Detailwissen. Seine Kenntnisse von Waffenarten waren enorm: Kaliber, Reichweiten, Vorräte, Produktionsstatistiken, Art der Ausrüstung und Bewaffnung – in solchen Fragen war der Kriegsherr ein wandelndes Lexikon, das gern mit seinem Wissen prahlte. Für manche seiner Generäle war sein Exhibitionismus freilich Kennzeichen des anmaßenden Amateurs, nicht des wirklichen Fachmanns. Tatsächlich ist die Flucht in Details oft ein Ausweg für jene, die nicht in der Lage sind, Einzelheiten zu einem großen Ganzen zusammenzufügen. Mußte Hannibal, bevor er die Befehle für die Schlacht bei Cannae gab, wissen, wieviel Liter Wasser ein Elefant trinken kann? Hat Admiral Nelson die Tonnage aller Schiffe der gegnerischen Flotte herunterbeten können, bevor er die Strategie für die Seeschlacht bei Trafalgar entwickelte? Hitler war überwältigt von Details. Im Ersten Weltkrieg hatten seine Vorgesetzten erwogen, den Gefreiten zum Unteroffizier zu befördern. Sie taten es nicht, weil »wir keine entsprechenden Führereigenschaften an ihm entdecken konnten«. Ein gnadenloses Urteil über einen Mann, der zwanzig Jahre später ganze Armeen in den Untergang führte.

Der deutsche Kanzler hatte schon am 3. April 1939 unter höchster Geheimhaltung der Wehrmachtsspitze Vorgaben für die militärischen Vorbereitungen eines Feldzugs gegen Polen genannt. Die Analogien zwischen diesem »Fall Weiß« und dem »Fall Gelb«, dem Einmarsch in die Tschechoslowakei, waren frappierend. Erneut suchte er einen Vorwand, um seinem gewaltsamen Vorgehen den Anstrich von Legalität zu geben, auch jetzt sollte die Wehrmacht den Gegner »blitzartig« zerschlagen.

Doch vorher galt es, sich den Rücken freizuhalten. Seit dem Frühjahr 1939 unterließ es Hitler, die bislang wütend attackierte Zitadelle des Weltkommunismus zu schmähen. Denn im Kreml saß in diesem Sommer 1939 ein Diktator, der als Partner von allen anderen europäischen Mächten heiß begehrt war. In seinen als »Kastanienrede« berühmt gewordenen Ausführungen auf dem XVIII. Parteitag der KPdSU hatte Stalin im März erklärt, daß er nicht bereit sei, »sich in Konflikte durch Kriegsprovokateure hineinziehen zu lassen, die gewohnt sind, sich von anderen die Kastanien aus dem Feuer holen zu lassen«. Göring interpretierte dies als Warnung an die Westmächte, die versuchten, Stalin für ein Bündnis gegen Hitler zu gewinnen. Doch der Westen konnte Stalin nicht viel bieten. Hitler konnte es.

Die Deutschen hatten die »Parforcejagd um die russische Gunst«, wie es Staatssekretär Ernst von Weizsäcker nannte, für sich entscheiden können. Die Nachricht vom deutsch-sowjetischen Nichtangriffspakt schlug am 23. August in den europäischen Hauptstädten ein wie eine Bombe. Ein Bündnis des Nationalsozialismus mit dem Kommunismus – das schien vielen wie ein Bund von Feuer und Wasser. »Starke weltanschauliche und innerpolitische Gegensätze brauchen kein Hindernis für die praktische Zusammenarbeit zweier Staaten zu sein«, hatte der sowjetische Diktator in seiner Kastanienrede verkündet. Ein halbes Jahr spä-

ter war die Zusammenarbeit perfekt. Das Interesse des Kreml war klar: Das geheime Zusatzprotokoll sicherte der Sowjetunion weite Teile Polens, die Herrschaft über das Baltikum und damit den freien Zugang zur Ostsee. Vier unabhängige Staaten wurden von der Landkarte Europas getilgt.
Die Vorteile für den roten Diktator im Kreml lagen auf der Hand. Was aber bewog den braunen Diktator in Berlin? Er hatte seine Ziele keineswegs neu definiert: »Alles, was ich unternehme, ist gegen Rußland gerichtet. Wenn der Westen zu dumm und zu blind ist, um dies zu begreifen, werde ich gezwungen sein, mich mit den Russen zu verständigen, den Westen zu schlagen und dann nach seiner Niederlage mich mit meinen versammelten Kräften gegen die Sowjetunion zu wenden.« Diese Äußerung Hitlers beschreibt Kontinuität wie Wandel seiner Planung. Nach wie vor war Rußland das eigentliche Ziel, dort lag der »Lebensraum«. Neu war das Bündniskonzept. Der deutsch-sowjetische Nichtangriffspakt hielt Deutschland vorerst den Rücken frei und befreite ihn und die deutsche Generalität von der latenten Angst, einen Zweifrontenkrieg führen zu müssen.
Doch insgeheim hoffte Hitler weiterhin, daß auch bei einem Überfall auf Polen der Westen stillhalten würde – wie bei früheren Provokationen auch. Er ignorierte die Zeichen der Zeit: Das britische Unterhaus hatte nach Bekanntwerden des Hitler-Stalin-Paktes fast einstimmig die Garantie für Polen erneuert und die Aufrüstung weiter forciert. Der Westen würde seine Verpflichtung einhalten. Das bedeutete Krieg.
Fast gleichzeitig erfuhr Hitler von seinem Stahlpakt-Partner Mussolini, daß Italien nicht kriegsbereit sei. Wie schon in der Sudetenkrise zauderte der Kriegsherr auch jetzt im letzten Moment und zog die bereits gegebenen Angriffsbefehle zurück. Doch anders als im Herbst 1938, kam es zu keiner Einigung in letzter Minute. Am 1. September trat Hitler um 10 Uhr morgens leicht nervös, in Uniform vor den Reichstag, um seinem aggressiven Vorgehen einen defensiven Anstrich zu geben: »Polen hat den Kampf gegen die Freie Stadt Danzig entfesselt! Polen hat nun heute nacht zum erstenmal auf unserem eigenen Territorium auch durch reguläre Soldaten geschossen. Seit 5 Uhr 45 wird jetzt zurückgeschossen!« Es waren lauter Lügen: Seine vorgebliche Verhandlungsbereitschaft war eine reine Schimäre; die »polnischen Soldaten«, die angeblich den »unerhörten Banditenüberfall auf den Sender Gleiwitz« verübt hatten, waren deutsche SS-

Hitler im »Führerhauptquartier«, 13. Mai 1940

Als junge Offiziere haben wir Hitlers militärische Erfolge anerkannt. Doch wurden seine Leistungen bald durch die Propaganda der Partei überhöht und in den Bereich des Mystischen verlagert. Das Aufplustern Hitlers zum »Größten Feldherrn aller Zeiten« wurde von der Masse des Offizierskorps als lächerlich empfunden. Aus dieser propagandistischen Übertreibung entstand dann die Formel des Gröfaz als eine eher spöttische Bezeichnung für Hitler.

Bernd Freytag von Loringhoven, Jahrgang 1914 (Offizier im Generalstab)

Männer, von Himmler und Heydrich in polnische Uniformen gesteckt; sogar die genannte Zeit war nicht korrekt. Das deutsche Artillerie-Schulschiff »Schleswig Holstein« hatte bereits um 4.45 Uhr mit der Beschießung der polnischen Garnison auf der Westerplatte begonnen.
Hitler war überzeugt, daß England und Frankreich seine erneuten Provokationen hinnehmen und stillhalten würden. Die Botschaft aus London und Paris, die er am Morgen des 3. September 1939 erhielt, traf ihn deshalb mit voller Wucht. Henderson überbrachte ein Ultimatum seiner Regierung, in der Deutschland aufgefordert wurde, bis 11 Uhr die Kampfhandlungen einzustellen, anderenfalls werde von dieser Stunde an »der Kriegszustand zwischen den beiden Ländern bestehen«. Hitler war nach Augenzeugenberichten zunächst wie betäubt. Auch wenn er sich schnell wieder fing und darauf vertraute, daß Polen besiegt sein würde, bevor die Mobilisierung der britischen und französischen Armeen abgeschlossen sei: Zum erstenmal war seine Rechnung nicht aufgegangen. Der Hasardeur hatte sich verschätzt.
Am 27. September 1939, knapp vier Wochen nach dem ersten Schuß der »Schleswig Holstein«, kapitulierte die polnische Hauptstadt. Es war ein echter »Blitzkrieg«, der die Fachwelt überraschte. Immerhin stand den eineinhalb Millionen Wehrmachtssoldaten eine 1,3 Millionen Mann starke polnische Armee entgegen. Doch die annähernde Gleichheit bei der Truppenstärke täuscht über das wahre Kräfteverhältnis hinweg. Das deutsche Kriegsmaterial war dem polnischen quantitativ und qualitativ weit überlegen. Die günstigen Ausgangsverhältnisse wurden mit einer überlegenen Militärstrategie voll genutzt. Der deutsche Sieg war durch das effektive Zusammenwirken von Panzern, Infanterie und Fliegertruppe erreicht worden – eine neue Art der Kriegsführung, die auf Beweglichkeit und Schnelligkeit setzte.
Zwei Entwicklungen im Verlauf dieses siegreichen »Blitzkrieges« sind hier von Bedeutung: zum einen die Frage der politischen Exekutivgewalt. Eigentlich sollte die »Ausübung der vollziehenden Gewalt« in den eroberten Gebieten der militärischen Führung, also dem zuständigen OKH bzw. den jeweiligen Oberbefehlshabern der einzelnen Armee obliegen. Anders verhielt es sich beim Polenfeldzug. Schnell wurden hier sogenannte Zivilverwaltungschefs benannt, die jeder militärische Armeeführer zur Seite gestellt bekam. Damit hatte Hitler eine erste Möglichkeit zum Eingriff. Zum eigentlichen Exekutivorgan der deutschen

Besatzer gerieten schon in Polen die sogenannten »Einsatzgruppen der Sicherheitspolizei«. Diese vom Reichssicherheitshauptamt aufgestellten und damit Reinhard Heydrich bzw. Heinrich Himmler unterstellten Einheiten waren verantwortlich für den Terror gegen die polnische Bevölkerung. »Der Osten gehört der Schutzstaffel« – diesen Anspruch setzten Hitlers Mörderbanden von Anfang an blutig um. In diesem Krieg ging es nicht um das militärische Niederwerfen eines Gegners, sondern um seine physische Vernichtung. Der Krieg, den Hitler im September 1939 mit dem Feldzug gegen Polen begann, war von Anfang an ein Weltanschauungs- und Vernichtungskrieg. Die Wende erfolgte nicht erst mit dem Krieg gegen die Sowjetunion. Schon der Krieg gegen Polen war kein »europäischer Normalkrieg« mehr.

Während der Kämpfe im Osten war es an der Westgrenze des Reiches ruhig geblieben. Der von Warschau sehnlich erwartete und von den deutschen Militärs befürchtete Angriff im Westen unterblieb. Die Untätigkeit im Westen erweckte bei den Polen das Gefühl, man habe sie verraten. Bei Hitler nährte es die Hoffnung, zumindest England zum Stillhalten bewegen zu können. Nach dem schnellen Sieg über Polen unterbreitete er der britischen Regierung am 6. Oktober ein Friedensangebot, das Chamberlain brüsk zurückwies.

Hitler war auf die Absage Londons vorbereitet. »Frankreich zerschlagen« und damit »England in die Knie zwingen«, so lautete die Alternative, die er bereits am 27. September formuliert hatte. England sei nur deshalb unnachgiebig, weil es mit Polen und Frankreich über zwei »Festlandsdegen« verfügte, glaubte Hitler. Nach dem Sieg über Polen ließ er den Fall »Gelb« vorbereiten, den Angriff auf Frankreich.

Schon am 12. November sollte der »Fall Gelb« ausgelöst werden. Warum es dann zur ersten der insgesamt rund dreißig Terminverschiebungen kam, hatte immer wieder zwei Gründe: ungünstige Witterungsverhältnisse und die Haltung der militärischen Führung. Die ungünstigen Wetterverhältnisse waren offensichtlich: Der Winter 1939/40 war extrem kalt. Dafür waren die Auseinandersetzungen zwischen OKH und Hitler geradezu hitzig. Brauchitsch warnte von der »stärksten Militärmacht Europas«, Halder hielt den Überraschungseffekt der neuen Panzertaktik »für aufgedeckt«. Der Generalstabschef notiert am 3. November in sein Tagbuch: »Der vom OKW befohlene Angriff wird von keiner hohen Kommandostelle als erfolgversprechend angesehen.« Das Kräfteverhältnis sprach Mitte Oktober gegen die Deutschen, und dann war da noch die Maginot-Linie, die bei Verteidigern wie Angreifern mystische Ehrfurcht weckte.

Der Streit eskalierte bei einer Besprechung am 5. November, als Oberbefehlshaber von Brauchitsch Hitler die Bedenken des OKH erläuterte. Hitler zerriß die schriftlichen Notizen, die der Oberbefehlshaber vorgetragen hatte, und drohte, er werde »den Geist von Zossen ausrotten«. (Bei Zossen, dreißig Kilometer südöstlich Berlins, lag das Hauptquartier des Generalstabs des Heeres.) Der Konflikt zwischen Hitler und dem OKH bezog sich nicht nur auf den Angriffstermin. Auch der konkrete Angriffsplan war Gegenstand erregter Diskussionen. Der am 19. Oktober vorgelegte erste OKH-Plan stand noch in der Tradition des sogenannten Schlieffen-Plans. Um die Maginot-Linie zu umgehen, war erneut ein Angriff durch die neutralen Benelux-Staaten vorgesehen: die »klassische« Umfassungsschlacht von Norden her. Doch Hitler war damit nicht einverstanden. Bereits am 25. Oktober schlug er vor, den Hauptangriff lieber weiter im Süden, an der Maas führen zu lassen.

Ob es sich hier um eigenständige Überlegungen des Amateurs Hitler handelte, ist unklar. Fest steht, daß auch ein Profi schon in ähnliche Richtung dachte: Erich von Manstein, der Generalstabschef der Heeresgruppe Süd, hatte schon eine ganze Reihe von Vorschlägen auf den Dienstweg gebracht, doch die konservativen Generäle des OKH hatten seine revolutionären Vorstellungen nicht weiterverfolgt. Am 17. Februar 1940 konnte Manstein seine Pläne Hitler persönlich vorlegen. Es gehört gewiß zu Hitlers Leistungen, daß er die Vorteile dieser Operation erkannte. Mit Hitlers Unterstützung wurden Mansteins Vorschläge in ein Gesamtkonzept eingearbeitet, das am 27. Februar vorlag. Danach sollte die Heeresgruppe A die französischen Linien an der Maas durchbrechen und im Mittelabschnitt der deutschen Front hinter dem Rücken der alliierten Kräfte zum Ärmelkanal vorstoßen. Der Plan war gewagt, denn die deutschen Panzer mußten durch die dicht bewaldeten Ardennen fahren. Doch Mansteins kühne Konzeption versprach einen schnellen Erfolg – und darauf kam es Hitler an. Der renitente Halder, Generalstabschef des Heeres, mußte auf Anweisung Hitlers einen operativen Schlachtplan durchführen, der nicht von ihm und seinen Stäben erdacht worden war. Hitler hatte sich in strategische und operative Fragen eingemischt – und er hatte sich gegen die zuständigen Militärs durchgesetzt. Der

Hitler mit Bormann und seinem Leibarzt Dr. Morell im »Führerhauptquartier Wolfsschanze« 6. Juni 1940

Einer meiner Eindrücke von den Lagebesprechungen bei Hitler war, daß er zu langen Monologen über alle möglichen Dinge neigte. Immer wieder schweifte er vom Thema ab und verlor sich in Detailfragen. Die Besprechungen dauerten daher manchmal bis zu sieben Stunden. Strategisch beharrte er zum Schluß lediglich auf dem Rezept des unbedingten Haltens. Sein Patentrezept auf alle Fragen lautete nur noch: halten, halten, halten.

Bernd Freytag von Loringhoven, Jahrgang 1914 (Offizier im Generalstab)

Von Hitler ging eine kaum zu beschreibende dämonische Wirkung aus, der sich nur wenige Menschen entziehen können. Eine Wirkung, die auf alle Soldaten gleichermaßen wirkte und die man kaum verstehen kann, wenn man sie nicht selbst erlebt hat. Junge Frontoffiziere, die zu Hitler bestellt wurden und entschlossen waren, ihm zu berichten, wie katastrophal es an der Front aussah, verließen das Hauptquartier und sagten: »Das ist ein herrlicher Mann.« Der Oberbefehlshaber der Heeresgruppe Mitte, Feldmarschall von Kluge, hat Hitler 1942 am Telefon in sehr harter Weise widersprochen. Er wurde ins Führerhauptquartier bestellt, wo ihm alle verantwortlichen Personen sagten, er müsse Hitler deutlich machen, wie schlimm es an der Front aussehe. Nach einer Stunde verließ Kluge das Besprechungszimmer und sagte: »Hitler hat recht. Ich will es noch einmal versuchen!«

Ulrich de Maizière, Jahrgang 1912 (Offizier im Generalstab)

Erfolg oder Mißerfolg des Westfeldzugs mußte auch ein Erfolg oder Mißerfolg Hitlers werden.

Bevor am 10. Mai die deutschen Verbände die Grenzen im Westen überschritten, wurde die Aufmerksamkeit der deutschen Führung noch von einem »Wettlauf« in Nordeuropa beansprucht. Am 1. April gab Hitler den Startbefehl für das Unternehmen »Weserübung«, das am 9. April beginnen sollte. Zum erstenmal versuchte sich Hitler hier als Feldherr. Und erneut zeigte sich der »Führer« brenzligen Situationen nicht gewachsen. Bei den Kämpfen um Narvik drohte eine Niederlage. Hitler verlor die Nerven und befahl den deutschen Gebirgsjägern, sich in das neutrale Schweden abzusetzen. Doch General Warlimont, Jodls Stellvertreter im Wehrmachtsführungsstab, berichtet von einem »Schauspiel erbärmlicher Unzulänglichkeiten«. Jodl erreichte bei Hitler den Verzicht auf einen Rückzug. Die Deutschen konnten Narvik halten, England mußte sich zurückziehen.

Während in Norwegen die kritische Phase vorbei war, aber immer noch gekämpft wurde, hatte sich das Wetter im Westen gebessert. Am 10. Mai war es soweit. Hitler hatte sein Hauptquartier in Münstereifel bezogen. Aus dem »Felsennest« wollte Hitler, wie Jodl irritiert notierte, »die Führung der Gesamtoperationen selbst übernehmen«.

Zu Beginn war keine Abweichung von den Planungen notwendig: Bereits nach vier Tagen kapitulierten die niederländischen Truppen, alles verlief nach Plan, der Marsch durch die Ardennen, der Durchbruch an der Maas-Linie bei Sedan, der schnelle Vorstoß der Panzerverbände und das Nachrücken der Infanterie. Am 16. Mai hatten die Panzer General Guderians eine riesige Lücke in die französischen Linien gerissen. Die französische Hauptstadt lag nur noch zwei Tagesetappen entfernt. Nun begann Hitler, sich in die laufenden Operationen einzumischen. Es kam zu Meinungsverschiedenheiten mit Halder. Während der Generalstabschef in Abänderung des ursprünglichen Plans erwog, den Vorstoß der Heeresgruppe A nicht an der Somme-Mündung anzuhalten, sondern gleich weiter nach Südwesten vorzustoßen, plagten Hitler offensichtlich Zweifel. Er befürchtete Probleme bei der langgezogenen Südflanke der Heeresgruppe A und befahl der Panzergruppe Kleist, den schnellen Vormarsch an der Küste anzuhalten. Als das OKH trotz dieser Anweisungen Hitlers den Vormarsch fortsetzen wollte, beharrte Hitler in der Weisung Nr. 12 auf einem Anhalten. Erst am Abend des 19. Mai konnte Halder den »Füh-

rer« von der Notwendigkeit des weiteren Vormarschs überzeugen. Am 20. Mai erreichten die deutschen Panzerspitzen Amiens und Abbeville – der 400 Kilometer lange Umfassungsangriff, der »Sichelschnitt«, war abgeschlossen, 400 000 Briten und Franzosen waren im Norden eingekesselt.
Was nun folgte, war für die einen das »Wunder von Dünkirchen«, während die anderen darin »den von Hitler verdorbenen Sieg« sahen. Am 24. Mai befahl Hitler, den weiteren Vormarsch auf Dünkirchen einzustellen, um auf die nachrückende Infanterie zu warten. Militärisch sinnvoller wäre es gewesen, wenn die beiden deutschen Heeresgruppen A und B als »Hammer und Amboß« die eingeschlossenen Kräfte des Feindes aufgerieben hätten. Doch Hitlers Zögern und Görings großspurige Versprechungen, die Engländer mit seiner Luftwaffe festzunageln, ermöglichten den Briten die legendäre »Operation Dynamo«. Bis zum 4. Juni konnten 330 000 Mann über den Ärmelkanal hinter die Klippen von Dover in Sicherheit gebracht werden.
Es ist viel darüber spekuliert worden, warum Hitler nicht zum entscheidenden Schlag ansetzte. Von einer absichtlichen Schonung der Briten ist die Rede. Andere Interpretationen gehen davon aus, daß Hitler es der Infanterie überlassen wollte, die Eingekesselten zu bezwingen. Am meisten spricht jedoch dafür, daß Hitler in seiner »hysterischen Nervosität« schlicht eine Fehlentscheidung traf. Der deutsche Generalstabschef war nicht der einzige hohe Offizier im OKH, der nach dem Krieg den Eindruck zu vermitteln suchte, Hitler habe den endgültigen Sieg über Frankreich »verdorben«.
Der Rest war Kriegshandwerk. Am 10. Juni durchbrachen die Deutschen an mehreren Stellen die feindlichen Linien und erzielten schnell entscheidende Geländegewinne. Die französische Front begann sich aufzulösen. Was folgte, war angesichts der Erfahrungen des letzten Krieges eine militärische Sensation. Dort, wo die kaiserliche Armee im mörderischen Stellungskrieg verblutet war, stürmten Hitlers Soldaten nun voran. Am 15. Juni eroberte die Wehrmacht Verdun, das Sinnbild des aussichtslosen Kampfes zweier gleichstarker Armeen. Am 17. Juni bat Frankreich um Waffenstillstand.
Hitler wollte die Unterzeichnung des Waffenstillstandsabkommens am 22. Juni 1940 in zweifacher Hinsicht zu einer ganz besonderen Demonstration nutzen: Hitler wies die anspruchsvollen Forderungen Mussolinis zurück. Italien hatte Frankreich

am 5. Juni den Krieg erklärt, zu einem Zeitpunkt, als der Kampf fast schon entschieden war, was den Italienern den Spitznamen »Erntehelfer« einbrachte. Schließlich gerieten rund zwei Drittel der ehemaligen Republik Frankreich unter deutsche Besatzungsherrschaft. Das »freie« Frankreich unter dem neuen Regierungschef Pétain hatte den Sitz seiner Regierung nach Vichy verlegt. Der deutsche Triumphator schien auf die Demütigung des besiegten Gegners verzichten zu wollen – einer der wenigen Momente, in denen er tatsächlich staatsmännisch handelte. In der Präambel war explizit von der Tapferkeit der Franzosen die Rede, die man auf keinen Fall zu demütigen gedenke. Das Vichy-Regime durfte seine fernen Kolonien und die einsatzfähige Flotte behalten.
Mit diesen eher maßvollen Bedingungen wollte Hitler ein Zeichen in Richtung London setzen. Seinen letzten, noch unbesiegten Gegner hoffte er durch einen »ehrenvollen« Frieden zur Aufgabe bewegen zu können. Ohne seine beiden »Festlandsdegen« Polen und Frankreich mache es für England keinen Sinn mehr, weiterzukämpfen – glaubte der »Führer«.
Auf eine Genugtuung allerdings wollte Hitler nicht verzichten: »Das Zeremoniell des Waffenstillstands und des Versailler Friedens hat er noch mal genau studiert. Das soll für uns das Modell sein.« Was Propagandaminister Goebbels am 16. Juni 1940 in sein Tagebuch diktierte, wurde am 22. Juni verwirklicht: Es war der gleiche Eisenbahnwagen, in dem die Deutschen 1918 ihre Niederlage eingestehen mußten und der eigens aus einem Museum herbeigeschafft wurde; es war der gleiche Ort wie im November 1918: eine Waldlichtung bei Compiègne. Natürlich wurde während der Gespräche von deutscher Seite auf die »Leidenszeit des deutschen Volkes« hingewiesen, und es war viel von der »Schmach von Versailles« die Rede, die nun getilgt sei. Nicht nur Hitler mochte diesen »Augenblick des wiederhergestellten Rechts« genießen.
Nach dem Sieg über den »Erzfeind« Frankreich stand er auf dem Höhepunkt seines Ansehens in Deutschland. Keitel pries ihn im Überschwang des Sieges als den »größten Feldherrn aller Zeiten«. Und auch wenn die Berliner Schnauze daraus insgeheim den »Gröfaz« machen sollte – wie viele Stimmen mag es damals in Deutschland gegeben haben, die ihm ob des Erfolgs ihre Bewunderung versagten? Wie viele seiner Gegner mochten nun zu den »Bekehrten« zählen, die zumindest seine militärischen Erfolge anerkannten? Die meisten wurden angesichts der unbestreitbaren

Erfolge zwar keine Nationalsozialisten, aber doch, und manchmal wider Willen, Bewunderer Hitlers – unbeschadet der moralischen Verderbtheit des Idols. Das Dilemma der deutschen Opposition gegen Hitler formulierte Ulrich von Hassell: »Man könnte verzweifeln unter der Last der Tragik, sich an den Erfolgen nicht freuen zu können.«
1940 rechneten die Deutschen den Erfolg nur einem Manne zu: »Dem Führer allein gebührt der Ruhm, denn ohne seinen Willen wäre es zu einem solchen Handeln nie gekommen.« Richtig an dieser Einschätzung des Generalquartiermeisters Eduard Wagner ist, daß Hitler die Voraussetzungen für den Sieg schuf: Er unterstützte die Pläne eines Außenseiters gegen die Vorstellungen der etablierten Generalstäbler und befahl einen Angriff, der zu diesem Zeitpunkt von vielen Fachleuten abgelehnt wurde. Ribbentrops Staatssekretär von Weizsäcker hielt Ende Mai 1940 in seinem Tagebuch fest: »Auch diejenigen Generäle, die vor dem 10. 5. einer Offensive gegen Westen abgeneigt waren, sind jetzt von ihrer Zweckmäßigkeit überzeugt und wollen nicht mehr gern an ihre früheren Urteile erinnert werden.«
Wie die Erkenntnis, letztlich Recht behalten zu haben, auf Hitlers Psyche wirkte, kann kaum überschätzt werden. Zwei psychologische Entwicklungen verstärkten sich in ihrer Wirkung: Zum einen die Detailkenntnis, mit der Hitler manchen seiner Generäle wirklich überlegen war, zum anderen die Bestätigung durch überraschende Erfolge wie im Frankreichfeldzug. Nun glaubte der »Führer«, er wisse alles besser. Daß er diese Siege teilweise seinen Generälen – der genialen Planung Mansteins und der geschickten operativen Taktik Halders – verdankte, verdrängte der Kriegsherr. Im Oktober 1941, die Wehrmacht eilte noch von Sieg zu Sieg, erklärte Hitler im internen Kreis: »Feldherr bin ich wider Willen, nur deshalb überhaupt befasse ich mich mit militärischen Dingen, weil es im Augenblick einen, der es besser könnte, nicht gibt.« Seine krankhafte Selbstüberschätzung gipfelt in der Feststellung: »Ich rede keinem meiner Herren in seiner Sache etwas drein, solange ich nicht das Gefühl habe, ich könnte es besser machen.« Das Gefühl trat immer häufiger zutage. Doch die Zeit der Fehlschläge war nahe.
Hitler hatte es sich so schön vorgestellt: Dem Sieg auf dem Festland sollte der Friedensschluß mit England folgen. Doch allen Andeutungen Hitlers zum Trotz – London reagierte nicht auf die deutschen Lockungen. Am 14. Juli wies Premierminister Chur-

chill öffentlich alle Spekulationen auf einen möglichen Friedensschluß zurück: »Wir werden keinen Ausgleich schließen, wir werden kein Parlamentieren zulassen, wir werden vielleicht Gnade walten lassen – um Gnade bitten werden wir nicht.« Das war deutlich. Hitler verzichtete nun darauf, öffentlich ein konkretes Friedensangebot zu unterbreiten. Die Rede vor dem Reichstag am 19. Juli nutzte er allerdings für eine propagandistisch geschickte Schuldzuweisung: Churchill allein, dessen Unnachgiebigkeit, dessen Starrsinn trügen Schuld, wenn Deutschland nun gezwungen sei, die Kämpfe fortzusetzen.

Hitler unterzeichnete die Weisung Nr. 16. Darin hieß es: »Ich habe mich entschlossen, eine Landungsoperation gegen England vorzubereiten und, wenn nötig, durchzuführen.« Erste grobe Pläne für einen solchen Angriff hatten der Wehrmachtsführungsstab des OKW und nicht der Generalstab des Heeres skizziert. In dieser am 30. Juni vorgelegten Denkschrift schlug Jodl vor, den Gegner durch See- und Luftoperationen zu provozieren, die Versorgungswege zu unterbrechen, die Zivilbevölkerung durch Luftterror zu demoralisieren. Nach Erringen der Luftherrschaft könne die Invasion ins Auge gefaßt werden. Schon Mitte August sollte die Durchführung einer Landungsoperation beginnen. Doch Hitler zögerte lange. Die Invasion der britischen Insel war für ihn nur die »ultima ratio«. Mehr oder weniger halbherzig befahl er am 1. August in der Weisung Nr. 17, »massive Operationen« zur Zerstörung der britischen Luftwaffe. Am 13. August war »Adlertag«, die »Battle of Britain«, der erste Luftkrieg der Geschichte, hatte begonnen. Mit 2 200 Maschinen, darunter rund 1000 zweimotorigen Bombern, begann die Luftschlacht um England. Schnell stellte sich heraus, daß Görings Luftwaffe auf eine sorgfältig vorbereitete und wirkungsvolle Verteidigung traf. Anders als gegen Polen gelang es nicht, die Maschinen der Royal Air Force am Boden zu zerstören. Die englischen Jäger konnten stets rechtzeitig zur Abwehr massiver Angriffsattacken aufsteigen. Radarabwehr hieß das Zauberwort. Die Defizite der deutschen Luftflotte traten schnell zutage: geringe Reichweite der Jäger, geringe Traglasten der Bomber, unterlegene Technik – und vor allem die begrenzte Zahl der einsatzfähigen Flugzeuge. Die großspurige Ankündigung des Oberkommandos der Luftwaffe, in höchstens vier Wochen sei die britische Luftwaffe ausgeschaltet, erwies sich als unrealistisch. Eine Überlegenheit im Luftraum war allerdings notwendige Voraussetzung für alle weiteren Planungen des OKH. Doch selbst das

Freudenhüpfer Hitlers nach der Nachricht von der französischen Kapitulationsbereitschaft, Juni 1940 (anonymes Aquarell nach einem Foto)

Wir haben die Erfolge der Jahre 1939 und 1940 – Polen, Frankreich und Skandinavien – als große politische und vor allem militärische Leistungen gewertet, die selbstverständlich dem obersten Befehlshaber der Wehrmacht, Hitler, zugerechnet wurden. Wir hatten das Gefühl, eine Zeit sehr großer militärischer Erfolge mitzuerleben.

Ulrich de Maizière, Jahrgang 1912 (Offizier im Generalstab)

In Stalingrad wurde nach der Einkesselung verbreitet: »Haltet aus! Der Führer haut euch raus.« In den ersten Wochen haben die Landser und die niederen Offiziere daran geglaubt. Doch als Weihnachten und im Januar 1943 noch nichts geschehen war, war das Vertrauen in Hitler geschwunden. Die Soldaten realisierten, daß sie gelackmeiert waren und die 6. Armee sitzengelassen.

Winrich Behr, Jahrgang 1918 (Offizier im Stab der 6. Armee)

Oberkommando der Marine beurteilte die Durchführung einer Landeoperation im Jahre 1940 skeptisch. Frühestens im Mai 1941 sei eine solche Operation möglich, hieß es. Tatsächlich standen Schiffs-Kapazitäten für eine ernsthaft angelegte Invasion nicht zur Verfügung. Solche Schwierigkeiten ließen Hitler immer mehr auf einen Luftkrieg setzen. Doch selbst sein Stimmungsmacher Goebbels zweifelte nach drei Wochen Luftschlacht: »Werden wir es allein durch Luftkrieg schaffen?«
Das Wetter nahm den Deutschen die Entscheidung ab. Am 14. September wurde die Entscheidung über einen Landungstermin aufgeschoben, am 24. September stellte Goebbels angesichts des »barbarischen Wetters« fest: »Invasionsmöglichkeiten immer ungewisser«; am 12. Oktober wurde das Unternehmen »Seelöwe« endgültig auf das Frühjahr 1941 vertagt. Zum erstenmal war ein militärisches Projekt Hitlers gescheitert.

Das Unternehmen »Seelöwe« war bezeichnend für den Krieg und für den Kriegsherrn Hitler. Zunächst der Blick auf das militärische Kräftepotential der Wehrmacht: Deutschland war zu diesem Zeitpunkt keineswegs so hochgerüstet, wie es Hitlers Propaganda glauben machen wollte. Weder die Wirtschaft noch die Rüstung waren 1940 schon so weit, um gegen einen gleichwertigen Gegner bestehen zu können. Die Produktionsziffern, die Speers Rüstungsministerium in der zweiten Hälfte des Krieges erzielen konnte, zeigen, daß die deutsche Wirtschaft der ersten Kriegsjahre alles andere als eine Kriegswirtschaft gewesen war. Die Kapazitäten der deutschen Marine reichten für einen Landungsversuch ebensowenig aus, wie die deutsche Luftwaffe stark genug war, um einen Luftkrieg gegen eine etwa gleichstarke Luftflotte zu gewinnen. Zum Vergleich: Drei Jahre später setzte die Royal Air Force allein bei der Operation »Gomorrha«, dem Luftangriff auf Hamburg, die gleiche Zahl von Bombern ein wie Görings Luftwaffe bei der »Schlacht um England« – eine Schlacht, die nie ernsthaft geführt wurde.

Ein zweiter ebenso wichtiger Punkt war Hitlers Reaktion. Als die Schlacht um England militärisch nicht gewonnen werden konnte, folgte der Befehl zur sinnlosen Zerstörung. Görings Luftwaffe, die den Gegner nicht bezwingen konnte, wurde nun für reinen Terror eingesetzt: Zerstörung aller lebenswichtigen Ressourcen, Entmutigung der Menschen – das waren ihre neuen Aufgaben. Am 3. September fielen Brandbomben auf Liverpool; am 7. September Brand- und Sprengbomben auf London, Göring begeisterte sich

über die brennende Stadt an der Themse wie einst Nero über den Brand von Rom: »Diese Bomber treffen den Feind mitten ins Herz!«
Der traurige Höhepunkt des Terrors war die Aktion »Mondscheinsonate«. In der Nacht zum 15. November ging Coventry im Bombenhagel deutscher Flugzeuge in Flammen auf. Die mittelalterliche Kathedrale wurde vollständig zerstört. Die Saat des Hasses, die hier gelegt wurde, sollte sich bald gegen deutsche Städte richten. Die Spur der Verwüstung zog sich über London, Coventry und York bis nach Hamburg, Berlin und Dresden.
Einen Ausweg aber hatte sich der »größte Feldherr aller Zeiten« offengehalten. Schon am 31. Juli klärte er seine Generäle auf dem Obersalzberg über seine eigentlichen Ziele auf. Halder notierte in seinem Tagebuch die Gedankengänge Hitlers: »Englands Hoffnung ist Rußland und Amerika. Wenn Hoffnung auf Rußland wegfällt, fällt auch Amerika weg, weil auf den Wegfall Rußlands eine Aufwertung Japans in Ostasien in ungeheurem Maße folgt. Ist aber Rußland zerschlagen, dann ist Englands letzte Hoffnung getilgt. Entschluß: Im Zuge dieser Auseinandersetzung muß Rußland erledigt werden. Frühjahr 1941.«
Die Äußerung zeigt, wie irrational Hitler dachte. In der Theorie bestand sein militärisches Programm in der durchaus logischen Abfolge von aufeinanderfolgenden Etappen, in denen jeweils begrenzte Ziele erreicht werden sollten. In der Praxis aber hatte der »Größte Feldherr aller Zeiten« den Kampf gegen England begonnen, um den Rücken frei zu haben, bevor er das nächstes Ziel, den Krieg im Osten, in Angriff nahm. Nun wollte er den Kampf im Osten aufnehmen, bevor der Kampf im Westen beendet war. Der Rußlandfeldzug hatte damit sowohl Ziel- als auch Mittelcharakter. Die Niederwerfung des Gegners im Osten, die ursprünglich »nur« den begehrten »Lebensraum« schaffen sollte, war nun auch Voraussetzung für das Ausschalten des Feindes im Westen. Diese Unlogik hatte fatale Konsequenzen: Es bedeutete, daß die Wehrmacht doch noch den gefürchteten Zweifrontenkrieg würde führen müssen. Die ohnehin begrenzten Kräfte mußten aufgeteilt werden – bisher ein Trauma auch für Hitler, der dies aber nun in Kauf nahm. Um den Alptraum des Zweifrontenkrieges zu vermeiden, entfesselte er den Zweifrontenkrieg. Die verantwortlichen Militärs nahmen Hitlers Ausführungen widerspruchslos hin.
Auf einem Meer von Unlogik mag dennoch logisch navigiert wer-

den. In seinem »zweiten Buch« hatte Hitler geschrieben: »Ganz gleich, ob der Angriff zehn oder tausend Kilometer hinter den heutigen Linien zum Stehen kommt. Wo immer auch unser Erfolg endet, er wird stets nur der Ausgangspunkt eines neuen Kampfes sein.« Leben als ständiger Kampf, Politik als permanente Kriegführung – das war sein Programm. Wenn man nach nur zehn Kilometern hinter den heutigen Linien zum Stehen kommt, und nicht nach den erhofften tausend; wenn man erkennt, daß man den einen Gegner nicht besiegen kann – was lag da näher, als sich einen neuen zu suchen?

Logisch war Hitlers Entscheidung auch in anderer Hinsicht. Wenn man den Kampf will, dann stellt sich die Frage nach der Motivation der Mitkämpfer. Mit Erfolgen lassen sich sogar zunächst widerstrebende Generäle überzeugen – das zeigten die Erfahrungen des Frankreichfeldzugs. Bei Niederlagen war das schwieriger. Eines wußte Hitler ganz genau: Er würde auch bei Mißerfolgen nicht das Handtuch werfen. Noch einen »November 1918«, noch einen »feigen Waffenstillstand«, würde es in der deutschen Geschichte nicht mehr geben – das betonte er immer wieder. Ob seine Paladine auch so dachten? Da konnte er sich nicht so sicher sein. Sie mußte man der Möglichkeit berauben, den Kampf vorzeitig zu beenden und rechtzeitig Frieden zu schließen. Der unbedingte Marsch nach vorn bedeutete auch, daß man den Rückweg abschneiden, den Zögernden die Möglichkeit des Rückzugs nehmen mußte. Denn, so erkannte Hitler: »Ob recht oder unrecht, wir müssen siegen. Das ist der einzige Weg. Wir haben schon so viel auf dem Kerbholz, daß wir siegen müssen, weil sonst unser ganzes Volk, wir an der Spitze, ausradiert werden.« Diese Einsicht wollte Hitler seinem Volk natürlich öffentlich nicht zumuten.

Polen, Norwegen, Frankreich, England – all das waren nur Ouvertüren für die eigentliche Auseinandersetzung: den Kampf um »Lebensraum«, den Kampf gegen den »bolschewistischen Todfeind«. Der Krieg gegen Rußland – das war Hitlers Krieg. War es ein Präventivkrieg? Nein. Die Annahme, daß die Sowjetunion kurz- oder mittelfristig einen Angriff gegen das Deutsche Reich plante, läßt sich durch kein seriöses Dokument stützen. Langfristig rechnete Stalin gewiß mit einer militärischen Auseinandersetzung, die für ihn allein aus ideologischen Gründen zwangsläufig war. 1941 stand ein solcher Angriff aber nicht bevor. Hitler rechnete auch gar nicht damit. Das Unternehmen »Barbarossa« war ein aggressiver Akt. Es war ein Krieg, auf den Hitler immer hin-

gearbeitet hatte, den er immer führen wollte, in dem er endgültig sein wahres Gesicht zeigte. Es war sein Krieg.
Der Oberbefehlshaber des Heeres und sein Generalstabschef hatten ihrem »Führer« am 5. Dezember 1940 einen Vorschlag vorgelegt, der zwei Wochen später als endgültiger Angriffsplan abgesegnet wurde. Das Dokument mit dem langen Aktenzeichen »OKW/WFSt/Abt L (I) NR. 33408/40 g.K Chefs« erschien in der Chronologie der Führerbefehle als Weisung Nr. 21. Der Text von elf Seiten Länge mit der Überschrift »Fall Barbarossa« sollte zu einem der folgenschwersten Dokumente des Zweiten Weltkriegs werden. 120 bis 130 deutsche Divisionen, von finnischen und rumänischen Truppen unterstützt, postiert in drei Angriffskeilen waren für die nunmehr größte militärische Operation in Hitlers Krieg vorgesehen. »Das Endziel der Operationen ist die Abschirmung gegen das asiatische Rußland auf der allgemeinen Linie Wolga-Archangelsk.«
In acht bis zehn Wochen, so rechnete Hitler, sei das Ziel zu erreichen. Der Angriffsplan war ein Kompromiß zwischen Hitlers ursprünglichen Vorstellung, die einen von zwei Zangenarmen vorgetragenen Angriff vorsah, und den Vorstellungen Halders, der einen konzentrierten Stoß auf Moskau plante. Die Meinungsunterschiede zwischen Halder und Hitler wurden überdeckt. Erst im Verlauf der Ereignisse sollten sie offen zum Ausbruch kommen. In seinen Memoiren schrieb Panzergeneral Heinz Guderian: »Der Kräfteansatz in drei nahezu gleichstarken Heeresgruppen, die mit divergierenden Zielen in die Weite des russischen Raumes vorgehen sollten, ohne daß ein klares Operationsziel gesteckt war, konnte vom fachmännischen Standpunkt nicht überzeugen.« Da hatte Guderian sicher recht. Nach dem Krieg waren viele Militärstrategen schlauer. Vor dem Angriff äußerten die Verantwortlichen keine Kritik an den von Hitler gemachten Vorgaben.
Während Hitlers Generäle den Krieg im Osten vorbereiteten, machte Hitler die Spitzen der Wehrmacht am 30. März mit einem zusätzlichen Aspekt bekannt: »Der Kampf wird sich sehr unterscheiden vom Kampf im Westen.« Während für die Militärs der Angriff auf Rußland die Auseinandersetzung zweier Armeen war, sah Hitler im Krieg gegen Rußland die Auseinandersetzung zweier Weltanschauungen, die sich gegenseitig ausschlossen. »Ein Krieg wie gegen Rußland kann nicht ritterlich geführt werden. Es handelt sich um einen Kampf der Weltanschauungen und rassischen Gegensätze und ist daher mit nie dagewesener erbarmungs-

loser Härte zu führen. Alle Offiziere werden sich überlebter Anschauungen entledigen müssen.« Der Rußlandfeldzug, Hitlers Krieg im Krieg, war kein »europäischer Normalkrieg«, sondern ein Vernichtungskrieg von bislang unbekannter Grausamkeit. Die Offiziere widersprachen nicht.

Das deutsche Ostheer mit sieben Armeen, vier Panzergruppen und drei Luftflotten umfaßte insgesamt drei Millionen Mann, 600 000 Fahrzeuge, 750 000 Pferde, 3 580 Panzerkampfwagen, 7 184 Geschütze und 1 830 Flugzeuge: Angesichts des Auftrages nicht eben viel – doch mehr war nicht zusammenzukratzen. Unterstützt wurden die Deutschen von zwei rumänischen Armeen im Süden. Im Norden warteten die Finnen, um gegen Stalins Reich zu marschieren. Drei Viertel des deutschen Feldheeres war im Osten aufmarschiert. Um diese für ihre Verhältnisse gewaltige Streitmacht aufbieten zu können, hatten die Deutschen andere Fronten im Westen und im Mittelmeerraum geschwächt – gegen den Rat Hitlers, der strategische Kräfte zurückhalten wollte. Halder war jedoch bereit, auf größere Reserven zu verzichten: »Das Risiko, im Oktober ohne Ersatz dazustehen, kann getragen werden.« Bis zu diesem Zeitpunkt rechnete die deutsche Führung damit, den Sieg längst errungen zu haben. Ein »Sandkastenspiel« war der Rußlandfeldzug für den siegessicheren Hitler. »Sie müssen nur die Tür einschlagen, dann wird die ganze verrottete Struktur zusammenbrechen«, hatte er vor dem Angriff dem Oberbefehlshaber der Heeresgruppe Süd erklärt. Typisch für die Siegesgewißheit war die Tagesparole des Reichspressechefs vom 23. Juni 1941: »Der Führer sagt, es dauert vier Monate. Ich aber sage Ihnen, es dauert nur acht Wochen.« Auch nüchterne Militärs ließen sich vom Größenwahn der Parteipropagandisten anstecken. Halder rechnete vor dem Angriff mit der »Erledigung unserer europäischen Aufgaben« im Herbst 1941 – und begründete so den Verzicht auf Reserven. Am 3. Juli, unter dem Eindruck des schnellen Vormarsches, notierte der Generalstabschef des Heeres in sein Tagebuch: »Es ist wohl nicht zuviel gesagt, wenn ich behaupte, daß der Feldzug gegen Rußland innerhalb von 14 Tagen gewonnen wurde.« Es war also beileibe nicht nur der Amateurstratege Hitler, der glaubte, leichtes Spiel zu haben. Die großen Generäle des kleinen Gefreiten dachten ähnlich.

Hitler hatte die Zuständigkeit für den Rußlandfeldzug dem OKH übertragen, die übrigen deutschen Kriegsschauplätze unterstanden dem OKW. Diese eindeutige Zweiteilung der Verantwortlich-

Hitler – auf dem Weg nach Tannenberg – besucht Soldaten im sicheren Hinterland, 10. September 1941

Hitler in der Wolfsschanze (mit Bormann, links, und dem ostpreußischen Gauleiter Erich Koch, Mitte), 6. September 1942

keiten wurde aber schnell aufgeweicht. So unterstand das Gebiet der »Rückwärtigen Befehlshaber« im Rußlandfeldzug dem OKW. Streitigkeiten waren damit vorprogrammiert. Es war der Chef des Wehrmachtsführungsstabes, Alfred Jodl, der die Grundzüge für die Weisung 21 erarbeitet hatte, nach denen der »Krieg im Krieg«, die Vernichtung des russischen Volkes im Rücken der Front, geführt werden sollte. Hitler erklärte dazu am 3. März gegenüber Jodl: »Diese Aufgaben sind so schwierig, daß man sie nicht dem Heere zumuten kann.«

Der Beginn des Angriffs war zunächst für den 15. Mai vorgesehen. Ein Putsch in Jugoslawien brachte Hitlers Zeitplan durcheinander. Als nach dem siegreichen Balkan-Feldzug Belgrad erobert war und die Hakenkreuzfahne auch über der Akropolis wehte, legte Hitler den neuen Termin fest: Beginn Barbarossa 22. Juni. Kostbare Zeit für Hitler war verlorengegangen.

Die deutsche Angriffsfront, die in den Morgenstunden des 22. Juni an der Grenze zur UdSSR bereit stand, war in drei Abschnitte unterteilt: Die Aufgabe der Heeresgruppe Nord lag in der Vernichtung der sowjetischen Verbände im Baltikum und der Eroberung Leningrads. Hauptangriffsziel der Heeresgruppe Süd war die ukrainische Hauptstadt Kiew. Der Schwerpunkt der deutschen Angriffsaktionen aber lag bei der Heeresgruppe Mitte, die schnell über Brest, Minsk und Smolensk nach Moskau vordringen sollte.

Der Faktor Geschwindigkeit war der entscheidende Punkt im »Unternehmen Barbarossa«. Schnelles Vordringen war notwendig, wenn die Kriegsziele vor Einbruch des russischen Winters erreicht werden sollten. Beweglichkeit und Konzentration der Kräfte – so sollte das Erfolgsrezept lauten. Die gegen Polen begonnene, gegen Frankreich perfektionierte Strategie des »Blitzkriegs« sollte auch in der Weite des russischen Raumes den Erfolg bringen.

In den Morgenstunden des 22. Juni 1941 überschritten deutsche Soldaten auf einer Länge von 1 600 Kilometern die Grenzen. Das Tempo, das die Deutschen vorlegten, war beinahe unglaublich: Die 3. Panzerdivision unter General Model benötigte für die 460 Kilometer von Brest nach Bobruisk nur ganze sechs Tage, den Tagesrekord mit 115 Kilometern stellte sie am 27. Juni auf. 115 Kilometer durch feindliches Gebiet an einem einzigen Tag bestätigten vor allem eines: Die Sowjets waren völlig unvorbereitet und überrascht. Es waren keine wirklich effektiven Gegen-

maßnahmen getroffen – obwohl der Kreml Hinweise von sowjetischen Spionen und deutschen Überläufern erhalten hatte.
Am vierten Tag des Rußlandfeldzugs schlossen die beiden Panzerarmeen der Heeresgruppe Süd den Kessel hinter den russischen Verbänden, die zwischen Bialystok und Minsk kämpften. Vier sowjetische Armeen, insgesamt 43 Divisionen, waren umfaßt. Die erste Kesselschlacht des Rußlandfeldzugs begann. Am 8. Juli meldete das deutsche Oberkommando die Gefangennahme von 323 898 Soldaten. Und das war erst der Anfang: Orscha, Witebsk, Uman, Smolensk, Wjasma und Kiew – Namen von Kesselschlachten, in denen die Deutschen, immer nach dem gleichen Muster, die gegnerischen Verbände durch schnell vorgetragene Panzerattacken umgingen, einschlossen und anschließend durch nachrückende Infanterieverbände endgültig zerschlugen. Kaum jemand auf deutscher Seite konnte sich vorstellen, daß sich die Rote Armee von diesen Verlusten würde erholen können.
Im Gefühl des sicheren Sieges entschloß sich Hitler in seinem Hauptquartier im ostpreußischen Rastenburg zu einer Änderung des Feldzugsplanes. Der Generalstab des Heeres hatte in seiner Aufmarschanweisung vom 31. Januar 1941 die Möglichkeit offengehalten, bei »völligem Zusammenbruch des feindlichen Widerstands« den direkten Vorstoß auf Moskau durchzuführen. Anders Hitler: Für ihn war Moskau nur ein Ortsname. Seine Weisung Nummer 33 vom 19. Juli lautete deshalb: Das gegnerische Industriepotential ist zu erobern, nicht die Hauptstadt! »Meine Generäle verstehen nichts von Kriegswirtschaft«, erklärte Hitler. Die Heeresgruppe Mitte sollte umstrukturiert werden und neue Ziele anstreben.
Die verantwortlichen Generäle waren entsetzt. Brauchitsch und Halder versuchten, Hitler umzustimmen. Doch Hitler blieb bei seinem Entschluß. Die lange verdeckten Differenzen zwischen ihm und seinen militärischen Beratern brachen nun neu auf. In der Führerweisung vom 21. August hieß es: »Der Vorschlag des Heeres für die Fortführung der Operationen stimmt mit meinen Absichten nicht überein. Das wichtigste, noch vor Einbruch des Winters zu erreichende Ziel ist nicht die Einnahme von Moskau, sondern die Wegnahme der Krim, des Industrie- und Kohlengebietes am Donez und die Abschnürung der russischen Ölzufuhr aus dem Kaukasusraum.« Künftig galt auch für Hitlers Krieg ein gefährliches Axiom: »Der Führer hat immer recht.«
Immerhin sorgte Hitlers Entschluß für den bis dahin größten

Erfolg des Rußlandfeldzuges. Nach dem Vorstoß der deutschen Truppen auf Kiew waren im September fünf sowjetische Armeen gefangen. Es folgte, wie der »Völkische Beobachter« verkündete, die »größte Vernichtungsschlacht aller Zeiten«. Das Gros der sowjetischen Südwestfront wurde zerschlagen, mehr als 650 000 Rotarmisten mußten den Weg in die Gefangenschaft antreten. Ein triumphaler Sieg, für den die Wehrmacht freilich einen hohen Preis bezahlen mußte.
Hitler hatte sich am 6. September entschlossen, nach dem Erfolg im Süden nun doch noch den Marsch auf Moskau zu beginnen. Nach der Weisung Nr. 35 sollte die Heeresgruppe Mitte die Rote Armee im Raum vor Moskau »umfassend schlagen und vernichten«. Doch der Angriff auf Moskau konnte nach dem Umweg über die Ukraine erst am 2. Oktober beginnen. Das Wetter wurde nun zum entscheidenden Faktor. Der Vormarsch verlief zunächst auch planmäßig. Die nächsten Kesselschlachten zeichneten sich ab. Am 8. Oktober notierte General Jodl: »Mit der gelungenen Bildung der drei Kessel nördlich Mariupol, östlich Brjansk und westlich Wjasma haben wir endgültig und ohne Übertreibung diesen Krieg gewonnen.« Sechs sowjetischen Armeen, die die Hauptstadt hätten verteidigen sollen, waren geschlagen. Die Deutschen machten 660 000 Gefangene, noch mehr als die bisher schon unglaublichen 650 000 Mann, die im Kessel von Kiew eingeschlossen waren.
Es war der vorläufig letzte deutsche Sieg. Mitte Oktober schlug das Wetter um. Es begann zu regnen, General »Schlamm« hatte das Kommando übernommen. Im knöcheltiefen Morast der aufgeweichten Wege erlahmte sogar der deutsche Vorwärtsschwung. Der erste Stellungskrieg im Osten begann. Drei Wochen dauerte die unwillkommene Pause, dann kam der Frost, der die Wege wieder passierbar machte. Im Tagesbefehl vom 19. November hieß es: »Die Zeit des Wartens ist vorüber. Wir können wieder angreifen.« Doch die Deutschen trafen nun auf einen vorbereiteten Gegner, der die drei Wochen genutzt hatte, um neue Kräfte heranzuführen und die eigene Verteidigung neu zu organisieren. Hinzu kamen Witterungsbedingungen, auf die die deutschen Soldaten nicht eingestellt, für die sie nicht ausgerüstet waren.
Mitte November herrschten Temperaturen um 25 Grad unter Null, schließlich fiel das Thermometer auf 40 Grad minus. Nun rächte sich, daß die deutsche Führung auf einen schnellen Sieg gesetzt und sich die Wehrmacht nicht auf einen Winterkrieg vor-

bereitet hatte. Goebbels hatte auf Fragen nach Winterausrüstung großspurig erklärt: »Im Winter? Da sitzen wir in warmen Quartieren von Leningrad und Moskau.« Doch nicht nur bei der politischen Spitze herrschte Ignoranz, auch die militärische Führung trifft Schuld an den Versäumnissen. Auch für die hohen Generäle stand fest, daß die Kämpfe bis zum Winter abgeschlossen sein würden. Die Folgen trugen die Soldaten an der Front: Die Zahl der Erfrorenen stieg. Fast jeder zweite meldete sich mit Erfrierungen an Händen oder Füßen bei den Sanitätsstationen, die kaum helfen konnten. Medikamente gegen Frostwunden gab es ebensowenig wie wintertaugliches Schuhwerk.

Hinzu kam der allgemeine Erschöpfungszustand der Soldaten, die im Verlauf des bisherigen Feldzugs schier Unglaubliches geleistet hatten. Auch der schnelle Vormarsch war kein frisch-fröhlicher Husarenritt gen Osten, wie es die Goebbels-Propaganda der Bevölkerung in der Heimat glauben machen wollte. Verglichen mit den weit höheren Opfern der Roten Armee, waren die deutschen Verlustzahlen zwar erstaunlich niedrig. Doch die Deutschen trafen die Verluste ungleich härter, denn der Ausfall von 16,2 Prozent der Gesamtstärke des Ostheeres konnte kaum ausgeglichen werden. Auch beim Material waren die Einbußen beträchtlich. Nach drei Monaten Feldzug verfügten die Panzergruppen nur noch über 40 Prozent ihrer Sollstärke. Seit Wochen kämpften die deutschen Einheiten ohne Ruhepausen, Reservekräfte standen nicht mehr zur Verfügung.

Angesichts der zusätzlichen Belastungen durch den Wintereinbruch plädierten Frontoffiziere immer lauter dafür, eine günstige Abschlußlage für die Fortführung des Angriffs im nächsten Jahr zu schaffen. Als der »Führer« erfuhr, daß die Panzerarmeen den Vormarsch gestoppt hatten, beschimpfte er seine Frontgeneräle als »archaische und dumme Kaste von Berufssoldaten«. Er hatte sich nun plötzlich in den Kopf gesetzt: »Ich will Moskau, ich werde Moskau haben. Sie werden mich nicht daran hindern, Moskau zu bekommen.« Am 4. Dezember befahl er, den Angriff wieder aufzunehmen. Der nächste Tag wurde für die Deutschen zum »Schwarzen Freitag«.

»Der Russe ist zu einer großangelegten Offensive ohne Zuführung wesentlicher Verstärkung zur Zeit nicht fähig«, hatte die Abteilung Fremde Heere Ost des OKH in einer Lagebeurteilung am 4. Dezember behauptet. Ein fatales Fehlurteil, denn gerade zu diesem Zeitpunkt bereiteten sich die Sowjets auf den Gegenschlag vor und schickten immer neue Kräfte aus Sibirien und Fernost in den Kampf um die Hauptstadt. Über eine Million Soldaten traten an, um die Angreifer zurückzuschlagen. Es war das erstemal, daß die Truppen der Roten Armee die Initiative übernehmen sollten. An der gesamten Frontlänge mußten sich die deutschen Soldaten dem massiven Druck der überlegenen Rotarmisten entgegenstemmen. Die langgezogene deutsche Front war viel zu schwach, um den anstürmenden frischen Kräften lange standhalten zu können. Am 8. Dezember diktierte Hitler einen Befehl, der die wirkliche Lage an der Front ignorierte. Wer gehofft hatte, daß Hitler nunmehr den Rückzug anordnete, sah sich getäuscht. Statt dessen hieß es in dieser Weisung 39:»Wie diese Verteidigung zu führen ist, wird bestimmt durch das Ziel, das mit ihr verfolgt wird, nämlich: a) Räume zu behaupten, die für den Gegner von großer Bedeutung sind, [...] und c) dadurch die Voraussetzungen für die Wiederaufnahme größerer Angriffsoperationen im Jahre 1942 zu schaffen.« Die Geheime Kommandosache mit der Nr. 1736/41 löste am 18. Dezember blankes Entsetzen aus. Der »Führer« befahl:»Unter persönlichem Einsatz der Befehlshaber, Kommandeure und Offiziere ist die Truppe zum fanatischen Widerstand in ihren Stellungen zu zwingen, ohne Rücksicht auf durchgebrochenen Feind in Flanke und Rücken.« Hitler riß die Initiative der militärischen Planung vollends an sich. »Oberbefehlshaber des Heeres von Brauchitsch ist kaum mehr Briefträger. Hitler verkehrt über ihn hinweg mit den Oberbefehlshabern der Heeresgruppen«, schrieb resigniert der Generalstabschef des Heeres. Diese Weisung war einer der umstrittensten Befehle des Rußlandfeldzuges. Hitler hoffte, so den Zeitgewinn zu erzielen, den er brauchte, um Verstärkungen aus dem Westen heranzuführen. In den Wochen, die dafür benötigt wurden, waren die Soldaten der Ostfront zu einem Kampf in aussichtslosen Situationen gezwungen. Hitlers berüchtigter »Halte«-Befehl brachte die bislang schwersten Verluste für die Wehrmacht.

Am Tage, nachdem der Befehl veröffentlicht wurde, reichte Generalfeldmarschall von Brauchitsch seinen Abschied ein. Hitler übernahm nun selbst den Oberbefehl. Intern machte der neue Oberbefehlshaber kein Hehl aus seiner Geringschätzung für das Amt: »Das bißchen Operationsführung kann jeder machen.« Als der sowjetische Gegenangriff zum Stehen kam und die Deutschen unter großen Verlusten eine neue Frontlinie stabilisieren konnten, strickte die Goebbels-Propaganda die Legende des Mannes, der

Ich habe Hitler am 23. Juli 1944 zum erstenmal aus der Nähe erlebt. Ich war entsetzt, denn ich sah ein menschliches Wrack vor mir. Ein gebeugter Mann, der mit schlürfendem Gang ein Bein nachzog und mir seine zitternde linke Hand zur Begrüßung reichte. Ich sah keine leuchtenden Augen, die mich hätten faszinieren können. Mir gegenüber stand eine matte Gestalt mit fahlem Gesicht. Ich war fassungslos, und mir wurde klar, daß dies wirklich der angeblich so vitale Führer aus unserer Vorstellung war. In den Monaten nach dem Attentat erholte sich Hitler nur wenig. Er entwickelte sich zunehmend zu einem kranken Mann, der zum Schluß die Erscheinung eines kranken Greises hatte.

Bernd Freytag von Loringhoven, Jahrgang 1914 (Offizier im Generalstab)

Hitler hat noch in der letzten Phase des Krieges immer wieder Bemerkungen gemacht, aus denen man heraushörte, daß er immer noch an den Endsieg glaubte. Er erwähnte in diesem Zusammenhang häufiger seine Großprojekte in Linz und den Wiederaufbau zerstörter deutscher Städte. Auch wollte er nach dem Krieg seine Memoiren schreiben. Uniformen sollten nach dem endgültigen Sieg gänzlich aus seiner Umgebung verschwinden. All diese Bemerkungen haben mich naives Ding natürlich glauben lassen, daß wir diesen Krieg noch immer gewinnen können.

Traudl Junge, Jahrgang 1920 (Hitlers Sekretärin)

Am Morgen nach dem »längsten Tag«: Hitler empfängt den ungarischen Ministerpräsidenten Sztojay auf dem Obersalzberg (hinter Sztojay und Hitler stehend von links: Ribbentrop, die Generäle Korten und Warlimont, Göring und Jodl), 7. Juni 1944

die Flucht der Truppen aufgehalten habe: »Der Führer rettet die Front« – lautete die Botschaft an das Volk. Die »Schwierigkeiten« im Osten waren nach dieser Legende auf das Versagen der militärischen Leitung zurückzuführen. »Die alten Herren sind wohl unter der physischen Belastung zusammengebrochen«, war der zynische Kommentar der Paladine Hitlers. Die »herkulische Arbeit« des »Führers« habe die Probleme gelöst. Dazu sei es notwendig gewesen, die militärische Führung abzulösen.
Brauchitsch war nicht der erste und nicht der letzte General, der von seinem Amt abgelöst wurde. Die Suche nach Sündenböcken, die Hitler für das Scheitern des Angriffs auf Moskau verantwortlich machen konnte, ging weiter. Am 20. Dezember traf es Generaloberst Guderian, kurz darauf Erich Hoepner, der seine Truppe befehlswidrig auf Stellungen zurückführte, die sich verteidigen ließen. Hoepner wurde mit Schimpf und Schande aus der Armee gejagt.
In wenigen Tagen hatte Hitler die wichtigsten Heerführer der Ostfront ausgetauscht und weitere 35 Korps- und Divisionskommandeure abgelöst. Brauchitsch, Rundstedt, Bock, Guderian, Hoepner – sie alle hatten, unterschiedlich heftig, Hitler widersprochen. Ihren Nachfolgern fehlte dazu das Rückgrat. Sie führten die Befehle des »Führers« widerspruchslos aus. In seinen Aufzeichnungen betrieb der neue Oberbefehlshaber der Heeresgruppe Mitte am 7. Dezember Ursachenforschung: »Drei Dinge haben zur gegenwärtigen schweren Krise geführt: 1. die einsetzende Herbst-Schlammzeit, 2. das Versagen der Bahnen, 3. die Unterschätzung der Widerstandskraft des Feindes und seiner personellen und materiellen Reserven.«
Dennoch waren dies Begründungen, die den Blick auf die eigentlichen Fehler verstellen. Das »Unternehmen Barbarossa« scheiterte, weil die deutsche Wehrmacht mit zu wenigen Kräften zu schnell zu viel erreichen sollte. Auch in der Kriegsführung gibt es die Kunst des Möglichen. Hitler verlangte Unmögliches, er überforderte die Kräfte der Armee. Vor Moskau war nicht nur das »Unternehmen Barbarossa« gescheitert. Vor Moskau zerstörte die Rote Armee auch den Nimbus der erfolgreichen deutschen Kriegsmaschine: Erstmals hatten die Deutschen einen Landfeldzug nicht siegreich abschließen können.
In dieser ersten großen Winterkrise traf Hitler eine weitere folgenschwere Entscheidung, die noch heute zu widersprüchlichen Erklärungen Anlaß gibt. Am 11. Dezember erklärte er den USA

den Krieg. Was bewog ihn dazu? Warum suchte er mitten in einer kaum bewältigten Krise nach einem weiteren Gegner, nach neuen Belastungen, zusätzlichen Problemen? Die Palette der Erklärungen ist groß: Es gibt Vermutungen, Hitlers Kriegserklärung sei der Ausdruck einer insgeheimen Todessehnsucht gewesen. Er habe den Krieg gegen die USA gewollt, weil er dadurch sicher sein konnte, daß der Krieg für ihn und Deutschland verlorengehen würde. Diese These ist ebenso absurd wie sie klingt. Eine andere Interpretation sieht in Hitlers Kriegserklärung einen Hilferuf: Den Krieg im Osten erkannte er als verloren, da er sich aber auf keinen Fall dem ideologischen Todfeind, dem Bolschewismus ergeben wollte, hoffte er auf eine Niederlage im Westen. Auch für diese These fehlen die Belege. Dann gibt es die Vermutung, daß Hitler den Krieg gegen die USA ohnehin wollte, ihn nur vorgezogen habe, um ihn persönlich führen zu können. In seinem »Programm« ist ein Kampf um die Weltherrschaft mit den USA als Gegner prognostiziert. Allerdings erwartete Hitler diesen Kampf erst für spätere Generationen. Ein Sinneswandel, der ihn zum Vorziehen der Auseinandersetzung veranlaßte, läßt sich damit allerdings nicht erklären.

Rationaler gehen andere Interpreten an die Klärung der Hintergründe. Vier Tage vor den Ereignissen am 11. Dezember hatten die Japaner den amerikanischen Flottenstützpunkt Pearl Harbour bombardiert und damit ihrerseits den Krieg gegen die USA begonnen. Mit der deutschen Kriegserklärung an die USA wollte Hitler, so die Verfechter einer nüchtern-militärischen Erklärung, das schwächere Japan unterstützen, damit es die USA möglichst lange im Pazifik fesselt und verhindert, daß die amerikanischen Truppen auf der anderen Seite der Erde den Kampf gegen Deutschland aufnehmen könnten. Um die Gefahr einer japanisch-amerikanischen Verständigung auszuschließen, habe Deutschland seinerseits den USA den Krieg erklären müssen. Hier wird Hitler ein hohes Maß an Rationalität zugebilligt, das die gleichen Interpreten dem deutschen Diktator in anderen Fragen absprechen.

Vielleicht war Hitlers Denken in dieser Frage doch einfacher gestrickt, als in den Interpretationen angenommen. Seine Entscheidung im Dezember 1941 kann, wie frühere Entschlüsse auch, mit einem Argument erläutert werden, das Hitler selbst zur »Motivation« einsetzte: »Man muß die eigenen Rückzugslinien selbst abschneiden, dann kämpft man leichter und entschlossener.« Umgeben von Gegnern, attackiert an allen Fronten, blieb den Deutschen nach dieser Logik nur noch eine Möglichkeit: Der Kampf bis zum bitteren Ende.

Die Ereignisse des Rußlandfeldzugs bis zum Dezember 1941 sind symptomatisch für das, was sich in den folgenden Kriegsjahren abspielte. Drei Entwicklungen lassen sich erkennen:

1. Hitler mischte sich in zunehmendem Maße in die strategische und operative Planung der Feldzüge ein, wobei er eine ganze Reihe militärischer Fehlentscheidungen traf, die katastrophale Folgen für die Soldaten an der Front hatten.

2. In seinem Größenwahn und dem irrealen Glauben an die eigene Unfehlbarkeit mißtraute er seinen militärischen Spitzen. Er machte seine Generäle für die Niederlagen verantwortlich, entließ die »Verantwortlichen« und verschliß die militärische Elite in immer stärkerem Maße. Dabei weigerte er sich, sachliche Notwendigkeiten zur Kenntnis zu nehmen, bis er in der Endphase des Krieges jeden Realitätssinn verlor.

3. Aus dem Scheitern einzelner militärischer Unternehmungen zog er eine ungewöhnliche Konsequenz: Er brach alle Brücken hinter sich ab und suchte nach neuen Gegnern, neuen Kriegsschauplätzen. Hitler verschärfte den militärischen Kampf, der am Ende nur noch auf Vernichtung zielte. Und er nutzte den fortgeführten Krieg, um wenigstens sein zweites Ziel, die Vernichtung der jüdischen Rasse, zu vollenden.

Zuletzt trieb Hitlers kriminelle Energie das deutsche Volk bis an den Rand des Untergangs. All das läßt sich schon in der zweiten Hälfte des Jahres 1941 erkennen, als sich die Wende des Krieges abzuzeichnen begann. In den folgenden drei Jahren aber trat der Wahn des Kriegsherrn immer deutlicher zutage. Die Zeit der Eroberungen war vorbei. Der Traum vom »Lebensraum im Osten« war gescheitert. Nun war der Feldherr Hitler nur noch der Verbrecher.

Der Verbrecher

Wenn ich einmal an der Macht bin, dann wird die Vernichtung der Juden meine erste und wichtigste Aufgabe sein. Sobald ich die Macht dazu habe, werde ich in München auf dem Marienplatz Galgen neben Galgen aufstellen lassen, und zwar so viele, wie es der Verkehr zuläßt. Dann werden die Juden gehenkt, einer wie der andere, und sie bleiben so lange hängen, bis sie stinken. Sobald man sie abgeknüpft hat, kommen die nächsten dran, und das geschieht so lange, bis der letzte Jude in München ausgetilgt ist. Genauso wird in den anderen Städten verfahren, bis Deutschland vom letzten Juden gereinigt ist

Sie werden sich noch an die Reichstagssitzung erinnern, in der ich erklärte: Wenn das Judentum sich etwa einbildet, einen internationalen Weltkrieg zur Ausrottung der europäischen Rassen herbeiführen zu können, dann wird das Ergebnis nicht die Ausrottung der europäischen Rassen, sondern die Ausrottung des Judentums in Europa sein. Sie haben mich immer als Prophet ausgelacht. Von denen, die damals lachten, lachen heute Unzählige nicht mehr. Die jetzt noch lachen, werden in einiger Zeit vielleicht auch nicht mehr lachen

Wenn wir diese jüdische Pest ausrotten, so vollbringen wir eine Tat für die Menschheit

So glaube ich heute im Sinne des allmächtigen Schöpfers zu handeln: Indem ich mich des Juden erwehre, kämpfe ich für das Werk des Herrn

Hitler

Der Antisemitismus aus rein gefühlsmäßigen Gründen wird seinen letzten Ausdruck finden in der Form von Pogromen. Der Antisemitismus der Vernunft jedoch muß führen zur planmäßigen gesetzlichen Bekämpfung und Beseitigung der Vorrechte des Juden. [...] Sein letztes Ziel muß unverrückbar die Entfernung der Juden überhaupt sein.

Adolf Hitler, 1919

Zur Rassenfrage: Die Blonden sind ganz umgängliche Menschen. Aber die Dunklen, die gern blond sein möchten...!

Kurt Tucholsky, 1932

Der Untermensch, jene biologisch scheinbar völlig gleichgeartete Naturschöpfung mit Händen, Füßen und einer Art Gehirn, mit Augen und Mund, ist doch eine ganz andere, eine furchtbare Kreatur, ist nur ein Wurf zum Menschen hin, mit menschenähnlichen Gesichtszügen – geistig, seelisch jedoch tiefer stehend als das Tier. Im Innern dieses Menschen ein grausames Chaos wilder hemmungsloser Leidenschaft: namenloser Zerstörungswille, primitivste Begierde, unverhüllteste Gemeinheit.

NS-Kampfschrift »Der Untermensch«, 1942

Herr Reichskanzler, es geht nicht um das Schicksal unserer jüdischen Brüder allein, es geht um das Schicksal Deutschlands! Im Namen des Volkes, für das zu sprechen ich nicht weniger das Recht habe als die Pflicht, wie jeder, der aus seinem Blut hervorging, als ein Deutscher, dem die Gabe der Rede nicht geschenkt wurde, um sich durch Schweigen zum Mitschuldigen zu machen, wenn sein Herz sich vor Entrüstung zusammenzieht, wende ich mich an Sie: Gebieten Sie diesem Treiben Einhalt! Mit jener Zähigkeit, die dieses Volk alt werden ließ, werden die Juden auch diese Gefahr überstehen – die Schmach und das Unglück aber, die Deutschland dadurch zuteil wurden, werden für lange Zeit nicht vergessen sein. Denn wen muß einmal der Schlag treffen, den man jetzt gegen die Juden führt, wen anders als uns selbst?

Armin T. Wegner, 1933

Die schlechte Rasse wird daran erkannt, daß sie sich durch den Vergleich mit anderen zu erhöhen, andere durch den Vergleich mit sich selbst zu erniedrigen sucht.

Ernst Jünger, 1934

Wie es den Russen geht, wie es den Tschechen geht, ist mir total gleichgültig. [...] Ob die anderen Völker in Wohlstand leben oder ob sie verrecken an Hunger, das interessiert mich nur soweit, als wir sie als Sklaven für unsere Kultur brauchen, anders interessiert mich das nicht.

Heinrich Himmler, 1942

Es ist zwecklos, die Massenvernichtungen zu kritisieren oder sich dagegen aufzulehnen. Es handelt sich hier um einen strikten Führerbefehl, da der Führer die Absicht geäußert hat, im Zusammenhang mit diesem Krieg als der gewaltigsten weltanschaulichen Auseinandersetzung, auch das Judenproblem zu lösen.

Reinhard Heydrich, 1941

Ich schwöre Dir, Adolf Hitler, Gehorsam bis in den Tod. So wahr mir Gott helfe.

Eid der SS

Es gehört zu den Dingen, die man leicht ausspricht: »Das jüdische Volk wird ausgerottet!« Sagt Ihnen jeder Parteigenosse. Das steht in unserem Programm: Ausschaltung der Juden, Ausrottung, machen wir pah, Kleinigkeit. Von Euch werden die meisten wissen, was es heißt, wenn hundert Leichen beisammen liegen, wenn fünfhundert daliegen oder wenn tausend daliegen. Und dies durchgehalten zu haben und dabei, abgesehen von menschlichen Ausnahmeschwächen, anständig geblieben zu sein, hat uns hart gemacht und ist ein niemals genanntes und zu nennendes Ruhmesblatt.

Heinrich Himmler, 1943

Die Gefangenen mußten bei einem der Ärzte vorbeigehen, der bei ihrem Vorbeimarsch durch Zeichen die Entscheidung fällte. Diejenigen, die zur Arbeit taugten, wurden ins Lager geschickt. Andere wurden sofort in die Vernichtungslager geschickt. Kinder im zarten Alter wurden unterschiedslos vernichtet, da sie auf Grund ihrer Jugend unfähig waren, zu arbeiten. [...] Sehr häufig wollten Frauen ihre Kinder unter den Kleidern verbergen, aber wenn wir sie fanden, wurden die Kinder natürlich zur Vernichtung hineingesandt.

Rudolf Höß, 1946

Ich bete für den Untergang meines Landes. Das ist die einzige Möglichkeit, für all die Greueltaten zu bezahlen, die wir in der Welt begangen haben.

Dietrich Bonhoeffer, 1941

Im künstlichen Dämmerlicht des »Führerbunkers«, sechzehn Meter unter Tage, schien sich am Ende doch noch die ganze Wahrheit zu enthüllen. Hitler, entschlossen zum Selbstmord, wirkte müde und erschöpft, und obwohl Einschläge sowjetischer Granaten die meterdicken Bunkermauern in immer kürzeren Abständen erschütterten, wahrte er noch im Moment des Untergangs krampfhaft die Fassung. Mit letzter Anstrengung versuchte er dem Zittern seiner linken Hand Herr zu werden, und er war bemüht, beim Abschied von seinen Mitarbeitern nicht wie ein gebeugter Greis zu erscheinen. Hitler spielte seine letzte Rolle. Seine Stimme aber konnte nicht darüber hinwegtäuschen, wie sehr ihm die Katastrophen der letzten Tage zugesetzt hatten. Er sprach leise und monoton, als er seiner Sekretärin im kleinen Konferenzraum eröffnete, warum er sie gerufen hatte: »Ich will Ihnen mein Testament diktieren.«
In den frühen Morgenstunden des 29. April 1945 legte sich Traudl Junge Stift und Stenoblock zurecht und wartete, bis die kurze Pause verstrich, Hitler seine Gedanken gesammelt hatte und seine letzte, die Nachwelt beschwörende Botschaft zu formulieren begann. Jetzt, dachte die Sekretärin beim Notieren der Überschrift, schlägt die Stunde der Wahrheit. »Jetzt«, erinnert sie sich heute, »erfahre ich endlich, warum dieser Krieg so enden muß und warum alles so kam, wie es gekommen war.«
Hitler stützte sich mit beiden Händen auf den leergeräumten Kartentisch. Fließend, ohne auch nur einmal ins Stocken zu geraten oder um Worte ringen zu müssen, reihte er Satz an Satz. Es schien, als riefe der Diktator einen seit langem feststehenden Text aus seinem Gedächtnis ab. Seiner Sekretärin diktierte Hitler eine letzte rassenideologische Rede. »Ich habe aber auch keinen Zweifel darüber gelassen«, sagte er, »daß, wenn die Völker Europas wieder nur als Aktienpakete dieser internationalen Geld- und Finanzverschwörer angesehen werden, dann auch jenes Volk mit zur Verantwortung gezogen werden wird, das der eigentliche Schuldige an diesem Ringen ist: das Judentum!« Das ganze Diktat

über behielt Hitler einen emotionslosen Tonfall bei. Nüchtern und zynisch sprach er vom »humaneren Mittel«, durch das die Juden ihre »Schuld« verbüßt hätten. Und während die Stoßtrupps der Roten Armee ins Berliner Regierungsviertel vordrangen, beschloß Hitler sein Testament mit dem Befehl: »Vor allem verpflichte ich die Führung der Nation und die Gefolgschaft zur peinlichen Einhaltung der Rassengesetze und zum unbarmherzigen Widerstand gegen den Weltvergifter aller Völker, das internationale Judentum.« Kurz vor vier Uhr morgens war Hitlers letztes Diktat beendet. Traudl Junge hatte seine Worte »wie in Trance« niedergeschrieben. Ihre fiebernde Neugier war Enttäuschung gewichen, als sie den Bogen mit dem Adler-Hoheitszeichen in die Schreibmaschine spannte. Jene absurden Anklagen, die ihr Hitler im Zeichen des Zusammenbruchs diktiert hatte, kannte die Sekretärin nur zu gut. Von Hitler kam nichts Neues mehr: Buchstäblich bis zum letzten Atemzug, vom Anbeginn seiner Karriere im September 1919 bis zum Ende im April 1945, hatte er mit manischer Besessenheit an der Wahnidee einer völkischen Rassenpolitik festgehalten, die wie keine zweite Leid und Tod über die Welt brachte. Glühender Antisemitismus trieb ihn zu einem beispiellosen Verbrechen, das er in öffentlichen Reden und in Gesprächen unter vier Augen immer wieder unverblümt und dennoch undeutlich vorweggenommen hatte: den Mord an Millionen Juden, verübt in Todesfabriken, deren Öfen fast drei Jahre lang nicht erkaltet waren.
Am Beginn dieses mörderischen Weges stand das Wien kurz nach der Jahrhundertwende. Nichts deutet darauf hin, daß Hitler schon während seiner Jahre dort, von 1907 bis 1913, den Gedanken gefaßt hatte, die Juden Europas gehörten ermordet. Seine Erfahrungen aber zeigen, wie sehr der spätere »Führer« Kind seiner Epoche und ihres geistigen Klimas war. Nicht erst in Wien, schon in Linz wurde Hitler der Keim eingepflanzt, der sich zur menschenvertilgenden Pflanze auswuchs. Doch in Wien durchbrach der Keim den Boden.
In manchen Bezirken der Donaumetropole war jeder dritte Bürger jüdischen Glaubens. Antisemitisches Gedankengut und wirre Rassenideologien nährten einen morschen Zeitgeist, der sich niederschlug in schmuddeligen Publikationen wie der Ostara-Bibliothek eines entlaufenen Mönches aus Oberösterreich mit dem angemaßten Adelstitel Jörg Lanz von Liebenfels alias Adolf Lanz. Dessen obszöne »Bücherei der Blonden und Mannesrechtler«

propagierte ein obskures Arier-Ideal. »Sind Sie blond? Dann drohen Ihnen Gefahren!« Hitler war nicht blond, doch las auch er vom Kampf der ewigen »Heldlinge« gegen die »Schrättlinge«, sah auch er die Bilder vom gierigen schwarzbärtigen Juden, der über blonde arische Jungfrauen herfällt. Böse Hirngespinste, aber für den Außenseiter Hitler waren es die ersten Skizzen eines mörderischen Weltbildes.

Sein Scheitern als Kunststudent, sein Dasein als Postkartenmaler und die pseudowissenschaftlichen Philosophien, die mit der Forderung vom »Recht des Stärkeren« die Gedanken der Zeitgenossen vernebelten, förderten seine rassischen Ressentiments: Ohne es zu wissen oder sich selbst so zu sehen, war der junge Hitler ein Vulgärdarwinist. Im Bodensatz der Wiener Gosse, fast auf der untersten Sprosse der Gesellschaftsleiter, studierte er genau, nach welchen Regeln der »ewige Lebenskampf« ausgefochten wird: Mit »eiskalter« und »rücksichtsloser« Härte, so sein später bevorzugtes Vokabular, ringt der Stärkere den Schwächeren nieder; wer unterliegt, verwirkt sein Lebensrecht. »Ich habe zu dem, was ich mir so einst schuf«, schrieb Hitler 1924 in »Mein Kampf«, »nur weniges hinzulernen müssen, zu ändern brauchte ich nichts.« Ganz richtig ist das nicht: Hitler war in Wien ein latenter Antisemit, aber kein besonders radikaler. Es wäre ihm nie in den Sinn gekommen, die »Ausrottung« der Juden zu verlangen, jedenfalls gibt es bis zum September 1919 keinen schriftlichen Beleg für Hitlers Judenhaß. Erst seine Erlebnisse im »Stahlgewitter« der flandrischen Front verhärteten das Konstrukt seiner Gedanken zum »granitenen Fundament« einer dogmatischen »Weltanschauung«. Vier Jahre Kriegserfahrung prägten die soziale Psyche Hitlers: Man überlebt nur durch brutale Selbstbehauptung. Menschlichkeit ist Schwäche; Gefühlskälte ist Stärke – mit dieser Lehre kehrte Hitler aus dem Krieg zurück. Nun erst galt seine Kampfansage der Aufklärung, der Demokratie, dem Bolschewismus, der Toleranz – und dem Judentum.

Die Stunde Null für seinen Rachefeldzug schlug im November 1918 in der schmerzerfüllten Atmosphäre eines Lazaretts in Pasewalk. Hitler war nach einem britischen Giftgasangriff vorübergehend erblindet, aber seine Augen schwollen schon wieder ab, als ihn die Nachricht von Waffenstillstand und Revolution wie ein Granatsplitter ins Herz traf. Wenn auch die Beschreibung in »Mein Kampf«, sein Augenlicht habe sich in diesem Moment erneut verdunkelt, ins Reich der Phantasie gehört, so stimmt doch eines: Die Meldung vom deutschen Zusammenbruch zerriß den Schleier, hinter dem sich Hitlers bis dahin nicht gerade augenfälliger Antisemitismus verborgen hatte. Der Schock von Pasewalk saß um so tiefer, als er einer narzißtischen Kränkung gleichkam. Denn plötzlich schienen alle seine Opfer an der Front sinnlos gewesen zu sein. Sein Nationalstolz war mit Füßen getreten worden. Sieben Jahre später verglich Hitler in »Mein Kampf« den dunklen und tränenreichen Moment, in dem er Deutschlands Niederlage vernahm, mit dem für ihn so traumatischen Tod seiner Mutter Klara im Jahre 1907. Was der amerikanische Psychohistoriker Rudolph Binion in dieser Parallele zu erkennen glaubt, ist im Kapitel »Der Privatmann« beschrieben. Historisch gesichert ist lediglich das Ziel, dem sich Hitler nach dem verlorenen Krieg verschrieben hatte: Der Kriegsversehrte sah sich nun berufen, Deutschlands Niederlage nicht nur zu revidieren – was erneuten Krieg bedeuten mußte –, sondern überhaupt die »Schande von Versailles« zu rächen – auch und vor allem an denjenigen, die seiner Ansicht nach die »Schuld« an allem trugen: den Juden. Am 1. September 1939 ließ Hitler den Außenminister der Tschechoslowakei, Frantisek Chvalkovsky, wissen, was ihm vorschwebte: »Die Juden werden bei uns vernichtet. Den 9. November 1918 haben die Juden nicht umsonst gemacht, dieser Tag wird gerächt werden.«

Fast ein Jahr verstrich, bis sich Hitlers über Jahre aufgestauter Antisemitismus am 16. September 1919 erstmals in einem Brief an einen gewissen Adolf Gemlich entlud, der nur aus diesem einzigen Grund ein Name für das Protokoll der Weltgeschichte wurde. Der redebegabte Gefreite, von seinem Münchner Regiment inzwischen als »Aufklärer« von »bolschewistisch und spartakistisch verseuchten, aus der Kriegsgefangenschaft zurückkehrenden deutschen Soldaten« eingesetzt, formulierte sein erstes politisches und zugleich radikal judenfeindliches Schriftstück. Seite um Seite schrieb Hitler ein Traktat, aus dem die Besessenheit und das Selbstvertrauen eines Mannes sprachen, der sich – offenbar nach reiflicher Überlegung – seiner Sache absolut sicher war. Hitler erklärte die »Entfernung der Juden überhaupt« zum »unverrückbaren Ziel« des »Antisemitismus der Vernunft«, den er vom »gefühlsmäßigen« unterschied. »Vernünftig« bedeutete für Hitler: Verfolgung und Entrechtung nach Plan und per Gesetz. Was konkret mit dem Begriff »Entfernung« gemeint war, blieb offen. Als judenfeindlich gaben sich im Deutschland der zwanziger Jahre zwar viele Politiker am rechten Rand des zerfransten politischen Spektrums aus, keiner aber redete so beharrlich von »Vernichtung« und »Ausrottung« wie Hitler, der »Trommler«. Gewiß waren seine Vernichtungsgedanken noch vage und unbestimmt, aber sie entfalteten eine Kraft, die Hitler selbst nicht mehr loslassen sollte. Vernichtung im Sinne von Mord war nicht von Anfang an sein festes Ziel, aber der Gedanke daran gärte stets in ihm, bis im Frühherbst 1941 die Ventile nachgaben und sich der Druck im »Endlösungs«-Beschluß entlud.

Nach dem gescheiterten Putschversuch vom November 1923 hatte sich Hitlers Judenhaß in der Landsberger Festungshaft weiter vertieft. Die Erkenntnis, »bisher viel zu milde« gewesen zu sein, trieb ihn nun zum offen ausgesprochenen Vorsatz, »schärfste Kampfmittel« gegen die jüdische »Weltpest« einsetzen zu wollen. Schon der Gebrauch menschenverachtender Vokabeln in seiner Propagandaschrift »Mein Kampf« ließ ahnen, wie niedrig Hitlers Hemmschwelle war, Gewalt gegen Menschen anzuwenden. Juden beschimpfte er als »Parasiten«, »Bazillen« oder »Rotte von Ratten«. Wie aber werden »Schädlinge« bekämpft? Von Hitlers Wortwahl führt eine gerade Linie zu den Gaskammern von Auschwitz-Birkenau, wo mit dem Schädlingsbekämpfungsmittel Zyklon B anderthalb Millionen Menschen ermordet wurden. Doch diese dumpfen Andeutungen entblößen Hitler nicht nur als zukünftigen Massenmörder. Sie zeigen auch, in welchen Kategorien er dachte: schwarz oder weiß, »Hammer oder Amboß«. Außerdem sah Hitler das gesamte Judentum als starre Einheit. Unterschiede zwischen orthodoxen und liberalen Juden, zwischen eher religiös und politisch interessierten Juden, zwischen den aus Polen zugewanderten Ostjuden und den assimilierten deutschen Bürgern jüdischen Glaubens existierten für ihn nicht. Seine politische Heilslehre predigte das harte »Entweder-Oder«: »Arier« oder »Jude«, Leben oder Tod.

Als Hitler am 30. Januar 1933 in einem Koalitionskabinett Kanzler der »nationalen Konzentration« wurde und de facto die Macht im Reich übernahm, verfügte er zwar über keinen konkreten Plan, wie er den »Rassenfeind« zu entfernen gedachte, fest stand aber sein Wille, daß er dieses »wichtigste Ziel« erreichen wollte. Wie und bis wann er seine »Mission« erfüllen wollte, mußte vorerst offenbleiben. Denn obwohl Hitler hartnäckig an seiner Rassenutopie festhielt, hatte er nach dem Desaster vom November 1923 doch warten gelernt. Und darauf kam es an: Die Voraussetzungen

Hitler und Göring in der Wolfsschanze, 9. Juli 1941

Ich denke, daß Leute wie Politiker, Gewerkschafter oder Intellektuelle frühzeitig hätten erkennen müssen, daß Hitler ein tief unmoralischer Mensch war, in seinen Absichten von Anfang an mörderisch. Doch sein Weg wurde ihm durch die Tatsache geebnet, daß in der deutschen Tradition die Verankerung des Respekts für Menschenrechte gefehlt hat.

Herbert Strauss, Jahrgang 1919 (emigrierter deutscher Jude)

zu schaffen, daß im Lande von Goethe und Bach möglich werden konnte, was nach menschlichem Ermessen eigentlich unmöglich schien. Hitler wußte: Das Ziel einer »Lösung der Judenfrage« konnte nicht auf dem kürzesten Weg, sondern nur in Etappen, unterbrochen von Atempausen und auf listenreichen Umwegen, erreicht werden. Er allein aber bestimmte, wann die Zeit für den nächsten Schritt gekommen war. Und so trieb er zu immer neuen Exzessen ebenso an, wie er die militanten Judenhasser in den eigenen Reihen vor »unüberlegten Schritten« in der »Judenfrage« warnte. Trotz seiner manischen Besessenheit handelte Hitler nicht im Affekt, sondern bewahrte einen nüchternen Blick für die Chancen und Risiken seiner Rassenpolitik. Das Tempo der Entrechtung von 503 000 Juden, die 1933 noch in Deutschland lebten, dosierte er so, daß ihm die Masse zu folgen vermochte. Daß der Weg in den Abgrund der Barbarei führte, erkannten nur wenige.

Die Richtung, die er für die erste Etappe vom 30. Januar 1933, dem Tag der Machterschleichung, bis zum 9. November 1938, der Nacht der brennenden Synagogen, vorgab, zielte noch nicht auf das Leben der Juden, sondern auf ihre wirtschaftlichen Existenzgrundlagen, ihre bürgerlichen Rechte. Als Hitlers Rassenwahn 1933 zum Staatsprinzip erhoben wurde, brach sich erstmals überall im Reich der Haß niederer SA- und Parteichargen freie Bahn. Auf offener Straße und am hellichten Tage überfielen Schläger und Rabauken jüdische Geschäftsleute, schlugen und beraubten sie. 45 Juden starben in den ersten zwölf Monaten unter Hitlers Herrschaft an den Folgen dieser Herrschaft. Seit dem 28. Februar 1933, als mit der »Reichstagsbrandverordnung« der permanente Ausnahmezustand eintrat, waren Grundrechte wie die Freiheit der Person außer Kraft gesetzt. Braunhemden trieben politische Gegner, vor allem »jüdische Bolschewisten«, Kommunisten und Sozialdemokraten, aber auch Homosexuelle oder Zeugen Jehovas, zunächst in »wilden« Konzentrationslagern zusammen, errichtet in Fabrikhallen und Lagerräumen. Am 20. März 1933 eröffnete das Regime mit dem Lager Dachau bei München den Prototyp eines »legalen« KZ. Ende Juli 1933, ein halbes Jahr nach Hitlers Machtübernahme saßen schon 27 000 politische Gefangene in »Umziehungsanstalten«, wie die Schreibtischtäter des Regimes die neuartigen Zuchtlager nannten. »Schutzhaft« hieß zynisch, was Terror und Schikane mitunter bis zum Tod bedeutete. Tarnsprache sollte auch künftig ein Verbrechen jenseits aller Kategorien verschleiern. Wenige Jahre später griffen Hitlers Amtswalter zu Vokabeln wie »Sonderbehandlung«, »Evakuierung«, »Desinfektion« oder »Arbeitseinsatz«, wenn gemeint war: Mord an Unschuldigen, verübt in Gaskammern, in Gaswagen oder bei Massenexekutionen – angeordnet von Adolf Hitler, der zentralen Instanz im SS-Staat.

Als seine Saat nach der Machtübernahme erstmals aufging und amerikanische Juden in New York damit drohten, deutsche Waren zu boykottieren, packte Hitler die Gelegenheit beim Schopf, um seinen Anhängern zu demonstrieren, wie ernst gemeint seine Worte waren. Die Boykottaufrufe nutzte der Diktator als fadenscheinigen Vorwand für die erste, von Propagandaminister Joseph Goebbels und »Frankenführer« Julius Streicher organisierte reichsweite Terroraktion gegen die jüdische Bevölkerung – den Boykott jüdischer Betriebe am Samstag, dem 1. April 1933. Von zehn Uhr morgens bis sieben Uhr abends riegelten SA- und SS-Männer alle Geschäfte, Praxen und Kanzleien ab. Erstmals zeigte sich Hitlers Wille, jede Chance zu nutzen, seinen Rassenwahn in die Tat umzusetzen. Die Mehrheit der Bevölkerung beobachtete schweigend und gleichgültig, wie Hitlers Helfershelfer sich daran machten, Juden persönlich und beruflich zu isolieren und zur Ausreise zu drängen. Der Aufschrei der Empörung, der nach dem Boykott durch die ausländische Presse ging, focht den Initiator keineswegs an, im Gegenteil. Schon eine Woche später, am 7. April 1933, verfügte der Diktator mit seiner Unterschrift unter die Verordnung »zur Wiederherstellung des Berufsbeamtentums«, politisch unerwünschte und Beamte »nichtarischer Abstammung« in den Ruhestand zu versetzen.

Dennoch hatte es, allen Diskriminierungen zum Trotz, den Anschein, als ob sich die Lebenssituation der Juden in Deutschland allmählich »normalisiere«. Noch im Mai 1933 waren die Bücher auch jüdischer Schriftsteller überall im Reich als »undeutsch« verbrannt und Juden im September – erneut per Gesetz – aus dem deutschen Kulturleben ausgestoßen worden; das Regime »arisierte« überdies schon vereinzelt jüdische Betriebe. Indes unterzeichnete Hitler 1934 kein einziges neues »Judengesetz«. Der Sturm schien sich gelegt zu haben. Für einen kurzen Moment gestand er den Verfolgten eine Atempause zu, die 10 000 von bis dahin 60 000 jüdischen Emigranten zum Anlaß nahmen, wieder nach Deutschland zurückzukehren. Doch diese Pause war nur die bekannte Ruhe vor dem Sturm.

Hitler widmete sich gerade anderen »Problemen«. Erstmals ging er tatsächlich daran, leibhaftig zu »vernichten« und zu »beseitigen«. Am Stabschef der SA, Ernst Röhm, und seiner drei Millionen Mitglieder starken Organisation, die auf eine »zweite Revolution« drängte und sich als »Waffenträger der Nation« anbot, statuierte Hitler in der »Nacht der langen Messer« vor aller Welt ein blutiges Exempel seiner hemmungslosen Gewaltbereitschaft. Hindenburg dankte dem »Führer« in einem persönlichen Schreiben, »das deutsche Volk aus einer schweren Gefahr gerettet zu haben«. Soweit hatte es Hitler gebracht: Gewalt war als Mittel der Politik anerkannt und die öffentliche Moral durch gezielte Propaganda soweit korrumpiert, daß sich Mord in gesteigerter Popularität niederschlug. Resigniert hielt der jüdische Schriftsteller Jakob Wassermann kurz vor seinem Tod an Neujahr 1934 fest: »Es ist vergeblich, das Volk der Dichter und Denker im Namen seiner Dichter und Denker zu beschwören. [...] Es ist vergeblich, in das tobsüchtige Geschrei Worte der Vernunft zu werfen.«

All das war nur ein Menetekel für das Schicksal, das den Juden bestimmt war. Juden hatte die NSDAP schon in ihrem Parteiprogramm vom 20. Februar 1920 unter Punkt vier das Recht auf die deutsche Staatsbürgerschaft abgesprochen. Fünfzehn Jahre später erfüllte Hitler auch dieses Versprechen aus der Frühphase seiner politischen Karriere. Nachdem schon das Wehrgesetz vom Mai 1935 Juden den »Ehrendienst am deutschen Volke« verboten hatte, erniedrigte Hitler mit den »Nürnberger Rassegesetzen«, die während des Parteitages im September 1935 in aller Eile und nach Hitlers Vorgaben entstanden, Deutschlands Juden von Reichsbürgern zu »Staatsangehörigen«. Das hieß: zu Bürgern zweiter Klasse. Nicht nur, daß fortan sowohl Ehen als auch außerehelicher Geschlechtsverkehr zwischen »Ariern« und »Juden« als Delikt der »Rassenschande« galten; die Juden Deutschlands waren nun zu Parias herabgesunken, denen selbst verboten war, die Reichs- oder Nationalflagge zu hissen. Das Hakenkreuz, erklärte Göring bei der Reichstagssitzung im Haus des Nürnberger Kulturvereins, sei ein »heiliges Symbol« des Kampfes gegen »die Juden als Rassenzerstörer«.

Seit diesem verhängnisvollen »Reichsparteitag der Freiheit« legte Hitlers Regime den Juden von Jahr zu Jahr stärkere Fesseln an. Ihre Rechte im kulturellen, wirtschaftlichen und gesellschaftlichen Leben schwanden rapide. Übergriffe und öffentliche Demütigungen häuften sich. Für Juden galt permanentes Ausnahmerecht.

Schutz- und hilflos waren sie der Willkür des allmächtigen Regimes ausgeliefert. Binnen weniger Monate hatte der anderthalb Jahrhunderte während Prozeß jüdischer Emanzipation, der kulturellen und gesellschaftlichen Symbiose zwischen Juden und Nichtjuden ein tragisches Ende gefunden.

Wer aber war »Volljude« im Sinne des Reichsbürgergesetzes? Das Innenministerium entschied per Verordnung: Jeder war es, der mindestens zwei jüdische Großeltern hatte, den jüdischen Glauben praktizierte oder mit einem jüdischen Partner verheiratet war. Dabei war es keineswegs als Zeichen der Mäßigung zu verstehen, daß Hitler unter den Gesetzesvorlagen der Ministerialbürokratie ausgerechnet die vergleichsweise moderate Fassung »D« ausgewählt hatte. Zu diesem nur auf den ersten Blick überraschenden Schritt bewog ihn vielmehr taktisches Kalkül. Die bloße Existenz der Gesetze sollte die radikalen Rassisten in der Partei in ihrem rohen Tatendrang beschwichtigen, und es galt aufs neue unter Beweis zu stellen, daß einzig er und nicht die Bürokratie Kurs und Tempo der »Judenpolitik« bestimmte. Aber noch ein anderes Motiv bewog Hitler, den maßvolleren Gesetzestext zu bevorzugen: Das Volk sollte in dem Glauben belassen und bestärkt werden, nach wie vor in einem Rechtsstaat zu leben und nicht in einem System staatlicher Willkür.

Es war ein kalkulierter Trugschluß, denn nicht einmal ein Jahr später, am 17. Juni 1936, war der Rechtsstaat endgültig zur Schimäre geworden. An diesem Tag beförderte Hitler den Reichsführer-SS Heinrich Himmler zum Chef der Deutschen Polizei – einen skrupellosen Vasallen, der sich damit brüstete, Paragraphen schon von vornherein zu ignorieren, und der mit Hilfe seines Vertrauten Reinhard Heydrich, Chef der Gestapo und des Sicherheitsdienstes der SS, den Terror zum Prinzip des neuen »Rechts« erhob. Dabei erwiesen sich Himmler und Heydrich als gelehrige Schüler ihres Herrn. Natürlich wußte Hitler selbst am besten, daß die »Nürnberger Gesetze«, anders als er der jüdischen Bevölkerung zu suggerieren suchte, keineswegs das Ende einer langen Kette immer neuer Repressalien waren. Leere Versprechungen, List und Lüge aber gehörten zum Wesen seiner im April 1937 vor Kreisleitern der Partei verkündeten Strategie, den Gegner mit »Klugheit« in die Ecke zu manövrieren, um ihm dann den tödlichen Stoß zu versetzen. Wann und unter welchen Umständen dieser »tödliche Stoß« gegen die Juden erfolgen sollte, machte Hitler im September 1935 im Gespräch mit Walter Groß, dem Leiter

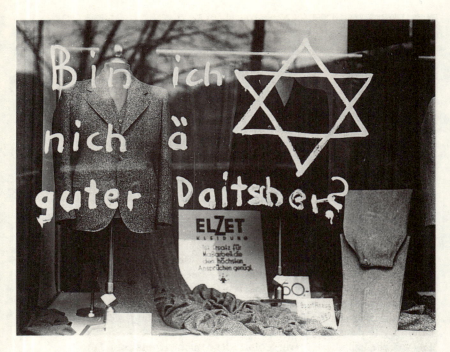

Boykott jüdischer Geschäfte, Berlin 1. April 1933

Am gleichen Abend fuhr ich zu meinem Onkel. Vor seinem Haus stand ein SA-Posten und fragte mich: »Wohin willst du denn?« »Zu meinem Onkel.« »Hamburger«, sagte darauf der SA-Mann, »verschwinde, du Judensau!« Am nächsten Morgen fuhr ich wieder zu meinem Onkel. Die gesamte Wohnungseinrichtung, Geschirr, Kleidung, alles war zerstört. Die Betten aufgeschlitzt, die Schuhe zerschnitten. Meine Tante mußte meine kleine, zwei Monate alte Cousine von Zimmer zu Zimmer tragen, damit »spontane Demonstranten«, wie es in der Zeitung hieß, alles kurz und klein schlagen konnten.

Arno Hamburger, Jahrgang 1923 (emigrierter deutscher Jude)

Ich erlebte die sogenannte Reichskristallnacht in Leipzig. Wir hatten selbst jüdische Freunde und mußten nun erleben, wie man ihnen die Scheiben einschlug und ihre Wertgegenstände plünderte. Die Juden wurden, zum Teil halbnackt, nachts aus ihren Wohnungen gejagt – darunter auch Kinder, Greise und Schwangere. Man trieb sie zu einem ausgetrockneten Flußbett, dort schickte man die Leute wie Schlachtvieh hinein. Über das Flußbett führte eine Brücke. Sie machten sich einen Spaß daraus, die kleinen Kinder dort herunterzuwerfen.

Anne Maria Preger-Gulzow, Jahrgang 1922

Am Morgen nach der »Reichskristallnacht«: zerbrochene Scheiben in hunderten von Städten, 10. November 1938

Niemand kann mir erzählen, er hätte nichts über die Verbrechen gewußt. Alle wußten, was vor sich ging. Und alle schauten weg: Unsere Nachbarn standen hinter ihren Gardinen und schauten weg, als SS-Männer meine Familie und mich, an Händen, Beinen und Haaren packend, auf Laster warfen. Sie schauten weg, denn sie hätten ihr eigenes Leben aufs Spiel gesetzt. »Juden unerwünscht! Jude, laß die Sonne nicht auf deinem Hinterkopf untergehen! Jude unerwünscht!« stand beim Friseur, beim Bäcker, beim Lebensmittelhändler. Die ganze Brutalität wurde den Leuten ständig vor Augen geführt, aber was konnten sie tun? Sie hatten Angst, sie waren feige. Ebenso feige, wie ich an ihrer Stelle gewesen wäre.

Ken J. Berger, Jahrgang 1924 (emigrierter deutscher Jude)

des Rassenpolitischen Amtes der NSDAP, von einem Krieg »an allen Fronten« abhängig. Und dem Reichsärzteführer Gerhard Wagner gab er ebenfalls im Herbst 1935 zu verstehen, erst im Falle eines Krieges die »Euthanasiefrage aufgreifen und durchführen« zu wollen. Noch aber sah Hitler davon ab, öffentlich in einem Atemzug von Krieg und Vernichtung zu sprechen.
Daß inzwischen ein Heer brillanter jüdischer Wissenschaftler, allen voran Nobelpreisträger Albert Einstein, der Leiter des Kaiser-Wilhelm-Instituts für Physik, ebenso wie Anwälte, Künstler, Journalisten und Professoren ihren Besitz – Geschäfte, Praxen und Kanzleien – notgedrungen zu Spottpreisen »verkauften« und Deutschland fluchtartig den Rücken gekehrt hatten, war die kalkulierte Folge der Rassenpolitik Hitlers. Als 1933 das »Gesetz zur Wiederherstellung des Berufsbeamtentums« in Kraft trat, versuchte der Physiker Max Planck vergeblich, Hitler zu erläutern, daß der Verzicht auf jüdische Wissenschaftler eine »Selbstverstümmelung« bedeute, von der nur das Ausland profitieren werde. Hitler antwortete lakonisch: »Jud ist Jud«. Selbst die Aussicht auf möglicherweise kriegsentscheidende Erfindungen konnten ihn nicht zu Zugeständnissen bewegen. Auch darin unterschied sich Hitler von anderen Tyrannen: Für ihn ging das Prinzip des Massenmordes vor die Staatsräson.
Bis zum November 1938 hatten erst 170 000 Juden, rund ein Drittel der jüdischen Bevölkerung, Deutschland verlassen. Die Mehrheit blieb im Lande ihrer kulturellen Wurzeln und scheute vor den Unwägbarkeiten zurück, die ein neues Leben in der Fremde mit sich bringen würden. Das Land ihrer Vorfahren war kaum mehr wiederzuerkennen: Jüdische Ärzte durften seit September 1938 nicht mehr praktizieren; Anwälte die Entrechteten nicht mehr verteidigen; Notare, Lehrer und Professoren ihren Beruf nicht ausüben; seit August 1938 mußten sich alle Juden ohne erkennbaren jüdischen Vornamen »Sara« oder »Israel« nennen; vorbestrafte Juden verschwanden über Nacht im Konzentrationslager.
Bleiben oder Gehen? Die Hoffnung auf ein Ende der Verfolgung hielt das Gros der Juden noch so lange in der Heimat, bis es für die Flucht zu spät war. Aber konnten sich die dunklen Wolken nicht wieder verziehen? »Wie weit will Hitler noch gehen?« fragte das »Prager Tagblatt« im September 1935. Pausenlos hämmerte Hitlers Sprachrohr Goebbels dem Volk das Bild vom »jüdischen Bazillus« ein. Überall im Land schossen Schilder mit der Aufschrift »Juden unerwünscht« wie Giftpilze aus dem Boden.

Gewiß, die jüdische Gemeinde diskutierte die Zeichen der Zeit mit großer Sorge, doch die menschliche Vorstellungskraft genügte nicht, sich das Unvorstellbare in letzter Konsequenz auszumalen. Seit Herbst 1937 vertrieb Hitlers Regime Juden systematisch aus dem Wirtschaftsleben. 250 Verordnungen bis Kriegsbeginn verschlossen ihnen das Tor zur Arbeitswelt. Ihr Leben glich einem nie enden wollenden Spießrutenlauf. In diesem Labyrinth des Terrors gab es immer noch gewisse Nischen, die die Illusion förderten, man könne überleben. Doch 1938 ging Hitler daran, auch sie zu zerstören. Im Wendejahr des Rassenwahns legte der NS-Zug Richtung »Endlösung« an Tempo zu.

Mit dem »Anschluß« Österreichs an das Deutsche Reich am 13. März 1938 feierte Hitler nach seinen Worten die »stolzeste Stunde« seines Lebens. Für die 300 000 Juden Österreichs geriet der Triumph des heimgekehrten Österreichers zum dunkelsten Moment ihrer Geschichte. Während sich Hitler in Linz und Wien, den Städten seines frühen Scheiterns, von Hunderttausenden umjubeln ließ, offenbarten 40 000 Polizisten und SS-Männer des Totenkopf-Verbandes Oberbayern erstmals ohne Hemmungen, was Hitlers Worte wirklich meinten. Mit Hitler hielt der systematische Terror Einzug in Österreich. 76 000 Verhaftungen wurden allein in der Hauptstadt, der Heimat von 180 000 Juden, registriert. Auf dem Höhepunkt der »Vereinigungseuphorie« zwang der braune Mob Juden dazu, in Synagogen die Knie zu beugen und im Chor »Heil Hitler« zu schreien; Unschuldige mußten die Abtritte der SA-Kasernen reinigen, Professoren die Straßen mit nackten Händen putzen. Hitlers Rassenhaß entlud sich in einer Orgie der Niedertracht, die in einer methodischen Austreibung der Juden mündete. Bis zum November 1938 hatte die »Zentralstelle für jüdische Auswanderung« unter Adolf Eichmann, dem späteren »Judenreferenten« im Reichssicherheitshauptamt, rund 50 000 Wiener Juden »herausgebracht« – das hieß, mit Gewalt zur Flucht getrieben.

Wien im März 1938 war das Vorspiel für das bis dahin brutalste Pogrom am 9. November 1938, das unter dem verharmlosenden Namen »Reichskristallnacht« für den Rückfall Deutschlands in die vorzivilisatorische Barbarei steht. Wie schon der Boykott vom April 1933 zeigt auch die Vorgeschichte dieses zentral gesteuerten Aufruhrs, daß der Verbrecher Hitler stets auch als Medium für die kriminelle Kreativität seiner Gefolgsleute fungierte. Bei weitem nicht alle Greueltaten, die in seinem Namen geschahen, gingen

auch auf seine Ideen zurück. Hitlers Verantwortung am Genozid wird dadurch keinesfalls gemindert, sondern eher noch unterstrichen. Hitler war die Sonne, um die sich im NS-Staat alles zu drehen hatte. Er traf, zumal in der zur »Führersache« erklärten »Judenfrage«, alle wesentlichen Entscheidungen, blieb jedoch als Chef eines komplexen Staatsgebildes immer auch angewiesen auf ein Heer von Vollstreckern mit der verhängnisvollen Tugend des vorauseilenden Gehorsams und der zweifelhaften Fähigkeit, sich in seine kriminelle Psyche zu versetzen. Diese Riege von Helfern und Helfershelfern aus Staatsdienst, Armee, Wirtschaft und Partei, viele Zehntausende insgesamt, entwickelte den Ehrgeiz, nicht nur Hitlers Befehle auszuführen. Sie bemühte sich auch, die mitunter kryptischen Andeutungen des »Führers« zu seiner vermeintlichen Zufriedenheit zu deuten, seine mutmaßlichen »Wünsche« vorwegzunehmen, um ihre Karrieren zu fördern, an Ansehen zu gewinnen und nicht aus der Reihe der Angepaßten zu fallen. Eine Front von Opportunisten richtete im Wettlauf um Hitlers Gunst ihr Denken und Streben auf das zum Mythos überhöhte Leitbild der »Bewegung« aus. Hitler heizte die Rivalität unter seinen Satrapen noch weiter an, indem er sie in quälender Ungewißheit über ihre Machtposition beließ. Mißtrauisch bewachten die Paladine ihre Pfründe, die sie sich auch durch devote Beflissenheit erkämpft hatten und durch willfährige Dienerschaft gegenüber Hitler zu verteidigen suchten. Bei ihm, dem Täter und Anstifter, bündelten sich ihre immer radikaleren Ideen und Vorschläge. Der Diktator wählte aus – und er befahl. Die »Reichskristallnacht« steht beispielhaft für den Entscheidungsprozeß im »Führerstaat« und wirft ein bezeichnendes Licht auf die Rolle der Helfer Hitlers.
An der Spitze ihrer Hierarchie stand neben Hermann Göring, Heinrich Himmler und Reinhard Heydrich als Primus inter pares Propagandaminister Joseph Goebbels, den als Gauleiter von »Groß-Berlin« der fanatische Wille antrieb, Hitler die Hauptstadt als »judenfrei« zu melden. Obwohl seine Propagandamaschinerie das Volk mit außerordentlichem Erfolg belog und aufhetzte, hatte Goebbels' Ansehen in der Führungsclique um Hitler nach einer skandalträchtigen Affäre mit der Schauspielerin Lida Baarova Schaden genommen. Goebbels war bestrebt, seinen Ruf wieder aufzupolieren. Die Chance dazu ergab sich am Morgen des 7. November 1938, als der siebzehnjährige deutsch-polnische Jude Herschel Grynszpan, dessen Familie wie 17 000 andere deutsche

Juden nach Polen abgeschoben worden war, in der Deutschen Botschaft in Paris den Legationsrat Ernst vom Rath niederschoß – »im Namen der schikanierten deutschen Juden«. Ein Aufschrei des Zornes hallte durch die gleichgeschaltete Zeitungslandschaft. Jüdisches Attentat auf deutschen Diplomaten – das war eine Geschichte so recht nach dem Geschmack des Propagandaministers. Als die Nachrichtenagenturen zwei Tage später den Tod des Diplomaten vermeldeten, präsentierte Goebbels Hitler in München einen perfiden Plan. Mit einem »spontanen Sühneakt des deutschen Volkes«, einem gewaltigen Pogrom, sollte der Haß gegen das »mörderische Weltjudentum« entfesselt werden. Hitler gab seinem Minister freie Hand. Er verzichtete auf die traditionelle Ansprache zum Jahrestag des gescheiterten Putsches und überließ Goebbels das Podium für eine wüste Rede vor der versammelten Partei- und SA-Spitze. Dessen Hetztirade gab das Signal zum Aufruhr der SA- und SS-Horden, die zusammen mit Parteigenossen und Halbkriminellen die jüdischen Gemeinden mit barbarischem Terror überzogen. Sie steckten über 250 Synagogen in Brand, verwüsteten und plünderten 7 500 jüdische Geschäfte. Mindestens 91 Menschen starben. »Große, aber fast schweigende Menschenmengen«, schilderte der Korrespondent der New York Times, »sahen zu, und die Polizei beschränkte sich auf die Umleitung des Verkehrs und darauf, Juden massenhaft in ›Schutzhaft‹ zu nehmen.« 30 000 Juden verschleppten Gestapo und SD in die Konzentrationslager Buchenwald, Dachau und Sachsenhausen. Wieder frei kam nur, wer schriftlich versicherte, so schnell wie möglich auszuwandern. Zum zynischen Abschluß der Umtriebe kam es, als am 12. November 1938 auf einer Konferenz unter dem Vorsitz von Hermann Göring außer der Errichtung einer »Judenauswanderungszentrale« beschlossen wurde, die deutschen Juden zur Zahlung von über einer Milliarde Mark zu verpflichten – als »Buße« für die Verwüstungen von SA und SS.
Allerdings wies die Bilanz der Gewaltexzesse aus Hitlers Sicht einige dunkle Flecken auf. Daß der inszenierte Haß nicht auf die breite Bevölkerung übersprang, sondern vereinzelt sogar Mitleid mit den Opfern erregt hatte, mußte Hitler zumindest irritieren. Offenkundig war das Volk in seiner Masse noch nicht bereit, seine Ziele in letzter Konsequenz mitzutragen. Zudem hatte das Pogrom im Ausland aufs neue einen Sturm der Entrüstung entfacht, der wirtschaftliche Nachteile für das Reich befürchten ließ. »Sie sind wohl verrückt, Goebbels!« brüllte Wirtschaftsminister

Funk den Propagandachef am Telefon an, »wir verlieren jegliches Ansehen im Ausland.« Und auch Hitler übte Kritik, als er das Ausmaß der Schäden erkannte, die er hatte anrichten lassen. Von weiteren Pogromen sah Hitler ab.

Kaum waren die Scherben der »Kristallnacht« beseitigt, erhöhte ein Bündel neuer Verordnungen und Verbote den staatlichen Druck auf die jüdische Bevölkerung, auf Roma und Sinti wie auch auf sogenannte »Asoziale« und »Arbeitsscheue« in einem unerträglichen Ausmaß. Juden durften keine deutschen Schulen mehr besuchen und sich nur noch zu bestimmten Zeiten in die Öffentlichkeit wagen. Im Januar 1939 schließlich begann auf Hitlers Betreiben die Schlußphase im staatlichen Raubzug gegen jüdische Betriebe, der sogenannten »Arisierung«. Als letzter Ausweg sollte Geschäftsleuten, Handwerkern, Ärzten, Rechtsanwälten und Bauern nur noch die Flucht ins Exil erscheinen, bei der eine »Reichsfluchtsteuer« zu entrichten war. Kaum aber hatten sich Juden schweren Herzens zur Ausreise entschieden, sahen sie sich mit einem weiteren, nicht minder dramatischen Problem konfrontiert: Wohin flüchten? Nach und nach verschlossen die freien Länder vor den Verfolgten ihre Tore. »Einreisevisa«, bekamen Juden in Reisebüros zu hören, »stellt derzeit nur die Dominikanische Republik aus.« Man ließ sie sich aufatmend geben. Es schien, als hätte sich die ganze Welt gegen das Judentum verschworen.

So fühlte sich Hitler ermutigt, in seiner Rassenpolitik die Schrauben weiter anzuziehen. Erneut verknüpfte er, wie schon im September 1935 gegenüber Walter Groß geäußert, die Begriffe Krieg und Vernichtung. Diesmal jedoch nicht im diskreten Zwiegespräch, sondern vor einem Millionenpublikum. Am 30. Januar 1939, dem sechsten Jahrestag der Machtübernahme, »prophezeite« Hitler von der Rednerkanzel im gleichgeschalteten Reichstag, was er seit einigen Wochen in kleineren Gesprächsrunden sinngemäß immer wieder verkündet hatte: »Wenn es dem internationalen Finanzjudentum innerhalb und außerhalb Europas gelingen sollte, die Völker noch einmal in einen Weltkrieg zu stürzen, dann wird das Ergebnis nicht die Bolschewisierung der Erde und damit der Sieg des Judentums sein, sondern die Vernichtung der jüdischen Rasse in Europa.« Damit stand die Marschroute in Richtung »Endlösung« fest, zumal Hitler entschlossen war, seine »Prophezeiung« selbst erfüllen zu wollen. Nur im kriegerischen Ausnahmezustand war es möglich, Millionen psychisch kranker »Ballastexistenzen« und »Minderrassige« zu ermorden. Krieg und

Zwei Schreibtischtäter: Hitler gratuliert dem Reichsführer SS, Heinrich Himmler, zum Geburtstag, Wolfsschanze 7. Oktober 1943

Ich war Pionier, damals im Osten eingesetzt. Eines Tages sah ich, wie SS-Leute gefangene Juden mit Peitschen vorantrieben. Gleich, ob Kinder, Frauen oder alte Menschen. Ich konnte beobachten, wie die Juden erschossen wurden: Hinter der Stelle, an der unsere Einheit lag, gab es eine Kiesgrube. Dorthin führte die SS die Leute und tötete alle mit Genickschuß. Die Menschen fielen in die Grube. Das war das Schlimmste, was ich je gesehen habe.

Franz Iwanoff, Jahrgang 1923

Ich war Angehöriger der ersten Gebirgsdivision. Gleich zu Anfang des Krieges, an der alten polnisch-russischen Grenze, trieben SS-Einheiten Juden zusammen. Auf dem Marktplatz erschossen sie die Menschen, darunter viele Frauen und Kinder. Wir wendeten uns mit Schrecken ab. Auch sahen wir mit an, wie ein Jude sein eigenes Grab ausheben mußte, halbhoch nur. Da warf man ihn hinein und schüttete Erde auf ihn bei lebendigem Leib. Immer wieder bäumte sich der arme Mann auf. Schließlich nahm ein SS-Mann eine Schaufel und schlug auf den Juden ein, bis er sich nicht mehr bewegte. Es war ein schreckliches Erlebnis. Ich werde es nie vergessen können.

Hans Seilmaier, Jahrgang 1920

Vernichtung aber hießen die beiden untrennbar wie siamesische Zwillinge miteinander verwachsenen Kernziele Hitlers. Der Diktator täuschte sich daher keinesfalls zufällig, wenn er in späteren Reden den Tag seiner »Prophezeiung« konsequent auf den ersten Kriegstag datierte. Und es lag auch kein Versehen vor, als seine schriftliche Vollmacht für die erste systematische Massentötung im Dritten Reich, das »Euthanasie«-Programm, nachträglich mit dem Datum des 1. September 1939 versehen wurde. In Wirklichkeit hatte Hitler den Chef seiner Kanzlei, Philipp Bouhler, und seinen Begleitarzt, Dr. med. Karl Brandt, erst Ende Oktober dazu ermächtigt, »die Befugnisse namentlich zu bestimmender Ärzte« so zu erweitern, daß »unheilbar Kranken« der »Gnadentod« gewährt werden könne.

Als Vorwand zum Massenmord in Gaswagen und Gaskammern nutzte Hitler die Bitte eines Ehepaars, der »Führer« möge der Tötung ihres unheilbar kranken Kindes zustimmen. Hitler, der schon in »Mein Kampf« der »Euthanasie« das Wort geredet hatte, gab dem Wunsch der Eltern nur zu gerne statt, und noch mehr: Der Diktator leitete eine Mordaktion gegen »lebensunwerte« Geisteskranke und Behinderte in Heil- und Pflegeanstalten ein, die zum Testfeld der fabrikmäßigen Massenvernichtung im Osten geriet. Der gesamte Katalog der in den Todeslagern angewandten Mordmethoden – die Vergasung durch Zyklon B ausgenommen – wurde in den folgenden zwei Jahren, gesteuert von der Kanzlei des »Führers«, mitten in Deutschland von einem »Fachpersonal« angewandt, das später die Vernichtungsmaschinerie im Osten in Gang setzte und am Laufen hielt. In den Gaskammern von sieben Tötungsanstalten wurden während der »Aktion T 4«, benannt nach der Zentrale in der Berliner Tiergartenstraße 4, exakt 7 273 Anstaltsinsassen in Namen der »Volksgesundheit« ermordet. Die Schwachen und Kranken, so Hitlers grausame Vorstellung von »Rassenhygiene«, müßten ausgemerzt werden, damit sich ein »biologisch reines« Volk höherentwickeln könne.

Den Boden für die im Deutschland der zwanziger und dreißiger Jahre weitverbreitete Meinung, »unwertes Leben« habe kein Lebensrecht, hatten die Traktate pseudowissenschaftlicher Erb- und Rassengelehrter bereitet. Was aber in der Theorie vielen erstrebenswert erschien, entpuppte sich in der Praxis als mörderischer Alptraum. Es gab peinliche Pannen: Eine Familie erhielt statt einer gleich zwei Urnen zur Bestattung zugestellt; einer anderen teilte die Pflegeanstalt mit, ihr Angehöriger sei an einer »Ent-

zündung des Blinddarms« gestorben, obwohl dieser ihm schon vor Jahren entfernt worden war; entsetzte Bürger verglichen gleichlautende Sterbeurkunden mit demselben Datum und derselben Angabe über die vermeintliche Todesursache. Ein schrecklicher Verdacht über die Vorgänge in den hermetisch abgeriegelten Mordzentren beschlich die Angehörigen. Unruhe erfaßte das Reich und erreichte ihren Höhepunkt, als der Bischof von Münster, Clemens August Graf von Galen, von der Kanzel die »Euthanasie« als »glatten Mord« geißelte und noch ein weiteres Tabu im NS-Staat brach: Die britischen Bombenangriffe bezeichnete der »Löwe von Münster« nicht als »terroristisch« und »feige«, sondern als »Strafe Gottes« für den Mord an den Geisteskranken. Mutige und klare Worte, die an höchster Stelle auf Gehör stießen. Gerade als die »Gemeinnützige Stiftung für Anstaltspflege« sich anschickte, Patienten aus den westfälischen Anstalten zu »desinfizieren«, wie die Mörder die Vergasungen nannten, ließ Hitler am 24. August 1941 das Programm mit einer mündlichen Weisung abbrechen. Hatte Einsicht Hitler zur Räson gebracht? Keineswegs. Allein taktische Beweggründe lagen seinem Schritt zugrunde. Gerade in der kritischen Phase, da der Vormarsch an der Ostfront ins Stocken geriet, konnte Hitler an Unruhe und vielleicht sogar Widerstand gläubiger Christen nicht interessiert sein. Ein einziges Mal hatte institutioneller Druck seinen Mordtrieb in die Schranken gewiesen. Zumindest hatte dies den Anschein.
Tatsächlich aber wurden bis zuletzt psychisch kranke Kinder ermordet, und unter dem Aktenzeichen »14f13« starben bis April 1943 in den Konzentrationslagern rund 20 000 »lebensunwerte und rassenschädliche« Häftlinge. Einziger Unterschied: Das Todesurteil dieser Opfer war von Hitler nicht schwarz auf weiß angeordnet worden. Die »Euthanasie«-Vollmacht blieb die einzige bekannte und von Hitler nur mit Widerwillen schriftlich fixierte Ermächtigung zum Massenmord. Sie war unerläßlich, um Bürokraten, Ärzten und Pflegekräften die moralischen und rechtlichen Bedenken zu nehmen, hilflose Menschen zu töten. Hitler hielt sich fortan strikt daran, was er 1937 in einer Geheimrede vor Parteifunktionären als Grundsatz seines Handelns verkündet hatte: »Was man mündlich mitteilen kann, soll man nicht schriftlich tun, nie!«
Hitlers Wort war Gesetz, und trotz aller Verdunkelungsmanöver blieb es in entscheidenden Situationen unmißverständlich. Schon im Februar 1939 kündigte er Kommandeuren der Wehrmacht

einen »Volks- und Rassenkrieg« an. Was aber war unter einem »reinen Weltanschauungskrieg« zu verstehen? Am 22. August 1939, der Nichtangriffspakt mit Stalin war gerade abgeschlossen, schenkte Hitler führenden Militärs auf dem Obersalzberg reinen Wein ein. Was die Soldaten an Anweisungen zu hören bekamen, überstieg in seiner grenzenlosen Brutalität alles bisher Dagewesene. Hitler, der Vernichtungsprophet, war in seinem Element. Den Offizieren befahl er: »Herz verschließen gegen Mitleid. Brutales Vorgehen. [...] Größte Härte. [...] Restlose Zertrümmerung Polens ist das militärische Ziel. Schnelligkeit ist die Hauptsache. Verfolgung bis zur völligen Vernichtung.«

Daß sich in der Tat, wie Hitler es vorhersagte, »Dinge ereignen würden, die nicht den Beifall deutscher Generäle finden«, erfuhr die Wehrmacht, als in ihrem Gefolge am 1. September 1939 auch fünf Einsatzgruppen mit vierzehn Kommandos der Sicherheitspolizei und des SD in Polen einfielen und daran gingen, Hitlers Anordnung, »alle Vertreter der polnischen Intelligenz umzubringen«, mit fanatischer Gründlichkeit auszuführen. Mit Hitlers ausdrücklicher Zustimmung zogen Heydrichs Todesschwadronen bei der Jagd auf die polnische Führungsschicht, auf Lehrer, Geistliche, Ärzte, Offiziere oder Politiker sowie die gesamte jüdische Bevölkerung eine Blutspur hinter sich her. Noch erhob sich in den Reihen der Wehrmacht vereinzelt Widerstand gegen das grausige Treiben der Einsatzgruppen. Schockiert von den Massakern eröffneten einzelne Befehlshaber kriegsgerichtliche Verfahren gegen die Mörder von Unschuldigen und Wehrlosen. »Angewidert und abgestoßen« von diesen Verbrechen protestierte Generaloberst Blaskowitz wiederholt in Denkschriften beim Oberkommando des Heeres. Hitler registrierte die deutliche Kritik, ohne seinen Kurs zu ändern.

Nichts sollte in Polen bleiben, wie es war, schon gar nicht die »ethnographischen Verhältnisse«, die Hitler im kolonialen Wahn der »Germanisierung« in ganz Europa grundlegend verändert sehen wollte; eine Mammutaufgabe, auf die er seinen verläßlichsten Gefolgsmann ansetzte. Am 7. Oktober 1939 beauftragte Hitler den Reichsführer-SS Heinrich Himmler, »das deutsche Volkstum« jenseits der Oder zu »festigen« sowie »volksfremde Bevölkerungsteile« auszuschalten. Himmler, stolz auf seinen neuen Titel »Reichskommissar für die Festigung des deutschen Volkstums«, verstand, was sein »Führer« damit meinte. Und auch die Bürokraten im Rassenpolitischen Amt der NSDAP wußten, wie sie

Hitlers Vorstellungen entsprechen konnten, als sie die Richtlinien einer irrwitzigen Ostpolitik gegenüber der polnischen Bevölkerung formulierten: »Eindeutschung geeigneter Schichten; Abschiebung fremdvölkischer Kreise; Neubesiedlung durch Deutsche« hieß es im Jargon der Schreibtischtäter, was bedeuten sollte: Entrechtung, Enteignung, Versklavung, Ausrottung – ein Regiment von Tod und Terror. Den tieferen Gehalt dieser Chiffren und ihre Folgen für die »Fremdvölkischen im Osten« erklärte Himmler im Mai 1940 in unmißverständlicher Klarheit so: »Für die nichtdeutsche Bevölkerung des Ostens darf es keine höhere Schule geben als die vierklassige Volksschule. Das Ziel dieser Volksschule hat lediglich zu sein: Einfaches Rechnen bis höchstens 500, Schreiben des Namens, eine Lehre, daß es ein göttliches Gebot ist, den Deutschen gehorsam zu sein [...].«
Die Wirklichkeit übertraf alle Entwürfe. Rassenfahnder durchkämmten Polen nach Kindern mit »nordischen Merkmalen«, um sie ihrer Eltern zu berauben. Unmittelbar nach dem deutschen Einmarsch lief ein gigantisches Programm der Vertreibung und »Umvolkung« an. Provinzen wie die künftigen Reichsgaue Wartheland und Danzig-Westpreußen sollten von Juden »befreit« werden, um Wohnungen und Arbeitsplätze für eine halbe Million Reichs- und Volksdeutsche aus dem Baltikum, aus Bessarabien, Wolhynien oder der Nordbukowina zu schaffen, deren »Umsiedlung« im Geheimen Zusatzprotokoll des Hitler-Stalin-Paktes vereinbart worden war. Bis März 1941 verschleppten Hitlers Schergen 400 000 Polen und Juden aus den eingedeutschten Ostgebieten nach Galizien. Viele verhungerten und erfroren schon bei den Transporten.
Bereits Mitte Dezember 1939 erreichten die ersten Züge mit Juden und Polen das Generalgouvernement, wo die Heimat- und Besitzlosen in der tödlichen Enge abgesperrter Ghettos in Lublin, Krakau oder Lodz die Vorstufe zur Hölle der Vernichtungslager erwartete. Hunger und Seuchen, Ausbeutung durch Zwangsarbeit, katastrophale hygienische Verhältnisse und aussichtslose Massenarmut bestimmten ihren Alltag. Im Herbst 1940 riegelten Hitlers Vollstrecker das Warschauer Ghetto, die mit 500 000 Juden größte jüdische Stadt Europas, wegen angeblicher Seuchengefahr von der Außenwelt ab.
Hitler selbst hatte die Deportationen, auch die aus dem Reichsgebiet, in die Sammelzentren der Entrechteten genehmigt. Noch aber war sein Entschluß zum systematischen Völkermord nicht

Verbrechen der deutschen Wehrmacht auf dem Balkan

Im Angesicht der Verbrechen hat die höhere Wehrmachtsführung moralisch versagt. Die Generäle konnten sich einfach nicht dazu durchringen, das zu tun, was ihnen ihr Gewissen befahl. Die Gründe dafür waren unterschiedlich. Die einen fühlten sich an den Eid auf Adolf Hitler gebunden. Die anderen glaubten, nach dem Krieg eine neue Ordnung schaffen zu können. Wieder andere meinten, der Führer wisse nichts von den dunklen Machenschaften; es seien untergeordnete Dienststellen, die die üblen Dinge verrichteten. Andere schließlich waren vom Nationalsozialismus überzeugt und unternahmen deshalb nichts. Doch bei allen Gründen für das Nichtstun bleibt als Quintessenz, daß die Stäbe nicht den notwendigen Mut zum Handeln aufbrachten.

Ewald von Kleist, Jahrgang 1922 (Offizier bei Stauffenberg)

Verbrechen der Sondereinheiten der SS. Die Mütter von Babi Jar (Ukraine) flehen vergeblich um Gnade für ihre Kinder

Die Juden waren so schreckerfüllt, daß sie nicht wußten, was mit ihnen geschah. Ich sah, wie ältere von ihnen mit Herzversagen zusammenbrachen. Die anderen wurden von SS-Offizieren mit Genickschüssen ermordet und fielen in Gruben, die sie zuvor selbst ausgehoben hatten. Manche wollten wegrennen und wurden auf der Flucht erschossen. Ihre Leichen trieben im Fluß, der rot von Blut war. Ich ging dann weg. Ich war 21 Jahre alt und konnte das nicht ertragen. In der halben Stunde, in der ich dort stand, wurden drei LKWs angekarrt, von denen die Menschen zur Erschießung heruntergezerrt wurden. Es war so grauenvoll, daß mir die ersten Zweifel an den nationalsozialistischen Idealen kamen, die wir damals noch hatten.

Werner Schmidt, Jahrgang 1920

gefallen. Das einzig Gewisse in der »Judenfrage« blieb für die Bedrohten vorerst quälende Ungewißheit.
Hitler suchte nach der Lösung für ein »Problem«, das sich schon 1938 angedeutet hatte. Damals lebten nach dem »Anschluß« Österreichs plötzlich wieder so viele Juden in Deutschland wie 1933 – insgesamt 600 000. Der Trend setzte sich fort, je stärker das »Großdeutsche Reich« expandierte. Rund zwei Millionen Angehörige zählte die jüdische Gemeinde Polens, die größte in Europa. Sie alle zu vertreiben, wie es der 1939 konzipierte Hetzfilm »Jud Süß« propagierte, war illusorisch. Zuviele der polnischen Juden waren zu arm, um sie, wie in Deutschland vor Kriegsbeginn, zur kostspieligen Auswanderung zu drängen. Was also sollte mit den Juden geschehen? Bis zum Juni 1940 stieg ihre Zahl im deutschen Machtbereich auf 3,25 Millionen. Ungeduldig drängte Reinhard Heydrich: »Eine territoriale Endlösung wird notwendig.«
Den Schlüssel zur Lösung des »Problems« glaubten Hitler, Himmler und Heydrich zunächst in Polen selbst zu finden. Im Generalgouvernement, am äußersten Rand des Reiches, so die Vision im Herbst 1939, sollten etwa eine Million deutsche, österreichische, tschechische und polnische Juden in einem 90 bis 100 Quadratkilometer großen Reservat um Lublin zusammengepfercht werden – »vorübergehend«, wie es hieß. Was aber dann? Hitler blieb die Antwort schuldig. Ohnehin verschwand der Plan ebenso schnell wieder in den Schubladen der Bürokratie, wie er aufgetaucht war.
Als Frankreichs Niederlage nahte, wurde ein alter Gedanke neu aufgegriffen, der schon seit November 1938 durch die Amtsstuben Berlins geisterte. Am 18. und 20. Juni 1940, einen Tag, bevor er im Wald von Compiègne den Delegierten Frankreichs die Waffenstillstandsbedingungen diktieren ließ, phantasierte Hitler wieder davon, Juden nach Madagaskar zu deportieren. Rund vier Millionen Juden könnten dort einen »Judenstaat« errichten und Hitler sogar von Nutzen sein – als Geiseln im diplomatischen Poker um die Weltherrschaft oder, wie es im Amtsjargon hieß, »als Faustpfand, um das Wohlverhalten ihrer Rassegenossen in Amerika sicherzustellen«. Allerdings sah auch Hitler ein, daß Millionen Menschen unmöglich verschifft werden konnten, solange erstens Schiffe fehlten und zweitens Großbritannien und die Vereinigten Staaten die Seewege nach Madagaskar kontrollierten. Der Plan mußte daher verschoben werden und rückte vollends in den

Hintergrund, als sich mit den Vorbereitungen zum Rußlandfeldzug neue, vielversprechende Perspektiven eröffneten, die »Judenfrage« zu lösen. Ein neues Planspiel begann. Europas Juden, hieß es seit dem Frühjahr 1941, sollten »nach Osten« abgeschoben werden – dem Schauplatz der »territorialen Endlösung«, wo die Arbeitsfähigen Sümpfe trockenlegen und Straßen bauen sollten, während die Alten, Schwachen und Gebrechlichen in Elendsreservaten verhungerten. Daß Hunderttausende der Opfer zumal im Winter die Fußmärsche und Transporte in Güterwaggons zum Tatort am Ende der Welt nicht überleben würden, kam Hitlers Vernichtungsplänen ebenso entgegen wie die rapide ansteigende Sterberate in den Ghettos, den provisorischen Sammelzentren bis zu den endgültigen Deportationen nach dem »Endsieg«. Am 25. März 1941, die Vorbereitungen zum Überfall auf die Sowjetunion waren in vollem Gange, versprach Hitler seinem Polen-Gouverneur Hans Frank bereits vollmundig: Das Generalgouvernement »wird als erstes Gebiet judenfrei gemacht«.
In diesem Frühjahr 1941 kannte Hitlers Optimismus keine Grenzen mehr. Scheinbar mühelos hatten seine Armeen ein Land nach dem anderen erobert. Nach dem Triumph im Westen Europas und der Niederlage des französischen »Erzfeindes« stand der Tyrann im Zenit seiner Macht. Die schnellen Siege an allen Fronten ermunterten Hitler, im März 1941 die entscheidende und grausamste Phase seiner wahnhaften Rassenpolitik einzuleiten. Krieg und Vernichtung: Der Versklavungs- und Vernichtungskampf im Osten war für den Diktator untrennbar verknüpft mit seiner »Endlösung der Judenfrage«.
Folgenschwere Beschlüsse pflegte Hitler in der Abgeschiedenheit seines Berchtesgadener Berghofes zu überdenken, und so geschah es auch in diesem Fall. Wochenlang brütete er Anfang 1941 in seinem Bergidyll über Vernichtungsplänen. Visionen des Schreckens entstanden. Auf einem Globus zog der Kriegsherr am Ural-Gebirge entlang von Nord nach Süd einen Bleistiftstrich – soweit, bis zum »Ostwall«, der Linie Archangelsk-Astrachan am Kaspischen Meer, wollte er sein System des Terrors ausweiten.
Nur einmal in dieser Phase, am 28. Januar, verließ Hitler mit seinem Troß den Obersalzberg, um im Berliner Sportpalast zum achten Jahrestag der Machtübernahme seine »Prophezeiung« vom Januar 1939 nicht nur zu wiederholen, sondern den Ernst seiner Worte noch einmal mit Nachdruck zu betonen: Den Juden, soweit sie seine Ankündigungen immer noch belächelten, werde

das Lachen schon bald vergehen, schrie er der emphatischen Menge entgegen. Als die Beifallsstürme verhallt waren, kehrte der Diktator nach Berchtesgaden zurück. Nun ging er daran, die Details für den Vernichtungskrieg zu planen.
Bei Spaziergängen mit Schäferhündin »Blondi« und in abendlichen Teerunden am Kamin entwickelte er seine konkreten Vorstellungen vom anstehenden Weltanschauungskampf um Raum und Rasse. Die »jüdisch-bolschewistische Intelligenz«, ließ er am 3. März 1941 die Offiziere vom Wehrmachtsführungsstab wissen, »muß beseitigt werden«. Und er fügte hinzu: »Diese Aufgaben sind so schwierig, daß man sie nicht dem Heer zumuten kann.« Zehn Tage später offenbarten die »Richtlinien auf Sondergebieten«, wer »im Auftrage des Führers« die Sonderaufgaben »selbständig und in eigener Verantwortung« zu übernehmen hatte: die SS, Himmlers skrupellose Weltanschauungstruppe.
Hitler wußte: Auf den Reichsführer-SS war ebenso Verlaß wie auf dessen rechte Hand, den Chef der Sicherheitspolizei und des SD, Reinhard Heydrich. Und er wußte auch: Ohne gefühlskalte und zynisch-intelligente Organisatoren wie Himmler oder Heydrich mußten seine Vernichtungspläne unerfüllte Visionen bleiben. Was sie zu tun hatten, gab er ihnen mündlich zu verstehen – durch einen deutlichen Befehl, eine Andeutung, ein zustimmendes Kopfnicken oder einen Hinweis wie im November 1942 an Arthur Greiser, den Reichsstatthalter im Wartheland, »bezüglich der Juden nach eigenem Ermessen« zu verfahren. Kein Schriftstück sollte Hitlers persönliche Verantwortung für den Massenmord belegen, kein Hinweis den Mythos um den rechtschaffenen »Führer« erschüttern. Doch aller Camouflage zum Trotz ist die Beweislast für Hitlers Schuld am Genozid erdrückend. Ausgerechnet ihm so treu ergebene Vasallen wie Himmler lieferten Schlüsselindizien, die Hitler als Urheber der Greueltaten im Zeichen des Hakenkreuzes überführen. »Ich tue nichts«, gestand der Reichsführer SS vor Offizieren der Wehrmacht, »was der Führer nicht weiß.« Ebenso hätte Hitlers rechte Hand sagen können: »Ich tue nichts, was der Führer nicht befohlen hat.« Beide Sätze meinen dasselbe: Hitler, die unantastbare Spitze im »Führerstaat«, diktierte gerade auch beim Mord an den Juden das Szenario der Vernichtung. Himmler, Heydrich oder Göring hatten weder die Befugnis noch die Möglichkeit, selbstherrlich die Mordmaschinerie in Gang zu setzen. Viermal verwies allein Himmler 1944 auf einen »Führerbefehl« zur Endlösung, nie ohne mitleidheischend

darauf zu verweisen, wie schwer es ihm gefallen sei, Hitlers Anweisung zu erfüllen: »Es war die furchtbarste Aufgabe und der furchtbarste Auftrag, den eine Organisation bekommen konnte: den Auftrag, die Judenfrage zu lösen.«
Allein der SS, nicht der Wehrmacht, traute Hitler zu, jene »schwierige Aufgabe«, die hemmungslosen Fanatismus voraussetzte, zu lösen. Die lästigen Widerstände aus den Reihen der Wehrmacht hatten ihm deutlich vor Augen geführt, wie fest der altpreußische Ehrenkodex im Offizierskorps immer noch verankert war. Die Befugnisse des Heeres beschränkte Hitler daher beim »Unternehmen Barbarossa«, dem Überfall auf die Sowjetunion, von vornherein auf das militärische Kampfgebiet, während er der SS die ausführende Gewalt hinter den Linien zusprach. Um diese Aufgaben erfüllen zu können, sollte sie zusammen mit der Sicherheitspolizei Spezialkommandos aufstellen – Einsatzgruppen, die hinter den deutschen Linien Juden, »asiatisch-minderwertige« Kommissare und »Zigeuner« zu erschießen hatten. Hitler, erklärte Heydrich bei einer Ansprache vor dem Führerkorps der Einsatzgruppe B, habe die Aktionen mit der gesamten im Osten eingesetzten Generalität abgesprochen und sich grundsätzlich jede Kritik verbeten.
Niemand widersprach. Am 20. Juni 1941 gingen die Todesschwadronen, zum Teil von Universitätsprofessoren und Juristen mit Doktortiteln angeführt, daran, die Befehle gründlich, systematisch und mechanisch auszuführen. In Garsden, einem litauischen Grenzort, ermordete ein Alarmzug der Polizei am 24. Juni 1941 die ersten Juden. Hitlers Prophezeiungen begannen sich Schritt für Schritt zu erfüllen. Entsetzt hatte Reichskommissar Alfred Rosenberg am 2. April 1941, als ihm Hitler seine Pläne im Osten dargestellt hatte, seinem Tagebuch anvertraut: »Was ich heute nicht niederschreiben will, aber nie vergessen werde.«
Die Trennschärfe zwischen kämpfender Wehrmacht und mordender SS verschwamm indes schon vor dem Überfall auf die Sowjetunion, als Hitler am 30. März 1941 bei einer schonungslos offenen Ansprache im Kleinen Sitzungssaal der Reichskanzlei 250 Befehlshaber und höhere Offiziere, die den Überfall organisierten, zu seinen Komplizen machte. Der Diktator verzichtete darauf, einen hoffnungslosen Versuch zu unternehmen, den zumeist humanistisch gebildeten Soldaten mit rassentheoretischen Argumenten die Notwendigkeit dieses Krieges nahezubringen. Hitler hieb in die ideologische Kerbe: »Bolschewismus ist gleich asozia-

les Verbrechertum«, schleuderte er den Offizieren entgegen und ermahnte sie eindringlich zu äußerster Grausamkeit: »Wir müssen von dem Standpunkt des soldatischen Kameradentums abrücken. Der Kommunist ist vorher kein Kamerad und nachher kein Kamerad. Es handelt sich um einen Vernichtungskampf. [...] Wir führen nicht Krieg, um den Feind zu konservieren. [...] Im Osten ist Härte mild für die Zukunft.«

Wohl irritierte einige Offiziere die haßerfüllte Schärfe des Vortrags, doch Proteste blieben aus. Im Gegenteil: Umgehend gingen Offiziere des Wehrmachtsführungsstabes daran, die Worte und Wünsche ihres Obersten Befehlshabers in Weisungen zu übersetzen. Nach dem »Gerichtsbarkeitserlaß« vom 13. März 1941 konnten Soldaten sowjetische Zivilisten massakrieren, ohne befürchten zu müssen, von einem Kriegsgericht belangt zu werden; und nach dem berüchtigten »Kommissarbefehl« vom 6. Juni 1941 gehörte es zur Pflicht eines jeden Soldaten, gefangene Politoffiziere der Roten Armee »grundsätzlich sofort mit der Waffe zu erledigen«. Der Truppe schärfte das Oberkommando der Wehrmacht im Sinne Hitlers ein: »Der Soldat muß für die Notwendigkeit der harten, aber gerechten Sühne am jüdischen Untermenschen volles Verständnis haben.«

Zwar verübten diese »Rache« Heydrichs Mordkommandos, aber im Rassen- und Vernichtungskrieg wurde die Wehrmacht ebenfalls in Verbrechen verstrickt – wenn auch vereinzelt Kommandeure den Mut aufbrachten, Hitlers Befehle zu umgehen. Die Armee unterstützte, wie es ihr Oberbefehlshaber, Generalfeldmarschall von Brauchitsch, am 28. April 1941 befohlen hatte, die Schlächter mit Verpflegung und Unterkunft, während Millionen sowjetischer Kriegsgefangener in den Lagern verhungern mußten. Waren sie doch, nach Hitlers Losung, »keine Kameraden«. Die Wehrmacht sperrte Exekutionsgelände ab und stand nicht immer unbeteiligt im Abseits. In Serbien übernahmen es Hitlers Waffenträger in Eigenregie, die Juden auszurotten. Und an der Ostfront, um nur ein Beispiel zu nennen, assistierten Truppenteile dem Sonderkommando 4a dabei, an nur zwei Tagen im September 1941 in der Babi Jar-Schlucht bei Kiew 33 771 Juden zu erschießen. Wenn auch insgesamt Distanz bestand zwischen den verrohten Einsatzkommandos und der kämpfenden Truppe, entwickelte sich in beschämenden Einzelfällen das Verhältnis zwischen Henkern und Helfern sogar außerordentlich gut. Mit der Heeresgruppe Nord, stellte der Chef der Einsatzgruppe A, Franz Walter Stahlecker, im

Die tatsächlichen oder angeblichen Überreste der verbrannten Leiche Hitlers, fotografiert im Garten der Reichskanzlei, April 1945

Unsere Armee, die 3. Angriffstruppe unter General Kusnezow, besetzte als erste den Reichstag und die Reichskanzlei. Vom Garten vor der Reichskanzlei aus erreichten wir den Bunker, der für Hitler gebaut worden war. Er sollte als Notausgang dienen, falls das Gebäude der Reichskanzlei einstürzte. Ein langer, verwirrender Gang führte uns in das Labyrinth des Bunkers und schließlich auch in Hitlers Arbeitszimmer. Doch von Hitler selbst keine Spur. Niemand konnte uns sagen, ob Hitler überhaupt dort gewesen ist. Einige meinten, er sei weggeflogen, andere sagten, er sei hier gewesen. Schließlich sprach ich mit einem unauffälligen Handwerker, der für die schlecht funktionierende Lüftungsanlage im Bunker zuständig war. Von ihm erfuhr ich, daß Hitler Eva Braun im Arbeitszimmer seines Bunkers geheiratet hatte, während über ihnen dreizehn-, vierzehnjährige Jungen unbarmherzig in den Kampf geworfen wurden. Dieser Mann zeigte mir auch die Stelle, an der Hitler und seine Frau Selbstmord begangen hatten, und wie sie hochgetragen wurden, um verbrannt zu werden. Doch es war ihnen nicht gelungen, ihre Leichen vollständig zu verbrennen und alle Spuren auszulöschen. Hitlers Leiche wurde in der Klinik Berlin-Buch von sowjetischen Ärzten seziert und eindeutig identifiziert.

Jelena Rschewskaja, 1945 Dolmetscherin im Generalstab der Roten Armee

Oktober 1941 zufrieden fest, war die Zusammenarbeit »in Einzelfällen sehr eng, ja fast herzlich«.

Die vier Einsatzgruppen, insgesamt 3 000 Mann, ermordeten bis April 1942 mit Pistolen, Karabinern und Maschinengewehren weit über eine halbe Million Menschen hinter den deutschen Linien. Zunächst erschossen sie Männer im wehrfähigen Alter, von August an auch Frauen und seit September sogar Kinder. Neun Zehntel ihrer Opfer waren jüdisch. Mit dem Befehl, die sowjetischen Juden zu ermorden, hatte Hitler den Holocaust eingeleitet.

Bis zum Herbst 1941 töteten die Mordkommandos ausschließlich sowjetische Juden. Sie erschossen in Massen, und sie fügten ihren Opfern im Namen Hitlers bestialische Qualen zu. »Schwerverwundete lebend zu beerdigen, die sich dann aus den Gräbern wieder herauswühlen«, empörte sich selbst der deutsche Generalkommissar von Weißruthenien, Gauleiter Kube, »ist ein so niedriger und gemeiner Akt, daß dies dem Führer gemeldet werden muß.« Der »Führer« freilich war, anders als der Volksmund zu behaupten pflegte, bestens informiert. Am 1. August 1941 wies Gestapo-Chef Heinrich Müller die Kommandeure aller vier Einsatzgruppen an, Hitler wünsche, ständig über ihre »Arbeit« auf dem laufenden gehalten zu werden. Des »Führers« Wunsch war Befehl, der prompt ausgeführt wurde: Am 31. Dezember 1941 legte ihm sein persönlicher Adjutant, Sturmbannführer Pfeiffer, die Vollzugsmeldung »an den Führer« Nr. 51 über die zwischen August und November von den Einsatzgruppen erschossenen Juden vor. Hitler nahm zur Kenntnis: 362 211 Tote.

Aber hatte er auch den Befehl zu den Massenerschießungen gegeben? »Wer trägt die Verantwortung für die Exekutionen?« wollte Obersturmbannführer Otto Bradfisch, Leiter des Einsatzkommandos 8 der Einsatzgruppe B, im August 1941 in Minsk von Himmler wissen. Unmißverständlich erwiderte der Reichsführer vor dem versammelten Kommando: Die Befehle kämen von Hitler und hätten die Kraft eines Gesetzes. Ähnlich argumentierte Reinhard Heydrich, oberster Befehlshaber der Todesschwadronen, als er im Juni vor Führern der Einsatzgruppen anordnete, das Ostjudentum müsse »nach Ansicht des Führers« als intellektuelles Reservoir des Bolschewismus vernichtet werden. Wer konkret zur todgeweihten »jüdisch-bolschewistischen Intelligenz« zählte, erklärte Heydrich am 2. Juli 1941 in einem Rundschreiben an Höhere SS- und Polizeiführer im Osten: Neben politischen Funk-

tionären alle Juden in Partei- und Staatsstellungen sowie »sonstige radikale Elemente«: Saboteure, Propagandisten, Heckenschützen, Attentäter, Hetzer... Das gewaltige Territorium der Sowjetunion, gab er am 16. Juli 1941 zu Protokoll, werde nach der Eroberung am schnellsten befriedet, indem man »jeden, der nur schief schaue, totschieße«. Die Welt war informiert vom Massenmord, aber Hitler behielt auf doppelsinnige Weise recht, als er vorhersagte: »Wenn Barbarossa steigt, hält die Welt den Atem an und verhält sich still.« Die Welt wollte es nicht wahrhaben.
Hitlers Gedanken schweiften bereits in die Zeit nach dem Sieg über Stalin. Die Meldungen von der Front schienen seinen Optimismus zu bestätigen. Der rasche Vorstoß der deutschen Panzerkeile in die Tiefe des russischen Raumes steigerte seine Zuversicht in die Höhen rauschhafter Siegeseuphorie. Das Ziel schien zum Greifen nahe, und je weiter die Wehrmacht auf Moskau vorrückte, desto höher stiegen auch die Chancen, seine Rassen- und Vernichtungsvisionen vollends zu verwirklichen. Moskau und Leningrad plante Hitler »dem Erdboden gleichzumachen«, um die Bevölkerung nicht ernähren zu müssen, und der Sowjetunion prophezeite er eine »Volkskatastrophe«. Grundsätzlich, führte er am 16. Juli 1941 aus, »kommt es darauf an, den riesenhaften Kuchen handgerecht zu zerlegen, damit wir ihn erstens beherrschen, zweitens verwalten und drittens ausbeuten können«.
Erst am Vortag hatte Himmlers »Reichskommissariat« mit dem Entwurf zum »Generalplan Ost« den Fahrplan zum totalen Holocaust im Osten vorgelegt. Demnach sollten ganz Polen, die baltischen Länder, Weißruthenien und Teile der Westukraine binnen dreier Jahrzehnte von zehn Millionen »Volksdeutschen« besiedelt werden. 14 Millionen »Gutrassige« sollten »germanisiert«, 31 Millionen Einheimische hinter dem Ural »verschrottet« werden – in der Tat eine »Volkskatastrophe« von babylonischen Ausmaßen, die noch Theorie war, aber vor Hitlers geistigem Auge bereits konkrete Züge annahm. Am 16. Juli rechnete Hitler noch fest mit einem raschen Vorstoß der Wehrmacht über den Ural, um bei Omsk mit japanischen Truppen zusammenzutreffen. Die Japaner dachten aber nicht daran, sich auf ein solches Abenteuer einzulassen. Und er ging fest davon aus, schon bald alle Juden »hinter den Ural« in »ein fernes Reservat«, so Alfred Rosenberg, abschieben zu können. Die überfüllten Ghettos im Generalgouvernement, in denen Hunderttausende den langsamen Hungertod erlitten, sollten, wie Hitler versicherte, »nur noch gewissermaßen Durch-

gangslager« sein. Die radikalste Phase der physischen »Endlösung« bahnte sich an. Noch im August 1941 aber zögerte der Diktator, dem Drängen Heydrichs nachzugeben. Juden aus dem »Altreich« sollten erst nach dem »Endsieg« deportiert werden. Heydrich sah sich nicht nur als Chef des Reichssicherheitshauptamtes, der allein dem »Führerwillen« verpflichteten zentralen Terrorbehörde gegen Juden, dazu verpflichtet, mit perfektionistischem Eifer voranzutreiben, was er im Mai 1941 verkündet hatte – die »zweifellos kommende Endlösung der Judenfrage«. Auch sein Ehrgeiz, Himmler in der »Judenfrage« zu übertrumpfen, bewog ihn, Hitler immer neue Denkschriften zum Thema »Endlösung« vorzulegen. Heydrich, der kalte Technokrat des Todes, wußte am besten von allen Paladinen, was Hitler wollte. Und er hatte einen Auftrag zu erfüllen. Am 31. Juli 1941, im Zenit von trügerischer Siegesgewißheit, ermächtigte Göring auf Hitlers Weisung Heydrich schriftlich dazu, »alle erforderlichen Vorbereitungen für eine Gesamtlösung der Judenfrage im deutschen Einflußbereich in Europa zu treffen«. Der Holocaust, der mit den Morden der Einsatzgruppen im Osten seinen Anfang genommen hatte, sollte also auch auf Westeuropa und sogar auf das französische Nordafrika übergreifen. Görings Vollmacht »beförderte« Heydrich zum obersten »Judenkommissar« für ganz Europa – verantwortlich dafür, Hitlers zentrales Anliegen zu ermöglichen. Heydrich erfüllte seine Aufgabe mit beflissener Akribie und zu Hitlers Zufriedenheit. Als er am 20. Januar 1942 in Berlin im Haus Am Großen Wannsee 56/58 vor 25 höheren SS- und Polizeiführern seine »Bestallung« zum »Beauftragten für die Vorbereitung der Endlösung der europäischen Judenfrage« bekanntgab, arbeitete die Todesfabrik in Chelmno (Kulmhof) bereits. Bei der »Besprechung mit anschließendem Frühstück«, wie es im Einladungsschreiben hieß, ging es »nur« noch darum, die Vernichtung von elf Millionen Juden in ganz Europa unter den Behörden zu koordinieren. Von West nach Ost sollte der Kontinent »durchkämmt« werden. Die physische »Endlösung« in den Vernichtungslagern hatte Hitler schon Monate zuvor befohlen. Sein Entschluß fiel in den verhängnisvollen Wochen zwischen August und November 1941, der letzten Beschleunigungsphase in Hitlers Vernichtungspolitik.

Inzwischen war es mit Hitlers Siegesgewißheit freilich vorbei. Noch im Juli schien das Ende der Sowjetunion eine Frage von wenigen Wochen zu sein. Nach dem Triumph in der Kesselschlacht um Bialystok und Minsk sah sich Hitler dem Sieg näher als je zuvor. Die Wehrmacht, hatte er dem Diplomaten Schulenburg zu Beginn des Überfalls geweissagt, stehe am 15. August in Moskau, und am 1. Oktober werde Stalin kapitulieren. Doch der sowjetische Widerstand war keineswegs so schnell gebrochen, wie es Hitler von seinen bisherigen »Blitzkriegen« gewohnt war. Die Massaker der Todesschwadronen schürten den Haß gegen die Eroberer. Stalin warf der vorrückenden Wehrmacht immer neue Divisionen entgegen. Tag für Tag zeigte sich, wie sehr Stärke und Kampfgeist der Roten Armee unterschätzt worden waren. Ende Juli 1941 geriet der deutsche Vormarsch im Mittelabschnitt der Front um Smolensk überraschend ins Stocken und lief sich für beinahe zehn Wochen fest. Die deutschen Verluste nahmen dramatisch zu und die Lageeinschätzungen lasen sich zusehends bedenklicher. »Wieviel Zeit«, sinnierte Hitler Ende Juli 1941, »habe ich noch, um mit Rußland fertigzuwerden, und wieviel Zeit brauche ich noch?« Er ahnte, von zu optimistischen, ja falschen Prämissen ausgegangen zu sein. Der Krieg, das deutete sich schon im Hochsommer an, war vor Jahresende nicht mehr zu gewinnen. »Der Führer«, vertraute Goebbels am 19. August seinem Tagebuch an, »ist innerlich über sich sehr ungehalten, daß er sich durch die Berichte aus der Sowjetunion so über das Potential der Bolschewisten hat täuschen lassen. Vor allem seine Unterschätzung der feindlichen Panzer- und Luftwaffe hat uns in unseren militärischen Operationen außerordentlich viel zu schaffen gemacht. Er hat darunter sehr gelitten. Es handelt sich um eine schwere Krise.«

Schon der erste Teil seiner Ankündigung, »Mitte September« wehe die Hakenkreuzfahne auf dem Kreml, hatte sich nicht erfüllt. Zwar rückten seine Armeen auf breiter Front weiterhin Richtung Moskau und Leningrad vor, aber der Vormarsch verlief schleppender, als erwartet. Die Zeit arbeitete gegen ihn. Denn während die Wehrmacht in der Sowjetunion sowohl um »Lebensraum« für die »arische Herrenrasse« als auch um Raum für den Mord an Europas Juden kämpfte, verschlechterten sich die Zustände in den überfüllten Ghettos dramatisch. Der vernichtende Automatismus, den Hitler geschaffen hatte, entwickelte seine eigene Dynamik. »Es besteht in diesem Winter die Gefahr«, hatte SS-Sturmbannführer Höppner dem Judenreferenten Adolf Eichmann am 16. Juli 1941 über die Zustände im Lodzer Ghetto berichtet, »daß die Juden nicht mehr sämtlich ernährt werden können. Es ist ernsthaft zu erwägen, ob es nicht die humanste Lösung ist, die Juden, soweit sie nicht arbeitseinsatzfähig sind, durch ein schnellwirkendes Mittel zu erledigen.«

Je höher die deutschen Verluste stiegen, um so häufiger kam Hitler in seinen nächtlichen Monologen auf die »Judenfrage« zu sprechen. Und noch ein anderes Thema schnitt der Diktator inmitten der Krise im August 1941 auffallend oft an: den November 1918, Deutschlands Niederlage – sein Lebens-Trauma, für das er mit pathologischer Hartnäckigkeit die Juden verantwortlich machte. Erneut trieb das Phantom von Versailles, während der Zeit der »Blitzkriege« nur selten präsent, in Hitlers Gedankenwelt sein Unwesen. »Hätte man zu Kriegsbeginn und während des Krieges einmal zwölf- oder fünfzehntausend dieser hebräischen Volksverderber so unter Giftgas gehalten, wie Hunderttausende unserer allerbesten Soldaten aus allen Schichten und Berufen es im Felde erdulden mußten«, hatte Hitler 1924 in »Mein Kampf« geschrieben, »dann wäre das Millionenopfer der Front nicht vergeblich gewesen.« 1941 starben erneut Hunderttausende an der Front – wie einst in Flandern, wo auch Hitler als Gefreiter sein »Opfer« bei einem Giftgasangriff erbracht hatte. Damals, redete er sich ein, hatten jüdisch-bolschewistische »Dolchstoßer« Deutschlands Niederlage mit einer Revolution betrieben – und sein Opfer vergeblich gemacht. »Nie wieder wird es einen November 1918 geben«, hatte er gebetsmühlenartig stets wiederholt. Nun, im Herbst 1941, erschloß sich der grausame Ernst, der sich hinter diesen Worten verbarg. Es galt, die vermeintlichen inneren Feinde auszuschalten. »Indem ich die Juden entfernte«, erläuterte Hitler am 26. Mai 1944 in einer Geheimrede vor Befehlshabern der Wehrmacht, »habe ich die Möglichkeit irgendeiner revolutionären Kernbildung oder Keimzellenbildung beseitigt.« Noch stärker aber wog ein weiteres ebenso irrationales Motiv, das Hitler zum Äußersten greifen ließ: Die Juden sollten die »Zeche« für den deutschen Blutzoll an der Front bezahlen. »Diese Verbrecherrasse«, redete er sich am 25. Oktober 1941 vor Himmler und Heydrich in Rage, »hat die zwei Millionen Toten des Weltkrieges auf dem Gewissen, jetzt wieder Hunderttausende. Sage mir keiner: Wir können sie doch nicht in den Morast schicken!« Jede weitere Verlustmeldung heizte seine Wut gegen die »Schuldigen« weiter an, bis er am 30. Januar 1942 vor Rüstungsarbeitern, Lazarettschwestern und verwundeten Soldaten bei einer »Volkskundgebung« im Berliner Sportpalast herausschrie, was die Stunde geschlagen hatte: »Zum

Die Bilanz: Birkenkreuze für gefallene deutsche Soldaten

erstenmal wird diesmal das echt altjüdische Gesetz angewendet: Aug' um Auge, Zahn um Zahn.«
Die letzten Vorbereitungen zur Massenvernichtung in den Todesfabriken waren bereits im Sommer 1941 angelaufen. Am 18. August 1941 schlug Propagandaminister Joseph Goebbels Hitler vor, Juden mit einem gelben Stern und der Aufschrift »Jude« zu kennzeichnen. Hitler stimmte zu. Alle Juden ab dem sechsten Lebensjahr und damit die Mehrheit der noch 160 000 Juden in Deutschland mußten sich vom 19. September 1941 an mit dem »Judenstern« – für jedermann sichtbar – als Opfer kennzeichnen. Zur gleichen Zeit befahl Hitler die Deportation der deutschen Juden nach Osten. Als das Reichssicherheitshauptamt wenige Tage später, am 1. Oktober, das Auswanderungsverbot für Juden bekanntgab, schnappte die Falle endgültig zu. Ganz Deutschland war nun ein gigantisches Ghetto. Aus ihm heraus führten einzig die Todeszüge nach Auschwitz, Treblinka, Majdanek...
Die Apokalypse nahm ihren Lauf, die jüdische Gemeinde aber umgab ein Netz aus Haß und Gleichgültigkeit gegenüber ihrer Tragödie. Jüdische Nachbarn verschwanden über Nacht. Zum Teil in aller Öffentlichkeit trieb die Polizei die Todgeweihten zu den Zügen. »Die Bevölkerung, der dies nicht verborgen blieb«, stellte der Generalstaatsanwalt beim Oberlandesgericht Nürnberg am 15. November 1941 nüchtern fest, »nahm die Tatsache zustimmend zur Kenntnis.« Anderes, zum Beispiel der Kriegsverlauf, interessierte mehr. Die Juden, hieß es, würden »abwandern« zum »Arbeitseinsatz« im Osten. Aber hatte Hitler nicht immer wieder die »Vernichtung« prophezeit? Ein Heer von Fronturlaubern berichtete hinter vorgehaltener Hand von Massakern an Juden. Tagtäglich waren Zehntausende Eisenbahner und Verwaltungsbeamte mit den Deportationen beschäftigt. Sie wußten, was geschah, aber sie schwiegen und klammerten sich an Tarnbegriffe wie »Umsiedlung« oder »Arbeitseinsatz«. Gewiß kursierten Gerüchte über Vergasungen, und wer mehr wissen wollte, konnte mehr erfahren. Eine dunkle Ahnung vom Grauen im Osten überschattete die Seelen einer Minderheit. Kaum einer aber faßte unter dem Zwang der SS-Diktatur und angesichts der Gefahr, selbst in ein Konzentrationslager eingewiesen zu werden, den Mut, Hitler beim Wort zu nehmen, seine Andeutungen weiterzudenken, das Schicksal der Juden zu hinterfragen und menschliche Solidarität mit den Verfolgten zu demonstrieren. Alle guten Geister schienen das stumme Volk verlassen zu haben. Proteste wie in

der Berliner Rosenstraße, wo »arische« Frauen und Männer erfolgreich gegen die Staatsmacht aufbegehrten und die Freilassung ihrer verhafteten jüdischen Ehegatten erreichten, blieben die rühmliche Ausnahme von der Regel. »Mindestens neun Zehntel der Bevölkerung«, schrieb Helmuth von Moltke, Mitglied des »Kreisauer Kreises«, am 25. März 1943, »weiß nicht, daß wir Hunderttausende von Juden umgebracht haben. Man glaubt weiterhin, sie seien lediglich abgesondert worden und führten etwa dasselbe Leben wie zuvor, nur weiter im Osten, woher sie stammten, vielleicht etwas armseliger, aber ohne Luftangriffe.« Während sich die Masse solch absurden Illusionen hingab, bestiegen Hunderttausende die Züge – oft selber im fatalen Irrglauben, »umgesiedelt« zu werden.
Juden aus Köln, Frankfurt, München, Berlin und Wien, aus allen Städten im Machtbereich Hitlers, wurden in die Ghettos im Generalgouvernement, in Riga, Kowno oder Minsk gepfercht, deren frühere Bewohner die Einsatzgruppen schon erschossen hatten. Offensichtlich spielte Hitler weiterhin mit dem Gedanken, die Juden aus Polen weiter Richtung Osten abzuschieben – in Gebiete, die erst noch erobert werden mußten. Am 18. September 1941 kündigte Himmler dem Gauleiter des Warthegaus, SS-Obergruppenführer Arthur Greiser, an, 60 000 Juden aus dem »Altreich« und dem »Protektorat Böhmen und Mähren [...] über den Winter« in das Ghetto von Lodz zu deportieren, »um sie im nächsten Frühjahr noch weiter nach dem Osten abzuschieben«.
In diesen Tagen im Frühherbst 1941 aber sprach Hitler das Todesurteil nicht nur über die Juden im Lodzer Ghetto. Seine »Judenpolitik« erreichte die radikalste Stufe. Hitler entschied den fabrikmäßigen Massenmord.
Indessen machte sich Himmler vor Ort selbst ein Bild vom mörderischen Wirken der mobilen Schlachthäuser. In Minsk beobachtete der Reichsführer SS, wie Schützen der Einsatzgruppe B rund 100 Juden exekutierten. Himmler war schockiert. Bei fast jeder Gewehrsalve zuckte er zusammen und geriet schließlich völlig aus der Fassung, als sich in dem Berg der Leichen zwei Frauen noch immer bewegten. Man solle aufhören, rief Himmler. Dann wandte er sich von der grausamen Szenerie ab. »Sehen Sie sich die Augen der Leute an«, insistierte SS-Führer von dem Bach-Zelewski, »diese Leute haben für den Rest ihres Lebens keine Nerven mehr. Wir ziehen hier Neurotiker und Wilde groß!« Himmler zeigte »Verständnis« für diese abstoßende Pflicht, aber er

konnte die Männer nicht von ihr entbinden. Der Befehl stammte schließlich von Hitler. Dennoch entschloß er sich, die Verhältnisse zu ändern, zumal ihm in Minsk klar geworden war, daß mit Karabinern allein der schnelle Völkermord nicht zu bewerkstelligen war. Auf der Suche nach »humaneren« und effektiveren Mordmethoden konzentrierte sich Himmler nun ganz auf die Vernichtungslager. Schon »im Sommer 1941«, wie sich der Lagerkommandant von Auschwitz, Rudolf Höss, nach dem Krieg ungenau erinnerte, habe ihn Himmler über Hitlers Befehl zur »Endlösung der Judenfrage« informiert und befohlen, Pläne für Massenvernichtungsanlagen auszuarbeiten.
Am 3. September 1941 entfaltete in Auschwitz das kristalline Blausäurepräparat Zyklon B, das sich in Verbindung mit Luft in tödliches Gas verwandelt, in abgedichteten Kellerzellen voller Opfer erstmals seine tödliche Wirkung. Das Mittel zum Massenmord in den Gaskammern von Birkenau war entdeckt.
Auschwitz-Stammlager meldete Berlin Vollzug.
Einen Monat später beobachte SS-Brigadeführer Friedrich Übelhör im Lodzer Ghetto Vorgänge, die ihn stutzig machten. Die Gestapo, meldete er in einem Brief nach Berlin, reorganisiere seit einigen Tagen das Ghetto. 40 000 Juden seien in ein Arbeitsghetto verlegt worden, während mehr als 100 000 arbeitsunfähige Juden in ein »Versorgungsghetto« umgesiedelt werden sollten. Was Übelhör nicht wußte: Ebenfalls im Oktober begann das »Sonderkommando« des Kriminalkommissars Herbert Lange im Dorf Chelmno (Kulmhof), fünfzig Kilometer nördlich von Lodz, mit dem Bau des ersten Vernichtungslagers. In Gaswagen sollten die »Arbeitsunfähigen« aus dem Lodzer Ghetto ermordet werden, um Platz für neue Deportationen aus dem Reich zu schaffen. Die Todeswagen von Chelmno, in deren mit Zink ausgeschlagenen Kastenaufbauten rund sechzig Personen binnen fünfzehn Minuten getötet werden konnten, hatten ihre Feuerprobe längst hinter sich. Während der »Gnadentodaktion« waren mit ihnen im Durchgangslager Soldau 1 558 psychisch Kranke aus ostpreußischen Heilanstalten mit Dieselauspuffabgasen, wie es hieß, »evakuiert« worden.
Ebenfalls Anfang Oktober 1941 wählte ein SS-Baukommando in Belzec im Distrikt Lublin an der Bahnlinie Lublin-Lemberg den Bauplatz für ein weiteres Vernichtungslager aus. Am 1. November begannen polnische Arbeiter mit dem Bau der Baracken. Das Schicksal der aus dem Reichsgebiet nach Lodz, Kowno, Riga und

Der Haß schlägt zurück:
Das Elend der deutschen Zivilbevölkerung im Bombenkrieg

Minsk deportierten Juden war besiegelt. Am 25. Oktober teilte Amtsgerichtsrat Dr. Wetzel, Sachbearbeiter für Judenfragen beim Reichsminister für die besetzten Ostgebiete Rosenberg, dem Reichskommissar für das Ostland, Hinrich Lohse, in einem Geheimschreiben mit: »Nach Sachlage bestehen keine Bedenken, wenn diejenigen Juden, die nicht arbeitsfähig sind, mit den Brack'schen Hilfsmitteln beseitigt werden.« Brack'sche Hilfsmittel – so hießen die Gaswagen der »Euthanasie-Aktion«, und »nach Sachlage« bedeutete, was Wetzel tags zuvor von SS-Oberführer Viktor Brack, Amtschef der Kanzlei Hitlers, erfahren hatte: »im Auftrag des Führers«.

Noch aber waren die Todesfabriken nicht »betriebsbereit«. Noch verübten allein die Todeskommandos, assistiert von der Wehrmacht und einem bestimmten Teil der baltischen Bevölkerung in Pogromstimmung, den Genozid an den Juden. Aus Deutschland rollten die vollgefüllten Züge über Tausende von Schienenkilometern nun auch direkt zu den Einsatzgruppen im Baltikum. Im Fort IX von Kaunas, einer alten Zarenfestung, erschoß das Einsatzkommando 3 der Einsatzgruppe A am 25. November 1941 die ersten 2 934 Juden aus Frankfurt am Main, München und Berlin. Fünf Tage später erging von höchster Stelle der Befehl zur größten Einzelmordaktion der Todestrupps – der Vernichtung des Rigaer Ghettos am Rigaer »Blutsonntag«, um Platz zu schaffen für neue Judentransporte aus Berlin und Nordrhein-Westfalen. Acht Kilometer außerhalb der lettischen Haupstadt, in einem kleinen Waldstück mit dichtem Baumbestand, waren für diesen Tag Gruben für 30 000 Menschen ausgehoben worden. Unter dem Vorwand, sie würden umgesiedelt, trieben Männer der Einsatzgruppe A bei Temperaturen um den Gefrierpunkt den ganzen Tag über bis auf die Unterwäsche entkleidete Juden zu den Gruben. Sie zwangen die Opfer, sich mit dem Gesicht nach unten nebeneinanderlegen. Dann feuerten Schützen mit Maschinengewehren, die auf Einzelfeuer gestellt worden waren, Genickschüsse ab. Die Prozedur wiederholte sich. Neue Opfer mußten sich auf die soeben Erschossenen legen, bis die Gruben mit Menschen gefüllt waren. An drei Tagen fielen im Rimbuli-Wald 30 000 Juden aus Riga und Berlin dem Rassenwahn Hitlers zum Opfer.

Otto Schulz-DuBois, Hauptmann der Reserve bei den Pionieren und Zeuge des Massakers, war außer von den Mordszenen vor allem vom rohen Gelächter der SD-Männer im Blutrausch schockiert. Sein Bericht gelangte über Umwege ins Führerhauptquartier, wo ein General Hitler auf die Greueltaten und ihre Folgen für die Moral der Truppe hinwies. Der »Führer«, schrieb Schulz-Du Bois seiner Frau, soll geantwortet haben: »Sie wollen wohl weich werden, mein Herr! Ich muß das tun, denn nach mir wird es doch kein anderer mehr tun!«

«Endlösung«, der letzte Akt: Am 8. Dezember 1941 begann in Chelmno die Vernichtung polnischer Juden mit Auspuffabgasen. Das System der Täuschung griff bis zuletzt auch in den Vernichtungslagern. SS-Männer erklärten Juden, sie müßten duschen und kämen anschließend zur Arbeit nach Deutschland. Nachdem sie ihre Kleidung zum »Desinfizieren« und »vorsorglich« ihre Wertsachen abgegeben hatten, trieb man sie unter Stock- und Peitschenschlägen in einen düsteren Kellergang. Er schien ins Freie zu führen, endete jedoch an einer Holzrampe, die in ein großes, dunkles Loch führte – die Ladefläche des Gaswagens. »Dann wurde der Wagen zugemacht, und er fuhr los«, berichtete Eichmann nach dem Krieg bei einem Polizeiverhör in Israel, »er fuhr an eine längliche Grube, die Türen wurden aufgemacht und heraus wurden Leichen geworfen, als ob sie noch lebten, so geschmeidig waren die Glieder.« Mit Motorenabgasen ermordete die SS auf Hitlers Befehl in Belzec, Treblinka, Sobibor über 1,5 Millionen Juden aus ganz Europa. Als Joseph Goebbels erstmals im Detail erfuhr, was unter Leitung des SS- und Polizeiführers Odilo Globocnik, dem früheren Gauleiter von Wien, in Belzec geschah, versuchte er sich in einer Tagebuchnotiz vom 27. März 1942, innerlich aufgewühlt, mit seinen eigenen Propagandaphrasen zu beruhigen: »Aus dem Generalgouvernement werden jetzt, bei Lublin beginnend, die Juden nach dem Osten abgeschoben. [...] An den Juden wird ein Strafgericht vollzogen, das zwar barbarisch ist, das sie aber vollauf verdient haben.« Wieder einmal, betonte Goebbels, sei Hitler »der unentwegte Vorkämpfer und Wortführer einer radikalen Lösung«.

Hitler pflegte auch bei Tisch das Wort zu führen, wo er sich im Kreis seiner Getreuen in ausufernden Monologen über Kunst, Architektur, Frauen, Raum und Rasse erging. An Themen mangelte es ihm auch am 29. Mai 1942 nicht, als er in der Reichskanzlei das Zeichen zum Servieren gab. Nachdem Ordonnanzen das Mittagsmahl aufgetragen hatten, ließ Hitler die Runde wissen, was er neulich in einem amtlichen Bericht gelesen habe. Sogar hochgebildete Juden wie Ärzte oder Rechtsanwälte, dozierte er, liefen schon nach vierzehn Tagen im Ghetto »vollkommen ghet-

toisiert im Kaftan und dergleichen« herum. Für ihn könne es kaum einen klareren Beweis dafür geben, daß der Jude letzten Endes eben doch Asiat und nicht Europäer sei. »Ganz Europa muß deshalb nach einer bestimmten Zeit judenfrei sein.«
500 Kilometer Luftlinie südöstlich der Reichskanzlei, unweit der oberschlesischen Industriestadt Auschwitz, öffneten zweieinhalb Wochen zuvor, am 12. Mai 1942, SS-Männer die Tür zum »Bunker I«, der Gaskammer in einem weißen Bauernhaus bei der Ortschaft Birkenau, drei Kilometer von Auschwitz entfernt. Angetrieben von Stockschlägen und dem Gebrüll der SS-Männer schleppten jüdische Häftlinge den ganzen Tag über die leblosen Körper von 1 500 jüdischen Kindern, Frauen und Männern aus Sosnowitz ins Freie. Nur der peitschende Hall von Schüssen riß die Häftlinge von Zeit zu Zeit aus der Apathie, mit der sie ihre Arbeit verrichteten. Um 13.55 Uhr erschoß der SS-Mann auf dem Turm Nr. 12 den Juden Jakob Spitz »auf der Flucht«; gegen 15 Uhr feuerten die Wachmänner auf den Türmen 22 und 23 tödliche Kugeln auf den flüchtenden Häftling Johann Fleischmann aus Deutschland ab; gegen 16.45 Uhr stürzte der jüdische Häftling Jozef Landau tödlich getroffen zu Boden. Der Schuß kam vom Turm Nr. 12. Wen der SS-Mann getötet hatte, erfuhr die Lagerkommandantur aus dem Wachbuch: Häftling Nr. 34742.
Ein Jahr später gehörte das tödliche Provisorium im Bauernhaus bereits der Vergangenheit an. Im Juni 1943 ging in Auschwitz-Birkenau die mit fünf Krematorien und eingebauten Gaskammern größte von sechs Todesfabriken auf polnischem Gebiet in Betrieb. Tag für Tag brachte die Reichsbahn neue Transporte mit Juden und »Zigeunern« aus den Ghettos und ganz Europa zur »Vernichtung durch Arbeit« nach Auschwitz, der Endstation für 1,5 Millionen Opfer. Für Alte, Schwache, Kinder und Kranke führte der Weg nach den »Selektionen« an der Rampe gleich am ersten Tag ins Gas. »Ihr seid müde von der langen Reise«, sagte ein SS-Mann zu den halb verdursteten Opfern, »entkleidet euch in aller Ruhe, ihr kommt zur Erfrischung in ein Bad und dann zur Arbeit.«
Sie kamen in einen etwa 200 Meter langen und grell ausgeleuchteten Raum, wo ihnen jüdische Häftlinge des Sonderkommandos beim Entkleiden halfen. Anschließend, schildert Jehoshua Rosenblum, einer der wenigen Überlebenden des Sonderkommandos, »drängten SS-Männer die nackten Kinder, Frauen und Männer in die Gaskammer. Sie verriegelten die massive eiserne Tür und

Die Schuld: Massengrab in einem deutschen Konzentrationslager

schütteten durch eine kleine Öffnung den Inhalt einer Blechbüchse Zyklon B in die vollgefüllte Kammer. Wir hörten ein fürchterliches Schreien. Einige sprachen die Kaddisch, das jüdische Totengebet. Allmählich verstummten die Schreie, und als es nach zehn bis fünfzehn Minuten still geworden war, öffneten die SS-Männer die Tür. Wir gingen hinein. Der Anblick war schrecklich...«

Am 26. Januar 1945 sprengte ein SS-Kommando angesichts der heranstürmenden Roten Armee auch die letzte der Vergasungsanlagen in Birkenau – das Krematorium V. Vergeblich versuchten die Täter nun die Spuren des Jahrhundertverbrechens zu verwischen und schickten die wenigen, die sich noch mühsam auf den Beinen halten konnten, auf Gewaltmärsche in Richtung Westen. Die Todesmaschinerie im Osten war zum Stillstand gekommen. Hitlers Rassen- und Vernichtungskrieg neigte sich dem Ende zu. Doch »bedingungslos« zu kapitulieren, wie es die westlichen Alliierten im Januar 1943 gefordert hatten, widersprach Hitlers Psyche vom »harten Entweder-Oder«. Ende Mai 1945 lebten in Europa nur noch eine Million Juden. Nie sah Hitler Bilder, wie sie Jehoshua Rosenblum noch über ein halbes Jahrhundert nach Auschwitz auf Schritt und Tritt verfolgen; Bilder von lebenden, in Fetzen gehüllten Skeletten, von brennenden toten Körpern in den Gruben vor den Gaskammern. Nicht eine der Stätten seines größten Verbrechens betrat Hitler jemals. Er befahl den Mord am Schreibtisch und hielt die Kriegsmaschine nur deshalb bis zum bitteren Ende am Laufen, um zumindest eines seiner wahnhaften Ziele zu erreichen, die Vernichtung der Juden Europas. Möglich aber machte das Unfaßbare erst das Heer der Helfer, vom Lokführer der Todeszüge über den KZ-Wachmann bis zu den Managern des Todes, die dem Verbrecher mit Eifer zur Hand gingen. »Wohin käme ich«, gab Hitler im Oktober 1941 unumwunden zu, »wenn ich nicht Leute meines Vertrauens fände zur Erledigung der Arbeiten, die ich nicht selbst leisten kann, harte Leute, von denen ich weiß, sie greifen durch, so wie ich das tun würde.« Er mußte nicht lange suchen, willige Handlanger zu finden. Das Volk der Mitläufer bot ein unerschöpfliches Reservoir.

Am Ende aber schlug das Pendel der Gewalt auf Hitlers eigenes Volk zurück.
Nicht nur Deutschlands Städte trachtete er wie Nero zu verwüsten; dafür hatten schon die alliierten Bombenangriffe weitgehend

gesorgt. Möglichst das gesamte deutsche Volk sollte diesen Krieg nicht überleben. Hitler plante ein apokalyptisches Strafgericht an denen, die sich als seiner nicht würdig erwiesen hatten und im Westen weiße Fahnen hißten. Wie über die Opfer des Holocaust fällte Hitler im Chaos des Untergangs zuletzt auch über das eigene Volk das Todesurteil, weil es im Kampf der Völker unterlegen war. »Wenn der Krieg verlorengeht, wird auch das Volk verloren sein«, erklärte er am 19. März 1945. Nun ordnete er an, die Lebensadern des Landes, Schienen, Straßen und Brücken, wie auch das wirtschaftliche Herz, Industrien und Betriebe, zu zerstören. Nicht einmal die Grundlagen zum »primitivsten Weiterleben« sollten dem Volk erhalten bleiben: Finis Germaniae als Schlußakkord der braunen »Götterdämmerung«. Hunderttausenden von Menschen befahl der tobende Diktator, zu Todesmärschen hinter die bröckelnden deutschen Linien ins Landesinnere aufzubrechen. Einwände ließ er nicht gelten. Wenn keine Züge zur Verfügung stünden, »dann sollen sie zu Fuß gehen«. Es wäre ihr sicherer Tod gewesen. Und das sollte es auch. Seinem Baufreund Albert Speer, der das Schlimmste zu verhindern suchte, erwiderte Hitler ungerührt: »Das deutsche Volk hat sich als zu schwach erwiesen. Die Zukunft gehört ausschließlich dem stärkeren Ostvolk. Was nach dem Krieg übrigbleibt, ist minderwertig. Die Guten sind gefallen.« Auch wenn sich die Vision des Schreckens nicht erfüllte, offenbarte sich doch in der Stunde der totalen Katastrophe, was der Verbrecher Hitler außerdem noch war: ein Volksverräter. Überraschend war das freilich nicht. Schon im November 1941, vor den großen Niederlagen, hatte er gesagt: »Ich bin auch hier eiskalt. Wenn das deutsche Volk einmal nicht mehr stark und opferbereit genug ist, sein Blut für seine Existenz einzusetzen, so soll es vergehen und von einer anderen, stärkeren Macht vernichtet werden. Ich werde dem deutschen Volk keine Träne nachweinen.« Wenigstens hierin hat er seinen Willen nicht durchsetzen können.

In Sachen Hitler –
50 wichtige Bücher

- Aly, Götz: Endlösung, Frankfurt a.M. 1995
- Binion, Rudolph: »Daß ihr mich gefunden habt«. Hitler und die Deutschen: Eine Psychohistorie, Stuttgart 1980
- Bracher, Karl Dietrich: Adolf Hitler, Bern u.a. 1964
- Bracher, Karl Dietrich / Funke, Manfred / Jacobsen, Hans-Adolf (Hrsg.): Nationalsozialistische Diktatur: Eine Bilanz, Düsseldorf 1983
- Broszat, Martin: Der Staat Hitlers. Grundlegung und Entwicklung seiner inneren Verfassung, München 1978
- Bullock, Alan: Hitler. Eine Studie über Tyrannei, Düsseldorf 1971
- Bullock, Alan: Hitler und Stalin, Berlin 1994
- Carr, William: Adolf Hitler. Persönlichkeit und politisches Handeln, Stuttgart 1980
- Das Deutsche Reich und der Zweite Weltkrieg. Hrsg. vom Militärgeschichtlichen Forschungsamt, 5 Bände, Stuttgart 1988
- Deuerlein, Ernst: Hitler. Eine politische Biographie, München 1969
- Die Tagebücher von Joseph Goebbels. Hrsg. von Elke Fröhlich, Band 1-15, München 1994
- Eitner, Hans-Jürgen: Hitler. Das Psychogramm, Frankfurt a.M./Berlin 1994
- Fest, Joachim: Hitler – Eine Biographie, Frankfurt a.M./Berlin 1991
- Fest, Joachim: Staatsstreich, Berlin 1994
- Fleming, Gerald: Hitler und die Endlösung: »Es ist des Führers Wunsch...«, Wiesbaden/München 1982
- Haffner, Sebastian: Anmerkungen zu Hitler, München 1978
- Heiber, Helmut: Adolf Hitler. Eine Biographie, Berlin 1960
- Heiden, Konrad: Adolf Hitler. Eine Biographie, 2 Bände, Zürich 1936/37
- Hilberg Raul: Täter, Opfer, Zuschauer: Die Vernichtung der Juden 1933-1945, Frankfurt a.M. 1992
- Hildebrand, Klaus, Vom Reich zum Weltreich. Hitler, NSDAP und koloniale Frage 1919-1945, München 1969

- Hildebrand, Klaus: Deutsche Außenpolitik 1933-1945. Kalkül oder Dogma?, Stuttgart 1980
- Hillgruber, Andreas: Hitlers Strategie, Politik und Kriegsführung 1940-41, München 1982
- Hofer, Walther: Die Entfesselung des Zweiten Weltkrieges. Eine Studie über die internationalen Beziehungen im Sommer 1939, Frankfurt a.M. 1964
- Hoffmann, Peter: Widerstand, Staatsstreich, Attentat. Der Kampf der Opposition gegen Hitler, München/Zürich 1985
- Irving, David: Hitler und seine Feldherren, Frankfurt a.M./Berlin 1975
- Jäckel, Eberhard: Hitlers Herrschaft. Vollzug einer Weltanschauung, Stuttgart 1986
- Jäckel, Eberhard: Hitlers Weltanschauung. Entwurf einer Herrschaft, Stuttgart 1986
- Joachimsthaler, Anton: Korrektur einer Biographie. Adolf Hitler 1908-1920, München 1989
- Kalow, Gert: Hitler – das gesamtdeutsche Trauma. Zur Kritik des politischen Bewußtseins, München 1967
- Kershaw, Ian: Der Hitler-Mythos. Volksmeinung und Propaganda im Dritten Reich, Stuttgart 1980
- Kershaw, Ian: Hitlers Macht. Das Profil der NS-Herrschaft, München 1992
- Lukacs, John: Churchill und Hitler. Der Zweikampf. Zürich 1995
- Maser, Werner: Adolf Hitler. Legende – Mythos – Wirklichkeit, Köln 1971
- Nolte, Ernst: Der europäische Bürgerkrieg 1917-1945, Frankfurt a.M./Berlin/Wien 1988
- Picker, Henry (Hrsg.): Hitlers Tischgespräche im Führerhauptquartier, Stuttgart 1976
- Schenck, Ernst Günter: Patient Hitler. Eine medizinische Biographie, Düsseldorf 1989
- Scholdt, Günther: Autoren über Hitler, Bonn 1993
- Shirer, L. William: Aufstieg und Fall des Dritten Reiches, München/Zürich 1963
- Speer, Albert: Erinnerungen, Frankfurt a.M./Berlin/Wien 1969
- Steinert, Marlies: Hitlers Krieg und die Deutschen. Stimmung und Haltung der deutschen Bevölkerung im Zweiten Weltkrieg, Düsseldorf, Wien 1970
- Steinert, Marlies: Hitler, München 1994

- Stern, J. P.: Hitler – Der Führer und das Volk, München/Wien 1981
- Stierlin, Helm: Adolf Hitler. Familienperspektiven, Frankfurt a.M. 1975
- Stone, Norman: Hitler, London 1980
- Thamer, Hans-Ulrich: Verführung und Gewalt. Deutschland 1933-1945, Berlin 1986
- Thies, Jochen: Architekt der Weltherrschaft. Die »Die Endziele« Hitlers, Düsseldorf 1976
- Toland, John: Adolf Hitler, Bergisch Gladbach 1977
- Tyrell, Albrecht: Vom Trommler zum Führer: Der Wandel von Hitlers Selbstverständnis 1919-1924, München 1975
- Waite, Robert G. L.: The Psychopathic God. Adolf Hitler, New York 1977
- Zitelmann, Rainer: Adolf Hitler. Eine politische Biographie, Göttingen 1989

Abdruck der Bildvorlagen mit freundlicher Genehmigung von:

Bildarchiv preußischer Kulturbesitz, Berlin
Bundesarchiv, Koblenz
Historisches Bildarchiv Gerd Heidemann, Hamburg
National Archives, New York
Süddeutscher Verlag, München
Ullstein Bilderdienst, Berlin
ZDF, Mainz
Zeitgeschichtliches Bildarchiv Heinrich Hoffmann, München